La Cuisine

du Siècle

DE LA MÊME COLLECTION

« UTILE A TOUS »

~~~~~~~

Les Recettes du Siècle. Nouveau Dictionnaire pratique d'économie domestique pour la ville et pour la campagne. 1 magnifique vol. de 320 pages, relié en toile pleine. . . . . **1 fr. 45**

Droit usuel du Siècle. Dictionnaire pratique, nouveau guide en affaires, par Un Praticien, Docteur en droit. 1 joli vol. de 320 pages, relié en toile pleine. . . . . **1 fr. 45**.

Les Usages du Siècle. Lettres, Conseils pratiques, Savoir-Vivre, par Une Parisienne. 1 vol. cart. de 320 pages, avec figures. **1 fr. 45**

L'Hygiène du Siècle. Dictionnaire de médecine pratique et de pharmacie, par Un Docteur de la Faculté de Paris, ex-interne des hôpitaux. 1 vol. cart. de 320 pages. . . . . **1 fr. 45**

CATHERINE DE BONNECHÈRE

La Cuisine du Siècle

DICTIONNAIRE PRATIQUE

DES RECETTES CULINAIRES ET DES RECETTES DE MÉNAGE

Deux cents menus à l'usage de tous

1900

Édité spécialement pour les Magasins du BON MARCHÉ

Paul BRODARD imprimeur à Coulommiers

Tous droits de traduction et de reproduction expressément réservés.

HORS-D'ŒUVRE
EN GUISE DE PRÉFACE

A Mme DE BONNECHÈRE
Au château des Yvettes.

Vous me demandez, ma chère Catherine, ce que je pense du coquet et substantiel livre de cuisine que vous voulez, vous si experte, présenter au grand public afin de le faire profiter de votre jeune et déjà grande expérience.

Vous me demandez mon jugement, à moi, votre vieux docteur, à moi qui vous ai vue naître et qui si souvent jadis m'asseyais le dimanche à la table exquise de la marquise votre mère.

Ah! quels plats délicats, quels mets délicieux, quelle divine cuisine, en un mot, elle nous préparait elle-même, souvent, de ses mains blanches! Je la vois encore, si attentive à la joie de ses convives, si adorablement simple, vous enseignant, entre temps, comment une bonne et intelligente maîtresse de maison doit apporter à tout ce qu'elle fait un soin extrême, veiller sans cesse sur tout ce qui dépend du domaine de la femme, savoir tirer parti de toutes les ressources dont on dispose. Et, avec quelle grâce elle nous disait qu'un brin de fleur sur une table modeste réjouit les humbles mieux qu'un fastueux service dans les salles à manger des princes!

Comment voulez-vous donc, ô vous qu'ont frappée tant de malheurs immérités, comment voulez-vous que je ne dise point que votre livre répond à un besoin réel, que je le trouve bon, sinon parfait.

La Cuisine du siècle! Le titre est pimpant, suggestif, selon la mode, et dit bien ce qu'il veut dire. Il comprend même, outre les bonnes recettes connues, toute cette infâme cuisine fin de siècle que les chimistes modernes, trop savamment armés par la science, que les falsificateurs éhontés, réservent à nos estomacs, leurs victimes.

C'est une neuve et curieuse idée, celle que vous avez eue de faire résumer par un spécialiste savant, les travaux récents qui nous mettent en garde contre les fraudes et les tromperies des spéculateurs sans vergogne, véritables empoisonneurs publics.

C'est surtout une heureuse pensée d'avoir, avec tant de méthode et tant de simplicité, classé alphabétiquement sous forme de dictionnaire pratique, de façon à ce que chacun puisse, en un clin d'œil, trouver le mode de préparation culinaire dont il a besoin, d'avoir ainsi clairement placé toutes choses à leur lettre.

Sans doute, il existe un nombre considérable de traités de ce genre; nombreux, très nombreux sont les écrivains dont les plumes, tantôt sévères et tantôt plaisantes, ont essayé d'étudier « par le menu » cette grande *science de la gueule*, comme disaient naïvement nos pères, science si chère à Rabelais et à Montaigne même.

Depuis que parut au moyen âge, en plein XIV° siècle, le *Viandier* de Guillaume Tirel dit Taillevent, premier queux du roi Charles V, il a été publié par centaines des *Ménagiers*, puis des *Cuisinières* de toutes sortes plus ou moins bourgeoises, pour la ville et pour la campagne.

La lecture des anciens traités prouve que, si nos pères étaient grands mangeurs, incontestablement ils s'entendaient mal aux raffinements et aimaient à placer sur leurs tables d'immenses plats chargés de piles de viandes, de poissons et de légumes, mêlant ensemble tous ces éléments, abominables ragoûts dans lesquels les épices jouaient un rôle extravagant mais dont ils *se délectaient*, nos bons aïeux!

Il a fallu de longs siècles et des hommes, presque de génie, pour transformer peu à peu le goût et faire de la cuisine française un art vraiment grand dans lequel nous sommes restés, nul n'oserait en douter, les premiers. Il suffit de mettre le pied hors des frontières pour se rendre compte de notre supériorité et de la valeur de nos maîtres en cet art délicat. On ne mange bien qu'en France, ceci est un axiome. Mais, il en est de ce savoir comme de tous les autres. On peut *naître* cuisinier sans doute, mais on ne le devient qu'en sachant profiter des leçons des autres, qu'en se servant des recherches et de l'expérience de tous.

Je vous disais donc que le nombre des traités de cuisine est considérable; il serait même incalculable si, dans un ouvrage bibliographique récemment paru on n'en avait énuméré et assemblé les titres, lesquels n'emplissent pas à eux seuls moins de neuf cents pages, grand format, s'il vous plaît. Je sais que vous avez consciencieusement, ma pauvre chère Catherine, en fatiguant beaucoup vos jolis yeux, compulsé, examiné, étudié tous ces recueils, parmi lesquels il en existe de remarquables, d'excellents, très modernes; seulement, et à cause de cela je vous loue sans réserve, il n'en existe pas qui me paraisse aussi nettement exposé, aussi parfaitement résumé que le vôtre, qui permet aux maîtresses de maison encore inexpérimentées, qu'elles disposent de gras où de maigres revenus, de préparer en un instant les mets dont elles ont besoin.

Que si tout le monde possède un livre de cuisine, il me semble qu'il est cependant indispensable de consulter le vôtre, tant votre esprit pratique a su, après un labeur sans pareil, présenter, sans ambiguïté, tous les modes de préparation connus.

Vous avez eu soin d'éviter les termes incompréhensibles dont se servent trop volontiers les cuisiniers professionnels.

Que signifient par exemple les mots *luter*, *ciseler*, *foncer*? Qui de nous, ouvrant démesurément les yeux, ne se demande ce que signifie l'expression *appareil*, laquelle veut dire tout simplement la sauce, le ragoût, la garniture d'un plat? De même pour le mot *luter* qui veut dire unir un couvercle à un moule ou à une casserole en l'entourant soit de beurre, soit de farine détrempée d'eau?

Il faut être bachelier ès Carême ou docteur ès Grimod de la Reynière pour comprendre la haute signification de ces termes techniques, barbares, hirsutes....

Vous avez débarrassé de tout ce fatras décourageant votre énumération concise, votre sélection de tous les procédés connus, mêlant toutefois aux indications de mets simples et commodes pour tous, celles de mets plus compliqués, plus fins, dont quelques-uns, ma chère Catherine, et ce sont peut-être les meilleurs, doivent être considérés comme les produits de vos ingénieuses recherches.

Maîtresse de maison incomparable, vous avez songé, vous qui aimez tant à vivre avec des amis de modeste condition, vous avez songé aux petites familles.

Vous avez indiqué des menus commodes, simples, d'une rapide exécution, d'un prix peu coûteux et vous les avez classés, non seulement en femme de goût, mais encore en femme prévoyante et qui sait la valeur de l'hygiène, vous les avez composés selon les saisons, groupant de la sorte tous les renseignements dont vous disposez.

Un encyclopédiste n'eût pas mieux agi.

Enfin vous avez pensé à joindre à cette œuvre vraiment remarquable quelques-unes de ces recettes de ménage qui constituent le trésor de la femme économe.

Vous avez en quelques rapides conseils, indiqué les soins qu'il faut prendre pour conserver les aliments, pour soigner la cave ainsi que le garde-manger, et aussi pour rendre agréable à ceux qu'on reçoit le service de la table si modestement qu'elle soit dressée.

Qu'importe la richesse de ce service! Qu'importe que la nappe soit de fine toile ou de toile cirée pourvu qu'elle se montre blanche et appétissante! Qu'importe que les verres soient de cristal bien taillé ou d'apparence ordinaire pourvu qu'ils resplendissent d'une éclatante propreté! Quel est l'homme qui, sa tâche quotidienne accomplie, ne répare avec plus de plaisir et de profit ses forces si le couvert est plaisant?

En un mot, ma chère Catherine, vous serez, j'en suis certain, récompensée de votre long labeur par les remerciements que vous prodigueront les femmes françaises en possession, enfin, d'un guide sûr, pratique et qui, sous sa forme ravissante, avec sa reliure si jolie, aura sa place partout où l'on a souci de la bonne tenue et du bien vivre.

Je suis un peu enthousiaste sans doute et vous en rougirez, mais puisque vous avez là-dessus consulté votre médecin, il fallait bien, n'est-ce pas, qu'il vous donnât, comme toujours, sa sincère opinion.

Je vous serre bien affectueusement la main, ma chère Catherine, et suis heureux de m'être fait ainsi l'apôtre de votre *Cuisine du siècle*, le livre d'aujourd'hui et de demain.

Votre vieux Docteur.

A

Abatis de dinde aux navets. — Lorsque votre abatis est paré, vous mettez dans une casserole un bon morceau de beurre, une cuillerée de farine; faites un roux un peu foncé, mettez votre abatis dans le roux; lorsqu'il est bien revenu, mouillez avec du bouillon chaud, mettez bouquet garni, sel, poivre, clous de girofle, laissez bouillir un quart d'heure, ajoutez alors vos navets, diminuez le feu et laissez cuire une heure et demie.

Abatis de dinde à la chipolata. — Agissez comme précédemment, seulement, au moment de servir, ajoutez une demi-livre de chipolata revenue dans le beurre.

Abricots (soupe aux) (*cuisine allemande*). — Deux douzaines de beaux abricots, ouvrez-les, cassez les noyaux, mettez le tout dans une casserole jusqu'au moment où les fruits sont en marmelade, passez à la passoire jusqu'au moment où il ne reste que les peaux et les amandes, versez par-dessus de la cannelle, du sucre, du vin rouge, faites bouillir et servez sur croûtons frits.

Abricots en compote. — Coupez-les en deux, faites-les cuire dans un sirop de sucre, aromatisez de kirsch, et jetez dessus les amandes des noyaux coupées en petits morceaux.

Abricots à la Condé. — Faites cuire dans un litre de lait quatre cuillerées à bouche de riz caroline, ajoutez 350 grammes de sucre, une forte pincée de vanille, un morceau de beurre bien frais, laissez cuire à très petit feu; d'autre part, faites cuire un kilogramme d'abricots coupés en deux et débarrassés de leurs noyaux, dans un sirop de sucre, égouttez-les, rangez-les sur un fond de riz et remplissez les creux des abricots avec le restant de votre riz; vous versez sur le tout le jus des abricots que vous avez fait réduire.

Abricots meringués. — Étendez sur un plat allant au feu une épaisse couche de marmelade d'abricots, rangez dessus les abricots entiers dont vous avez enlevé les noyaux. Recouvrez le tout de blancs d'œufs battus en neige, sucrés et vanillés. Mettez au four de campagne et lorsque le tout a pris couleur servez sur le plat où ils ont cuit.

Abricots secs du Midi. — Blanchissez vos abricots à l'eau bouillante, coupez-les par tranches, mettez-les sur des claies, saupoudrez-les de sucre en poudre, et faites sécher au four.

Agneau (côtelettes aux pointes d'asperges). — Faites revenir vos côtelettes, salez, poivrez, versez sur un ragoût de pointes d'asperges.

Agneau à la poulette. — Mettez blanchir un quartier d'agneau dans de l'eau bouillante salée, poivrée, assaisonnée de thym, laurier, ail, oignons, clous de girofle, échalote; après cuisson retirez l'agneau, faites fondre un morceau de beurre dans une casserole, mettez une cuillerée de farine, faites revenir, mouillez de la cuisson, liez avec jaunes d'œufs, ajoutez champignons et faites mijoter votre agneau dans cette sauce pendant un quart d'heure.

Agneau rôti à l'anglaise. — Faites cuire en broche un derrière d'agneau bien gras; mettez-le sur un plat; garnissez avec des pommes de terre cuites à l'eau salée, mettez entre les pattes un bouquet de cresson. Versez quelques cuillerées de groseilles en gelée sur votre agneau. Servez avec une saucière de gelée de groseilles et une de jus du rôti.

Aiguillettes de dinde aux marrons. — L'on n'est pas obligé de cuire une dinde entière pour obtenir un bon résultat : au contraire, vous aurez à quelques jours d'intervalle une deuxième entrée avec les deux cuisses qui vont vous rester. Prenez les deux ailes de la dinde, y compris tout l'estomac, que vous coupez en deux, si vous préférez; faites partir à bon feu dans une casserole fortement foncée avec lard et légumes; mouillez avec vin blanc et réduisez le plus vivement possible.

Au dernier moment, quand les ailes sont bien dorées, découpez-les en aiguillettes, dressez-les sur un plat en forme de couronne; mettez des marrons cuits et épluchés assaisonnés dans le jus au milieu; servez à part le fond de la cuisson.

Aiguillettes d'oie. — Coupez en tranches longues les filets d'une oie rôtie à la broche, retirez le jus qu'ils auront fourni; versez ce jus dans une sauce espagnole; la faire réduire jusqu'à ce qu'elle soit épaisse, y ajouter un zeste de citron et du jus; versez cette sauce sur les aiguillettes et vous avez un plat délicieux.

Ail. — L'ail, qui ne peut guère être aimé à cause de la façon dont il parfume l'haleine de ses amateurs, l'ail, que le poète Horace s'efforça de déshonorer dans une ode célèbre et dont notre poète Méry, dans des strophes ardentes, célébra les gousses parfumées si chères à Marseille et à tout le midi, l'ail aimé de Henri IV et de Napoléon Ier, a, chacun doit l'avouer, un relent des plus désagréables. Sans exercer sur la digestion l'influence que certains auteurs lui attribuent, il stimule ainsi que la tomate et le piment doux et le cornichon les fonctions de l'estomac. Les Bordelais qui ne sont qu'à moitié du midi lui préfèrent l'échalote, mais il faut dire à sa louange qu'il fournit au gigot une saveur fort appréciable. Vis-à-vis de lui la modération s'impose.

Ajoblanco (soupe blanche) (*cuisine espagnole*). — Pelez des amandes, des fèves, pilez-les en mortier avec une gousse d'ail en ajoutant de l'huile goutte à goutte; vous faites une pâte molle; mélangez-y un litre d'eau, une cuillerée de vinaigre, sel, poivre. Mettez dans un saladier des morceaux de mie de pain et versez le liquide après l'avoir passé.

Alcools. — La consommation des alcools (*eaux-de-vie* et *liqueurs*) va, hélas! sans cesse croissant dans tous les pays du monde.

Pour la France la quantité d'alcool pur consommé ne s'élevait en 1850 qu'à 586,000 hectolitres, elle dépasse aujourd'hui 2 millions d'hectolitres. Tous les efforts tentés jusqu'ici par tous les gouvernements pour enrayer cette marche fatale ont échoué. Aussi le dernier congrès des médecins aliénistes a déclaré qu'il fallait augmenter le nombre des hospices d'alcooliques.

Méfions-nous de l'alcool.

Depuis que le phylloxera a ravagé nos vignobles, la France, qui produisait dans les Charentes les meilleures eaux-de-vie de vin du globe, a vu décroître tellement cette production qu'il faut être aujourd'hui millionnaire pour avoir de véritable eau-de-vie de vin, et même en payant 20 francs le litre on n'est pas certain de la provenance du cognac que l'on boit.

Cognac. — Il comprend trois grandes variétés : la grande fine champagne, les fins bois et les bois. Actuellement la petite quantité de vieille eau-de-vie que possèdent les négociants des Charentes n'est plus guère employée que pour faire des coupages avec l'alcool neutre de l'industrie.

La puissance aromatique de ces eaux-de-vie est telle qu'une petite proportion est suffisante pour donner du bouquet à un grand volume d'alcool neutre et faire un produit très agréable au goût, mais la bonne eau-de-vie ne s'obtient qu'après plusieurs années de séjour en fût.

A côté des cognacs, les produits de l'*Armagnac*, quoique inférieurs, occupent une place honorable.

Le surplus de la production des vins du Midi était autrefois passé à la chaudière pour en retirer l'alcool que l'on connaissait dans le commerce sous le nom d'*alcool de Montpellier*.

Cette fabrication, limitée aux années d'abondance, a été interrompue pendant longtemps; mais notre vignoble étant en partie reconstitué il y a lieu d'espérer qu'on trouvera, comme autrefois, de l'alcool de vin authentique.

Rhums. — Ils proviennent presque exclusivement des îles de l'archipel des Antilles et sont préparés avec du jus de canne à sucre ou des mélasses. La matière première coûtant très bon marché, le rhum nous arrive à bon compte; malheureusement les débitants le coupent trop souvent avec des alcools d'industrie.

Le **kirsch** est préparé en distillant le jus des cerises fermenté. Il provient des régions de l'est de la France, du Jura, des Vosges, et aussi du grand-duché de Bade. Ce dernier, sous le nom de *kirsch de la Forêt-Noire*, est le plus estimé.

De tous les spiritueux le kirsch est peut-être le plus falsifié. On se contente de le préparer de toutes pièces en aromatisant avec de l'essence d'amandes amères artificielle de l'alcool d'industrie.

Les **eaux-de-vie de marc** proviennent de la distillation des marcs de raisin que l'on délaye dans l'eau de façon à déterminer leur fermentation. Les marcs les plus caractérisés sont ceux de Bourgogne. Ils possèdent un bouquet très puissant et comme leur consommation est moindre que celle de l'eau-de-vie ordinaire ils sont moins souvent falsifiés.

Les **eaux-de-vie de cidre** connues sous le nom de calvados proviennent presque exclusivement de Normandie et de Bretagne et se consomment en général dans ces provinces. Celles qui ont été bien distillées et ont vieilli en fût sont excellentes, ont ce bouquet très agréable pour les amateurs et se vendent jusqu'à 4 et 5 francs le litre. Aussi les fabricants agissent avec elles comme avec le cognac.

On donne le nom de *trois-six* aux alcools parce que 3 parties mélangées avec 3 parties d'eau donnent 6 volumes d'eau-de-vie, c.-à-d. 50 0/0 d'alcool.

Alcools d'industrie. — La distillerie industrielle emploie comme matières premières les betteraves et les mélasses qui proviennent de la fabrication du sucre; les matières amylacées comme l'orge, le seigle, le maïs, le froment et le riz, les pommes de terre et les topinambours.

Convenablement purifiés (et l'État avant peu, il le faut espérer, purifiera tous les alcools), rectifiés, ils perdent leur goût nauséabond et deviennent propres à la consommation.

Mais combien d'alcools sont non seulement impurs, mais encore constituent de véritables poisons !

Le **genièvre** n'est autre chose que de l'alcool de grains le plus souvent mal rectifié et qui doit son bouquet à l'essence des baies de genièvre dont l'odeur et le goût suffisent à masquer la présence des impuretés de l'alcool. (Voir les détails complémentaires dans *l'Encyclopédie chimique de Frémy.*)

Dégustation. — L'odeur d'un alcool donne une première indication sur sa pureté.

Pour déguster il faut se rincer la bouche avec le liquide ; on perçoit ensuite nettement la saveur du bouquet d'origine.

A l'odorat on peut facilement distinguer les eaux-de-vie provenant de la distillation du vin de leurs similaires du commerce. On en verse une petite quantité dans un verre mince, on agite le liquide de façon à humecter les parois du verre, on rejette l'excédent, on chauffe le verre avec la main. Le bouquet de l'eau-de-vie de vin se perçoit ensuite nettement pendant un temps assez long tandis que l'odeur laissée par les eaux-de-vie fabriquées disparaît très rapidement.

Action de l'alcool. — D'après le savant Dujardin-Beaumetz l'alcool introduit dans l'économie s'oxyde et se transforme en acide acétique, en acétates, en carbonates. C'est donc un aliment, mais un aliment d'épargne, qui au lieu d'activer les combustions, les ralentit.

Tout alcool non brûlé détermine en nous, selon la quantité, des phénomènes de sommeil et d'ivresse.

L'alcool excellent pour obtenir la guérison de certaines maladies doit être pris en très petite quantité par les bien portants et banni absolument par ceux qui ne faisant point d'exercices physiques, ne vivant pas en plein air, ne le *brûlent* pas.

Alose au bleu. — Faites cuire votre poisson dans un court bouillon au vin rouge, servez froid avec sauce mayonnaise.

Alose bretonne. — Faites fondre du beurre, mélangez une cuillerée de farine, mouillez avec le court bouillon de l'alose ; faites bouillir cinq minutes, passez au tamis ; faites cuire des sardines fraîches dans cette sauce et servez alose et sardines saucées.

Alose grillée. — La meilleure manière est de la couper par tranches, de l'envelopper de papier beurré, de la faire cuire sur le gril à feu doux et de servir avec beurre fondu, salé, poivré et persillé.

Beaucoup de personnes servent les tranches d'alose posées sur une farce d'oseille. Faites cuire l'alose au court bouillon en la coupant en tranches.

Alose sautée. — Nettoyez, videz, coupez une alose en filets, faites sauter dans du beurre et du sel, faites bien revenir, égouttez, servez avec sauce béarnaise.

Alouettes à la casserole. — Plumez, videz, flambez et troussez les alouettes, ayez autant de tranches minces de lard de poitrine et de croûtons de pain d'égale grandeur (environ 5 centimètres de longueur sur 2 de largeur) que vous avez d'alouettes. Faites fondre du beurre dans une casserole plate et large, rangez-y à côté les uns des autres, le lard, le pain et les alouettes ; salez et faites revenir de belle couleur en ayant soin de retourner.

La cuisson terminée, dressez les

alouettes sur les croûtons, alternés avec les morceaux de lard; dégraissez la sauce, détachez le fond de la casserole avec le jus d'un citron, versez sur les alouettes et servez très chaud.

Alouettes gratinées. — Composez une farce avec quelques foies de volailles, du lard râpé, une ou deux truffes hachées fin; salez, poivrez, mettez un peu de cette farce dans l'intérieur des alouettes, que vous ferez jaunir dans une casserole avec des bardes de lard. Beurrez un plat à gratin, placez-y le restant de la farce en couronne; enfoncez les alouettes dans cette farce, couvrez chacune d'une barde, saupoudrez de mie de pain, bourrez le vide du milieu du plat par un morceau de pain, arrosez le tout de beurre fondu et faites cuire à feu doux. Lorsque les alouettes ont pris couleur, retirez le morceau de pain, remplacez-le par un ragoût de truffes, saucez et servez.

Alouettes en salmis. — Faites-les cuire à la broche, enlevez les têtes, tout ce qu'elles ont dans le corps, jetez les gésiers, pilez ce que vous avez retiré dans un mortier avec un peu de pain grillé, délayez avec du bouillon, passez à l'étamine, mettez un jus de citron, du sel, du poivre, faites chauffer les alouettes sans les laisser bouillir et servez avec croûtons frits.

Aloyau braisé. — Désossez-le, parez-le, roulez-le, mettez dans votre casserole de petites tranches de lard, de jambon, tranches d'oignons, de carottes; placez l'aloyau dessus, mouillez, moitié eau, moitié bouillon, faites bouillir vivement et lorsque l'ébullition est grande mettez sur feu de cendre et laissez mijoter deux heures, retournez l'aloyau une fois, dégraissez le jus avant de servir.

Aloyau braisé aux choux. — Faites blanchir des choux blancs, égouttez-les, pressez-les bien, faites cuire trois heures à casserole couverte avec beurre, sel, poivre, bouquet garni. Quand ils sont cuits, retirez les oignons et le bouquet; égouttez les choux et servez-les en bouquets à chaque extrémité de l'aloyau braisé.

Aloyau à la Godard. — Faites braiser votre aloyau, mais ajoutez du madère et du bouillon; quand l'aloyau est cuit, passez les résidus, dégraissez, faites réduire en ajoutant du jus de viande, des fonds d'artichauts, des champignons. Posez l'aloyau sur ce ragoût.

Aloyau aux ris de veau. — Enlevez les os, piquez de lardons, ficelez et mettez cuire six heures avec beurre, carottes, oignons, bouquet garni, bouillon, jus de viande, vin blanc, madère. Lorsque l'aloyau est cuit, tenez-le au chaud, pressez la cuisson, dégraissez, passez au tamis, ajoutez encore du bouillon et faites cuire dans cette sauce des ris de veau blanchis d'abord, des fonds d'artichauts, des champignons également blanchis; mettez quelques cuillerées de sauce tomate, faites bouillir une demi-heure à petit feu, ajoutez des olives dénoyautées, mettez votre aloyau sur un plat et saucez-le de ce délicieux ragoût.

Aloyau rôti au céleri. — Choisir du beau céleri, faire blanchir dans du bon bouillon; quand il est cuit, y ajouter des tranches bien minces d'un filet ou d'un aloyau rôti avec échalotes, jus de citron; on peut remplacer le céleri par des cardons ou de la chicorée ou des concombres.

Aloyau à la Saint-Florentin. — Faites rôtir un aloyau, servez avec une sauce Robert dans laquelle vous ajoutez des escalopes de langue à l'écarlate.

Amandes (gâteau d'). — Pilez, dans un mortier de marbre, une demi-livre d'amandes douces mondées, un quart de sucre en poudre, quelques amandes amères, un peu de sel, du zeste de citron, un demi-quart de fécule, quatre œufs entiers, deux jaunes d'œufs et deux blancs battus en neige, mélangez le tout, beurrez un moule à gâteau de riz uni, garnissez-le de papier beurré, versez-y la pâte, faites cuire au four modéré.

Amourettes de veau frites. — Après les avoir parées, coupez les amourettes environ de la longueur du doigt, mettez-les cuire à moitié dans de l'eau salée et vinaigrée, trempez-les dans la pâte à frire et faites frire de belle couleur.

Ananas en salade. — Prenez un ananas conservé (ils sont meilleurs que les frais), coupez-le en tranches aussi minces que possible, arrosez-le de kirsch ou de marasquin, sucrez-le de sucre en poudre; ayez soin de ne pas oublier le jus contenu dans la boîte.

Anchois frits. — Lavez-les, ôtez les arêtes, trempez-les dans une pâte à frire et faites frire à large friture.

Anchois (rôties aux). — Coupez des tranches de pain un peu épaisses, faites-les frire dans de l'huile. Creusez-les un peu. Faites alors une sauce avec huile, vinaigre, sel, poivre, câpres, ciboules, échalotes hachées; faites bouillir une minute, mettez vos anchois et remplissez vos croûtons d'anchois et de sauce.

Anchois en salade. — Lavez-les au vin blanc, levez les filets et mettez dans une salade de chicorée.

Andouillettes. — En général on achète les andouillettes toutes faites. Pour les griller, entourez-les de papier beurré et servez sur une purée de pois cassés ou de pommes de terre.

Anguille aux champignons. — Coupez-la en morceaux, faites un roux, mouillez-le de bouillon, ajoutez sel, poivre, champignons; mettez cuire l'anguille, et à mi-cuisson ajoutez un verre de vin blanc.

Anguille au citron. — Coupez en morceaux une grosse anguille, embrochez-les avec une tranche de citron entre chaque morceau, faites mariner dans l'huile et rôtir à feu doux; servez avec du beurre fondu et des fines herbes hachées.

Anguille frite. — Coupez l'anguille par tronçons, faites cuire dans un court bouillon, moitié eau, moitié vin blanc, carottes et oignons coupés en tranches, bouquet garni, sel, poivre; égouttez les tronçons, passez-les dans du beurre fondu avec un peu de farine mouillée du court-bouillon, puis dans la mie de pain; trempez dans des œufs battus, passez encore à la mie de pain et faire frire.

Servez avec sauce tomate ou sauce piquante.

Anguille de mer au beurre noir. — Enlevez la peau, faites cuire à l'eau salée; coupez en morceaux et versez par-dessus du beurre noir avec sel, poivre, vinaigre, persil haché.

Anguille de mer à la bourgeoise. — Enlevez la peau qui est détestable, faites cuire à l'eau très salée. Faites une sauce blanche, liez avec deux jaunes d'œufs, écrasez un anchois dedans; servez votre anguille sur serviette et votre sauce à part.

Anguille de mer à la poulette. — Faites sauter des champignons dans du beurre, mettez un peu de farine, mouillez de bouillon, ajoutez persil, ciboules hachés, tenez la sauce longue; enlevez les chairs de l'anguille, coupez-les en gros morceaux carrés, mettez-les cuire dans cette sauce que vous liez de jaunes d'œufs au moment de servir.

Anguille à la minute. — Après avoir coupé par tronçons une belle anguille, la mettre cuire avec de l'eau, sel, poivre, puis la servir accompagnée d'une sauce maître d'hôtel, entourée de pommes de terre frites, exprimer sur le tout quelques gouttes de jus de citron.

Anguille à la Suffren. — Dépouillez et piquez avec des filets d'anchois et des filets de cornichons, placez l'anguille en cercle dans une casserole, mouillez d'une marinade cuite, couvrez du four de campagne; lorsque l'anguille est cuite, servez avec une sauce piquante au poivre de Cayenne.

Anguilles tartare. — Faites fondre du beurre, mettez-y carottes, oignons en tranches, bouquet garni; ajoutez de la farine, du vin blanc, faites bouillir un quart d'heure, passez au tamis; mettez dans cette sauce votre anguille dépouillée et roulée et faites cuire; retirez alors l'anguille, laissez-la refroidir, trempez-la dans des œufs battus, puis dans la mie de pain; faites griller à feu doux avec four de campagne et servez avec rémoulade.

Animelles frites. — Les animelles ou rognons du bélier sont un friand morceau. Après les avoir dépouillées de leur peau, coupez-les en tranches, exprimez dessus le jus d'un citron, passez-les dans la farine et faites-les frire un peu croquantes.

Anisette. — Mettez trois livres de sucre dans un litre d'eau, passez à travers un linge. Faites fondre d'autre part, dans 15 grammes d'esprit de vin, 3 grammes d'essence de badiane, un demi-gramme d'essence de néroli bigarade, un demi-gramme d'essence de cannelle; 5 grammes d'essence d'anis; un gramme d'essence de muscade, un gramme de teinture de vanille. Lorsque tout est bien mélangé, ajoutez un kilogramme de trois six de Montpellier, puis le sirop. Passez au papier le lendemain et mettez en bouteilles.

Apéritifs. — On donne ce nom à des liqueurs amères qui, selon la croyance populaire trop généralement répandue, ouvrent l'appétit.
Loin d'atteindre ce but et surtout étant donnée l'heure à laquelle on les absorbe, c'est-à-dire peu de temps avant le repas, ces boissons ne font que charger l'estomac, coupent l'appétit au lieu de le provoquer et de plus détériorent à

brève échéance l'estomac de ceux qui s'y adonnent. Ils confondent les crampes d'estomac occasionnées par l'action irritante de ces alcools malsains avec la sensation de la faim.

Les apéritifs développent l'irritation gastrique et déterminent les terribles maladies de foie, les cirrhoses des ivrognes.

Un verre d'infusion de « Quassia amara » ou quelque bon verre de vin d'Espagne pris 2 heures avant les repas voilà le seul bon apéritif pour les personnes dont l'estomac paresseux à besoin de stimulant.

Vouloir supprimer l'usage des apéritifs ce serait aussi fou que de vouloir supprimer celui du tabac ; mais nous n'éprouvons pas le besoin d'en donner ici les formules.

Arlequin. — Lorsque vous avez différentes sortes de restes, volailles, gibiers, viandes rôties, coupez en morceaux, mettez dans une casserole avec sel, poivre, persil, ciboules hachées, du madère, du bouillon, du vin blanc, faites bouillir une heure ; ajoutez des croûtons frits, des olives tournées, des champignons, versez sur vos débris de viandes et servez.

Artichauts Barigoule. — Nettoyez les artichauts, coupez les feuilles très courtes, faites cuire dans l'eau bouillante salée ; lorsqu'ils sont cuits enlevez le foin, faites égoutter. Prenez un morceau de beurre, mélangez avec de la chapelure, du persil haché sel, poivre, lard râpé, champignons ; mettez cette farce à la place du foin et mettez quelques morceaux de beurre, beurrez une tourtière, mettez les artichauts dessus, arrosez de bouillon et faites cuire feu dessus feu dessous.

Artichauts frits. — Parez, coupez en morceaux les artichauts tondus ; laissez peu de feuilles, lavez dans l'eau vinaigrée égouttez, mettez mariner dans sel, poivre, vinaigre, deux œufs entiers, une cuillerée d'huile d'olive ; une pincée de farine, remuez le tout. Faites chauffer de la friture, retirez du feu lorsqu'elle est chaude, rangez les morceaux d'artichauts les uns à côté des autres ; remettez la friture sur le feu, laissez cuire en remuant fréquemment. Lorsque les artichauts sont dorés, retirez, égouttez et servez avec persil frit.

Artichauts à la Grimod de la Reynière. — Coupez des oignons, faites-les roussir au beurre, mettez sel, poivre ; retirez beurre et oignons dans un plat. Nettoyez les artichauts, faites-les blanchir, égouttez ; mettez à la place du foin, les oignons avec de la mie de pain mélangée à du fromage râpé ; faites prendre couleur sous four de campagne.

Artichauts à l'italienne. — Prenez des artichauts crus, coupez en morceaux, ôtez le foin, lavez-les, mettez dans une casserole avec du beurre, ajoutez sel, poivre, bouillon, vin blanc, citron. Quand ils sont cuits, servez avec sauce italienne.

Artichauts à la lyonnaise. — Coupez les artichauts en quatre, nettoyez-les, faites blanchir, égouttez ; trempez dans du beurre fondu avec jus de citron, faites cuire avec oignons, prendre couleur, ajoutez un peu de bouillon, un roux ; retirez les artichauts, passez la cuisson ; remettez cuire un instant les artichauts avec sel, poivre, persil haché.

Asperges frites. — Prenez de petites asperges vertes ; faites-les cuire très peu à l'eau salée, jetez-les immédiatement dans l'eau froide pour leur conserver leur couleur; essuyez, farinez, liez en bottillons de cinq, passez dans l'œuf battu, et faites frire.

Asperges à l'italienne. — Il ne faut jamais ratisser les asperges mais les éplucher; elles sont ainsi mangeables presque jusqu'au bout. Mettez cuire vos asperges dans l'eau bouillante salée, retirez-les un peu croquantes. Faites fondre de très bon beurre, trempez-y vos asperges une à une, puis trempez-les dans du gruyère et du parmesan râpés.

Asperges au jambon. — Faites mijoter un peu de jambon, du jus de viande, du bouillon, sel, poivre, persil haché, dégraissez, passez au tamis et versez sur des asperges cuites à l'eau salée et égouttées.

Asperges Louis XV. — Faites cuire de belles asperges dans de l'eau bouillante salée, coupez-les en biais de la longueur de cinq centimètres; mettez-les sécher dans une serviette bien chaude afin qu'elles ne refroidissent pas; faites une sauce avec beurre fin, vinaigre, poivre, sel, jaunes d'œufs; liez au bain-marie et servez vos asperges saucées de cette sauce.

Aspic. — On appelle « aspic » de la gelée placée dans un moule plus ou moins ornementé et dans lequel on dispose soit du foie gras, soit du poulet froid, du gibier froid, de la langouste, des queues d'écrevisses, du poisson, des légumes, enfin, n'importe quoi. Ce plat, très décoratif, très facile à faire, est redouté des ménagères qui n'osent l'entreprendre. Voyez la recette « gelée » et en mettant couche par couche de ladite gelée sur les denrées que vous voulez servir en aspic vous obtiendrez le plus joli plat du monde. Il est des moules très bien ornés au Bon Marché.

Aspic clair. — Mettez dans une casserole un peu de mirepoix, du poivre, du vinaigre, de l'estragon; faites bouillir jusqu'à faire glace. Mouillez de bouillon; ajoutez quelques débris de viande; faites rebouillir; laissez refroidir; dégraissez, passez au tamis, clarifiez avec un blanc d'œuf et sa coquille; faites prendre un peu de consistance au bain-marie et servez avec feuilles d'estragon hachées.

Aspic d'écrevisses. — Unir dans un moule avec de la gelée des écrevisses et des légumes variés; quand ils sont pris, démouler et servir l'aspic entouré de choux-fleurs, de pointes d'asperges et d'une sauce ravigote.

Attereau breton. — Prenez une poitrine de veau, parez-la et saupoudrez de sel, poivre. Mettez au fond d'une terrine quelques bâtons entrecroisés de manière à ce que la poitrine ne touche pas le fond; mettez des tranches de porc salé sur la poitrine et faites cuire à four ouvert; il faut que le porc soit rissolé à moitié de son épaisseur; retirez la poitrine et servez-la froide.

Attereau de filets de merlans. — Lavez les filets de quatre gros merlans, coupez vos filets en trois; faites fondre du beurre avec sel, poivre, deux jaunes d'œufs, trempez vos filets, retirez, roulez; passez vos attelets, trempez dans de la mie de pain, mettez sur un gril et faites cuire sur cendres rouges; servez avec un aspic clair.

Attereau de filets de soles. — Se fait comme l'attereau de filets de merlans.

Aubergines. — Il est spécialement recommandé de les couvrir de sel pendant vingt-quatre heures pour faire sortir l'eau, qui, sans cela, leur donne un goût d'amertume.

Aubergines à la bohémienne. — Faites cuire des aubergines à l'eau salée et bouillante, égouttez et écrasez, mettez dans une casserole beurre, persil, ail, tomates; laissez cuire et réduire, ajoutez la purée et remettez cuire à petit feu. Au moment de servir, saupoudrez de gruyère râpé et mélangez.

Aubergines farcies au gratin. — Fendez les aubergines en longueur sans les peler, ôtez les pépins. Faites tremper un morceau de pain gros comme le poing dans du bouillon, avec sel, poivre, persil haché; vous gommez de cette sorte de farce chaque montée d'aubergines, vous mettez force beurre sur une tourtière, rangez dessus vos montées d'aubergines les unes à côté des autres, mettez sur chacune de petits morceaux de beurre, cuisez feu dessus feu dessous pendant une demi-heure.

Ayoli (*cuisine provençale*). — L'ayoli est une sorte de sauce gélatineuse faite d'huile, de vinaigre et d'aulx réduits en pâte. Pilez des gousses d'ail dans un mortier; versez de l'huile d'olives goutte à goutte, en tournant comme pour une mayonnaise, vous obtenez une pâte, que vous aromatisez de jus d'un citron et auquel vous ajoutez un jaune d'œuf pour donner couleur.

B

Baba. — Prenez 250 grammes de beurre fondu, placez dans une terrine en terre vernissée, tournez *toujours dans le même sens* avec une cuiller de bois jusqu'à ce que le beurre ait pris l'apparence de crème, cassez dans ce beurre 12 œufs entiers, après chaque œuf mettez une cuillerée à bouche de farine; ensuite vous mettez 6 cuillerées à bouche de crème, encore 6 cuillerées de farine, du sel, trois cuillerées à bouche de levure de bière, encore 6 cuillerées de farine, une poignée de raisins secs bien nettoyés; tournez encore votre pâte dans le même sens pendant une heure.

Mondez des amandes douces, coupez-les en filets; beurrez un moule à baba, semez les morceaux d'amandes sur les parois, remplissez le moule à moitié, laissez monter la pâte jusqu'en haut et mettez au four.

Si on veut obtenir un baba moins gros, on réduit les proportions.

Baba au rhum. — On agit comme précédemment, seulement on ajoute du cédrat confit en petits dés et on sauce le gâteau avec une sauce composée de gelée d'abricots, de rhum et de sirop de sucre.

Bar au court-bouillon. — Mettez, après l'avoir vidé, écaillé, lavé et essuyé soigneusement, votre poisson dans un court-bouillon d'eau, de vin blanc et de vinaigre, sel, poivre, thym, laurier, ail, échalote, clous de girofle, carottes, oignons, estragon. La chair du bar étant fade a besoin d'être bien relevée. Servez avec sauce blanche ou sauce tartare.

Barbeau court-bouillon. — Videz-le sans l'écailler; arrosez de vinaigre chaud, mettez-le dans la poissonnière avec vin rouge, sel, poivre en grande quantité, oignons, carottes, tranches de citron, bouquet garni, laissez cuire et écaillez après; servez avec sauce à votre goût.

Barbeau grillé. — Faites des incisions sur le dos, trempez-le dans du beurre fondu salé, mettez sur le gril et servez avec sauce piquante, sauce verte, sauce aux anchois.

Barbillons au vin rouge. — Videz, mettez cuire avec sel, poivre, épices, vin rouge et beurre; quand ils sont à point, lier la sauce avec pincée de farine.

Barbue au four. — Nettoyez, videz, faites quelques incisions, mettez mariner avec sel, poivre, vinaigre, ciboules, tranches de citron, cinq heures après trempez la barbue dans du beurre fondu, couvrez-la de mie de pain salée; faites cuire au four et servez sur farce d'oseille comme l'alose.

Barbue grillée sauce à l'huile. — Lorsque la barbue est vidée, lavée, ratissée, fendez-la sur le dos, mettez-la mariner dans de l'huile avec sel, poivre; faites-la griller doucement; sa cuisson faite, dressez sur le plat avec ronds de citron épépinés et saucez avec sauce à l'huile.

Barbue Mornay. — Faites cuire à demi une barbue dans un bon court-bouillon (je ne répéterai pas la recette du court-bouillon), retirez-la, égouttez-la, mettez-la sur un plat et saucez-la d'une sauce blanche dans laquelle vous avez incorporé du fromage de gruyère râpé avec un quart de parmesan. Mettez votre barbue feu dessus, feu dessous. Le feu de dessous doit être doux et celui du dessus vif, de manière à faire prendre couleur.

Barbue Sainte-Menehould. — Faites chauffer dans une béchamel épaisse des morceaux de barbue de desserte; dressez le tout en mont sur un plat allant au feu, saupoudrez de chapelure et d'un peu de parmesan râpé; faites prendre couleur sous le four de campagne.

Barbue sauce hollandaise. — Cuite comme précédemment au court bouillon et servez avec une sauce hollandaise.

Bâtons divins. — Exquise recette pour utiliser des restes de volaille ou de gibier. Faites une farce composée de vos débris de mie de pain, de foie de veau haché, un soupçon de chair à saucisse; un peu de lait, sel, poivre; roulez en fuseaux, trempez dans la farine et faites frire au beurre.

Bavaroise au café (*boisson*). — Mélangez du café et du lait chaud par parties égales, sucrez; ajoutez un peu de fleur d'oranger.

Bavaroise à la liqueur (*boisson*). — Faites bouillir du lait, sucrez très fort, mettez du kirch ou de l'anisette.

Bavarois tôt fait au Maïzena. — Mettez 1 litre 1/2 de lait, 150 grammes de sucre, 2 pincées de sel, faites chauffer; pendant ce temps, délayez 160 grammes de Maïzena, 6 jaunes d'œufs dans un demi-litre de lait froid; au premier bouillon, jetez dans la casserole, remuez cinq minutes, parfumez de vanille; versez dans un moule après avoir passé au tamis, faites prendre sur glace et servez saucé de jus de groseilles.

Bavarois à la vanille. — Faites bouillir un quart de litre de crème, mettez de la vanille, retirez, laissez refroidir en couvrant la casserole; délayez quatre ou cinq jaunes d'œufs dans la crème passée; faites chauffer en tournant toujours avec une cuiller de bois; lorsque la crème est épaissie, laissez refroidir ; ajoutez 30 grammes de colle de poisson dissoute, un fromage Chantilly. Mettez dans un moule et faites prendre trois heures sur glace salpêtrée.

Bécassines à la broche. — Ne pas les vider, les piquer de lard, les mettre à la broche, enveloppées de feuilles de vigne, mettre dessous des rôties de pain pour recevoir ce qui tombe et servir sur vos rôties.

Bécassines à la minute. — Troussez, flambez, épluchez vos bécassines et mettez-les dans une casserole sur feu ardent avec un bon morceau de beurre, échalotes hachées, muscade râpée, sel gros, poivre ; sautez cinq minutes, mettez le jus de deux citrons, un peu de vin blanc, un peu de chapelure de pain, laissez jeter un bouillon et servez.

Bécasses rôties à l'anglaise. — Fendez vos bécasses sur le dos, videz-les, enlevez le gésier ; hachez les intestins avec moitié de leur volume en lard râpé, persil, échalotes hachées, sel gros, poivre, farcissez-en vos bécasses, recousez-les, bardez-les et mettez en broche.

Bécasses en salmis. — Mettez dans une casserole un morceau de beurre manié de farine, laissez fondre sans prendre couleur ; ajoutez demi-verre de bouillon, demi-verre de vin rouge, deux échalotes entières que vous retirerez ainsi que le bouquet garni avant de servir, poivre, sel, laissez bouillir une demi-heure. Levez les membres des bécasses et mettez-les dans cette sauce sans bouillir ; ajoutez le jus d'un citron, mettez au fond de votre plat des tranches de pain grillé ; dressez dessus votre gibier, arrosez avec la sauce et servez très chaud.

Beignets d'ananas. — Coupez en tranches minces un ananas conservé (ce sont les meilleurs), faites mariner une heure dans de l'eau et du rhum, faites sécher au four une tranche de biscuit de Savoie, réduisez en poudre où vous trempez vos tranches d'ananas ; plongez dans une pâte à frire, faites frire à large friture d'huile ; égouttez, saupoudrez de sucre et passez la pelle rouge au-dessus.

Beignets de brioche. — La brioche rassie n'est guère bonne, mais on peut en faire d'excellents beignets. Faites bouillir du lait, sucrez, vanillez, trempez votre brioche coupée en tranches minces ; faites égoutter faites frire et servez saupoudré de sucre.

Beignets à la Chantilly. — Une demi-livre de farine, deux œufs, gros comme une noix de moelle de bœuf hachée et pilée ; deux petits fromages à la crème, mouillez la pâte avec un peu de vin blanc, une pincée de sel fin, du sucre, faites frire à large friture.

Beignets de crème de riz. — Faites cuire une demi-livre de riz dans un litre de lait, mettez un peu de sucre et une pincée de sel ; laissez cuire jusqu'à ce que le riz soit en pâte, broyez, passez au tamis, faites épaissir au feu, mettez quatre jaunes d'œufs, faites refroidir sur plat beurré, faites-en de petites galettes que vous passez à l'œuf battu et à la mie de pain et que vous faites frire.

Beignets au four. — Une demi-livre de farine, un quart de beurre, un œuf, une pincée de sel, une grosse cuillerée de crème aigre, trois cuillerées de sucre en poudre, une grosse cuillerée de kirsch, faites de cette pâte de petits tas sur un papier beurré et mettez cuire à four doux.

Beignets de fraises et de framboises. — Prenez des fraises ou des framboises que vous aurez eu soin de bien éplucher, trempez-les dans la pâte à frire tenue un peu épaisse. On en met de deux à six dans chaque beignet, suivant la grosseur des fruits. Il faut que ces fruits soient choisis très fermes. On jette ces beignets dans de la friture très chaude, on laisse bien dorer et on les sert chauds, saupoudrés de sucre en poudre.

Beignets de fruits à l'eau-de-vie. — Prenez des cerises à l'eau de vie, égouttez-les; enveloppez-les une à une dans du pain à chanter, trempez dans la pâte à beignets et faites frire; servez saupoudrés de sucre.

Beignets au gruyère. — Mêlez une partie égale de beurre et fromage de gruyère râpé, faites fondre sur un feu doux, puis ajoutez des œufs entiers et de la farine, de façon à obtenir une pâte très ferme. Étendre la pâte sur une table à l'aide d'un rouleau, la couper en carrés, faire frire à feu vif, saupoudrer de sucre et servir.

Beignets Marinette. — Faites réduire de moitié un litre de lait, laissez refroidir; délayez cinq jaunes d'œufs, six marrons glacés, de la fleur d'oranger pralinée, un peu de zeste de citron, un macaron, mélangez le tout, vous avez une pâte que vous divisez en morceaux et que vous faites frire.

Beignets d'oranges. — Ayez de belles oranges que vous pelez soigneusement, découpez-les en quartiers de grosseur moyenne, ôtez-en les pépins, saupoudrez-les de sucre en poudre. Ensuite trempez-les dans une légère pâte à frire, faites-les bien dorer dans de la friture de beurre. Saupoudrez-les de sucre en poudre et passez dessus et de chaque côté une pelle rougie, afin de les glacer, et servez-les chauds.

Beignets d'oseille. — Prenez de belles feuilles d'oseille, lavez, essuyez, trempez dans la pâte à beignets; faites frire, égouttez, sucrez.

Beignets de pommes de terre. — Ayez des pommes de terre jaunes cuites au four, pelez, pilez avec sel, un quart de beurre fin, un peu d'eau-de-vie, ajoutez des œufs, et lorsque la pâte a la consistance voulue, faites des boulettes allongées, roulez dans la farine, faites frire, saupoudrez de sucre.

Beignets aux pommes et au vin rouge. — Délayez deux cuillerées à pot de farine avec quatre décilitres de vin rouge bouillant, chauffez une tasse d'eau de cerise, versez dans la pâte du sucre pilé, prenez un quartier de pomme, entourez de pâte, faites frire à grand feu au saindoux et au beurre.

Beignets de raisin de Corinthe. — Ils se font comme les autres, mais on remplace les pommes ou les confitures par des raisins de Corinthe lavés, épluchés, cuits dans du sucre clarifié.

Beignets au vin. — Deux verres de vin blanc, quatre œufs entiers, un gros morceau de beurre frais, de la farine jusqu'à ce que la pâte soit maniable, coupez cette pâte avec un petit verre à bordeaux, jetez vos beignets dans la friture; retirez, saupoudrez de sucre et servez.

Beignets (*autres*). — De l'eau, un verre, un peu de sucre, de la farine, un morceau de beurre; faites une pâte bien épaisse, mélangez cinq œufs dont les blancs sont battus en neige, faites cuire au four dans de petits moules.

Betteraves (*pour les faire cuire*). — Lavez, essuyez, séchez, humectez-les d'un peu d'eau-de-vie; mettez-les sur un gril dans un four très chaud; laissez-les refroidir dans le four; le lendemain, recommencez.

Betteraves à la chartreuse. — Coupez en tranches des betteraves jaunes cuites, mettez entre deux tranches un rond d'oignon cru, assaisonné de cerfeuil, sel, poivre, muscade, trempez dans de la pâte à frire, jetez-les dans une vaste friture et servez, saupoudrées de sel.

Betteraves à la crème. — Pelez, émincez en filets vos betteraves, faites cuire doucement dans une béchamel.

Betteraves à la Poitevine. — Faites cuire des tranches de betterave dans un roux où auront cuit des oignons hachés, mettez des épices et un fort filet de vinaigre.

Betteraves au vin. — Comme les betteraves à la crème, seulement on remplace la crème par du vin.

Beurre. — Le beurre est le corps gras naturel qu'on extrait du lait où il se trouve en suspension à l'état de globules. Le beurre est un excellent aliment gras dont l'usage est utile à tous, indispensable aux personnes amaigries ou affaiblies. Il est très souvent falsifié, mais la fraude ne commence que lorsqu'on laisse dans le beurre une trop grande proportion des éléments du lait ou que l'on y incorpore des corps n'ayant aucune analogie avec les corps gras.

Toutes les fraudes qui ne portent pas sur la nature même du beurre peuvent être facilement décelées par le chimiste et même être reconnues par le commerçant. Il en est tout autrement lorsqu'on introduit dans le beurre des matières grasses comme l'oléo-margarine qui présente avec le beurre une grande analogie.

Vérifie-Beurre. — Tout le monde connaît l'odeur désagréable qui se dégage des graisses lorsqu'on les expose à une température un peu élevée. On a construit pour utiliser cette propriété un petit appareil très portatif nommé le vérifie-beurre. Le mode d'emploi est des plus simples. Après avoir imbibé d'alcool le feutre qui sert de réservoir à l'appareil, on allume la petite mèche, on laisse l'appareil s'échauffer, puis on place dans la cuvette gros comme un pois de beurre. Si la fumée sent le beurre fondu, le beurre est pur; si l'on reconnaît l'odeur des côtelettes grillées, il a été falsifié par des graisses. Si on l'a mélangé avec des huiles, il se dégage des vapeurs âcres et nauséabondes qui rappellent une lampe à huile mal éteinte. C'est le seul appareil qui puisse rendre de vulgaires services, mais encore faut-il quelqu'un de très expérimenté pour s'en servir. Nous n'entrerons pas dans le détail des appareils dont se sert le laboratoire municipal. Une analyse savante peut seule fixer sur la qualité absolue du beurre. Mais les débitants sont actuellement tenus d'indiquer dans leur boutique la qualité des beurres qu'ils vendent ou des matières grasses fabriquées sous le nom de beurre pour la cuisine moderne.

Beurre artificiel. — L'oléo-margarine est un beurre artificiel produit par la graisse ou suif de bœuf broyé, puis chauffé. Ce résidu solide, coloré, baratté avec du lait constitue l'oléo-margarine: on a donné à ce produit les noms de simili-beurre, beurrine, oléo-normand, etc., pour dérouter le public. Avec les nouvelles manières d'opérer, le public est absolument lésé, car on emploie des suifs vieux et de mauvaise qualité et on y ajoute des huiles dangereuses.

Si l'oléo-margarine était un produit sain et bien préparé, elle viendrait réellement en aide aux classes peu aisées et il faudrait encourager cette industrie. Mais en France sur les quinze à vingt millions de kilogrammes que l'on fabrique annuellement, on peut dire que 1 p. 100 seulement est consommé sous son véritable nom, le reste est ou exporté ou mélangé au beurre.

Il conviendrait dans ces conditions de protéger à la fois et l'agriculteur et le consommateur en employant un colorant qui permettrait à tous de distinguer la margarine du beurre, mais les marchands en gros redoutent ce procédé qui restreindrait la fraude pratiquée sur les beurres. Le bon beurre étant indispensable à la bonne cuisine, il faut se mettre en garde autant que possible contre les falsifications. Il est actuellement impossible de se procurer du beurre véritable dans les grandes villes à moins de 3 francs la livre environ.

Beurre d'ail. — Pilez ensemble de l'ail et du beurre.

Beurre d'anchois. — Lavez, égouttez, essuyez, enlevez l'arête, pilez les filets, amalgamez avec un quart de beurre frais, passez au tamis au-dessus d'une casserole remplie d'eau fraîche et recueillez le beurre.

Beurre conservé frais. — Tenez-le couvert d'un linge mouillé d'eau vinaigrée.

Beurre de crevettes. — Agissez comme pour le beurre d'écrevisses.

Beurre d'écrevisses. — Prenez des écrevisses cuites au court-bouillon, retirez les queues; faites sécher au four corps et pattes; réduisez en poudre dans un mortier; ajoutez un quart de beurre fin, pilez encore jusqu'à parfait mélange; mettez dans une casserole sur un feu très doux pendant une demi-heure; passez ensuite au tamis fin au-dessus d'un vase plein d'eau fraîche; le beurre se figera en tombant et vous pourrez l'enlever.

Beurre de Gascogne. — Cuisez entièrement à grande eau une quinzaine de gousses d'ail, égouttez, pilez avec du beurre, sel, poivre de Cayenne, moutarde.

Beurre de homard. — Retirez les œufs et les parties crémeuses d'un homard; pilez avec du beurre, ajoutez de la moutarde, passez au tamis.

Beurre de raifort. — Râpez du raifort et mélangez-le avec un morceau de beurre.

Beurre ravigote. — Mettez une minute dans l'eau bouillante, persil, estragon, pimprenelle, ciboule, cerfeuil, pilez avec une échalote hachée, deux anchois et un énorme morceau de beurre.

Bière. — La bière est une boisson alcoolique obtenue par la fermentation d'infusions ou décoctions d'orge germée ou *malt*, aromatisées avec du houblon. Les éléments constitutifs de la bière varient suivant l'espèce et la qualité de l'orge employée et suivant le procédé de brassage adopté.

La bière est une boisson excellente, et diurétique qui étanche mal la soif. Généralement plus on en boit, plus on en désire boire.

Il suffit de parcourir les brasseries de certaines contrées, comme celles de Munich, pour voir quelle quantité énorme de bière un homme peut absorber, plus de 20 litres par jour quelquefois.

Par bonheur, cette immense quantité ne fait que traverser l'économie, transformant ainsi le buveur de bière en un véritable filtre. Mais cette transformation fatigue considérablement les reins et peut causer des maladies graves.

Les bières les plus fortes sont les bières anglaises, le porter et l'ale, qui contiennent jusqu'à 8 0/0 d'alcool.

La bière est falsifiée, ainsi que le vin, par cent procédés divers, et quelquefois dangereux. L'analyse seule peut dévoiler les fraudes, mais nos brasseurs français ont fait d'immenses progrès, et l'on peut, en s'adressant à de bonnes maisons, absorber sans danger cette bonne boisson utile surtout aux végétariens.

Bière ménagère. — Prenez une grosse poignée de houblon, 10 centimes d'orge perlé, 500 grammes de sucre brut, faites bouillir le tout dans 4 litres d'eau pendant une demi-heure ; retirez du feu, ajoutez 5 centimes de levure de boulanger avec 10 litres d'eau ; laissez fermenter pendant quatre jours. Mettez dans de fortes bouteilles et bouchez. Ajoutez un peu de caramel pour donner la couleur de la bière véritable.

Biftecks. — Se font griller ; il est bon de faire chauffer le gril avant, et de huiler légèrement la viande ; se servent saignants. Il faut qu'ils soient saisis par un feu vif.

Bifteck au beurre d'anchois. — Pilez un anchois avec du beurre, passez au tamis, mettez ce beurre sur un plat où vous déposerez votre bifteck grillé.

Bifteck bohémien. — Prenez un morceau de culotte bien aplati : salez, poivrez légèrement, étalez sur la viande une farce de chair à saucisse, persil, oignons hachés, sel, poivre, muscade, ail et un œuf. Roulez le bifteck, attachez d'une ficelle, passez à la farine et faites revenir.

Ensuite faites cuire trois quarts d'heure dans une casserole avec oignon, et mouillez de bouillon, dégraissez, masquez du jus, avec accompagnement de haricots verts ou choux nouveaux.

Biftecks aux champignons. — Coupez de petits biftecks très minces, faites-les sauter au beurre et cuire à feu vif six à sept minutes. Égouttez-les et mettez dans leur cuisson un peu de farine, d'extrait de viande, sel, poivre, une cuillerée de vin blanc, ajoutez des champignons cuits au beurre, un jus de citron, remettez vos biftecks deux minutes et servez.

Bifteck à la Chateaubriand. — Il faut qu'il ait au moins 6 centimètres d'épaisseur, huilez-le des deux côtés et faites griller à feu très vif.

Pour tous les grillés il est bon de huiler les viandes.

Bifteck à la Gauttement. — Hachez finement cornichons, oignons, échalotes, ail, anchois. Faites cuire votre bifteck dans du beurre, retirez lorsqu'il est cuit, ajoutez un peu de farine dans le beurre de la cuisson, mettez du jus de viande, un peu de madère, du poivre de Cayenne, laissez cuire votre hachis deux minutes. Mettez votre bifteck sur un plat et versez hachis et sauce dessus.

Biscottes au vin. — Faites tremper dans un demi-litre de lait bouilli et refroidi, six biscottes, en ayant soin qu'elles ne se déforment pas, faites frire ; dressez en couronne sur un plat ; faites alors bouillir un verre de vin, un verre d'eau, du sucre, de la cannelle, des raisins de Malaga épluchés ; il faut que cette sauce ait la consistance d'un sirop ; versez au milieu du plat.

Biscuits aux confitures. — Pilez dans un mortier huit jaunes d'œufs, 100 grammes de sucre, un peu de fleur d'oranger pralinée et quatre cuillerées de marmelade d'abricots ; passez au tamis ; mettez un peu d'écorce de citron confite coupée très menue, battez huit blancs d'œufs en neige, mélangez à la pâte, mettez dans une caisse de papier très fort, beurré, saupoudrez de sucre en poudre et faites cuire à four très doux.

Biscuits au chocolat. — Vous ajoutez du chocolat râpé au moment où vous mettez votre farine ou votre fécule.

Biscuits manqués. — Mélangez ensemble deux œufs, deux cuillerées de farine séchée au four, quatre cuillerées de sucre en poudre, la râpure d'un citron ; mettez en forme de biscuits sur une feuille de papier huilé et faites cuire à four doux.

Biscuits aux marrons. — Prenez 750 grammes de marrons cuits et épluchés, râpure de citron, 1 kilo 1/2 de sucre en poudre, vingt blancs d'œufs ; pilez les marrons, mettez-les en pâte, battez avec les blancs d'œufs, le sucre, la râpure de citron ; lorsque la pâte est au degré voulu, formez des biscuits sur papier beurré et faites cuire à four très doux.

Biscuits parisiens. — Mettez dans une terrine 250 grammes de sucre en poudre, quatre jaunes d'œufs, deux cuillerées à café d'eau de fleurs d'oranger, travaillez pour rendre bien mousseux, ajoutez une demi-livre de beurre frais fondu, six blancs d'œufs battus en neige, 200 grammes de farine et 50 grammes de fécule tamisés ensemble ; opérez le mélange avec précaution ; beurrez un moule uni, versez et mettez cuire trois quart d'heure à four doux.

Biscuits (pâte pour). — Mélangez douze jaunes d'œufs, 500 grammes de sucre, vanille, eau de fleur d'oranger, citron râpé, battez pendant une demi-heure, ajoutez les douze blancs d'œufs fouettés en neige ferme et une demi-livre de fécule de pommes de terre ou de farine.

Biscuits de Savoie. — Prenez six œufs, 200 grammes de farine, 300 grammes de sucre en poudre ; séparez les jaunes d'œufs des blancs ; battez les jaunes avec le sucre et les blancs en neige, mêlez ensuite avec la farine ; faites un peu sécher à four ouvert, mettez du zeste de citron râpé. Graissez de beurre fondu votre moule, mettez le mélange et faites cuire à four doux. On voit que le biscuit est cuit lorsqu'un fétu de paille enfoncé dedans en sort sec.

Bishopp (*boisson*). — Coupez en quatre deux oranges amères, présentez-les deux minutes au feu ; mettez-les infuser dans deux bouteilles de très bon vin rouge avec cannelle et muscade ; cinq heures sur cendres chaudes ; passez le mélange et ajoutez une livre de sucre, faites chauffer jusqu'au moment de bouillir. Servez brûlant.

Bisque aux crabes. - Voir potage.

Blanc. — Faites bouillir dans un peu d'eau une demi-livre de lard râpé, oignons, carottes en petits dés, tranches de citron, feuille de laurier, persil, clous de girofle, trois cuillerées de farine, poivre ; remuez pendant la cuisson pour empêcher de roussir ou de s'attacher ; quand l'eau est évaporée, mouillez avec de l'eau chaude, écumez et conservez dans une terrine.

Blanc-manger au café. — Torréfier 65 grammes de café moka, et, après l'avoir moulu, le verser dans un verre d'eau bouillante ; laisser faire l'infusion ; quand le marc est déposé, tirer à clair et additionner alors de 192 grammes de sucre et de 16 gr. de colle clarifiée ; piler 500 gr. d'amandes, délayer avec trois verres d'eau filtrée. Après en avoir exprimé le lait, le séparer en deux parties : dans l'une verser le café et la colle dans l'autre, mettre 16 gr. de colle, 192 gr. de sucre fondu dans un verre d'eau tiède, garnir le moule selon l'usage.

Blanquette de veau. — Coupez votre poitrine en morceaux carrés, faites revenir à petit feu, sans jaunir, ajoutez bouquet garni, beaucoup d'oignons, champignons, pointe d'échalote, sel, poivre : mouillez alors d'eau, puis faites revenir du beurre avec de la farine, versez-le dans votre blanquette et liez de jaunes d'œufs ; ajoutez un filet de vinaigre.

Blanquette de veau au riz. — Mettez du riz dans une casserole avec de l'eau. Un litre d'eau pour trois quarts de riz ; sel, poivre. Dès que le riz commence à bouillir, laissez finir la cuisson sur un coin du fourneau. Lorsqu'il est bien cuit et bien épais, vous en tapissez le fond et les parois d'un moule uni préalablement beurré et vous versez au centre une blanquette de veau bien liée ; recouvrez de riz et placez sur cendres chaudes, avec un couvercle chargé de petites braises pendant une demi-heure.

Bœuf au gratin. — Coupez le bœuf froid en tranches minces, rangez sur un petit plat allant au feu ; mettez du beurre fondu dessus, puis de la mie de pain salée, poivrée et persillée ; mouillez d'un peu de bouillon et de vin blanc ; faites cuire doucement feu dessus, feu dessous.

Bœuf à la mode. — Prenez du gîte à la noix, battez le morceau, piquez de gros lardons, mettez-le dans une casserole avec couennes de lard, pied de veau, carottes, oignons, sel, poivre, persil, ail, échalotes, clous de girofle ; faites cuire six heures en mouillant d'un peu d'eau et d'un verre d'eau-de-vie ; aux trois quarts de la cuisson, mettez des carottes.

Bœuf aux oignons. — Hachez menu une grande quantité d'oignons ; faites-les revenir dans beaucoup de beurre, mouillez de bouillon ; ajoutez votre bœuf coupé en petits morceaux et faites mijoter une heure ; ajoutez un peu de persil haché au moment de servir.

Bœuf bouilli aux fonds d'artichauts. — Faites une farce de votre bœuf, prenez du lard, du persil, de l'ail, de la mie de pain humectée de bouillon, sel, poivre et queues de champignons. Une fois le tout bien haché, prenez des artichauts de Bretagne de préférence aux autres, dont vous aurez soin de couper les feuilles à un bon centimètre du fond, vous les faites blanchir et enlevez le foin, ensuite ajoutez-y votre farce. Faites prendre à vos artichauts une belle couleur dans du beurre, avec ail, oignon, thym, laurier, échalote ; saupoudrez de farine et laissez roussir encore. Mouillez de bouillon et laissez cuire une bonne heure ; mettez dans la sauce les têtes de vos champignons un quart d'heure avant de servir ; ensuite, servez très chaud.

Bœuf bouilli en matelote. — Faites roussir dans du beurre des petits oignons, saupoudrez de farine, mettez un verre de vin rouge, un demi-verre de bouillon, ajoutez des champignons, sel, poivre, laurier, thym ; quand la sauce est ainsi faite, ajoutez vos tranches de bœuf, faites mijoter pendant une demi-heure et servez.

Bœuf bouilli à la mousquetaire. — Prenez une échalote, du cresson, du cerfeuil et de l'estragon, environ une poignée en tout, et pilez dans un mortier ; ajoutez-y une cuillerée de glace de viande, poivre, sel, muscade râpée et une de moutarde. Puis passez au tamis et délayez avec deux cuillerées d'huile d'olive que vous verserez peu à peu en tournant toujours. Quand votre sauce est bien liée, ajoutez-y un jus de citron, un filet de vinaigre ou du verjus au choix. Servez dans votre saucière en même temps que le bœuf froid.

Bœuf bouilli aux nouilles. — Votre bœuf découpé en tranches minces, mettez-le sur un plat beurré, couvrez-le avec des nouilles assaisonnées de fromage de Gruyère, de parmesan râpé, des filets de jambon cuit, un peu de glace de viande ; faites chauffer au four cinq minutes.

Bœuf bouilli à l'Odette. — Mets de la vieille cuisine. Faites revenir des champignons dans un bon morceau de beurre, mettez de la farine, mouillez de bouillon et d'eau ; ajoutez oignon piqué de clous de girofle ; laissez mijoter ; ajoutez votre bouilli coupé en tranches de façon à ce que les tranches baignent entièrement ; liez avec jaunes d'œufs, jus de citron, entourez de croûtons frits et servez.

Bœuf bouilli parisien. — Faites fondre à feu doux un morceau de beurre manié de farine ; hachez menu persil, échalotes, ciboules, fines herbes, pimprenelles, estragon, cresson alénois, mâche, cerfeuil ; ajoutez un verre de bouillon, faites bouillir un quart d'heure ; mettez vos tranches de bœuf cinq minutes ; au dernier moment un jus de citron.

Bœuf bouilli à la périgourdine. — Coupez en petits morceaux un peu de jambon bien maigre, deux ou trois petits oignons, une échalote, faites revenir dans du beurre jusqu'à couleur blonde. Ajoutez un verre de madère, quelques parures de truffes et quelques grains de poivre. Faites réduire à moitié, ensuite ajoutez deux cuillerées de sauce brune, genre espagnol, un peu d'extrait de viande. Faite encore réduire à petit feu, passez à l'étamine dans une autre casserole. Mettez-y cuire une bonne demi-heure votre bœuf coupé en tranches bien minces, ajoutez-y des truffes hachées ou coupées en morceaux, et servez.

Bœuf bouilli aux prunes et aux raisins. — Mets flamand. Faites un roux léger que vous mouillez de bouillon, sel, poivre; coupez votre bœuf en petits morceaux; ajoutez une demi-livre de beaux pruneaux et une demi-livre de raisins de Malaga bien épluchés; faites cuire longtemps à petit feu.

Bœuf bouilli en sauce aux pommes de terre. — Épluchez les pommes de terre, et coupez-les en morceaux ayant la grosseur d'une noix, faites-les bien revenir dans du beurre, ajoutez un peu de farine, laissez prendre couleur, ajoutez de l'eau et du bouillon, un oignon, une gousse d'ail, un bouquet garni. Laissez réduire la sauce et cuire à demi les pommes de terre; lorsqu'elles sont demi-cuites, ajoutez le bœuf coupé en tranches assez épaisses. La cuisson étant faite à petit feu, goûtez et servez. Cette sauce demande à être relevée. Ne pas trop mettre de pommes et n'employer que du bouilli très maigre et peu cuit.

Bœuf bouilli à la sultane. — Mettez dans une casserole un demi-litre de bouillon avec un verre de vin blanc, deux tranches de citron, deux clous de girofle, une gousse d'ail, une demi-feuille de laurier, persil, ciboule, et oignon. Faire bouillir pendant une demi-heure à tout petit feu et réduire au point d'une sauce. Passez cette sauce au tamis; ensuite ajoutez-y un peu de sel, de gros poivre, un jaune d'œuf dur haché, un peu de persil blanchi et haché, versez votre sauce dans une saucière et versez en même temps que la viande.

Boisson. — Sucrez du café, laissez refroidir, servez avec de l'eau de Seltz.

Boisson. — Une demi-livre de sucre, 5 litres d'eau, trois cuillerées de vinaigre, quelques feuilles d'oranger et de houblon, laissez macérer deux jours; mettez en bouteilles.

Boisson Marinette. — Mettez deux cuillerées de rhum dans un verre d'orgeat.

Boisson de petite mère. — Faites macérer dans cinq litres d'eau une livre de raisin noir, une livre de cassonnade, un peu de fleurs de houblon, un peu de fleurs d'oranger, un demi-verre de vinaigre; laissez reposer deux jours en remuant de temps en temps; filtrez, mettez en bouteilles ficelées.

Bonbons au café, dits Caramels. — Mettez dans un poêlon d'office à feu très vif une livre de sucre, une demi-livre de beurre fin, laissez bouillir un quart d'heure en remuant; ajoutez alors deux verres de crème, deux verres de café noir; voyez si la cuisson est suffisante en jetant quelques gouttes de ce mélange dans un verre d'eau; si cela glace immédiatement, devient dur, vous pouvez retirer; huilez un marbre, versez-y le contenu du poêlon, faites des rayures au couteau et lorsque c'est froid cassez en tablettes. Ce bonbon peut se faire au chocolat.

Bouchées. — Ce sont de petits vol-au-vent. Je conseille de les acheter chez le pâtissier. On les garnit de queues de crevettes, de rognons hachés, de filets de soles, etc.

Boudin. — Ajoutez du vinaigre à du sang de porc et laissez près du feu pour qu'il reste tiède.

Retournez les boyaux, passez-les dans plusieurs eaux et brossez avec une brosse de chiendent; gonflez les boyaux en soufflant dedans pour voir s'ils ne sont pas troués.

Mettez cuire dans de la graisse de porc des oignons blanchis et finement hachés; lorsqu'ils sont cuits versez dessus deux litres de sang, 375 grammes de panne coupée en dés, persil, ciboules hachés, sel, épices, un demi-litre de crème, remuez bien le tout; emplissez vos boyaux de ce mélange, sans trop les tasser afin qu'ils ne crèvent pas; piquez les boudins de quelques coups de fine aiguille. Ficelez de distance en distance, mettez-les dans une casserole pleine d'eau presque bouillante et maintenez-la excessivement chaude, sans la laisser bouillir; lorsque les boudins sont fermes, et qu'en les piquant il ne sort plus de sang, ils sont cuits; égouttez, essuyez avec un linge, frottez d'une couenne de lard.

Pour les manger, il faut les griller sur un gril placé sur un feu vif et clair. Les piquer encore avant de les mettre sur le gril.

Boudin blanc. — Mettez au feu lait et mie de pain. Quand il n'y a plus de lait passez et laissez refroidir; coupez des oignons, passez au beurre, hachez de la panne et de la viande, ajoutez des jaunes d'œufs crus, crème, sel, poivre, épices, amandes hachées, mêlez panade, oignons, hachis, remplissez-en des boyaux de cochon aux trois quarts, liez les bouts, jetez dans l'eau bouillante, retirez, mettez dans de l'eau fraîche, égouttez, refroidissez et grillez.

Boudin blanc de fraise de veau. — Hachez fraise de veau cuite, oignon, lard, trempez de la mie de pain dans du lait, mitonnez, placez à feu doux le lard et oignon, ajoutez la fraise de veau, pain, chair à saucisses hachée, panne coupée, jaunes d'œufs, sel, poivre, épices, mêlez, prenez de la crépine, formez avec le mélange des boudins, trempez dans du saindoux, panez, grillez.

Boudin de foie de veau. — Pilez du foie de veau avec de la panne, coupez en dés de la panne, mêlez poivre, sel, épices, mettez dans des boyaux, cuisez avec vin blanc, sel, poivre, laurier, refroidissez, grillez.

Boudin de lièvre. — Prenez des filets de lièvre, ôtez les nerfs, pilez-les dans un mortier à quenelles. Hachez une tétine de veau cuite et passez-la de même; prenez de la mie de pain trempée dans du bouillon pressez-la dans un linge. Les appareils étant de même poids, à défaut de tétine de veau prenez le double de beurre, faites une farce du tout, ajoutez sel, poivre, aromates en poudre, épices, échalotes, persil haché; mélangez ensuite des jaunes d'œufs et deux blancs; roulez la farce comme un boudin, pochez-la à l'eau bouillante. Sur une table couverte de farine enduisez le boudin de beurre fondu et roulez dans la mie de pain; faites griller à feu doux, au four de campagne, laissez prendre couleur, servez à sec sur un plat.

Bouillabaisse. — Coupez en morceaux merlans, grondins, maquereaux après les avoir vidés et écaillés. Faites roussir dans de l'huile, oignons, ail, persil, laurier, tomate, zeste de citron, poivre, épices, hachés, mettez vos poissons, du sel, un peu de safran, de l'eau bouillante; que vos morceaux baignent entièrement; faites réduire aux trois quarts; versez le jus sur des tranches de pain mises dans la soupière; servez les poissons sur un plat.

Bouillie. — Délayez de la farine de froment dans du lait froid de manière à faire une pâte épaisse que vous versez dans du lait bouillant afin d'avoir une pâte molle, et faites cuire à petit feu pendant une heure, en tournant sans arrêter; à moitié de la cuisson, mettez un peu de sel et du sucre en quantité suffisante.

Bouillon. — Le bouillon, ainsi que l'ont démontré les analyses, n'est pas nourrissant, mais il active la sécrétion du suc gastrique et dans l'usage habituel il doit être associé à du pain rôti pour constituer le bon aliment.

Les anciens maîtres de l'art culinaire le considéraient comme l'ouverture d'un opéra, et l'on doit reconnaître que le potage gras est une excellente préparation aux repas puisqu'il prépare très bien la digestion.

On trouvera plus loin les diverses formules du pot-au-feu de nos pères que l'on prépare selon cette formule dans les hôpitaux de France :

Viande crue désossée.	1 kilog.
Eau.	4 litres.
Légumes verts.	400 gr.
Sel.	10 gr.

En Angleterre, on fait grand usage dans les hôpitaux d'un thé de bœuf « beef-tea », qui se fait de la façon suivante : On prend une livre de bœuf, entièrement maigre, puis on ajoute son poids d'eau, et on fait bouillir pendant quelques minutes. On presse ensuite la viande dans le bouillon, qui malgré le sel et les assaisonnements reste toujours fade.

Le Bouillon dit américain s'emploie pour ceux qui ont besoin d'être puissamment réconfortés.

On met des couches de viande et de légumes, coupées par morceaux et successivement placées dans une marmite en étain hermétiquement fermée, on plonge durant six heures environ la marmite dans de l'eau bouillante; au bout de ce temps on presse le mélange, on le passe et on obtient ainsi une véritable gelée de viande qui est des plus nourrissantes et que l'on boit soit seule, par petite tasse, soit dissoute dans du bouillon ordinaire.

Bouillon d'extrait de viande. — Coupez des carottes en tranches, poireaux, navets, faites bouillir dans l'eau salée; ajoutez un peu de graisse de porc. Lorsque ces légumes sont cuits, ajoutez de l'extrait de viande.

Bouillon pour malade. — Un excellent bouillon qui se fait en une demi-heure. La moitié d'un poulet, une demi-livre de veau, hachez la peau du poulet avec le veau; mettez dans une casserole avec un litre d'eau, un peu de poireaux, d'oignons hachés; placez sur le feu, tournez tout le temps; ne laissez pas bouillir.

Bouillon de poisson. — Faites tremper des pois cassés, mettez-les cuire à l'eau froide. Lorsqu'ils sont cuits, passez à la passoire, faites-en une purée claire. Prenez ensuite des débris de poisson de mer ou d'eau douce, mettez dans une casserole avec oignons, clous de girofle, ronds de carotte, sel, poivre, bouquet garni ; mouillez moitié eau, moitié purée, ajoutez un morceau de pain et un morceau de beurre ; laissez cuire le tout, passez à la passoire.

Bouillon de poulet pectoral. — Prenez un poulet, videz, flambez, ôtez la peau, enlevez les pattes ; mettez au pot-au-feu avec trois litres d'eau, 60 grammes d'orge mondé, 60 grammes de riz, 60 grammes de miel de Narbonne ; écumez et faites cuire ce bouillon trois heures.

Bouillon de santé. — Mettez dans le pot-au-feu 3 livres de tranche de bœuf, 2 livres de jarret de veau, une poule, cinq litres d'eau, carottes, oignons, girofle, laitue blanchie, pincée de cerfeuil faites mijoter jusqu'au moment où les viandes sont cuites.

Boulettes de morue. — La morue dessalée, cuisez-la à l'eau et au sel ; enlevez les arêtes ; hachez avec des œufs crus, de la mie de pain, de la sauce tomate, des oignons hachés, un peu d'ail, faites des boulettes, roulez dans la farine, faites frire et servez avec sauce mayonnaise.

Boulettes de pommes de terre. — Faites cuire des pommes de terre en robe de chambre, dépouillez-les, passez-les au tamis ; mettez même quantité de beurre fin, mélangez avec sel, poivre, persil haché ; quatre jaunes d'œufs ; deux blancs battus en neige ; formez des boulettes, passez-les dans la farine et mettez frire à large friture.

Boulettes de poisson. — On nettoie le poisson, on lui ôte la peau, on enlève les chairs aussi bien que possible, on pile avec verdure et échalote hachées, un morceau de pain trempé dans du lait qu'on mêle au poisson avec œufs, épices, chapelure ; on étend sur une planche, on roule les boulettes, on les fait cuire en les pochant dans l'eau où on a fait cuire les carcasses du poisson avec un bouquet garni ; on prend de cette même eau pour faire la sauce.

Boulettes pour le potage. — Tournez un quart de beurre jusqu'à ce qu'il soit en crème, mettez deux jaunes d'œufs, sel, poivre, persil hachés, une livre de mie de pain trempée dans de l'eau et bien égouttée, mélangez le tout, passez au tamis, battez les blancs des œufs en neige, ajoutez-les à la pâte ; formez des boulettes que vous faites cuire cinq minutes dans le bouillon.

Boulettes de semoule. — Prenez une demi-livre de semoule que vous faites cuire dans trois quarts de litre de lait ; retirez du feu, laissez refroidir, ajoutez le zeste d'un citron râpé, un morceau de beurre frais, du sel. Formez avec cette pâte de petites boulettes que vous faites cuire dans l'eau.

Boulettes de viandes cuites. — Hachez vos restants de viande avec du lard, ajoutez sel, poivre, ail, mie de pain, chair à saucisses, persil, œufs entiers ; formez des boulettes un peu allongées ; passez à la farine et mettez frire ; servez avec une purée de pommes de terre.

Brioche. — Pétrissez 125 grammes de farine avec un peu d'eau chaude et de levure de bière, faites la pâte molle; laissez-la lever. Mettez trois quarts de livre de farine, trois quarts de beurre, du sel, un verre de crème, huit œufs; délayez et pétrissez vigoureusement; mettez alors votre levure et incorporez sans trop fatiguer la pâte; mettez dans un linge, laissez reposer huit heures et faites cuire vos brioches à four doux.

Brioches aux fraises des bois. — De petites brioches pour une personne; videz-les sans trop les ouvrir, mettez au frais et garnissez-les de la garniture suivante. Un litre de fraises des bois amalgamé avec quelques cuillerées de purée de framboises; sucrez, tenez sur glace pendant deux heures, garnissez vos brioches et servez-les saupoudrées de sucre.

Brochet au bleu. — Le court-bouillon est fait de vin rouge, avec les condiments d'un court-bouillon ordinaire; le brochet doit refroidir dedans. Retirez et servez avec sauce mayonnaise.

Brochet à la broche. — Écaillez le brochet, faites-y de petites incisions, embrochez-le dans le sens de la longueur, placez devant un feu doux, arrosez avec de l'huile mêlée de citron. Quand il est cuit, employez la sauce en y mêlant un peu de farine roussie au beurre; sel, poivre, cornichons hachés; mettez le brochet sur un plat et masquez de cette sauce.

Brochet cuit dans son jus. — Salez intérieurement et extérieurement votre brochet; laissez reposer trois heures; passez-le à l'eau. Hachez et mélangez des échalotes, des câpres, 125 grammes de beurre, le jus d'un demi-citron, deux jaunes d'œufs crus, des champignons; mettez tout cela dans une casserole avec le brochet et faites cuire à l'étouffée.

Brochet à la dame Simone. — Coupez des navets, faites cuire à moitié dans l'eau, faites revenir avec tronçons de brochet, beurre, bouquet, saupoudrez de farine, mouillez de vin blanc, bouillon, liaison d'œufs et crème et croûtons frits.

Brochet aux lazagnes. — Mettez des lazagnes dans de l'eau bouillante fortement salée; lorsqu'elles sont aux trois quarts cuites, retirez-les et jetez-les dans l'eau froide. Faites cuire votre brochet dans la cuisson des lazagnes; lorsque le poisson est cuit, écaillez, coupez en filets en enlevant les arêtes. Mettez au fond d'un plat allant au feu une mince couche de pâte, puis du beurre, du fromage de Gruyère râpé, les morceaux de brochet, les lazagnes, et ainsi de suite pour finir par une couche de fromage et de beurre. Faites cuire feu dessus feu dessous.

Brochet à la Masséna. — Lavez-le intérieurement avec de l'eau-de-vie, assaisonnez de sel, poivre, muscade au dedans et au-dessous, couchez dans la poissonnière sur un lit de fines herbes et de tranches de citron, faites suer pendant un quart d'heure, mouillez d'une bouteille de vin blanc coupé d'un verre d'eau, ajoutez trois anchois pilés, un gros morceau de beurre avec de la fleur de farine; faites cuire à petit feu, passez au tamis, couvrez-en le brochet.

Brochet en salade. — Faites cuire au court-bouillon, égouttez, laissez refroidir, coupez en morceaux; assaisonnez avec huile, vinaigre, sel, poivre, moutarde; hachez œufs durs, cornichons, sardines à l'huile, et mettez quelques cœurs de laitue et retournez pendant dix minutes.

Brochet à la tartare. — Écaillez le brochet, coupez par tronçons, mettez à mariner dans l'huile, sel, poivre, persil, ciboules, échalotes, champignons hachés très fin; au moment de les cuire, bien saucer dans la marinade; panez, grillez, arrosez avec le reste de la marinade et servez avec sauce rémoulade.

Brochetons maître d'hôtel. — Écaillez, enveloppez de papier beurré, faites cuire sur le gril; enlevez le papier, fendez-les et mettez-leur dans le corps du beurre mélangé de fines herbes et un jus de citron.

C

Cabillaud farci. — Prenez un beau cabillaud, préparez, mettez dans le sel une heure, égouttez et mettez dedans une farce de merlans avec quelques anchois pilés, dressez sur le plat que vous devez servir, mouillez avec vin blanc, beurre, persil haché, mettez au four et égouttez sans l'ôter du plat, saucez avec une sauce Menehould, panez, arrosez de beurre fondu, faites-le dorer au four, égouttez et mettez une italienne blanche.

Cabillaud à la hollandaise. — Nettoyez, ratissez, videz votre poisson, mettez-lui dans le corps une poignée de gros sel, salez également dessus et dessous et laissez au frais quelques heures, ficelez, faites quelques incisions et mettez cuire à l'eau bouillante salée. D'autre part, faites cuire des pommes de terre de Hollande que vous dépouillez de leur peau et que vous servez autour du cabillaud en même temps qu'une saucière de beurre fondu avec sel et poivre.

Café. — Le café se récolte dans les régions tropicales et principalement dans celles de l'Afrique.

Il en existe une grande quantité de variétés, ce qui rend très difficile la détermination de la provenance. Il faut, pour apprécier sa valeur, examiner la forme, la couleur, la saveur, le poids, la régularité des grains.

Le **moka**, le plus estimé (probablement parce qu'on laisse mûrir les grains sur l'arbuste jusqu'à ce qu'ils tombent à terre, où ils se dessèchent naturellement), le moka, qui vient d'Arabie, est jaune verdâtre; il a une forme ronde.

Le **bourbon**, également jaune verdâtre, est allongé en pointe, de grosseur moyenne.

Le **martinique** est vert, plus gros, large, sa face ventrale est aplatie.

En général, on peut dire qu'un café est de bonne qualité quand les grains sont réguliers, bien triés, d'odeur et de saveur agréables.

Les espèces de café les plus recherchées sont, en général, celles de couleur claire; la couleur verte ou jaune verdâtre indique que le café a été récolté dans de bonnes conditions; aussi arrive-t-il souvent que l'on colore artificiellement les grains de café de qualité inférieure.

Falsifications du café. — En France, la plus grande partie du café est acheté torréfié, les épiciers le vendent en cet état.

Les falsifications du café non moulu consistent le plus souvent à mélanger des cafés inférieurs ou avariés avec des cafés de qualité supérieure.

Cependant, on a trouvé à Vienne et à Prague des grains de café fabriqués avec une pâte composée de farine de glands et de blé légèrement grillé ou de marc de café.

Ces grains artistement moulés sont enduits d'une solution alcoolique de résine destinée à leur donner le brillant du café brûlé et ressemblent à s'y méprendre à des grains véritables.

On peut s'en apercevoir assez aisément, car ces grains falsifiés sont moins lourds que les grains naturels. Il en faut donc moitié plus pour le même poids.

Le café moulu est sujet à beaucoup plus de falsifications encore. On emploie pour cela de l'orge, des glands, des figues, de la chicorée qui elle-même est horriblement falsifiée.

Un examen un peu attentif permet de se mettre en garde contre ces fraudes.
(*Documents du laboratoire municipal.*)

Café au lait. — On a incriminé bien à tort le café au lait. Son usage est excellent; et nous n'en voulons d'autre preuve que celle-ci : une grande partie de la population de l'Europe, en Allemagne, en Suisse, en Angleterre, trouve dans le mélange du café ou du thé avec le lait, un aliment réparateur, qui suffit à beaucoup.

Le café n'est pas seulement un aliment, il jouit de propriétés toniques spéciales sur la circulation et le système nerveux. Il agit directement sur le cerveau.

L'abus en est mauvais, mais l'usage utile; c'est grâce au café que nos soldats ont pu faire dans les pays chauds les plus pénibles campagnes, et que, actuellement, les paysans peuvent résister aux durs labeurs de la moisson.

Pour qu'un café soit bien grillé, précaution utile si on le veut bon, il faut que le centre du grain ait subi l'action de la chaleur, sans toutefois que la surface soit carbonisée. C'est par la bonne torréfaction que le café acquiert toutes ses propriétés, que son arome se développe et que sa saveur se dégage. Pour bien brûler son café une certaine habitude est nécessaire; on est averti par une crépitation particulière des fèves. Un café trop brûlé donne une infusion noire d'une odeur désagréable et d'une saveur amère.

Le café torréfié doit être consommé rapidement; les gourmets le brûlent au jour le jour.

On prépare le café par décoction ou par infusion. Dans la plupart des pays orientaux on consomme le marc du café préparé par décoction, ce qui au dire des habitants de ce pays conserve au café ses propriétés alimentaires en le débarrassant de ses propriétés excitantes.

Café. — Préférez les graines dures sous la dent, sèches, sonores, jaunes plutôt que vertes. Achetez toujours du café en grains. Pour trois quarts de litre d'eau, il faut un quart de café.

Je ne donne pas de recette spéciale pour faire le café, chacun ayant la sienne.

Café (sirop). — Un quart de café; faites une infusion très forte, filtrez et mettez un kilog de sucre, faites cuire au « boulé », sans clarifier pour conserver la couleur.

Cailles à la bolonaise. — Plumez et flambez huit belles cailles; videz-les par la poche; supprimez-en les ailerons et le cou et emplissez le corps des cailles d'un salpicon ainsi désigné : 185 grammes de jambon, avec autant de chair à saucisses; six belles truffes qu'on aura soin de bien éplucher et cuites au vin; six champignons; trois foies gras posés et blanchis; coupez toutes ces substances par petits dés; mettez le tout dans une casserole avec un petit roux, faites chauffer sans bouillir; mêlez avec une cuiller de bois, faites-y fondre 150 grammes de bon beurre et emplissez le corps de vos cailles. Bridez les pattes en long; couvrez leur estomac d'une feuille de vigne et d'une barde de lard; passez vos cailles dans de petits attelets; couchez-les sur la broche et faites-les cuire. Aussitôt vos cailles cuites vous les débrochez, et les dressez en couronne sur un plat, les pattes en dedans. Faites une sauce tomate que vous ajouterez dans le milieu du plat et servez très chaud.

Cailles au chasseur. — Mettez les cailles dans une casserole avec beurre, une feuille de laurier, du sel, poivre, jusqu'à ce qu'elles soient cuites; y ajouter un peu de farine, du vin blanc du bouillon et servir aussitôt que la sauce est liée.

Cailles aux croûtons. — Désossez des cailles, hachez leur foie avec une cervelle de mouton, poivre, sel, fines herbes, remplissez-en les cailles, cousez, mettez dans une casserole, avec bardes de lard, carottes, oignons, persil, sel, poivre, ciboule; mouillez avec un demi-verre de jus de viande, ou avec de l'extrait de Liebig délayé et un demi-verre de vin blanc, faites cuire pendant une heure, faites frire des tranches de pain, placez les cailles sur les tranches.

Cailles grillées. — Videz, flambez, fendez par le dos, mettez dans une casserole avec huile, sel, poivre, mettez des bardes de lard, faites cuire à très petit feu sur de la cendre chaude. Quand elles sont aux trois quarts cuites, passez-les à la mie de pain, faites griller, mettez un peu de bouillon dans la casserole où sont revenues les cailles; dégraissez, passez et servez.

Cailles aux laitues. — Après les avoir troussées, mettez dans une casserole avec lard et jambon, ajoutez rouelle de veau, clou, oignon, laurier, bouquet, carotte, mouillez avec consommé et vin blanc, couvrez avec des bardes de lard et un rond de papier; quand elles sont cuites, servez avec des laitues cuites.

Cailles au malaga. — Cuites simplement dans leur jus, avec un demi-verre de malaga, poivre de Cayenne, muscade.

Cailles au nid. — Prenez six artichauts, six cailles; mettez blanchir vos artichauts, parez-les en enlevant toutes les feuilles et le foin, ne laissez que le fond; mettez les fonds dans une casserole avec un bon morceau de beurre fin, poivre, sel, jus de viande, laissez mijoter une heure, en veillant à ce que les fonds ne s'attachent pas. Faites blanchir une demi-livre de rognons de coq, nettoyez, enlevez les peaux, ayez quelques petites truffes rondes que vous nettoyez et pelurez, mettez rognons et truffes dans la casserole, ajoutez un roux aux fonds; d'autre part, faites rôtir les cailles; dégraissez, arrosez avec du jus de viande. Au moment de servir disposez vos fonds d'artichauts sur un plat, mettez sur chacun quelques rognons, une truffe et une caille. Très joli plat.

Cailles aux petits pois. — Préparez, troussez, faites cuire dans une casserole avec tranche de veau et jambon, ajoutez carottes, oignons, bouquet, couvrez avec tranches de lard et un rond de papier, faites cuire feu dessus, feu dessous, servez avec petits pois.

Cailles rôties. — Après les avoir plumées, vidées, flambées, bridées, on les enveloppe d'une feuille de vigne et on met une barde de lard par-dessus; un quart d'heure de cuisson, à la broche; mettez jus, croûtes de pain frites; on sale en débrochant.

Cake (*gâteau anglais*). — Une livre de pâte de boulanger, préparée comme pour le pain, un demi-quart de sucre, un quart raisin de Corinthe. Mêlez le tout; beurrez un moule et faites cuire feu dessus, feu dessous.

Cambacérès. — Prenez 1 kilogramme de marrons, pelez-les, faites cuire à l'eau, jusqu'à ce qu'ils rendent une épaisse purée, passez au tamis, laissez refroidir; ensuite ayez 50 grammes de raisins de Smyrne, autant de Corinthe, bien nettoyés et lavés, le zeste d'un citron, 250 grammes de sucre en poudre, ajoutez le tout à la purée et laissez jusqu'au lendemain. Ensuite on prend un litre de crème; on fouette en neige, on laisse égoutter sur tamis; ajouter 50 grammes de sucre, vanille; on mêle la neige à la purée; ajoutez à cette dernière cinq ou six cuillerées de kirsch, ou de marasquin. Une fois le tout bien mêlé, versez dans une sorbetière; on travaille, comme une glace, jusqu'à consistance ferme; mettre dans un moule fermé hermétiquement qu'on enterre dans la glace jusqu'au moment de servir. Ensuite on verse dessus une sauce faite de crème, sucre, kirsch ou marasquin.

Canapé de harengs à la russe. — Écrasez une pomme avec des laitances de harengs grillés; beurrez de petites tartines rondes, placez les laitances dessus, puis les filets de harengs que vous débarrassez des arêtes et de la peau.

Canapé de sardines. — Coupez minces trois tranches de pain en carré; mettez sur un plat allant au feu une couche de gruyère et de parmesan râpé. Faites frire vos tranches de pain dans de l'huile, posez-les sur le fromage; défiletez des sardines et mettez-les en croisillons sur le pain; arrosez de beurre fondu, mettez une épaisse couche de fromage et mettez prendre couleur sous four de campagne.

Canards. — Le canard, plus nourrissant que le poulet, est aussi plus difficile à digérer. Si exquise que soit la sauce, il le faut manger en petite quantité.

Les canetons de Nantes sont très bons du 1er mai au 1er août, et pas chers. A partir de cette époque les cours varient tous les jours, et sont quelquefois très élevés.

Le caneton de Rouen, très supérieur à ses frères, donne à la même époque que les autres, mais ne vaut jamais moins de 6 à 8 francs pour monter quelquefois après le mois d'août jusqu'à 20 francs.

La race anglaise d'Aylesbury et le canard de Pékin, d'un blanc jaune, ne valent pas les autres.

Canard à la béarnaise. — Faites cuire avec bouillon, vin blanc, bouquet garni, clous de girofle. Dans une autre casserole, faites roussir des oignons en rouelles, mettez alors un peu de farine; ajoutez le canard et sa cuisson et un filet de vinaigre.

Canard (débris de) à la choucroute. — Mettez cuire de la choucroute dans du bouillon avec un morceau de lard et un cervelas; à demi cuisson des choux, enlevez la viande et le cervelas et mettez à la place les débris de canards bien préparés. Servez les morceaux de canard au centre d'un plat, les choux en bordure avec le lard et le cervelas coupés en tranches et placés sur les choux.

Canard Clémence Isaure. — Désossez entièrement un canard, assaisonnez l'intérieur avec sel, poivre. Hachez avec le cœur et le foie du canard un quart de graisse de veau, de la mie de pain, deux œufs, persil, ail, échalotes, oignons hachés et cuits au beurre, et remplissez de cette farce l'intérieur du canard; cousez le canard, mettez-le dans une serviette, ficelez et mettez cuire une heure dans du bouillon. Servez avec sauce piquante.

Canard jus d'orange. — Quand vous aurez préparé un beau canard, vous mettez un bon morceau de beurre dans une casserole; quand il est un peu roussi, ajoutez-y le canard, remettez dans la casserole un morceau de beurre manié de farine, sel, poivre, un verre de bouillon, un verre jus de viande, un bouquet garni, un peu de zeste d'orange; mettez cuire à petit feu, deux heures environ; au moment de servir enlevez le canard, gardez-le au chaud, passez votre sauce, ajoutez-y du jus d'orange, enlevez la peau de deux ou trois oranges, nettoyez-les aussi de la seconde peau blanche, découpez-les en rondelles, mettez votre canard avec la sauce dans un plat, garnissez-le avec les rondelles d'oranges, servez.

Canard aux olives. — Préparez et faites cuire votre canard comme celui dit « poêlé »; prenez des olives et enlevez la chair de dessus son noyau en tire-bouchon; faites de manière à la conserver entière; laissez jeter un bouillon dans l'eau, mettez-les ensuite dans une casserole, ajoutez-y quatre cuillerées à dégraisser d'espagnole, deux fois plus de consommé ou de bouillon; un peu de gros poivre; faites cuire vos olives sur un feu ardent. Quand votre sauce sera réduite à un tiers, retirez du feu, tenez au chaud, au bain-marie de préférence, jusqu'au moment de servir.

Canard à la Pertuiset. — Faites revenir le canard dans du beurre, ajoutez oignons et ail hachés; lorsque les oignons sont roux, retirez le canard, mettez dans la casserole six tomates dont on a enlevé la peau, verre de vin blanc, verre de bouillon, oignons, sel, poivre, beaucoup de thym, persil, laurier, clous de girofle. Après cuisson, écrasez tomates et oignons, remettez le canard, laissez cuire trois quarts d'heure et servez.

Canard poêlé, sauce bigarade. — Quand vous aurez plumé, vidé et flambé votre canard, vous lui troussez les pattes en dedans des cuisses; rentrez le croupion dans le corps pour le raccourcir, ensuite vous le ficelez avec une aiguille à brider, donnez à votre canard une forme bien ronde et raccourcie; vous lui frottez l'estomac avec un jus de citron; mettez des bardes de lard dans une casserole et votre canard dessus; recouvrez-le de bardes, et mettez une poêlée pour le cuire (voir **poêlée**); vous le mettez au feu, et le laissez mijoter pendant une heure avant de servir; vous l'égouttez, le débridez et le dressez sur votre plat; ajoutez-y trois cuillerées à dégraisser d'espagnole, un peu de gros poivre, le jus d'une bigarade, avec son zeste; placez ensuite votre sauce sur le feu, en remuant jusqu'à ébullition, versez-la sous votre canard; à défaut de bigarade, remplacez avec du citron.

Canard au riz. — Mettez cuire en pot-au-feu deux canards que vous aurez assaisonnés de 250 grammes de lard, d'autant de jambon découpé en dés, d'oignons, deux clous de girofle, poivre, sel et une gousse d'ail. Quand vos canards sont cuits, retirez-les de la marmite et videz celle-ci dans une casserole, faites cuire ce bouillon; quand il sera en ébullition, jetez-y 250 grammes de riz. Secouez parfois la casserole, pour éviter que le riz ne s'attache, mais n'employez jamais la cuiller, pour ne pas l'écraser. Quand le riz est presque cuit, ajoutez un verre de bon vinaigre et 50 grammes de beurre. Lorsque le riz est tout à fait cuit, mettez-le dans une tourtière; découpez les deux canards, puis dressez-les dans la tourtière au milieu du riz, en leur restituant leur forme. Remettez le lard et le jambon, les foies, masquez le tout avec le riz, mettez au four; faites dorer d'une belle croûte et servez.

Canard rôti. — Préparez et bridez comme un poulet à rôtir; faites cuire à feu très vif, 35 minutes; il faut qu'il soit un peu saignant; débridez, servez avec le jus de la lèchefrite dessous et du cresson autour.

Canard royal. — Désossez sans entamer la peau, et remplissez-le d'une farce de foie gras, de jambon, de porc, truffes, le tout haché finement; assaisonnez de sel et poivre; ayez soin de bien beurrer le canard, cousez ledit canard, ficelez serré et faites rôtir au four une heure. Prenez la carcasse, faites-la bouillir avec un quart d'os de veau, un peu de madère, de vin blanc, du bouillon, sel, poivre, laissez mijoter une demi-heure et arrosez le canard avec ce jus passé au tamis.

Canard sauvage en salmis. — Embrochez un canard sauvage, enveloppez-le dans une feuille de papier, et donnez-lui une demi-heure de cuisson environ, afin de le cuire aux trois quarts; déballez-le, découpez-le et mettez les membres dans une casserole, ainsi que le jus qu'ils auront rendu; tenez-les chauds sans bouillir, mettez le restant des débris dans une casserole dans laquelle vous ajoutez un verre de bon vin rouge, un peu d'échalote, un clou de girofle, une pincée de mignonnette, faites réduire à moitié, mettez dans un plat à sauter, avec une sauce financière, mettez sur le feu; passez à l'étamine et achevez cette sauce avec une cuillerée d'huile d'olive et le jus d'un demi-citron. Dressez dans un plat à servir, garnissez les membres de croûtons, de truffes ou de champignons émincés, versez la sauce sur le tout. On peut obtenir ce salmis avec des restes de canards rôtis sans qu'il soit nécessaire de faire rôtir un canard exprès.

Canard au vin blanc. — Mettez une barde de lard dans une casserole, posez le canard; ajoutez bouquet garni, gousse d'ail, clou de girofle, carotte, oignon, un peu de beurre manié de farine; vin blanc, bouillon; faites bouillir une heure et demie.

Canetons aux cerises aigres. — Prenez deux canetons, faites-les braiser, quinze minutes suffisent. Découpez en quartiers, coupez les ailes en aiguillettes fines et mettez-les de côté. Dégraissez la cuisson, remettez les cuisses et les débris de carcasse dans la casserole, ajoutez trois cuillerées de cerises aigres, conservées au naturel, un peu de glace de viande, un verre de cognac; laissez bouillir, passez la sauce au tamis et versez sur les morceaux et sur les aiguillettes placées au-dessus du plat.

Canetons aux navets. — Videz, flambez, troussez un canard, faites revenir dans un roux, mouillez de bouillon; lorsque l'ébullition est commencée, mettez persil, ciboule. Faites blondir des navets dans du beurre, égouttez-les et ajoutez-les au caneton; laissez mijoter, dégraissez la sauce et servez.

Capilotade. — Pour utiliser les restes de viandes rôties. Coupez en petits morceaux égaux; faites un roux léger, mouillez de vin blanc et d'eau, mettez dans ce roux les débris, les os des restes, avec thym, laurier, ail, échalotes, oignons coupés en tranches, sel, poivre, persil; laissez mijoter; passez la sauce et versez-la sur les restes, dans un plat qui puisse aller au feu; mettez sur cendres chaudes une heure. Pour les viandes noires, employez du vin rouge.

Caramel. — Faites fondre du sucre dans un peu d'eau et faites cuire jusqu'à ce qu'il brunisse.

Carbonade de mouton. — Enlevez la partie d'os qui se trouve au milieu de la tranche de mouton; piquez la chair de lardons assaisonnés de sel et poivre, saupoudrez de farine toute la viande et faites revenir vivement dans du beurre bien chaud; mouillez de bouillon, laissez mijoter et servez avec sauce poivrade et le jus mélangés.

Carbonade de mouton à la nivernaise. — Mettez cuire dans de la mirepoix, du bouillon, ou mieux encore du blond de veau, deux filets de mouton désossés sans détacher les filets mignons, assaisonnés, piqués de lard. Quand ils sont cuits, dressez sur un plat, versez autour un ragoût de carottes, arrosées de leur cuisson. On peut remplacer par de la purée d'oseille, de chicorée, d'artichauts.

Cardons bourgeoise. — Faites blanchir, enlevez toutes les parties dures, faites un roux léger, salez, poivrez, mouillez de bouillon, mettez vos cardons; il faut qu'ils baignent entièrement; faites mijoter, ajoutez jus de citron.

Cardons au gratin. — Beurrez le fond d'un plat, saupoudré de chapelure, rangez dessus des cardons blanchis et cuits, saupoudrez de mie de pain et arrosez de beurre fondu. Placez sur la cendre chaude, couvrez du four de campagne. Si vous ajoutez à la mie de pain du fromage râpé, vous avez des cardons à l'italienne.

Cardons au jus. — Prenez des côtes blanches de cardons, coupez d'égale longueur, faites blanchir à l'eau bouillante. Quand elles se nettoient facilement, retirez du feu, rafraîchissez à l'eau froide, lavez-les à plusieurs eaux, égouttez, placez au fond d'une casserole des bardes de lard, du jambon, carottes, oignons, girofle, bouquet garni, posez le tout sur les cardons, couvrez de rondelles de citrons sans pépins ni écorce, et bardes de lard, mettez au feu avec sel, poivre; une fois ébullition, ajoutez un morceau de beurre manié de farine; les cardons cuits, égouttez, faites un roux, mouillez de jus de viande, de la moelle de bœuf fondue au bain-marie; faites mijoter vos cardons dans la sauce quelques instants avant de servir.

Cardons au maigre. — Épluchez, coupez par morceaux, faites cuire à l'eau bouillante salée, mettez un peu de farine; quand ils sont cuits, égouttez et servez avec sauce blanche.

Cardons à la moelle. — On les prépare comme les cardons au jus. Faites griller des lames de mie de pain d'un centimètre d'épaisseur, mettez dessus de la moelle de bœuf blanchie, glacez à la glace de viande, ensuite garnissez les cardons.

Cardons à la poulette. — Préparez comme ci-dessus. Mettez dans une casserole avec beurre, farine, crème; mettez un jaune d'œuf et un filet de vinaigre.

Carottes catalane. — Mettez dans un plat allant au feu des carottes coupées en rondelles, de l'huile d'olive, sel, poivre, un peu de sucre, faites cuire à feu vif; lorsque les carottes jaunissent, mettez un peu de jus de viande, un peu de malaga, ne laissez plus bouillir.

Carottes en gâteau. — Cuisez des carottes à l'eau salée, passez à la passoire fine; mélangez avec un peu de fécule, un peu de crème, un peu de fleurs d'oranger pralinée, trois jaunes d'œufs, du beurre tiède, les blancs des œufs battus en neige; battez bien le tout ensemble, versez dans un moule beurré, faites cuire à feu doux et servez saupoudré de sucre.

Carottes aux oignons. — Coupez en tranches minces trois quarts de carottes, un quart d'oignons, faites sauter à la poêle avec du beurre, salez, poivrez; lorsque le tout a pris couleur, saupoudrez de farine, mouillez de bouillon; laissez mijoter; au dernier moment, ajoutez un jaune d'œuf, un filet de vinaigre et du persil haché.

Carottes Vichy. — Épluchez et coupez en tranches très minces une bonne quantité de carottes nouvelles, mettez un quart de beurre, sel, poivre, dans une casserole, ajoutez les carottes, du sucre en poudre; remuez souvent, laissez la casserole couverte; lorsque les carottes sont à peu près cuites, on les fait aller à feu vif pour roussir.

Carpe à l'allemande. — Écaillez, videz, essuyez, sans laver, saupoudrez de sel, de poivre, passez à la farine; beurrez un plat allant au feu, ajoutez deux verres de vin blanc, mettez votre carpe et faites cuire au four. On sert la carpe sur un lit de choucroute au beurre.

Carpe à la bière. — Nettoyez, videz, écaillez une carpe; mettez-la cuire avec lard, carottes, oignons, ail, thym, laurier, bière; faites bouillir dix minutes et laissez la carpe dans sa cuisson pendant une heure, en la retournant deux fois. Égouttez-la. Passez la cuisson, dégraissez, liez avec du pain d'épice pilé, passez encore ; ajoutez les champignons blanchis et versez sur votre carpe.

Carpe à la Chambord. — On vide la carpe, on l'échaude en la trempant dans l'eau bouillante, on retire toutes les peaux, on la lave à plusieurs eaux, on la laisse égoutter, puis on la pique avec des clous de girofle, après quoi on la fait cuire dans une bonne marinade au vin. Pour la servir, on la met sur un grand plat ovale, en la garnissant de quatre ris de veau, piqués et glacés, de quatre pigeons, huit quenelles bigarrées, huit belles écrevisses, le tout saucé d'un bon ragoût financière.

Ce mets qu'on vend 80 à 100 francs au moins chez les restaurateurs, peut se faire à trois quarts de prix, peut se servir dans n'importe quel gala et n'est pas difficile à faire avec un peu de soin.

Carpe grillée. — Écaillez, videz une carpe ; frottez avec de l'huile, mettez sur le gril et servez sur farce d'oseille.

Carpe grillée, sauce au basilic. — Mettez la carpe pendant trois heures dans une marinade, grillez, faites une sauce à la crème avec un peu de basilic et de poivre de Cayenne.

Carpes Marinette. — Écaillez, videz des carpes, coupez en morceaux après avoir saupoudré de sel, laissez tranquille pendant trois heures. Mettez 150 grammes de beurre, des anchois hachés, au fond d'une casserole en terre, recouvrez des morceaux de carpe, ajoutez câpres, poivre en grains, girofle, macis, deux tranches de citron, remplissez de vin blanc et de vinaigre par parties égales ; faites cuire doucement sous un couvercle et servez chaud.

Carpe aux œufs pochés. — Préparez plusieurs petites carpes, coupez en morceaux, faites-les sécher un instant au four ; hachez ensuite avec beurre, persil, ciboules, champignons ; faites un roux dans une casserole et mettez votre hachis, avec sel, poivre, filet de vinaigre ; mouillez d'un peu de vin blanc ; mettez le hachis sur un plat avec une garniture d'œufs pochés.

Carpe à la russe. — Écaillez, videz, essuyez sans laver, saupoudrez sel, poivre, roulez dans la farine, mettez dans un plat beurré, mouillez de vin blanc, mettez au four en arrosant fréquemment de beurre. Faites cuire de la choucroute au beurre, mettez la carpe dessus avec un rang d'oignons glacés, de champignons cuits au beurre. Servez à part une sauce raifort.

Carré de mouton à la poivrade. — Piquez de gros lardons un carré de mouton paré, faites-le mariner deux jours avec huile, jus de citron, sel, poivre, carottes, oignons, persil, thym, laurier. Mettez à la broche et servez avec sauce poivrade.

Carré de porc sauce Robert. — Saupoudrez de sel un carré de porc ; le lendemain, salez de nouveau et ce, pendant trois jours. Faites rôtir en broche et servez avec sauce Robert.

Carré de veau à la Mouglas. — Lardez votre carré avec du lard manié de fines herbes; mettez dans une casserole avec tranches d'oignons, bardez de lard, carottes, panais coupés en morceaux. Faites suer une demi-heure à tout petit feu, ajoutez du vin blanc et continuez à faire cuire à petit feu. Lorsque la cuisson est achevée, mettez un peu de jus de viande.

Carrelet à la moderne. — Coupez un carrelet en plusieurs morceaux, beurrez une casserole, mettez oignons, persil, laurier, poivre, sel; mettez les morceaux de carrelet, du beurre au-dessus et le même assaisonnement que dessous, plus deux cuillerées d'eau. Faites cuire dix minutes en tenant la casserole hermétiquement fermée. Délayez un peu de farine dans de l'eau, puis une cuillerée de sauce tomate et mettez cette liaison dans le jus des carrelets au moment de servir.

Carrelet printanier. — Divisez votre carrelet en morceaux et mettez-le au feu dans de l'eau froide salée. Lorsque l'eau commence à bouillir, retirez la casserole du feu, couvrez-la et, au bout d'un quart d'heure, retirez les morceaux de carrelet, égouttez, dressez sur un plat et servez avec la sauce suivante :

Épluchez de l'oseille nouvelle, placez-la dans une passoire et plongez-la à différentes reprises dans de l'eau bouillante; laissez égoutter, mêlez à du beurre fondu et assaisonnez de sel et poivre.

Casserole au riz. — Faites cuire à demi du riz dans du bouillon et du lard fondu; lorsqu'il est bien épais, prenez un plat allant au feu et garnissez le fond et les bords d'une couche de riz d'un demi-centimètre d'épaisseur. Mettez alors des restes de viande, volaille principalement, couvrez alors de riz, mettez sur cendres chaudes, arrosez de jus et faites prendre couleur sous four de campagne. Égouttez la graisse du riz avant de servir.

Cassoulet à la Toulouse. — Faites cuire dans de l'eau à petit feu un litre de haricots blancs; au bout de trois heures, mettez une demi-livre de jambon, une demi-livre de saucisson de Toulouse, deux livres de filet de porc coupé en morceaux, ajoutez sel, poivre, épices, laissez cuire trois heures, retirez et mélangez un hachis de persil, lard, ail; mettez au four et faites gratiner.

Céleri en purée. — Ayez de grosses racines de céleri, pelez, lavez, faites cuire dans l'eau salée; écrasez les racines lorsqu'elles sont cuites de manière à faire une bouillie épaisse. Mettez cette purée dans une casserole, avec sel, poivre, farine, beurre, lait, ajoutez un peu de sucre.

Céleri-rave au jus. — Pelez et coupez deux têtes de céleri-rave en morceaux égaux, faites blanchir à l'eau bouillante, mettez-les ensuite cuire dans du bouillon, du jus de viande avec carottes, oignons, sel, poivre; retirez, passez la cuisson; faites un roux que vous mouillez de la cuisson et versez sur vos céleris.

Cerises à l'eau-de-vie. — Coupez la moitié de la queue, mettez-les dans un bocal avec clous de girofle et un peu de cannelle; faites un sirop de deux moitiés de sucre et une d'eau; lorsque le sirop est fini, ajoutez trois fois son volume d'eau-de-vie. Versez sur les cerises, dans le bocal, bouchez, laissez six jours à la lumière. On peut les manger au bout d'un mois.

Cerises en marmelade. — Débarrassez les cerises de leurs queues et de leurs noyaux, faites-les cuire dans une petite quantité d'eau; quand elles sont aux trois quarts cuites, versez dessus un sirop de sucre très épais, laissez bouillir vingt minutes et retirez.

Cerises à la vinaigrette. — Enlevez queues et noyaux, mettez-les chairs dans un saladier avec filets d'anchois, zeste de citron en lanières, petits oignons coupés par tranches, un peu d'ail, d'échalote, lard, carottes cuites dans le pot-au-feu. Assaisonnez de cannelle en poudre, moutarde, sel, poivre, muscade râpée, sucre en poudre, huile et vinaigre.

Cervelas de Carême. — Hachez finement une livre de poisson blanc nettoyé; ajoutez une demi-livre de pain trempé dans du lait, une demi-livre de beurre, six échalotes, une gousse d'ail haché, sel, poivre, muscade, persil. Mouiller avec un demi-verre de lait, mettre le tout en boyau à cervelas. Laisser vingt minutes dans l'eau, servir avec une purée de pommes de terre, ou de pois cassés.

Cervelles en brochettes. — Faites blanchir, enlevez la peau des cervelles, coupez-les en rond, émincez de même de la tétine de veau cuite, des truffes également cuites, embrochez tous ces morceaux dans des brochettes, trempez-les dans du velouté de ménage lié avec des jaunes d'œufs, du beurre, un jus de citron; laissez refroidir, passez-les aux beurre fondu, passez-les une seconde fois au velouté, faites griller de belle couleur, masquez d'une sauce relevée.

Cervelles frites. — Après avoir blanchi des cervelles dans l'eau, avec sel et vinaigre, quand elles sont froides on les coupe en petits morceaux; trempez dans une pâte à friture et faites frire à friture très chaude.

Cervelles sauce matelote. — Vos cervelles nettoyées, marinées et cuites avec sel, bouquet garni, faites mijoter dans une sauce matelote.

Cervelles à la provençale. — Faire dégorger des cervelles dans de l'eau, les blanchir et cuire dans du bouillon avec des crépines de mouton et trois ou quatre cuillerées d'huile d'olive; ajoutez un verre de vin blanc, sel, poivre, un jus de citron, persil, cerfeuil, une gousse d'ail blanchie. Une fois cuites, sortez-les, laissez réduire la sauce, versez-la dessus, saupoudrez-les de croûte de pain pilée, ou versez dessus une sauce piquante.

Cervelle de bœuf en matelote. — Faites cuire comme ci-dessus, en mettant à la cuisson thym, laurier, ail, échalotes, carottes, oignons. Faites frire de petits oignons dans du beurre, retirez-les; mettez une cuillerée de farine, faites un roux dans le beurre où vos oignons ont revenu; mouillez avec du bouillon; remettez les oignons, avec sel, poivre, champignons. Faites mijoter 10 minutes, ajoutez un verre de vin rouge et vos cervelles; laissez encore cuire un quart d'heure.

Cervelles de bœuf sauce piquante. — Prenez deux cervelles, faites dégorger, retirez avec soin la peau mince qui les enveloppe, faites cuire 20 minutes dans de l'eau, avec sel et vinaigre, ajoutez oignons émincés, persil, poivre, girofle ensuite; goûtez avant de les dresser sur un plat, versez dessus une sauce piquante bien relevée.

Cervelles de mouton en mayonnaise. — Faites cuire des cervelles; refroidies, les couper en tranches, les dresser sur un plat; prenez des cœurs de laitue ou autres salades blanches que vous aurez disposées en dôme; garnissez le tout avec des œufs durs coupés en tranches, des câpres, des cornichons, des filets d'anchois, des olives dénoyautées, des capucines si on en a; masquez d'une sauce mayonnaise, servez.

Cervelles de veau braisées. — Faites blanchir à l'eau bouillante deux ou trois cervelles de veau, faites dégorger avant, et nettoyez soigneusement; mettez dans une casserole une barde de lard, un verre de vin blanc, deux carottes, quelques oignons coupés en tranches, sel, poivre, bouquet garni; faites cuire à petit feu (ou sur des cendres rouges).

Cervelles de veau frites. — Faites cuire comme précédemment, coupez en morceaux, trempez dans une pâte à frire et faites frire à la large friture de beurre.

Cervelle de veau sauce italienne. — Faites dégorger une cervelle de veau; enlevez la peau sanguinolente qui l'enveloppe; mettez dans une casserole avec eau froide, sel, une cuillerée de vinaigre, laurier, thym, faites faire un bouillon, retirez du feu, égouttez votre cervelle sur un linge, mettez sur le plat et arrosez d'une sauce italienne.

Champagne coktail (*boisson américaine*). — Versez un tiers de verre de sirop de grenadine, deux tiers de champagne, un citron et une orange coupés en lames, mélangez longtemps; ajoutez une ou deux gouttes de bitter et un morceau de glace.

Champagne factice. — Ayez du vin blanc, mettez-y beaucoup d'acide carbonique, au moyen d'une forte pression, comme pour l'eau de seltz factice, ajoutez huit grammes de sucre candi par bouteille.

Champignons. — Le champignon nous offre une alimentation à la fois nutritive et agréable.

Le savant Bertillon les a appelés de la viande végétale parce qu'ils renferment une quantité d'azote qui rapproche beaucoup ce comestible de la chair des animaux.

L'analyse chimique révèle en effet dans leur composition des phosphates de chaux et de l'albumine comme dans la chair musculaire.

Malheureusement, quels que soient leurs avantages nutritifs, ils possèdent de redoutables propriétés vénéneuses et trop nombreux sont les cas d'empoisonnement produits par l'ingestion de ces cryptogames.

Il n'existe pas de caractère certain et facile à l'aide desquels tout le monde puisse distinguer les bonnes et les mauvaises espèces : ni le parfum, ni le goût, ni la couleur ne permettent de se prononcer sur leur innocuité ; on doit cependant tenir comme absolument vénéneux toute espèce dont la chair, quand on la coupe et exposée à l'air, change de couleur. Tout champignon qui sécrète un suc laiteux qui colore en brun ou en noir une cuiller d'argent, doit être abandonné, ainsi que ceux dont l'odeur est désagréable ou trop pénétrante.

Ajoutons que, maintes fois, on a constaté l'empoisonnement malgré les preuves de la cuiller d'argent; que, malgré les précautions qui consistent à faire macérer préalablement dans l'eau vinaigrée les champignons douteux, on se peut empoisonner.

En ce cas, il se faut administrer au plus tôt un vomito-purgatif et appeler un médecin.

Les champignons qu'on mange en si grande quantité pendant les mois de septembre et d'octobre, ne sont pas assez connus, généralement, sauf certaines espèces connues dans chaque contrée de France. Apportez donc une extrême précaution dans l'usage de ce délicieux et savoureux comestible et n'accommodez dans les cuisines des villes que les champignons de couche.

Champignons bordelaise. — Prenez de gros champignons bien frais, lavez, égouttez, ciselez en dessus ; faites mariner une heure dans l'huile, sel, poivre ; placez sur le gril, retournez. Lorsqu'ils sont cuits mettez dans un plat, saucez avec l'huile chaude, filet de vinaigre, persil et ciboule hachés.

Champignons farcis au gras. — Prenez de gros champignons d'égale grandeur, enlevez les queues, lavez-les ; beurrez un plat, rangez les champignons le creux en l'air ; mettez dans chacun un peu de lard haché ; ayez du beurre, les queues des champignons, des échalotes, du persil, sel, poivre, hachez le tout ; faites revenir, mouillez de vin blanc, de jus de viande ; finissez de remplir vos champignons avec cette farce, saupoudrez de chapelure et mettez au four.

Champignons sautés. — Épluchez et coupez en petits morceaux un kilogramme de champignons ; jetez-les cinq minutes dans de l'eau bouillante salée et vinaigrée, égouttez-les, placez-les dans un linge ; sautez-les au beurre ; assaisonnez sel, poivre, et versez dessus une maître d'hôtel.

Chapon aux nouilles. — Plumez, videz, flambez, bridez votre chapon ; faites un bouillon avec échalotes, carottes, oignons, petit morceau de jambon maigre. Laissez cuire votre chapon dans ce bouillon pendant une heure et demie ; retirez le chapon et faites cuire une demi-livre de riz dans ce bouillon ; mettez d'autre part dans une casserole lard de poitrine, oignons et carottes coupées en tranches et faites-y revenir le chapon dans du beurre jusqu'à ce qu'il soit doré ; mouillez d'un peu de bouillon que vous avez conservé ; ajoutez bouquet garni, laissez ainsi trois quarts d'heure ; faites cuire dans du bouillon des nouilles fraîches et ajoutez nouilles et riz à votre chapon.

Chapon aux pommes. (*Cuisine polonaise.*) — Étendez de minces tranches de lard, d'oignons, de carottes, sur une grande feuille de papier très solide ; salez, poivrez, épicez, mettez votre chapon dessus, enveloppez et ficelez, faites rôtir. Épluchez et coupez les pommes que vous faites cuire avec du sucre et un peu de jus d'orange. Lorsque le chapon est cuit servez sur cette compote.

Chapon au riz. — Troussez, bridez, mettez en casserole avec barde de lard et bon bouillon ; faites cuire aux trois quarts ; lavez 250 grammes de riz, mettez-le dans votre casserole ; laissez cuire jusqu'au moment où le grain de riz commence à s'écraser ; retirez le chapon, égouttez-le et renversez et entourez du riz que vous avez safrané et pimenté.

Charcuterie. — Sous la dénomination de charcuterie on trouve dans le commerce un grand nombre de préparations diverses dont la chair du porc est le principal élément. Lorsqu'elles sont faites avec soin, ces préparations constituent d'excellents aliments très variés. Malheureusement (ainsi qu'il est souvent constaté au Laboratoire municipal de Paris), certains débitants peu scrupuleux livrent à la consommation une agglomération de produits de qualité inférieure dont le goût désagréable est masqué par des épices et des condiments en excès.

Lorsqu'elle est de bonne qualité la charcuterie, prise en petite quantité, n'est pas mauvaise, les condiments qu'elle contient en font un excitant énergique, stimulant l'estomac et activant la digestion, qui, cependant est rendue difficile par la quantité anormale de liquide qu'on est obligé d'absorber pour éteindre sa soif. Pendant l'été, les diverses préparations de charcuterie se corrompent aisément ; elles ne sont cependant nuisibles que si on a employé des viandes de mauvaise qualité.

Les produits de la charcuterie doivent être tenus dans des endroits secs et autant que possible recouverts de graisse ou d'un enrobage quelconque, empêchant l'action de l'air.

Lorsqu'on néglige ces précautions, on ne tarde pas à voir apparaître des moisissures qui les rendent malsains. On remarque ces moisissures sur les saucissons trop vieux. On falsifie les produits manipulés avec de la fécule, de l'amidon et de la mie de pain, ou par substitution de viande de cheval à celle du porc.

La viande de cheval est très employée dans la fabrication du saucisson de Lyon.

Les fabricants prétendent qu'elle donne une plus belle apparence à ce produit.

Charlotte à la groseille. — Faites dissoudre de la gelée de groseilles, parfumez-la au marasquin ; mettez un lit de biscuits dans un moule, un lit de groseille, encore un lit de biscuits, et ainsi de suite de manière à finir par les biscuits. Faites prendre sur glace salpêtrée et servez entourée d'une crème à la vanille.

Charlotte jardinière. — Vous garnissez le fond d'un moule de macarons, et les parois de biscuits à la cuiller ; vous prenez ensuite des groseilles blanches et rouges, des fraises et des framboises ; vous épluchez tous ces fruits que vous avez soin de choisir bien frais et pas froissés ; vous prenez également la moitié d'un ananas que vous mondez et coupez également en dés de la grosseur des framboises. Vous mêlez tous ces fruits, en remplissez le moule, versez par-dessus une gelée de groseilles ou de framboises, en ayant soin que les fruits soient couverts de cette gelée ; vous posez le moule sur la glace ; au moment de servir, vous pliez une serviette et démoulez la charlotte dessus.

Charlotte de pommes. — Faites une compote avec des pommes, un peu d'eau, sucre, un peu de citron. Coupez de minces tranches de pain que vous faites revenir au beurre ; garnissez avec, le fond et les parois d'un moule, versez votre compote à laquelle vous ajoutez un morceau de beurre; recouvrez de bouchées de pain; faites cuire au bain-marie et servez chaud.

Charlotte russe. — Mettez dans un moule uni des biscuits à la cuiller, bien serrés, au fond et sur les parois; remplissez d'une crème fouettée et vanillée, mettez au-dessus les biscuits; mettez un instant à la presse et faites prendre entourée de glace pilée et salpêtrée.

Charlotte russe aux pommes. — Garnir d'un rang bien serré de biscuits à la cuiller l'intérieur d'un moule à charlotte; ajouter de la marmelade de pommes, faire au centre un trou qu'on remplira de gelée de groseilles; chauffer quelques minutes puis renverser le tout sur un plat.

Châtaignes Marinette. — Faites cuire dans de l'eau, salée et acidulée d'un jus de citron, des châtaignes; lorsqu'elles sont bien cuites, dépouillez-les, passez à la passoire; versez dessus du chocolat au lait. On amalgame le tout, puis on verse dessus un peu de crème fouettée, sucrée et vanillée.

Chaufroix. — Un mets redouté des ménagères et pourtant facile à exécuter avec un peu de goût et d'intelligence. Ce plat, qu'on écrit généralement « chaud-froid », fut inventé par le sire de Chaufroix, chef entremettier des cuisiniers de Versailles, en 1774. Ayez du jus de viande; mélangez-le avec la cuisson des viandes *rôties* que vous voulez mettre en chaufroix; mettez ensuite du beurre très fin, trois jaunes d'œufs; passez à l'étamine, mettez un jus de citron et lorsqu'elle est encore tiède trempez les membres de volailles dedans, dressez avec goût sur un plat, versez sur le tout le restant de la sauce et garnissez de croûtons, truffes, olives, etc.

Chaufroix de bécasses. — Préparez des bécasses, cuisez comme pour le chaufroix de faisan, trempez les morceaux dans une sauce chaufroix réduite au fumet de bécasse; servez de même.

Chaufroix de faisan à la gelée. — Préparez un faisan, enveloppez de papier beurré, mettez à la broche, débridez, laissez refroidir, découpez dans une sauce chaufroix réduite au fumet de faisan, rangez sur une plaque sur de la glace, dressez en rocher, garnissez de gelée et servez.

Chaufroix de grives. — Prépare des grives, opérez comme pour le chaufroix de faisan, trempez les morceaux dans une sauce chaufroix réduite au fumet de grives, finissez de même.

Chaufroix de perdreaux. — Préparez comme pour le chaufroix de faisan; trempez les morceaux dans une sauce chaufroix réduite au fumet de perdreaux.

Chaufroix de volailles. — Se fait comme celui de faisans.

Chevreuil en civet. — Couper en morceaux une partie de l'épaule ou de la poitrine du chevreuil; la faire cuire dans un roux; y ajouter sel, poivre, thym, laurier, échalotes hachées, et gros comme une noisette de sucre, mouiller avec du vin rouge et faire bouillir une heure, dégraisser la sauce avant de servir.

Chevreuil en hachis. — Faites revenir légèrement dans du beurre deux échalotes finement hachées, puis ajoutez le hachis qu'on mouille avec du bouillon, quand on l'a fait chauffer toujours sans bouillir, on sert avec des cornichons ou des pommes de terre frites.

Chevreuil en hachis (*autre manière.*) — On y emploie ordinairement les restants d'un filet de chevreuil. Il faut ôter les peaux et les nerfs de toute la chair qu'on découpera par morceaux ; ensuite, hacher cette chair ; mettre le hachis dans une casserole avec une cuillerée de sauce poivrade et faire chauffer sans laisser bouillir. Quand il est dressé sur le plat, vous pouvez le garnir, soit avec des croûtons frits façonnés en forme de bouchons, soit d'œufs pochés et frits.

Chevreuil à la périgourdine. — Ayez de petites tranches de jambon maigre, un oignon, une échalote, un peu d'ail. Faites revenir à blond dans du bon beurre. Ajoutez un demi-verre de madère et un demi-verre de vin blanc, un petit verre de bon cognac, un peu de poivre et quelques parures de truffes. Faites réduire de moitié, ajoutez un peu de glace de viande. Faites bouillir encore un peu, puis passez au tamis. Vous aurez fait cuire à l'étouffée un morceau de filet de chevreuil, vous le découpez en tranches bien minces, vous le mettez dans cette sauce avec des truffes coupées en rouelles. Laissez-le cuire une demi-heure avec les truffes, de façon à s'approprier leur fumet.

Chicorées à la crème. — Blanchissez-les, hachez-les, assaisonnez de sel, poivre ; passez au beurre ; mettez un peu de crème, laissez mijoter et liez avec jaune d'œuf.

Chocolat. — La fabrication du chocolat en France remonte à l'an 1600. C'est une substance alimentaire importante dont l'effet tonique est des plus favorables. Il se prépare avec des amandes de cacao écossées et écrasées à une chaleur modérée, puis additionnées de sucre et d'aromates selon la qualité de la substance.

Dans les chocolats loyalement préparés, il n'entre autre chose que du cacao et du sucre, mais, hélas ! ce bon chocolat est assez rare.

Falsifications. — On substitue assez volontiers au beurre de cacao dont le prix est très élevé des graisses de mouton ou de veau, des huiles diverses.

Souvent aussi, pour frauder le chocolat, on emploie de la farine de haricots.

Ces substitutions entraînent presque toujours la coloration du produit, auquel certains industriels ont ajouté pour le rendre plus lourd, du carbonate de chaux et de l'oxyde de fer.

Il faut encore remarquer que souvent les prétendus chocolats à la vanille ne contiennent ni vanille, ni vanilline, dont l'usage se répand de plus en plus. Ces parfums sont remplacés par des substances aromatiques de prix moins élevé, du baume de Pérou, du baume de Tolu, de la résine de benjoin.

Toutes ces substitutions peuvent être *assimilées à une vente à faux poids*, et sont une tromperie sur la qualité de la marchandise.

Un bon chocolat bouilli avec deux parties d'eau et filtré doit donner un liquide clair, de nuance rougeâtre, filtrant vite, et la poudre qui reste sur le filtre ne doit pas se prendre en masse.

Au contraire, lorsque le chocolat contient de la fécule ou de l'amidon, le liquide filtre lentement ; il est jaunâtre sale, a un goût d'empois, et sur le filtre il reste un véritable empois, se prenant en masse par le refroidissement.

Les bons chocolats doivent être lisses, brillants, compacts, sans yeux, ni cavités ; leur cassure doit être nette, leur saveur agréable.

Chocolat au lait d'amandes. — Faites dissoudre six tablettes de chocolat dans un litre de lait, remuez deux ou trois minutes après le premier bouillon; retirez du feu et ajoutez plus ou moins de sirop d'orgeat, suivant goût.

Chocolat à l'œuf. — Délayez un jaune d'œuf et une cuillerée de sucre en poudre, un peu de vanille, et versez dessus du chocolat fait à la crème.

Choucroute. — Laver à plusieurs eaux la choucroute dans l'eau tiède, la mettre dans une casserole d'eau froide et la laisser bouillir 20 minutes, égoutter et presser. Saler, poivrer, incorporer un bon morceau de beurre, un peu de vin blanc, selon les goûts; d'autre part, cuire à l'eau pendant 2 ou 3 heures selon la grosseur, du jambon fumé et saucisses de Francfort, verser sur la choucroute bien chaude ou placer sur la choucroute des tranches de jambon d'York.

Choucroute aux huîtres. — Faites blanchir votre choucroute à l'eau bouillante, égouttez, pressez-la, faites cuire dans du bouillon, de la graisse de pot-au-feu, du poivre et servez avec un ragoût aux huîtres au milieu.

Choucroute au lard fumé. — Prenez deux livres de choucroute, lavez à plusieurs eaux, mettez-la dans une casserole avec 250 grammes de graisse d'oie, 125 grammes de beurre, des oignons, un morceau de lard fumé, quelques saucisses de Lorraine; mettez tout cela au milieu de la choucroute, mouillez de vin blanc et de bouillon, ajoutez quelques grains de genièvre, faites cuire quatre heures; remplacez par de l'eau chaude le bouillon qui s'évapore. Pour servir, égouttez bien la choucroute, servez-la avec le jambon, les saucisses et un petit saucisson, coupé en tranches, que vous avez fait cuire à part.

Choucroute polonaise. — Coupez des choux, mettez-les dans une terrine, lavez bien, ajoutez grains de genièvre, sel, cumin, quelque peu de graine de fenouil, arrosez de vinaigre; au bout d'un jour cette choucroute peut être consommée.

Choux de Bruxelles à l'espagnole. — Après avoir épluché et blanchi 500 grammes de choux vous mettez dans une casserole huit cuillerées à dégraisser de sauce espagnole et autant de consommé. Travaillez et faites réduire cette sauce de plus de moitié sur un bon feu; jetez-y ensuite les choux bien égouttés; sautez-les dans la sauce pendant cinq ou six minutes. Quand ils seront bien chauds, faites-y fondre 90 grammes de bon beurre frais, sans faire bouillir; dressez-les en pyramide sur un plat ou dans une casserole d'argent, et servez à courte sauce et bien liée.

Choux au lard. — Faites blanchir un chou, coupez en quartiers, mettez dans une casserole avec eau, saucisson, du lard, du petit salé; mettez sel, poivre, muscade; faites bouillir; retirez le tout et saucez de la cuisson réduite et liée de beurre manié de farine.

Choux au riz. — Prenez quatre cœurs de choux, bien pommés; faites blanchir, coupez en quatre, égouttez et remettez sur le feu dans une casserole avec bouillon, sel, quelques oignons, deux poignées de riz, faites mijoter doucement et servez lorsque le riz est cuit.

Choux rouge mariné. — Coupez votre choux en six quartiers, supprimez les feuilles dures; coupez les choux en filets, jetez-les dans l'eau bouillante, égouttez, mettez dans une terrine avec eau et vinaigre, salez, poivrez, laissez six heures, serrez les choux dans un torchon pour faire sortir le jus et mettez-les en casserole avec un morceau de beurre fondu; faites cuire très lentement.

Choux-fleurs frits. — Vous laisserez cuire les choux-fleurs aux trois quarts; vous ferez ensuite une sauce blanche un peu liée, vous sauterez les choux-fleurs dedans, et vous les mettrez refroidir; au moment de servir, vous tremperez les choux-fleurs dans une pâte à frire, la friture un peu chaude pour les rendre blonds; ensuite retirez-les, puis dressez-les sur votre plat; vous pouvez aussi, quand ils seront cuits et bien égouttés, les mettre dans une terrine, avec du sel, du poivre et du vinaigre; sautez-les dans cet assaisonnement; vous les mettrez dans la pâte à frire, et les ferez frire ensuite.

Choux - fleurs au fromage. — Lorsque vos choux-fleurs sont cuits, vous les égouttez, et vous les mettez sur un plat; saupoudrez-les de fromage de Gruyère et de parmesan râpé, ensuite vous les dresserez sur un plat à servir; faites une sauce blanche un peu liée, dans laquelle vous ajouterez du fromage râpé; vous en masquez vos choux-fleurs et vous les couvrez de votre sauce le plus possible; alors vous sèmerez du fromage râpé sur les choux-fleurs; après, mettez dessus de la mie de pain que vous arroserez avec du beurre tiède; vous pourrez encore employer moitié mie de pain et moitié fromage râpé, et vous poussiérez encore une fois vos choux-fleurs; pour que cela forme une croûte, vous les poserez sur un feu doux; vingt minutes avant de servir, mettez un four de campagne pardessus, faites-leur prendre une belle couleur; au moment de servir vous épongerez le beurre qui sera sur votre plat avec une mie de pain tendre.

Cidre. — Le cidre est la boisson alcoolique qui résulte de la fermentation du jus des pommes.

C'est un liquide tonique, réconfortant, d'une couleur ambrée, d'un goût agréable et doué de propriétés lithotritiques incontestables, attribuées surtout à la présence d'une quantité importante d'acide malique.

On fabrique plus particulièrement le cidre dans certaines contrées où la culture de la vigne est inconnue, c'est-à-dire dans une partie du Nord et de l'Ouest de la France, en Normandie, en Picardie et en Bretagne.

Les habitants de ces provinces en font leur boisson ordinaire avec ou sans addition d'eau.

L'excédent est livré au commerce qui atteint une grande importance.

Il y a des crus célèbres; ceux de Normandie, surtout dans la vallée d'Auge, ont une réputation méritée.

Nous n'entrerons point dans les détails de fabrication. Disons seulement que peu de cultivateurs soutirent et clarifient leurs cidres, prétendant qu'il est préférable de le laisser sur lie, parce que le soutirage lui fait perdre de sa force alcoolique. Cette coutume, condamnée par les savants qui ont résumé la moderne *Encyclopédie chimique*, est vicieuse sous tous les rapports, car un, et même deux soutirages améliorent au contraire le cidre, et en hâtent la clarification, tout en le débarrassant des ferments nuisibles pouvant le prédisposer à la tourne ou à l'acescence.

Pour le cidre à consommer de suite, il est bon de l'introduire dans de petits tonneaux, de le soutirer aussitôt que la fermentation tumultueuse est terminée.

Les précautions à prendre dans cette opération sont les mêmes que celles prises dans le soutirage du vin, c'est-à-dire opérer de préférence par un temps sec et par un vent du nord ou de l'est, en évitant le contact prolongé de l'air.

En Angleterre et à Jersey, on fait fermenter le cidre dans des cuves ouvertes placées dans des celliers où la température est invariablement fixée entre 12 et 15°, et on soutire trois fois pendant la fermentation, le dernier soutirage étant fait aussitôt que l'acide carbonique ne se dégage plus. On obtient ainsi un cidre coloré, délicat, clair, d'une bonne conservation, avec une saveur piquante et agréable.

Pour obtenir le cidre mousseux, on ne laisse fermenter dans les tonneaux que pendant un mois, et on met en bouteilles dès que le liquide est éclairci.

En cave, se méfier des bouteilles couchées. Ficeler les bouchons.

Collage. — Pour coller le cidre, employer 60 grammes de cachou ou bien 10 grammes de tannin par hectolitre. Ajouter un peu de colle de poisson qui donne au liquide une limpidité parfaite.

Le cidre ainsi terminé, *paré*, est buvable du troisième au cinquième mois, s'il est fait pendant l'été; celui d'automne, du cinquième au huitième et celui d'hiver, du huitième au douzième mois.

Petit cidre. — Le petit cidre est celui qu'on obtient en délayant le marc retiré du pressoir. Bien préparé, il forme une boisson agréable et saine.

Au marc, déjà presque épuisé, on ajoute encore un tiers d'eau et on porte au pressoir pour la dernière fois. C'est le *cidre de ménage* qu'on fabrique dans certaines contrées en ajoutant directement aux pommes broyées 6 hectolitres d'eau pour 8 hectolitres de fruits.

En mélangeant le produit des trois brassées, *mère-goutte, petit cidre, cidre de ménage*, on obtient un bon cidre moyen, mais qui ne doit sous aucun prétexte être mis en vente sous le nom de cidre.

Il en est de même pour tous les cidres qui ont été additionnés d'eau, pendant ou après leur fabrication.

Le cidre, ainsi que le vin, a des maladies; nous n'avons point à les examiner ici; nous renvoyons nos lecteurs que cela intéresse à l'*Encyclopédie chimique* de Frémy d'où sont extraits tous les renseignements scientifiques contenus dans ce livre de cuisine.

Falsifications du cidre. — Le cidre pur jus est très rare, même dans les centres de production, en Normandie et en Bretagne, où il est d'usage de le couper d'eau.

Si encore c'était de l'eau pure; mais souvent on choisit de préférence à toute autre, l'eau de mare mélangée d'eau de fumier, eau onctueuse.

L'opinion est malheureusement répandue que cette eau infecte donne un meilleur cidre. Il faut protester énergiquement au nom de l'hygiène.

Les précautions élémentaires de la propreté ne peuvent qu'augmenter la qualité et les avantages de cette utile boisson.

On falsifie le cidre à l'aide de sucres impurs de miel, de glucose et même de betteraves cuites ou de pommes tapées et séchées.

On le colore à l'aide de diverses matières, surtout la cochenille.

Il y a pour découvrir ces fraudes, toute une série de réactifs dont on trouvera le mode d'emploi dans les ouvrages spéciaux.

Cidre de la ménagère. — Faites fondre cinq livres de sucre brut dans quatre litres d'eau; faites un sirop, ajoutez 16 grammes de fleurs de sureau, un litre de vinaigre, trente litres d'eau, deux litres d'eau-de-vie. Mettez en bouteilles. Ce cidre ne peut pas se conserver plus de quinze jours.

Citrons fantaisie. — Jetez dans un sirop de sucre, bien cuit, le zeste d'un citron coupé en petites lanières; remuez et faites aller à feu assez vif pour griller ces lanières ; ôtez du feu, saupoudrez de sucre en poudre et mettez cinq minutes au four.

Clafoutis. — Beurrez une tourtière, mettez dessus de la pâte à tarte, des cerises dénoyautées, une couche de sucre ; couvrez d'une autre couche de pâte, arrosez d'eau-de-vie faites cuire au four trois quarts d'heure, une heure.

Cochon au demi-sel (Echinée de). — La placer sur un plat avec sel dessus et dessous et l'y laisser deux jours. La faire rôtir ensuite. Servez-la sur une sauce poivrade ou sur une sauce robert.

Cochon de lait à la broche. — Avoir soin de l'échauder avec de l'eau bouillante et le ratisser pour enlever le poil, le trousser et le mettre à la broche. Aussitôt qu'il est bien chaud faites rougir le bout des pincettes ; prenez un morceau de lard et le promenez au-dessus du cochon pour l'arroser avec le lard fondant.

Cochon de lait au père douillet. — Le cochon de lait étant échaudé, coupez-lui la tête et divisez le reste en quatre quartiers ; mettez dans une casserole des bardes de lard, placez dessus la tête et les quartiers du cochon ; mettez clous de girofle, muscade, gingembre cannelle, sel, poivre, citron, oignons, carottes, panais. Recouvrez de tranches de lard et de tranches de veau, faites partir à feu doux, mouillez de vin blanc et de bouillon, laissez mijoter. Égouttez, servez froid, avec la cuison passée et clarifiée.

Cochon en sanglier (transformation du). — Préparer une marinade avec parties égales d'eau, vinaigre, oignon, ail, genièvre, sel, mélilot, menthe et brou de noix ; laisser votre viande pendant huit jours dans cette marinade et l'apprêter ensuite comme du sanglier ; un bon assaisonnement bien relevé.

Cœur de bœuf à la mode. — Fendre un cœur de bœuf sans le partager, retirer le sang coagulé, piquer de gros lardons assaisonnés de sel, poivre, persil haché, ficeler pour lui rendre sa première forme, faire cuire avec 10 décilitres de bouillon, 6 décilitres de vin blanc, un bouquet garni, une dizaine de petits oignons et trois carottes ; laisser mijoter trois heures et demie, quatre heures ; retirer oignons, carottes, passer la cuisson au tamis ; faire réduire de moitié, dresser le cœur sur un plat en le parant avec les oignons et carottes ; arroser de sauce, servir le reste dans une saucière.

Cœur de bœuf poivrade. — Coupez par tranches, faites mariner trois jours avec huile, vinaigre, sel, poivre, thym, laurier, carottes, oignons, ail, échalotes ; faites griller et versez sur sauce poivrade.

Colin frit. — Un poisson trop méconnu et qui est excellent et peu coûteux, ce qui ne gâte rien. Coupez en tranches de trois centimètres d'épaisseur, faites mariner avec huile, vinaigre, sel, poivre ; mettez cuire en poêle avec deux cuillerées d'huile d'olives ; lorsque les tranches sont dorées des deux côtés servez en les sauçant de l'huile de la cuisson et filet de vinaigre.

Compote d'abricots grillés. — Prenez de beaux abricots bien mûrs, ouvrez-les en deux, saupoudrez de sucre candi; faites griller; faites un sirop d'eau, de sucre, de quelques abricots et framboises pilés, un peu de rhum, servez bouillant.

Compote d'abricots à l'orange. — Coupez en deux les abricots, retirez le noyau, faites cuire un quart d'heure dans un sirop de sucre, écumez; faites refroidir et ajoutez un demi-verre de jus d'orange.

Compote d'ananas. — Épluchez votre ananas, coupez-le par tranches minces, mettez dans un léger sirop de sucre, faites jeter quelques bouillons, retirez du feu et arrangez dans un compotier en couvrant de la cuisson réduite.

Compote d'écorce de melon. — Lorsque vous avez mangé du melon gardez-vous d'en jeter les côtes; ratissez-les et enlevez la partie coriace; coupez le reste en petits dés et jetez-les dans de l'eau fraîche acidulée de citron; mettez dans la bassine un quart de sucre pour une livre de petits dés, laissez bouillir une heure; cette compote est cuite lorsqu'un fétu de paille traverse aisément les morceaux; retirez du feu, mettez un peu de zeste d'orange, de l'angélique fraîche et mettez en compotier.

Compote de groseilles. — Faites un sirop de sucre et mettez vos groseilles égrenées bouillir deux minutes.

Compote de marrons au rhum. — Prenez de beaux marrons; faites-les griller et lorsqu'ils seront cuits, épluchez-les, arrangez-les dans un compotier qui ne craigne pas le feu; versez dessus une demi-livre de sucre, un quart de litre de rhum, mettez le feu en servant.

Compote d'oranges. — Dépouillez six oranges sans écorcher la peau, piquez-les avec une fine aiguille, mettez un instant dans l'eau fraîche, puis dans l'eau bouillante, plongez encore dans l'eau fraîche, égouttez; faites bouillir trois minutes dans un sirop de sucre; laissez refroidir, coupez en quatre et servez saucées du sirop.

Compote de pêches. — Coupez les pêches en deux, enlevez les noyaux, plongez dans l'eau bouillante, enlevez la peau; faites un sirop de sucre, mettez les pêches, couvrez, laissez deux minutes, retirez, passez le sirop au tamis et versez sur les pêches.

Compote de pommes Mariuette. — Coupez en deux des pommes de reinette, enlevez les pépins, les cœurs, faites cuire dans moitié eau, moitié vin blanc, avec un peu de cannelle et zeste de citron; lorsque les pommes sont cuites, tout en restant entières, retirez, mettez les pommes sur un plat, remplissez chaque moitié de pommes avec de la confiture d'abricot, remettez les moitiés l'une sur l'autre de manière à refermer la pomme; ajoutez un peu de gélatine dans le jus de la cuisson des pommes, passez au linge, jetez sur les pommes ledit jus; cela se glace et fait très bien.

Compote portugaise. — Coupez des pommes de reinette en deux, après les avoir pelurées; mettez dans une casserole en plaçant dans chaque moitié du beurre, du sucre, du citron; faites cuire feu dessus, feu dessous, servez brûlant en ajoutant deux cuillerées de gelée de groseille.

Compote de pruneaux sans être cuits. — Prenez de très gros pruneaux, couvrez-les de sucre, un jus de citron et versez dessus une tasse de tisane de tilleul bouillant.

Compote de reine-Claude. — Piquez les prunes avec une fine aiguille, jetez-les à l'eau froide, égouttez, faites bouillir une minute dans un sirop de sucre, retirez, laissez refroidir et versez dessus le sirop que vous avez laissé bouillir cinq minutes.

Concombres à la crème. — Pelez, fendez en deux, enlevez les pépins, coupez en morceaux; mettez-les dans une casserole avec beurre, bouquet, couvrez d'eau, salez et laissez mijoter. Égouttez et servez avec sauce à la crème.

Concombres farcis. — Pelez, coupez en deux, enlevez les pépins, coupez en tranches; mettez tremper dans de l'eau vinaigrée; jetez-les ensuite à l'eau bouillante, passez-les encore à l'eau froide, égouttez; remplissez d'une farce de viande cuite; posez-les dans une casserole dont le fond sera recouvert de bardes de lard, mettez sel, poivre, bouquet garni, bouillon, vin blanc, faites bouillir vivement cinq minutes, puis laissez mijoter sur de la cendre chaude; lorsque les concombres sont cuits, retirez-les, dégraissez, passez la sauce et versez-la sur les concombres.

Concombres en salade. — Épluchez, coupez en rondelles très minces, mettez macérer quatre heures avec sel, poivre, vinaigre, oignons. Retirez les concombres, égouttez-les, assaisonnez comme une salade avec du cerfeuil haché.

Confitures d'abricots. — Coupez et enlevez les noyaux; faites fondre dans la bassine, avec très peu d'eau, trois quarts de sucre par livre de fruits, faites faire quelques bouillons et ajoutez vos abricots que vous laissez cuire 25 minutes; cassez la moitié de vos noyaux, jetez-en les amandes dans de l'eau bouillante pour enlever la peau, coupez-les en filets et mêlez-les aux confitures un peu avant de les retirer du feu.

Confitures de carottes. — Coupez une livre de carottes en petites lanières, mettez une livre et demie de sucre en poudre, le zeste de deux citrons; placez dans une bassine couche par couche, exprimez sur le tout le jus d'un citron; mettez assez d'eau pour tout couvrir, faites cuire à petit feu pendant quatre heures.

Confitures de cerises. — Prenez six livres de cerises mûres, exprimez le jus de une livre de groseilles, un peu de jus de framboises, mettez tout dans la bassine, laissez bouillir à grand feu pendant une demi-heure, remuez et écumez, ajoutez trois quarts de sucre par livre, laissez bouillir encore une demi-heure, retirez du feu et versez dans les pots.

Confitures de quetsch. — Essuyez, retirez le noyau, prenez trois quarts de livre de sucre par livre de fruits; mettez fruits et sucre mariner trois heures en remuant souvent; faites cuire à feu doux.

Confitures faites sans feu. — Dans une terrine de terre, non vernie, mettez du vinaigre blanc, du sucre en poudre, mettez les fruits dans ce sirop.

Confitures de figues. — Essuyez les figues, lardez-les d'un petit filet d'écorce de citron. Mettez-les dans de l'eau bouillante une vingtaine de minutes. Faites fondre trois quarts de livre de sucre par livre de fruits; mettez les figues; faites cuire trois quarts d'heure; retirez; laissez réduire le sirop encore un quart d'heure et versez sur les fruits.

Confitures de fraises. — Une livre de fruits, une livre de sucre. Vous faites cuire le sucre au boulé, avec peu d'eau et en remuant toujours; vous jetez vos fraises dans ce sirop et remuez; faites faire deux bouillons.

Confitures de fruits confits. — Faites bouillir deux litres d'eau; ajoutez 15 grammes de gélatine, une livre et demie de sucre, laissez bouillir 25 minutes, écumez, passez au tamis, versez dans un moule enduit d'huile fine, ajoutez du kirsch, 250 grammes de fruits confits à moitié coupés en dés. Lorsque la gelée commence à prendre, ajoutez encore 250 grammes de fruits confits. Laissez refroidir et mettez en pots.

Confitures de ménage. — Quand les fruits sont très abondants, on réunit toutes les espèces, on égraine ceux qui sont à grappes et à queues, on pèle et on coupe les autres en morceaux; mettez le tout dans des pots avec beaucoup de cassonnade; faites cuire au bain-marie.

Confitures de mirabelles. — Se fait comme les abricots entiers; on met seulement une demi-livre de sucre en place de trois quarts, et on n'ajoute pas les noyaux.

Confitures d'oranges. — Poids égal de sucre. Mettez les oranges tremper une heure dans l'eau froide; retirez, essuyez et frottez avec une brosse; remettez tremper vingt-quatre heures dans une nouvelle eau froide, retirez; mettez-les dans de l'eau froide sur le feu et faites bouillir jusqu'au moment où une fourchette les transperce aisément; retirez les fruits et mettez le sucre dans l'eau qui vient de cuire les oranges, faites bouillir, écumez. Découpez les oranges en tranches fines, enlevez les pépins, mettez-les cuire dans le sirop. Lorsque les oranges sont transparentes, la confiture est faite.

Confitures de poires d'Angleterre. — Pelez les poires, coupez en quatre, enlevez les pépins et les cœurs; prenez demi-livre de sucre par livre de fruits; mettez au fond d'une terrine un lit de sucre, un lit de poires et ainsi de suite; laissez macérer 24 heures; mettez au feu dans une bassine, faites cuire à feu vif, environ trois quarts d'heure, ajoutez un peu de zeste de citron.

Confitures des quatre fruits. — Une livre de cerises dénoyautées, une livre de groseilles rouges égrenées, une livre de fraises épluchées, une livre de framboises épluchées; quatre livres de sucre que vous mettez dans la bassine, mouillées de deux verres d'eau; faites bouillir dix minutes, mettez les cerises; laissez bouillir cinq minutes, mettez les groseilles; cinq minutes encore, les framboises. Laissez bouillir encore vingt-cinq minutes; passez au tamis, mettez la gelée en pot. Le résidu forme une excellente compote.

Conservation des artichauts. — Coupez par morceaux, ôtez le foin et le vert des feuilles; faites blanchir 10 minutes et égouttez; arrangez dans un pot sur une poignée de sel, versez dessus une saumure composée de deux tiers d'eau et un tiers de vinaigre avec deux poignées de sel par trois litres de liquide; couvrez de beurre fondu; avant de les manger trempez dans de l'eau tiède et faites cuire à grande eau.

Conservation du beurre. — Enveloppez dans un linge trempé dans de l'eau mêlée de vinaigre; quand le linge a séché, on trempe à nouveau dans de l'eau vinaigrée.

Conservation des châtaignes. — Mettez en tas dans une pièce sombre et ayez soin de remuer souvent.

Conservation des chicorées. — Épluchez et lavez, jetez dans de l'eau bouillante, retournez pour l'amortir, jetez ensuite dans de l'eau fraîche, égouttez, placez dans des pots de grès avec saumure pendant 24 heures, changez l'eau par une plus fortement salée, recouvrez de beurre fondu.

Conservation des choux-fleurs. — Récoltez par un temps sec en coupant à 10 ou 15 centimètres au-dessous de la tête et toutes les feuilles à 8 centimètres de leur naissance; on les suspendra aux solives dans un endroit bien sain.

Conservation des citrons. — Faites sécher du sable fin dans un four; lorsqu'il est froid garnissez-en le fond d'une caisse, enveloppez vos citrons de papier de soie; mettez-les dans ce sable à bonne distance les uns des autres, la queue tournée en bas, mettez encore une couche de sable, des citrons, et ainsi de suite.

Conservation des cornichons. — Coupez le bout de la queue à de très petits cornichons, mettez dans un vase avec du sel, laissez pendant 24 heures, égouttez, versez du vinaigre bouillant, couvrez le vase et laissez infuser 24 heures, retirez le vinaigre que vous mettez bouillir dans un chaudron non étamé, jetez-y les cornichons; au moment où ils seront près de bouillir retirez-les et laissez refroidir; mettez dans des vases, couvrez d'estragon, piment, petits oignons, ail, remplissez de vinaigre, couvrez avec soin.

Conservation des fèves. — On les dérobe étant vertes; faites sécher sur des feuilles de papier.

Conservation du gibier. — Faites frire des tranches de pain dans du saindoux; lorsqu'elles sont bien dorées, retirez et laissez refroidir votre saindoux ainsi purifié; vous avez une pièce de gibier, rôtie de la veille, mettez-la dans un pot de grès, emplissez de saindoux et fermez soigneusement le pot avec du fort papier. En faisant frire les tranches de pain, on met dans le saindoux persil, ciboule, thym, laurier, girofle.

Conservation du gibier en été. — Videz et mettez des morceaux de charbon de bois dans l'intérieur.

Conservation des haricots verts. — Épluchez les haricots, jetez dans de l'eau fraîche; mettez un chaudron plein d'eau sur un feu vif; quand l'eau bout une poignée de sel et les haricots, qu'ils jettent deux bouillons; plongez-les dans de l'eau fraîche pour qu'ils se refroidissent, égouttez et mettez dans des pots de grès ; remplissez à peu près de saumure et une couche d'huile par-dessus ; deux jours après bouchez et mettez dans un endroit frais ; quand on veut les employer mettez dans l'eau fraîche, blanchissez, faites cuire dans un vase non étamé et apprêtez comme les frais.

Conservation des œufs. — Mettez fondre à l'eau bouillante 450 grammes d'acide borique dans 10 litres d'eau ; laisser refroidir, placer les œufs préalablement *lavés* et *essuyés* dans des pots de grès de moyenne grandeur, recouvrir d'eau boriquée refroidie, couvrir le pot d'une assiette et placer dans un endroit où il ne gèle pas. Lorsqu'on prend des œufs au fur et à mesure des besoins, se servir d'une cuillère d'argent très propre et ne jamais mettre les doigts dans le pot de conserves. Conservés de cette manière, des œufs pondus au mois d'août sont bons à la coque au bout de six mois.

Conservation de l'oseille. — On fait bouillir trois ou quatre litres d'eau, dans laquelle on jette trois grosses poignées de sel. Aussitôt que l'eau est bouillante, on y jette autant d'oseille que le récipient peut en contenir ; après deux ou trois bouillons, on la retire, on la fait égoutter pendant vingt-quatre heures sur un tamis ; la même eau doit servir pour toute l'oseille à conserver ; on y ajoute par chaque cuisson une poignée de sel. Quand l'oseille est égouttée, on la met dans des pots qu'on recouvre d'une couche de beurre fondu et on les couvre de papier.

Conservation du raisin. — On se borne à défoncer l'un des côtés d'un tonneau, on y met un lit de graine de millet, un lit de grappes de raisin espacées, et ainsi de suite ; on replace le fond du tonneau et on conserve le raisin assez longtemps.

Conservation des saucissons. — On remplit un vase à couvercle avec de la cendre et l'on y enterre les saucissons.

Conservation des tomates. — Pelez les tomates, enlevez les graines, coupez les tomates en morceaux, mettez dans des bouteilles, bouchez, ficelez le bouchon, remuez soir et matin pendant neuf jours, achevez de remplir le vide que vous aurez eu soin de laisser dans les bouteilles.

Conservation des tomates (*autre*). — On met dans un vase du sel, un œuf avec coquille ; quand l'œuf monte à la surface de l'eau, elle est suffisamment salée ; enlevez le sel, versez l'eau dans un pot contenant des tomates non pelées et pressées les unes et les autres, recouvrez le pot avec du papier.

Conservation du veau. — Faites tremper dans du lait pendant quelques jours ; lorsqu'on veut le faire cuire, on met une pincée de thym ; après sa cuisson, on détache le jus de la lèchefrite avec une cuillerée de lait.

Conserves. — Les matières alimentaires destinées à n'être consommées que dans un temps plus ou moins éloigné sont soumises à l'action de différents agents tantôt chimiques tantôt physiques qui ont pour but de s'opposer à leur décomposition. Certains procédés de conservation modifient l'apparence la consistance, le goût et les propriétés des aliments et les transforment pour ainsi dire en de nouveaux produits plus ou moins assimilables; tels sont par exemple la dessication des légumes, des viandes, le boucanage, etc.; d'autres au contraire permettent de conserver les aliments avec toutes leurs qualités tels qu'ils étaient à l'état frais ou après leur cuisson : par exemple les viandes en sauces conservées en boîte, les tomates, l'oseille etc.

Les meilleures conserves sont celles qui ne changent pas la nature du produit. La fabrication des conserves alimentaires s'est considérablement développée depuis une vingtaine d'années et grâce aux perfectionnèments nombreux et successifs apportés dans les procédés employés, on peut avoir aujourd'hui des conserves de légumes et de fruits qui, si elles ne remplacent pas complètement les légumes et les fruits frais, rendent en hiver de grands services dans nos ménages et en tous temps aux armées en campagne, aux navires devant faire un long séjour en mer et aux explorateurs. Le nombre et la nature des bons produits augmente chaque jour.

Nous ne pouvons dans ce livre énumérer les conserves alimentaires, le bœuf comprimé, le bœuf salé, desséché, les soupes portatives, les tablettes ou les extraits de bouillon, les tablettes ou les poudres de lait, les conserves de fruits et de légumes et de poisson, etc., mais il existe actuellement des marques si généralement estimées qu'on en peut faire usage en toute confiance. Sans doute les conserves, comme tout autre produit alimentaire sont l'objet de falsifications sans nombre, dans l'examen desquelles il nous est impossible d'entrer, mais encore une fois un grand nombre de conserves sont parfaitement préparées et constituent un élément indispensable de l'alimentation en France.

Insistons seulement sur les conserves de viandes les plus nécessaires, parce que en dépit des doctrines végétariennes, les médecins, les hygiénistes et les chimistes ont prouvé scientifiquement que nul autre aliment ne pouvait à une aussi faible dose reconstituer l'énergie vitale que nous dépensons chaque jour; aussi a-t-on réalisé depuis peu d'années, grâce aux découvertes scientifiques irréfutables, des progrès immenses et l'on peut aujourd'hui, par le froid, conserver des animaux entiers cinq et six mois et plus et les livrer à la consommation aussi frais que s'ils venaient d'être abattus.

A défaut de connaissances scientifiques il est (dit l'*Encyclopédie chimique* de Frémy, à laquelle nous empruntons ces détails rigoureusement exacts), il est DES PROCÉDÉS DOMESTIQUES que l'expérience de chaque jour, les enseignements du hasard ont donné à la maîtresse de maison, aux habitants des campagnes; des moyens à la fois simples et pratiques pour empêcher du moins pendant quelques jours la décomposition si rapide des viandes.

Le BŒUF destiné au pot-au-feu est plongé dans l'eau bouillante. Sous l'influence de la chaleur l'albumine se coagule et forme un enduit protecteur de la viande.

Les autres viandes de boucherie peuvent être cuites à moitié, mais on perd ainsi une partie des substances aromatiques et nutritives.

Les *poissons*, le *gibier*, la *volaille* à conserver doivent être vidés et lavés intérieurement avec du vinaigre dans lequel on a fait dissoudre un peu de sel de cuisine; quand ils sont bien égouttés on les essuie pour enlever l'humidité. Si l'on veut conserver longtemps les oiseaux et la volaille, on doit les passer au beurre bouillant et les enfermer ensuite sous une couche d'huile, de saindoux ou de beurre fondu dans des pots parfaitement clos.

Le *poisson* peut être conservé vivant hors de l'eau par le procédé suivant. On lui emplit la bouche avec de la mie de pain détrempée dans de l'eau-de-vie dont on a soin de l'arroser, et on l'enveloppe de paille. Sous l'action de l'alcool le poisson s'engourdit. Il peut rester dans cet état plusieurs jours, et si après lui avoir dégagé la bouche on le plonge dans de l'eau bien fraîche, on lui voit reprendre au bout de quelques heures toute sa vigueur.

— Enfin *il faut éviter* de poser la viande sur la pierre ou sur le fer et surtout d'entasser les morceaux les uns sur les autres.

On devra au contraire tenir ces morceaux séparés suspendus dans un *garde-manger* grillagé afin d'en empêcher l'accès aux mouches et aux autres insectes.

Le garde-manger sera placé autant que possible à l'abri du soleil dans un courant d'air.

Tous ces procédés ne conservent la viande que peu de temps, cependant ils ne sont pas à dédaigner à la campagne où souvent on est obligé de faire des provisions pour toute une semaine, dans les petites villes où les marchés ne se tiennent pas tous les jours.

Nous n'avons pas à examiner les procédés commerciaux de conservation par le froid qui servent au transport des viandes d'Amérique en France.

Quoique les procédés soient perfectionnés ce mode de conservation offre quelques inconvénients : le fumage, les salaisons bien préparées semblent supérieurs.

Les poudres et les extraits de viande sont actuellement bien préparés.

On emploie pour les poissons d'excellents procédés de conservation qui sont bien connus et généralement appréciés. Qui ne connaît les stock-fish, morue roulée sur elle-même en forme de bâton, préférable aux morues fumées souvent dangereuses, les conserves de sardines, d'anchois, de thon, de saumon, de petits maquereaux, celles de homard ou de langouste (aux pattes desquels on substitue souvent des pattes de crabes). Les conserves d'huîtres et de moules sont d'ordinaire moins bonnes que les précédentes.

Conserves d'abricots. — Prenez de beaux abricots pas encore entièrement mûrs; séparez en deux, retirez les noyaux, rangez les fruits dans des bocaux à conserves, faites un sirop de sucre à 20 degrés, bouchez, ficelez, placez les bocaux dans une grande bassine, calez-les avec des torchons, mettez de l'eau froide et, dès que l'ébullition commence, laissez bouillir 5 minutes, retirez et laissez refroidir dans la bassine.

Conserves de cerises. — Comme les abricots.

Conserves de champignons. — Prenez des champignons bien frais, épluchez, mettez à la casserole avec beurre, sel, poivre, jus de citron; mettez en bocal lorsqu'ils sont froids les champignons et leur jus, bouchez les bouteilles et faites cuire au bain-marie vingt-cinq minutes.

Conserves de framboises. — Comme les abricots; deux minutes d'ébullition.

Conserves de groseilles. — Comme les abricots.

Conserves de haricots flageolets. — Comme pour les petits pois, on supprime le sucre et on donne une heure et demie d'ébullition.

Conserves de pêches. — Comme les abricots; seulement, deux minutes d'ébullition.

Conserves de petits pois. — Prenez de petits pois tendres, mettez dans une bouteille à large goulot, couvrez d'une cuillerée de sucre en poudre, bouchez, ficelez. Enveloppez les bouteilles de foin, mettez-les tout enveloppées dans une bassine remplie d'eau froide que vous mettez sur le feu, faites bouilloter une heure, laissez refroidir dans l'eau.

Conserves de truffes. — Les peler, les enfermer un jour dans un vase bien fermé après avoir mis force épices; les passer vivement au saindoux et les remettre dans le vase avec du saindoux de manière à les enterrer complètement.

Consommé aux foies de volailles. — Faites blanchir des foies de volailles à l'eau salée, enveloppez-les et faites-les cuire dans du bouillon, mettez-les dans la soupière et jetez dessus du consommé.

Consommé Marie-Louise. — Deux litres d'eau, deux livres de bœuf, une demi-poule rôtie et rissolée (formule de Carême), carottes, oignons, poireaux, bouquet garni, clous de girofle; faites mijoter huit heures; dégraissez et passez.

Coquilles de cervelles. — Enlevez la peau des cervelles, mettez à dégorger à l'eau froide, faites-les bouillir ensuite deux minutes dans de l'eau salée et vinaigrée, jetez-les encore dans l'eau froide et, lorsqu'elles sont fermes, coupez en morceaux.

Beurrez l'intérieur de coquilles Saint-Jacques vides et bien nettoyées (il est bon d'en avoir toujours quelques douzaines qui servent à préparer force plats de bonne mine), ce beurre peut être mélangé d'un anchois écrasé, ajoutez aux morceaux de cervelles échalote et persil hachés, salez, poivrez, arrosez de beurre fondu, d'un filet de vinaigre, remplissez les coquilles de morceaux de cervelles, mettez de la mie de pain ou de la chapelure au-dessus, un morceau de beurre et faites prendre couleur sous four de campagne.

Coquilles de laitances de harengs frais. — Lavez, écaillez douze harengs, enlevez les laitances, faites-les blanchir à l'eau salée, égouttez. Enlevez les chairs des harengs, pilez-les, mettez dans une casserole beurre, champignons, persil, échalotes et ciboules hachées minces, faites cuire deux minutes; passez les laitances une minute dans cet assaisonnement, retirez-les, mettez à leur place la chair des harengs, de la mie de pain, laissez cuire un instant en mélangeant. Beurrez des coquilles Saint-Jacques, mettez une couche de farce, une ou deux laitances dans chaque coquille, mettez les coquilles au four de campagne et servez, saucées d'une sauce blanche avec poivre et jus de citron.

Coquilles de moules. — Nettoyez et faites ouvrir les moules, enlevez-les des coquilles; coupez-les en morceaux et placez-les dans un roux mouillé d'eau; mettez du beurre, des jaunes d'œufs, du persil haché, laissez cuire doucement cinq minutes, remplissez-en des coquilles Saint-Jacques, saupoudrez de mie de pain et mettez un moment sous four de campagne.

Coquilles d'œufs aux huîtres. — Faites fondre du beurre frais avec champignons hachés, sel, poivre, persil, ciboules hachés. Ayez des œufs durs dépouillés de leurs coquilles et deux ou trois douzaines d'huîtres sorties de leurs coquilles. Mettez cuire les huîtres dans la casserole, ajoutez les œufs coupés en tranches, laissez mijoter cinq quarts d'heure, emplissez des coquilles, mettez de la mie de pain et faites prendre couleur sous four de campagne.

Coquilles Saint-Jacques. — Faites les ouvrir dans de l'eau bouillante salée; retirez entièrement l'intérieur et ne gardez que la noix blanche que vous hachez avec persil, champignons, mie de pain, sel, poivre; remettez ce mélange dans vos coquilles avec un bon morceau de beurre au-dessus et faites prendre couleur sous four de campagne.

Côte de bœuf bourgeoise. — Prenez une côte de bœuf, piquez de gros lardons que vous avez fait reposer deux heures dans du sel et poivre, faites revenir dans du beurre ; au milieu de la cuisson, ajoutez le four de campagne bien rouge, servez avec une purée de pommes de terre autour, dégraissez le jus produit par la cuisson, arrosez votre plat.

Côte de bœuf braisée au macaroni. — Enlevez l'échine d'une côte de bœuf, ficelez et braisez en ajoutant au mouillement un peu de vin blanc, dégraissez la cuisson, servez la moitié dans une saucière, et l'autre mélangée à du macaroni ainsi préparé : faites cuire à l'eau bouillante, ajoutez sel, poivre, beurre, jus de la côte, parmesan, gruyère râpé, *servez votre côte sur le macaroni.*

Côte de bœuf braisée à la purée de tomates. — Faites cuire dans la braisière une belle côte de bœuf, avec du vin blanc, un demi-verre d'eau-de-vie, du bouillon, oignons, trois clous de girofle, carottes, bouquet garni, sel, gros poivre ; faites bouillir et écumer, faites cuire avec feu dessus ou au four, arrosez souvent. La côte de bœuf étant cuite, dégraissez, faites réduire à 2 décilitres, ajoutez-y de la purée de tomate, laissez cuire dix minutes, puis servez la purée dans une saucière.

Côte de bœuf à la languedocienne. — Prenez une belle côte de bœuf, lardez, assaisonnez de sel, poivre, persil haché menu, roulez dans la farine, mettez au feu dans une casserole avec beurre, ou lard fondu ; une fois revenu des deux côtés, mouillez de bouillon, ajoutez sel, poivre, oignon, carottes ; après cuisson, dégraissez le jus, que vous versez sur la côte de bœuf au moment de servir ; garnissez votre plat de quelques cornichons ou câpres.

Côte de bœuf mode Toulouse. — Piquez une côte de bœuf, faites-la sauter dans de l'huile, sur un feu ardent ; la cuisson à moitié faite, couvrez avec le four de campagne, diminuez le feu sous la casserole, faites frire des tranches d'oignons dans de l'huile, ajoutez sel, poivre, bouillon, jus de citron, à la cuisson. Dressez la côte de bœuf sur un plat, les oignons autour, versez la sauce dessus.

Côte de bœuf aux racines. — Lardez des côtes couvertes, assaisonnez, braisez-les ; faites cuire des carottes dans une casserole avec du bouillon, jusqu'à ce qu'elle tombe en glace, faites un roux, mouillez-le avec ce qui restera de l'assaisonnement des côtes. Une fois cuites, dégraissez-les, passez à l'étamine sur vos carottes, remettez côtes et carottes sur le feu, au moment de servir.

Côtelettes d'agneau aux pointes d'asperges. — Parez des côtelettes bien mortifiées, mettez-les dans un plat à sauter avec un peu de beurre fondu ; salez, poivrez ; couvrez avec un rond de papier beurré ; posez sur un feu vif ; tournez les côtelettes ; égouttez-les ; mettez un peu de bouillon pour détacher la cuisson ; d'autre part, vous avez fait cuire à l'eau salée une botte de ces petites asperges, dites « vertes », vous les coupez en morceaux de deux centimètres, vous faites cuire deux minutes dans votre jus et vous servez le tout brûlant.

Côtelettes de homard à la Puebla.
— Faites cuire un homard au court-bouillon, laissez refroidir dans le court-bouillon, détachez la tête; retirez les chairs de la queue, coupez-les en tranches rondes, tenez au chaud, préparez des moules, des queues d'écrevisses, des huîtres, de l'amourette de veau, du ris d'agneau, faites blanchir chaque chose à part dans du beurre, avec sel, poivre, jus de citron; faites une sauce avec du blond de veau, la tête de homard, du beurre fin; au dernier moment liez avec un jaune d'œuf, passez au tamis de fil de fer, ajoutez-y le ragoût; tenez au chaud sans laisser bouillir, dressez les tranches de homard autour du plat, plantez dans chaque tranche une patte d'écrevisse, pour former le manche d'une côtelette, ajoutez le ragoût au milieu du plat, servez chaud.

Côtelettes de mouton Soubise.
— Passez vos côtelettes au beurre, ajoutez des carottes coupées en lames, des oignons également tranchés, un bouquet garni, sel, poivre, clous de girofle, mouillez avec du jus ou simplement du bouillon, faites cuire à petit feu; dressez-les en couronne sur un plat et mettez au milieu la purée d'oignons suivante.

Coupez les oignons par tranches, passez-les au beurre, mouillez-les avec moitié crème; faites réduire, passez au tamis, ayez soin que la purée ait assez de consistance pour qu'elle mérite son nom.

Côtelettes de porc frais.
— Faites mariner 2 ou 3 jours avec de l'huile, du sel, poivre, persil, laurier et girofle, faites-les cuire à la poêle ou sur le gril, servez-les sur une sauce Robert avec des tranches de cornichons. Vous pouvez encore les servir sur une sauce piquante, une sauce ravigote, une sauce tomate, une farce à l'oseille, etc.

Côtelettes de sanglier à la Saint-Hubert.
— Les côtelettes étant coupées et parées, assaisonnez-les de poivre, sel; faites-les sauter dans du beurre, sur un feu vif; quand elles sont cuites, dressez-les en couronne et masquez-les d'une sauce italienne ou poivrade.

Côtelettes de veau à la Dreux.
— Piquez vos côtelettes au jambon, truffes et lard; braisez-les au vin blanc et cognac, finissez de les cuire en les glaçant à petit feu; les servir en couronne, une papillote à chacune et une garniture de petits pois ou de haricots au milieu. Une saucière de jus séparément.

Côtelettes de veau « Jeanne sans Terre ».
— Ayez des côtelettes de veau de 40 centimes, c'est bien suffisant, salez-les et poivrez-les fortement des deux côtés; faites griller cinq minutes à feu vif; puis, placez-les dans un plat beurré; mélangez trois œufs (blanc et jaune) à deux cuillerées de farine; ajoutez sel, poivre, muscade, persil, un verre de lait, tournez vivement pour éviter les grumeaux; versez ce mélange sur vos côtelettes; mettez sous four de campagne; quand le dessus du plat est bien doré, servez dans le plat.

Côtelettes de veau ou de mouton milanaise.
— Parez vos côtelettes, trempez-les dans un peu d'allemande, panez-les avec moitié mie de pain et fromage de parmesan; à la fois, trempez vos côtelettes dans

une omelette; faites cuire dans un plat avec du beurre clarifié; servez sur un macaroni avec une sauce tomate au kari.

Cotignac de fruits. — Mettez dans un chaudron de cuivre 10 litres de jus de raisin non fermenté, faites bouillir pendant une demi-heure, ajoutez des quartiers de tous les fruits que vous pourrez vous procurer; quand ils sont cuits ajoutez plusieurs livres de sucre en poudre et mettez dans des pots.

Coulis d'écrevisses. — Faites cuire les écrevisses; pilez les chairs cuites; passez-les en purée; mettez cette purée dans une petite casserole avec une cuillerée de bouillon et une cuillerée de velouté (Voy. **sauce**); mêlez en ajoutant un morceau de beurre, un peu de poivre et un peu de muscade.

Coulis gras. — Mettez dans un poêlon du lard coupé en petits dés, de la rouelle de veau, quelques carottes; faites revenir; quand la viande commence à s'attacher doucement au poêlon, retirez-la ainsi que les carottes, ajoutez beurre et farine; faites un roux de belle couleur; mouillez avec de l'eau chaude. Remettez la viande et les carottes; laissez cuire à petit feu pendant deux heures, dégraissez le coulis à moitié de la cuisson; quand il est de couleur brune, passez-le à l'étamine et conservez-le pour les besoins.

Coulis maigre. — Faites revenir carottes et oignons dans du beurre, mouillez d'eau ou de bouillon maigre; salez, ajoutez du thym et laurier; laissez cuire 6 heures, passez à l'étamine. On peut y ajouter quelques écrevisses vidées et pilées avec des amandes douces.

Courts-bouillons. — *Ordinaire.* — Eau, sel, poivre, carottes, oignons, thym, laurier, ail, girofle, vinaigre.
Au vin blanc. — Même assaisonnement, seulement on met moitié eau, moitié vin blanc.
Breton. — Eau, lait, sel, poivre (le meilleur pour la morue).
Au bleu. — Même assaisonnement que le court-bouillon ordinaire, seulement on ajoute un verre de vin rouge.
Les poissons doivent *toujours* baigner entièrement.

Crème aux abricots. — Faites cuire une livre et demie d'abricots dans une demi-livre de sucre; passez au tamis; ajoutez un petit verre de marasquin, délayez dans ce mélange 10 jaunes d'œufs, sucre suivant goût; faites cuire au bain-marie dans de petits pots.

Crème allemande. — Prenez deux œufs entiers, trois jaunes, battez et délayez dedans, trois cuillerées de farine, avec un peu de lait non bouilli; versez sur le tout un demi-litre de crème bouillie, sucrée, vanillée; faites cuire jusqu'à consistance de bouillie épaisse, versez dans un plat et lorsque cette crème sera froide, saupoudrez de sucre et glacez à la pelle rouge.

Crème d'amandes. — Prenez 200 grammes d'amandes douces, un demi-litre de lait, 150 grammes de sucre; pelez les amandes, jetez-les à l'eau froide, égouttez, pilez en les mouillant de temps en temps d'un peu d'eau ; battez dans le lait deux blancs d'œufs dans lesquels vous délayez le sucre ; mettez le mélange sur feu doux et laissez réduire aux trois quarts, ajoutez la pâte d'amandes, faites donner un bouillon, passez au tamis, ajoutez un peu de fleur d'oranger.

Crème à l'ananas. — Pesez un ananas, prenez autant de sucre que son poids, râpez-le et faites-le cuire avec ledit sucre dans un verre d'eau ; laissez bouillir un moment et ajoutez quatre jaunes d'œufs bien battus.

Crème andalouse. — Battez des œufs avec de la fécule de pommes de terre, du sucre, de la vanille en poudre, mettez dans un plat allant au feu, saupoudrez de sucre en poudre, mettez au four dix minutes.

Crème au beurre. — Battez quatre blancs d'œufs en neige dure, mélangez-leur une demi-livre de sucre en poudre, fouettez ce mélange sur le feu ; lorsqu'il est bien lié, laissez refroidir en travaillant toujours, mettez-y alors vanille, chocolat ou café. Faites ramollir une demi-livre de beurre fin, tournez-le avec une petite cuillère, de manière à le mettre en crème ; mélangez alors votre première préparation et servez-vous-en pour moka.

Crème de biscuits. — Mettez dans une casserole 8 jaunes d'œufs, 200 grammes de sucre en poudre, 2 cuillerées à bouche d'eau de fleur d'oranger, 3 cuillerées de farine de riz. Remuez avec une cuiller de bois en versant doucement un litre de crème ; posez la casserole sur le feu, faites cuire 20 minutes. Quand elle sera épaisse, mettez de l'écorce de citron confit, 4 macarons amers, le tout haché fin. Prenez un gros biscuit de Savoie, coupez par tranches d'un demi-centimètre ; mettez dans le fond d'un plat une couche de crème, un lit de tranches de biscuit et ainsi de suite jusqu'au dernier lit qui doit être en crème. Glacez bien le tour de cette crème pour que le biscuit se trouve caché, décorez de fruits confits et arrosez de kirsch ou de marasquin.

Crème aux blancs d'œufs. — Un demi-litre de lait, 10 blancs d'œufs battus ; lorsque le lait bout, sucrez, versez les œufs, laissez épaissir.

Crème bruxelloise. — Prenez huit jaunes d'œufs, versez dessus un litre de lait sucré de 250 grammes de sucre, vanillez, laissez refroidir ; ajoutez 60 grammes de gélatine et un petit verre de rhum. Prenez un moule troué au milieu, enduisez d'huile, mettez un peu de la crème, faites prendre un moment sur glace, mettez un lit de fruits confits, un lit de crème ; faites prendre sur glace. Prenez un litre de crème fraîche, battez très ferme avec sucre râpé, deux blancs d'œufs battus en neige, de la vanille et peu de gélatine fondue, renversez la crème première et remplissez le creux avec la crème deuxième.

Crème au café blond. — Faites bouillir un litre et demi de lait, une demi-livre de sucre bien battu, ajoutez six œufs battus, faites brûler du café en grains, jetez dans la crème, laissez pendant un quart d'heure, passez au tamis et faites prendre la crème au bain-marie.

Crème au chocolat. — Mettez une demi-livre de sucre en poudre, trois tablettes de chocolat, quatre jaunes d'œufs, deux œufs entiers, remuez bien ce mélange et versez peu à peu dessus un litre de lait ayant bouilli. Passez au tamis et faites prendre au bain-marie.

Crème au citron. — Le jus de quatre citrons, un quart de sucre râpé, 12 jaunes d'œufs, deux verres de vin blanc; mettez sur le feu en fouettant constamment; retirez au premier bouillon.

Crème croquante. — On délaie deux jaunes d'œufs dans une casserole avec une pincée de farine et un verre de lait versé très lentement. Ajoutez de l'écorce de citron confite, hachée menu, des amandes, des pistaches finement hachées, de la fleur d'oranger, beaucoup de sucre; versez ce mélange dans un plat de métal et remuez le tout sans arrêter jusqu'au moment où la crème est consistante. Ralentissez alors le feu et recommencez à remuer en ramenant toujours la crème sur les bords du plat; lorsque la crème est cuite, ramenez-la au milieu et mettez un instant au four.

Crème aux épinards. — Pilez des amandes, un peu d'épinards cuits, du sucre en poudre, zeste de citron, trois quarts de litre de lait, six jaunes d'œufs. Battez, passez au tamis et faites cuire feu dessus feu dessous.

Crème aux fraises. — Quoique la crème à la vanille soit tellement connue qu'il est presque inutile d'en donner la recette, la voici : faites bouillir un litre de lait, sucrez de 250 grammes de sucre, vanillez, laissez refroidir, battez huit jaunes d'œuf et incorporez-y le lait; faites prendre au bain marie. Donc, vous avez une crème à la vanille un peu épaisse; vous écrasez alors une livre et demie de fraises des bois, vous sucrez le jus des fraises, vous le mélangez à la crème froide, vous garnissez de fraises entières.

Crème frite. — Faites bouillir un grand verre de lait avec un peu de vanille; délayez deux œufs avec la quantité de farine qu'ils pourront absorber, ajoutez quatre œufs entiers et délayez peu à peu avec le verre de lait. Faites cuire cette crème vingt minutes en tournant toujours avec une cuillère de bois, mettez alors un morceau de beurre, un peu de sucre, une pincée de sel, laissez encore cuire six minutes, toujours en tournant; mettez alors quatre jaunes d'œufs, versez la crème dans un plat, laissez refroidir, coupez en losanges; passez ces losanges dans de l'œuf battu, puis dans de la chapelure et faites frire; servez, saupoudré de sucre.

Crème italienne. — Mettez dans une terrine un demi-litre de crème, deux œufs, trois cuillerées de sucre en poudre, de l'eau de fleur d'oranger; battez le tout ensemble; quand elle est épaissie, mettez sur une assiette creuse garnie de sucre en poudre, posez sur cendres chaudes avec couvercle garni également de cendres chaudes le temps de laisser prendre.

Crème au kirsch. — Un jaune d'œuf par verre à servir, plein une cuillère à café de kirsch, plein une cuillère à bouche de sucre en poudre, remuez le tout, fouettez jusqu'à ce que ce soit mousseux et servez dans les verres.

Crème Marinette. — Faites une épaisse crème à la vanille, trempez des biscuits à la cuillère dans du kirsch ; posez-les sur cette crème ; prenez de la crème fouettée, vanillée, couvrez-en votre première crème. Décorez d'un cordon de cerises confites.

Crème mousse. — Faites bouillir et réduire de moitié un demi-litre de lait vanillé ; versez dans un autre demi-litre de lait avec un quart de sucre, un peu de gomme arabique dissoute en un peu d'eau et fouettez le tout en mousse.

Crème mousse au marasquin. — Prenez 50 centimes de crème Chantilly, 3 jaunes d'œufs, un quart de sucre en poudre ; battez très longtemps le sucre et les jaunes d'œufs ; mélangez avec la crème et ajoutez un petit verre de marasquin.

Crème moka. — Mélangez en tournant toujours deux jaunes d'œufs, un quart de beurre très fin, du sucre en poudre, un peu plus d'un quart d'essence de café.

Crème aux œufs durs. — Mélangez un litre de lait, quatre cuillerées de farine, huit cuillerées de sucre, sel, vanille ; faites chauffer sans bouillir, en tournant doucement de manière à éviter les grumeaux, laissez refroidir et ajoutez six jaunes d'œufs battus en mousse avec sucre en poudre.

Crème panachée. — Mettez dans un poêlon une demi-livre de sucre en poudre, 6 jaunes d'œufs, un peu de cannelle, le zeste d'un citron. Tournez avec une cuiller en versant peu à peu un litre de lait, posez sur feu doux en remuant continuellement ; lorsqu'elle est épaissie passez au tamis ; versez dans un compotier et couvrez avec des biscuits à la cuiller ; glacez au sucre de plusieurs couleurs ; garnissez le plat avec de la fleur d'oranger pralinée.

Crème pétersbourgeoise. — Prenez six œufs, plus le jaune de trois, ajoutez 300 grammes de sucre en poudre, un verre de vin de champagne, le jus d'un demi-citron, un peu de zeste râpé, 30 grammes de gélatine, mettez le tout sur le feu et fouettez pendant la cuisson ; versez dans un moule et laissez refroidir.

Crème pralinée. — Faites dans une casserole un fort caramel brun, jetez alors un litre de lait, faites bouillir le tout un quart d'heure avec des amandes coupées en morceaux que vous avez fait griller. Ajoutez de la vanille, du sucre ; passez, ajoutez quatre jaunes d'œufs et faites prendre au bain-marie.

Crème Prosper. — Mêlez 25 grammes de farine avec autant de beurre, un demi-litre de lait, faites bouillir 3 minutes, ajoutez 3 jaunes d'œufs, faites bouillir une minute, retirez, ajoutez une pâte à meringues ; au bout de deux minutes de cuisson, la crème est faite ; entourez de fruits confits.

Crème Sambayon. — Mettez cinq jaunes d'œufs dans une poêle avec 100 grammes de sucre en poudre, zeste de citron, travaillez avec un fouet, mouillez d'un verre de vin de malaga, placez sur feu modéré, fouettez toujours jusqu'à ce que vous obteniez une mousse (surtout ne laissez pas bouillir); au moment de servir ajoutez un verre de rhum.

Crème au thé. — Faites réduire un demi-litre de crème, du thé, du sucre, trois jaunes d'œufs, agitez, passez dans un linge, agitez, remplissez les moules, faites prendre au bain-marie.

Crêpes. — Mettez dans une terrine une livre de farine, délayez doucement avec un litre de lait, ajoutez six jaunes d'œufs, une pincée de sel, un petit verre d'eau-de-vie, un petit verre de rhum, le jus d'une orange; laissez reposer six heures; au moment de faire les crêpes, ajoutez les six blancs d'œufs battus en neige. Mettez dans la poêle gros comme une noisette de beurre ou de saindoux; lorsque c'est bien chaud, versez de la pâte de manière à couvrir le fond de la poêle, laissez cuire un instant, retournez d'un tour de main, faites cuire de l'autre côté et servez brûlant saupoudrée de sucre.

Les proportions ci-dessus donnent à peu près dix-huit crêpes.

Crêpes aux pommes. — Faites une pâte à crêpes comme ci-dessus, ajoutez-y des tranches de pommes de reinette très minces et agissez comme précédemment.

Crevettes en croquettes. — Épluchez une livre de grosses crevettes, hachez les corps, incorporez à une sauce béchamel bien réduite, assaisonnez de sel et de muscade; laissez raffermir, faites-en des croquettes, passez et faites frire.

Croissants fantaisie. — Faites tremper des croissants dans du lait sucré et refroidi; passez ensuite dans des œufs battus; faites frire au beurre chaud et servez, saupoudrés de sucre.

Croquettes de pommes. — Ayez une marmelade de pommes, bien épaisse, mettez-y un peu de vanille, mettez aussi les blancs d'œufs battus en neige, un peu de fécule de pommes de terre; faites des boulettes ovales, passez à l'œuf battu, puis à la chapelure, faites frire au beurre.

Croquettes de pommes de terre. — Faites cuire à l'eau des pommes de terre jaunes, épluchez-les, passez-les à la passoire en les mouillant de crème, ajoutez du beurre, du persil haché, des œufs dont vous battez les blancs en neige; formez des boulettes, faites frire.

Si on veut les faire au sucre, supprimer le persil, ajouter de la fleur d'oranger et du sucre, tremper dans l'œuf battu, dans la chapelure et encore dans l'œuf battu.

Croquettes de riz. — Faites crever un quart de riz dans un demi-litre de lait; une pincée de sel, un peu de beurre frais; lorsque le riz est tiède, formez-en des boulettes allongées, trempez dans l'œuf battu, puis dans la chapelure, retrempez dans l'œuf et faites frire.

Croquette de riz au poisson. — Faites crever du riz dans du lait salé, ajoutez de la chair d'un poisson coupée en morceaux, du beurre, trois jaunes d'œufs crus; mélangez, faites refroidir, formez des boulettes que vous trempez d'abord à l'œuf battu puis à la mie de pain, et faites frire à friture très chaude.

Croquettes de riz à la russe. — Faites blanchir quatre cuillerées de riz, rafraîchir et mouiller de bouillon un peu au-dessus de la hauteur; salez, laissez la cuisson venir à sec, ajoutez du parmesan râpé, du jambon, une truffe, de la langue à l'écarlate, du veau, de la volaille froide, le tout coupé en petits morceaux, deux jaunes d'œufs. Remuez le tout sur le feu pendant quatre à cinq minutes, laissez refroidir, formez des croquettes de la grosseur d'un bouchon, passées à l'œuf et à la mie de pain, faites frire, dressez sur une serviette, servez avec une purée d'épinards ou d'oseille.

Croquettes russes. — Prenez des tranches d'aloyau coupées très minces et carrées; faites cuire du riz dans du bouillon avec jus de viande, sel, poivre; lorsque le riz a bu tout le bouillon, mettez de la mie de pain rassis trempée dans du bouillon, deux jaunes d'œufs crus; mettez une couche de cette farce sur chaque tranche, roulez, ficelez, mettez cuire dans du beurre; laissez revenir; arrosez de bouillon et de jus de viande; laissez cuire quatre heures en arrosant fréquemment de jus et de bouillon; faites une sauce avec le restant de la cuisson des croquettes à laquelle vous ajoutez oignons, persil, ail hachés, sel, poivre; liez d'un peu de farine. Ces croquettes se nomment « *zrayis* ».

Croquignoles. — Prenez 125 grammes de sucre en poudre, vanille, deux blancs d'œufs, battez le tout ensemble jusqu'à la consistance de pâte épaisse, pouvant être placée sur du papier; prenez cette pâte, en formez sur une feuille de papier blanc de petits tas moins gros que ne le seraient des macarons, mettez de suite dans un four à chaleur douce, trois heures après en avoir retiré le pain. Y laisser les croquignoles jusqu'à ce que l'on puisse en en cassant une, s'assurer que l'intérieur est bien sec; retirer du four, laisser refroidir et les garder dans un endroit bien sec; on peut les conserver très longtemps.

Croûte aux champignons. — Épluchez les champignons bien frais, jetez-les dans une casserole où il y a du beurre fondu acidulé de citron; sautez-les, salez, couvrez la casserole, mettez sur feu vif, laissez bouillir cinq minutes; égouttez les champignons; saupoudrez de farine; mouillez de jus de viande; mettez poivre et gousse d'ail; faites rebouillir une minute; liez avec un jaune d'œuf; ajoutez un filet de vinaigre, et versez dans des croûtes de pain séchées à four doux, beurrées et tenues très chaudes.

Croûte aux écrevisses. — Faites cuire vingt-cinq écrevisses dans un bon court-bouillon, ôtez la chair des queues; faites fondre un demi-quart de beurre, mettez les queues, un peu de farine, sel, poivre, crème, laissez mijoter cinq minutes; versez sur des croûtes frites au beurre.

Croûte au madère. — Coupez une demi-douzaine de tranches de brioche; saupoudrez-les de sucre et faites prendre couleur au four; épluchez trois quarts de raisins de Corinthe, Malaga et Smyrne, plus un quart d'écorces confites coupées en dés ; mettez fondre dans un autre récipient 175 grammes de sucre avec un peu d'eau et de vin de Madère, plus un peu de zeste de citron. Faites bouillir, versez sur les raisins, liez avec de la marmelade d'abricots, dressez vos croûtes en couronne, mettez au milieu fruits et raisins ; versez la sauce sur le tout.

Croûte normande. — Faites un sirop de sucre et mettez dedans cerises, abricots, pêches, mirabelles, fraises, en commençant, bien entendu, par les fruits les plus durs à cuire.

Creusez de petits pains ronds passés au beurre et remplissez de cette marmelade.

Croûte au rhum. — Prenez une brioche ronde et coupez-la par tranches de l'épaisseur d'un doigt ; faites-les frire au grand beurre et rangez-les sur un plat ; faites à part un sirop de sucre comme pour une compote et cinq minutes avant de le retirer du feu, ajoutez-y trois ou quatre cuillerées de rhum, plus de petits raisins de Corinthe et des raisins blancs, jetez ce mélange sur les croûtes ; cela se mange chaud.

Croûte suprême. — Ayez une brioche forme couronne, coupez-la en morceaux égaux que vous faites frire dans une large friture de beurre clarifié. D'autre part ayez des pêches, des abricots, des prunes de reine-claude (dénoyautées, bien entendu) ; faites-les cuire sans trop les déformer, dans un sirop de sucre, retirez-les, faites réduire un peu la cuisson ; ajoutez un verre de rhum ou de kirsch ; liez avec de la marmelade d'abricots, de la confiture de cerises ; arrangez vos fruits entre chaque morceau de votre brioche disposés en couronne sur un plat ; versez dessus la sauce brûlante ; ajoutez au moment de servir une poignée de raisins blancs et noirs, frais, quelques noyaux d'amandes et servez brûlant.

Cuisses de dindon à la diable. — Prenez de belles cuisses de dindon auxquelles vous faites de petites entailles, vous les couvrez de moutarde, les saupoudrez de poivre ; faites griller à feu très vif, servez bien chaudes sur une sauce piquante.

Cuisses d'oie de desserte. — Trempez-les dans leur cuisson, panez, trempez dans l'huile, repanez, faites griller et servez avec sauce rémoulade.

Cuisses d'oie à la lyonnaise. — Faites frire dans du saindoux quelques petits oignons ; retirez-les lorsqu'ils sont dorés ; mettez les cuisses à réchauffer également dans le saindoux ; égouttez, mettez les oignons autour et saucez avec sauce poivrade.

Cuisson du sucre. — A 33 degrés le sucre est au *perlé*, une minute après au *soufflé*, ensuite à la *glu*, au *boulé*, *grand boulé*, *cassé*, *caramel blond*, *caramel brun*.

Au perlé, en mettant un peu de sucre entre deux doigts il commence à former les filets.

Au soufflé, quand en trempant l'écumoire dans le sirop, en la retirant et en soufflant dessus, on en fait sortir des globules.

A la glu, lorsque, ayant du sirop au doigt, le trempant dans l'eau froide on ne peut le détacher.

Au boulé, lorsqu'en trempant un doigt dans l'eau froide on peut le former en boule.

Au cassé, quand on peut le détacher du doigt et le casser net en le ployant.

Cuissot de sanglier rôti. — Prenez un cuissot de 3 kilos, mettez-le à la broche ; arrosez de temps en temps avec quelques cuillerées de marinade, faire cuire pendant au moins une heure et demie, servir dans son jus ou à la sauce poivrade.

D

Dampfmdeln. (*Cuisine allemande*). — Délayez quatre jaunes d'œufs avec quatre cuillerées de levure de bière, un demi-quart de sucre en poudre, un peu de muscade, un quart de beurre tiède, un verre de lait; ajoutez, peu à peu, une livre de farine, formez une pâte solide dont vous ferez un long rouleau, que vous coupez en tranches épaisses; mettez ces tranches dans une tourtière à four tiède; au bout d'un quart d'heure, faites cuire feu dessus, feu dessous. Lorsque la pâte est dorée, versez dessus un verre de lait sucré bouillant; saupoudrez de sucre et servez.

Dariole. — Mettez dans une casserole un demi-quart de farine, deux œufs; mélangez bien le tout; mettez douze jaunes d'œufs, une demi-livre de sucre en poudre, 12 macarons pilés, encore un œuf entier, un peu de sel, pétrissez le tout pendant vingt minutes, mélangez un litre de lait bouilli encore tiède, mettez un peu de vanille. Beurrez de petits moules, faites cuire à four modéré.

Débris de canard à la choucroute. — Mettez à cuire de la choucroute dans du bouillon avec lard et cervelas; lorsque la choucroute est à demi cuite, retirez lard et cervelas et mettez à la place les débris de canard; laissez la choucroute finir de cuire et servez les débris de canard entourés de la choucroute, du lard et du cervelas coupés en morceaux.

Dindes. — Les dindes se doivent manger d'octobre à février. Durant ces cinq mois, elles sont bonnes et à bon marché.

Dinde en daube. — Excellente manière pour manger les vieilles dindes. Piquez de très gros lardons assaisonnés de sel, poivre, persil, ciboule, thym hachés. Mettez au fond d'une casserole des tranches de lard, du pied de veau, sel, poivre, oignons, carottes, bouquet garni, ail, échalotes, thym, laurier, mettez la dinde et ensuite les abatis; ajoutez bouillon, verre de vin blanc, un peu d'eau-de-vie; couvrez la casserole en entourant le couvercle d'un torchon humide de manière à ce que la fumée ne s'évapore pas. Au bout de trois heures, retournez la dinde; laissez encore cuire trois heures. Retirez la dinde, passez la sauce, dégraissez-la, clarifiez et servez votre dinde froide avec la sauce versée dessus et qui forme gelée.

Dinde farcie. — Faites une farce avec de la rouelle de veau, du lard haché, des marrons, des champignons, des oignons hachés, de la mie de pain trempée dans du lait, des jaunes d'œufs crus, sel, poivre, épices ; garnissez l'intérieur de votre dinde, cousez-la soigneusement afin que rien ne s'en échappe ; enveloppez-la d'un papier beurré et mettez-la cuire à la broche ; ajoutez dans le jus et au moment de servir des marrons entiers épluchés.

Dinde à la flamande. — Faites-la braiser et garnissez-la de cœurs de laitue cuits au jus. Ajoutez un peu de sauce espagnole au jus qu'elle a rendu.

Dinde en hachis à la crème. — Hachez finement des débris de dinde rôtie, assaisonnez de poivre, sel. Mettez dans une casserole un morceau de beurre, de la farine, échalotes et persil haché, mettez un demi-verre de crème, un demi-verre de bouillon, sel, poivre ; laissez mijoter une demi-heure ; lorsque la sauce est épaisse mettez le hachis de dinde, ne laissez plus bouillir et servez entouré d'œufs pochés.

Dinde dans son jus. — Flambez, videz, troussez, faites revenir au beurre ; mettez des tranches de veau dans une casserole, parez votre dinde dessus, couvrez de bardes de lard, mouillez de bouillon ; sel, poivre, bouquet garni.

Faites cuire très doucement, passez la sauce, dégraissez et versez sur le dindon.

Dinde au pot. — Excellente manière de manger une vieille dinde. Ficelez après l'avoir préparée, mettez-la dans un pot-au-feu, avec carottes, oignons, sel, thym, laurier, carottes ; ajoutez de l'eau et faites cuire cinq heures à tout petit feu, servez au gros sel.

Dinde à la providence. — Prenez une poule d'Inde, préparez-la comme il est indiqué ci-dessus, remplissez-la d'une garniture ainsi préparée : ayez vingt morceaux de petit lard que vous faites dessaler et blanchir, vingt saucisses chipolata, vingt gros champignons, dix truffes, trente marrons ; ayez aussi vingt petites quenelles, de la grosseur de vos saucisses, que vous faites pocher ; faites cuire votre petit lard et vos saucisses, mettez la moitié de cette garniture dans le corps de votre dinde, troussez-la et bridez-la comme pour entrée ; mettez-la dans une braisière avec quelques tranches de veau, deux lames de jambon, deux oignons, deux clous de girofle, un bouquet garni ; couvrez votre dinde de bardes de lard et d'un papier beurré ; mouillez-la d'un verre de vin de madère et d'un bon consommé ; faites cuire votre dinde pendant deux heures à tout petit feu ; sa cuisson faite, passez-en le fond au tamis de soie, dégraissez-le, faites-le clarifier et réduire à moitié ; passez-le à la serviette ; mettez-y une douzaine de belles crêtes et de rognons de coqs dans une partie de votre fond ; ajoutez votre dinde, débridez-la, dressez-la sur un grand plat, rangez votre garniture autour, versez votre consommé dessus et servez.

Dinde à la régence. — Faites

revenir la dinde dans du beurre; piquez l'estomac avec du fin lard; terminez la cuisson dans une braisière avec du vin de Malaga.

Servez la bête sur un plat de forme ovale, glacée de jus de fricandeau bien réduit et accompagnée d'un ragoût à la financière.

Dinde rôtie aux marrons. — Hachez de la rouelle de veau, 250 grammes par exemple, mouillez d'un peu de bouillon, ajoutez quelques marrons hachés, sel, poivre, trente marrons grillés et épluchés; préparez votre dinde, bourrez-la de cette farce, cousez-la et faites rôtir à feu pas trop vif. Servez avec le jus qu'elle a rendu et dans lequel vous mettez également quelques marrons grillés et épluchés.

Dinde en surprise. — Se fait avec un gros dindon; videz-le, flambez-le, bardez-le comme pour rôt; faites-le cuire à la broche. La cuisson faite, laissez-le refroidir, levez-en l'estomac, faites un puits que vous remplissez d'un salpicon (voir **ragoûts.**) Couvrez votre salpicon d'une farce à quenelles, donnez une forme bien ronde à l'estomac de votre dindon; panez-le avec de la mie de pain et du fromage de parmesan, faites-le chauffer et prendre couleur au four; dressez-le sur un grand plat et saucez-le d'une espagnole.

Dindonneau en blanquette. — Cuit à la broche, refroidi, divisé, mettez à la casserole farine, beurre, jus de citron, eau, faites cuire un moment, liez de jaunes d'œufs et mettez une garniture de champignons passés au beurre.

Dindonneau à la mayonnaise. — Les restants d'un dindonneau rôti et froid; mettez mariner dans huile, vinaigre, sel, poivre. Versez dessus une mayonnaise, mettez autour quartiers d'œufs durs, cornichons, câpres, olives, anchois.

Dindonneau à la Provençale. — Mettez à la broche, arrosez-le avec de l'huile. Servez avec sauce piquante.

Dorade au court-bouillon. — Faites-la cuire dans un court-bouillon bien relevé et servez avec sauce blanche aux câpres.

Dorade sauce tomate. — Videz, lavez, essuyez, incisez, faites mariner dans de l'huile salée pendant une demi-heure, faites griller à feu doux et servez sur sauce tomate.

Duxelle. — (Farce pour côtelette). — Hachez moitié champignons, moitié persil; mettez dans une casserole avec lard râpé et beurre, tournez de façon à bien mélanger, salez, poivrez, mouillez de vin blanc, un peu de jus; faites réduire.

E

Eau. — La question de l'eau est très importante si l'on considère que les phénomènes physiques et chimiques qui s'accomplissent dans l'intimité de nos tissus, réclament, pour se manifester, la présence de l'eau.

Il est à peine utile de faire remarquer, dit-on dans la Nouvelle Encyclopédie chimique de Frémy, que l'eau, nécessaire à la plante pour l'aider à puiser dans le sol les sels qui doivent concourir à sa croissance, n'est pas moins indispensable à l'animal pour délayer ses aliments, les rendre plus facilement attaquables par les sucs digestifs, et partant plus assimilables.

La bonne qualité des eaux, étant, selon le savant de Jussieu, une des choses qui contribuent le plus à la santé des citoyens d'une ville, il n'y a rien que les magistrats aient plus d'intérêt à entretenir que la salubrité de celles qui servent à la boisson.

L'eau qu'on boit doit être fraîche, limpide, inodore et agréable au goût, ne contenir aucun germe mauvais, aucune matière organique pouvant se décomposer, enfin, remplir toutes les conditions qui la rendent propre aux usages domestiques.

En conséquence, on ne saurait surveiller avec trop de soin l'eau qu'on sert sur la table; en tout cas, la filtrer est une précaution indispensable à la ville ou à la campagne. Il faut la faire bouillir, puis l'aérer, si l'on a le moindre doute. Que si l'on aime les eaux minérales, il les faut boire selon son goût; à l'exception, toutefois, des eaux *médicinales* que le médecin doit choisir pour nous. Contentons-nous d'une simple notice à ce sujet.

Eaux minérales autorisées. — Les eaux minérales *françaises* autorisées sont au nombre de mille environ. On appelle eaux autorisées celles qui, à la suite de règlements dont les premiers datent de Henri IV, sont actuellement adoptées par l'Académie de médecine, laquelle, chaque année remet directement au ministre compétent une série de rapports qui sont lus et approuvés en séance publique, et établissant l'analyse exacte et la valeur réelle des eaux minérales pour lesquelles a été adressée une demande d'exploitation accompagnée d'une analyse faite par les soins du pétitionnaire.

L'Académie fait en outre, chaque année, un rapport général sur l'exploitation des sources dont le nombre va sans cesse grandissant.

Il y a, dans ces dispositions, une garantie pour le public, lequel a seulement à se mettre en garde contre les fraudeurs qui emplissent d'une eau quelconque des bouteilles semblables à celles autorisées; mais le nombre en est relativement rare.

Eau de Seltz. — Les eaux minérales artificielles sont très inférieures aux précédentes. Leurs inconvénients sont nombreux. L'union de l'acide carbonique et de l'eau n'étant pas assez intime, le gaz s'échappe trop brutalement dans l'estomac et contient souvent des impuretés résultant de la mauvaise fabrication. L'eau employée peut être mauvaise et les armatures métalliques des siphons ne sont point sans inconvénients, mais on la peut fabriquer soi-même à peu de frais.

Échaudés. — Battez quatre œufs, mélangez autant de farine qu'ils peuvent en absorber, mettez un peu de sel, un peu de beurre. Travaillez un quart d'heure et formez de cette pâte de petits gâteaux troués au centre que vous jetez dans de l'eau bouillante; lorsque les échaudés sont « *pochés* », retirez de l'eau, égouttez et achevez la cuisson au four.

Éclairs. — Disposez, sur une tourtière, de la pâte à choux, en forme de bâtons un peu larges, dorez, faites cuire à four doux, retirez, garnissez de crème au chocolat ou au café, glacez avec la même crème et faites sécher au four.

Écrevisses (*coulis*). — Prenez des écrevisses cuites au court-bouillon, épluchez, pilez les chairs avec des amandes mondées, passez au tamis. Faites une sauce moitié velouté, moitié bouillon; laissez refroidir, mélangez vos écrevisses pilées et du beurre fin.

Écrevisses à l'anglaise. — Cuisez à l'eau salée, poivre, piment; détachez la queue que vous épluchez, passez au beurre, champignons, truffes, mouillez d'un peu d'eau de la cuisson, ajoutez du coulis d'écrevisses, laissez mijoter, achevez la liaison avec deux jaunes d'œufs durs délayés dans de la crème, couronnez de persil haché, servez avec tranches de citron pour garniture.

Écrevisses bordelaise. — Faites revenir dans du beurre, carottes, oignons, échalotes hachés, sel, poivre, thym, laurier, persil, poivre en grains; laissez bouillir cinq minutes, mettez les écrevisses, faites sauter fréquemment, retirez-les; remettez la sauce sur le feu; mélangez un petit roux de beurre et de farine, mouillez de bouillon, faites épaissir la sauce, remettez les écrevisses deux minutes et servez.

Écrevisses au court-bouillon. — Faites bouillir une heure un court-bouillon avec ail, laurier, persil, thym, échalotes, carottes, estragon, oignons, sel, poivre, beaucoup de vinaigre, jetez dedans les écrevisses vivantes, auxquelles vous avez, bien entendu, retiré le boyau de la queue, laissez bouillir une minute; retirez du feu, couvrez la casserole et laissez-les une demi-heure dans ce court-bouillon.

Certains amateurs, qui ne redoutent pas un peu d'amertume, ne retirent pas le boyau de la queue, dont la chair reste ainsi plus ferme.

Écrevisses à la crème. — Préparées comme d'habitude et lavées à plusieurs eaux, mettez les écrevisses à cuire dans du bouillon. Faites fondre un morceau de beurre dans une casserole avec deux cuillerées de farine, mouillez d'un verre de crème, salez, poivrez, laissez bouillir, liez de jaune d'œuf et versez sur vos écrevisses retirées du bouillon.

Écrevisses cuites à la nouvelle manière. — Mettez-les dans une casserole avec sel, poivre de Cayenne, thym, laurier, échalotes, carottes, oignons, ail, persil, estragon (pas d'eau); fermez hermétiquement la casserole. Les écrevisses cuisent dans le fumet de tous ces légumes suffisamment humectés par la vapeur; au moment de servir jetez dessus un bon verre de vin blanc.

Écrevisses à la flamande. — Préparez vos écrevisses comme pour les faire cuire au court-bouillon ; mettez-les dans une casserole sur un feu ardent avec sel, poivre, thym, laurier, une cuillerée de vin blanc, mais pas d'eau. Ainsi cuites les écrevisses sont fermes et d'un goût excellent.

Écrevisses marinière. — Lorsqu'elles sont cuites, servez-les saucées de beurre frais fondu, avec sel, poivre, piment en poudre.

Écrevisses en Honchet. — Faites cuire une douzaine d'écrevisses à l'eau salée ; retirez la viande des queues, mettez-les dans du lait. Pilez les carcasses, avec du beurre ; mettez au feu ; lorsqu'elles sont dorées, ajoutez trois quarts de litre de lait, faites cuire dix minutes, passez à la passoire ; laissez reposer jusqu'au lendemain ; mettez alors six jaunes d'œufs dans ce mélange réchauffé ; laissez prendre comme une crème en tournant toujours sans laisser bouillir, mettez dans un moule beurré, faites prendre au bain-marie ; faites une sauce blanche à laquelle vous ajoutez le beurre qui s'est formé au-dessus du lait en refroidissant. Démoulez votre gâteau, garnissez-le des queues d'écrevisses et saucez de la sauce.

Écrevisses au vin blanc. — Faites revenir tous les légumes au beurre, mouillez d'eau et d'une bouteille de vin blanc et agissez comme précédemment.

Émincés de bœuf rôti aux légumes. — Faites blanchir céleri, cardons, laitues, chicorées ; achevez la cuisson dans du bouillon. Retirez lorsqu'ils sont cuits et faites un roux dans le jus de leur cuisson ; mettez de l'échalote hachée, faites bouillir deux minutes, remettez les légumes, puis les morceaux de viande, faites réchauffer, mettez les émincés au milieu d'un plat, les légumes autour et la sauce sur le tout.

Émincés de champignons. — Épluchez et émincez des champignons, blanchissez dans de l'eau salée et acidulée, égouttez, séchez dans une serviette ; sautez dans du beurre, salez, poivrez et servez dessus une sauce maître d'hôtel.

Émincés de faisans aux truffes. Couper des émincés d'un faisan, les mettre dans une poêle avec un bon morceau de beurre frais, poivre, sel. Laissez sur un feu très vif pendant deux ou trois minutes. Versez ensuite un verre de madère, ajoutez une poignée de truffes coupées en tranches. Laissez réduire aux trois quarts et servez. On peut remplacer le beurre par l'huile d'olives.

Émincés de filet de bœuf, sauce piquante. — Coupez la viande en morceaux longs et très minces ; mettez dans une sauce piquante, faites chauffer deux minutes.

Les émincés à diverses sauces sont utiles pour employer les restes des viandes rôties de la veille.

Émincés de foie de veau à la poêle. — Coupez du foie en très petites tranches, coupez aussi des oignons en rondelles minces, faites roussir ces rondelles avec du beurre ; lorsqu'elles sont bien dorées ajoutez un peu de farine, remuez, mouillez d'eau bouillante, laissez cuire cinq minutes. Faites alors frire vivement vos morceaux de foie dans une poêle avec sel, poivre, feuille de laurier; mélangez alors aux oignons, sautez le tout, mettez un jaune d'œuf, filet de vinaigre et versez.

Émincés de mouton. — Coupez les chairs, soit d'un gigot, soit d'une épaule cuite à la broche; mettez-les dans un roux mouillé d'un peu de bouillon; salez, poivrez, ajoutez cornichons hachés, filet de vinaigre.

Émincés de pommes aux croûtons. — Pelez, enlevez cœur et pépins, coupez en tranches assez épaisses; mettez dans la casserole avec du beurre fondu, du sucre en poudre, sautez-les; lorsqu'elles sont sèches, mettez encore du sucre, de la cannelle, du rhum, mettez-les sur un plat et servez avec croûtes de pain passées au beurre et saupoudrées de sucre en poudre.

Émincés de porc frais. — Coupez en petites tranches un morceau de filet de porc frais, passez au beurre, saupoudrez, pendant qu'elles reviennent, de persil, de mie de pain salée et poivrée, retirez avec le jus qu'elles ont rendu; mettez des échalotes hachées, un peu de farine, de l'eau, laissez cuire deux minutes, remettez les émincés et leur jus, laissez mijoter et, au moment de servir, ajoutez une cuillerée de moutarde.

Émincés de porc aux oignons. — Coupez en tranches minces du porc rôti. Faites revenir dans du beurre des oignons hachés, mouillez de vinaigre, laissez réduire; mettez le porc, sel, poivre; bouillir dix minutes et ajoutez un peu de sauce tomate.

Émincés de rôti de bœuf à l'anglaise. — Passez au beurre des champignons coupés en quatre, mouillez de bouillon, faites bouillir avec ail, échalotes, bouquet garni, légumes; mettez des câpres, des anchois hachés, du vinaigre; salez, poivrez et mettez réchauffer vos tranches de bœuf sans laisser bouillir.

Endives à la moelle. — Faites cuire les endives à moitié dans de l'eau salée; finissez la cuisson dans du bouillon, mettez dans un plat, entourez de croûtons frits au beurre, chaque croûton creusé au milieu pour recevoir un morceau de moelle de bœuf blanchie, ajoutez du jus.

Entrecôte bordelaise. — Saupoudrez de sel, poivre, huilez des deux côtés. Faites blanchir de la moelle de bœuf, coupez-la en lames, passez-la dans la glace de viande, tiède. Mettez cuire l'entrecôte sur le gril; cuisez la moelle sous four de campagne. Lorsque l'entrecôte est cuite, disposez dessus les lames de moelle et servez, saucée d'une sauce bordelaise.

Entrecôte braisée. — Faites-la revenir dans la casserole avec du lard de poitrine coupé en morceaux, retirez; faites un roux; remettez l'entrecôte et le lard avec sel, poivre, oignons, carottes, bouquet garni, un peu de madère, laissez cuire à petit feu, dégraissez avant de servir.

Entrecôte marseillaise. — Faites revenir dans de l'huile à feu très vif. Vous faites revenir d'autre part des oignons dans de l'huile, ajoutez de la moutarde, versez sur l'entrecôte et servez.

Entrecôte aux olives. — Faites prendre couleur dans une casserole avec du beurre; retirez, mettez de la farine dans la casserole, faites roussir, mouillez d'eau et de bouillon, laissez bouillir, mettez l'entrecôte deux minutes et ajoutez des olives dénoyautées.

Épaule d'agneau à la purée d'artichauts. — Désossez votre épaule en laissant toutefois l'os du manche, salez, poivrez, roulez en forme de ballon; faites cuire dans du beurre à tout petit feu et servez sur une purée d'artichauts.

Épaules de chevreuil roulées. — Désossez les épaules d'un chevreuil et enlevez un peu de leur chair pour en faire une farce, hachez avec autant de lard, ajoutez une panade faite de mie de pain trempée de bouillon et bien desséchée, pilez, mettez un œuf, pilez un autre œuf, repilez avec poivre, muscade, sel, persil et échalotes hachées, le tout bien mélangé. Étendez les épaules que vous saupoudrez d'un peu de sel, de poivre, une couche de farce, quelques filets de jambon et des truffes. Roulez les épaules et ficelez comme deux gros saucissons en fermant bien les deux bouts. Placez dans une casserole, sur des carottes, oignons, bouquet, le désossement, demi-bouteille de vin blanc, un peu de sel, deux clous de girofle, deux gousses, couvrez d'un papier beurré, faites cuire feu dessus et dessous pendant deux heures. Tirez au clair le fond de la cuisson, faites un roux blond, mouillez avec ce fond, ajoutez champignons, faites cuire, versez sur le plat, déficelez les épaules, dressez sur ce petit ragoût en les glaçant de leur sauce, servez chaud.

Épaule de mouton en ballon aux oignons glacés. — Désossez jusqu'à la moitié du manche une belle épaule de mouton, piquez de lardons assaisonnés, arrondissez-la à l'aide d'une ficelle, faites en sorte qu'elle ait la forme d'un ballon, foncez une braisière de bardes de lard; ajoutez l'épaule, avec carottes, oignons, laurier, thym, girofle, débris de viande, mouillez de bouillon ou d'eau, couvrez de bardes de lard, faites cuire à feu doux; la cuisson faite, retirez la ficelle, dressez l'épaule sur un plat, en la garnissant d'un cordon d'oignons glacés.

Épaule de mouton à la casserole. — Désosser une épaule, enlever la peau, ensuite la rouler, ficeler, faire prendre couleur sur feu vif, dans une casserole, avec un morceau de beurre. Une fois revenue, mouiller avec bouillon, sel, poivre, bouquet garni; placez la casserole sur des cendres rouges, laissez l'épaule cuire doucement en la tournant de temps à autre. L'épaule cuite, retirer de la casserole, enlever les ficelles, la dresser sur un plat. Dégraissez, passez son jus, masquez-en l'épaule.

Épaule de mouton chasseur. — Mettez dans une casserole tranches d'oignons et de carottes, laurier, ail, persil, sel et poivre, des grains de genièvre, deux tiers d'eau, un tiers de vinaigre, faites bouillir; laissez refroidir et mettez dedans une épaule de mouton; laissez-la vingt-quatre heures, faites-la rôtir à feu vif en l'arrosant de beurre fondu; servez avec sauce poivrade.

Épaule de mouton à la poulette.
— Après l'avoir désossée, la couper en morceaux, la faire revenir dans du beurre, mouiller avec du bouillon chaud; mettez sel, poivre, bouquet de persil, faites cuire une heure; au moment de servir, ajoutez une liaison de jaunes d'œufs, un jus de citron ou un filet de vinaigre.

Épaule de mouton rôtie. — Piquez-la de persil en branches en guise de lard; arrosez fréquemment avec de l'eau et du beurre.

Épaule de porc marinée. — Mettez-la dans le sel passer la nuit, retirez, essuyez, piquez de filets d'ail; couvrez de minces bardes de lard, enveloppez de papier huilé, embrochez et faites rôtir à feu vif; une demi-heure avant de débrocher, enlevez le papier et le lard et saupoudrez de mie de pain. Sortez lorsqu'elle est dorée et laissez refroidir.

Épaule de veau bigarrée. — Désossez, piquez de lardons, passez dans sel, poivre, persil haché; assaisonnez de sel, poivre, épices, feuille de laurier, thym, roulez en long, ficelez. Mettez dans une casserole des bardes de lard, les os et les débris de l'épaule, l'épaule que vous couvrez d'un peu de lard, des oignons, carottes, navets, panais, céleri, salsifis. Faites cuire doucement feu dessus, feu dessous, pendant quatre heures. Retirez, déficelez, mettez sur plat, entourez des légumes, dégraissez la sauce et versez-la sur l'épaule.

Épaule de veau farcie. — Désossez sans crever la peau; enlevez un peu de chair sur la partie la plus épaisse, hachez-la avec poivre, sel, muscade, lard en dés, étalez cette farce sur l'épaule; cousez et placez votre épaule dans une serviette, ficelez et mettez cuire dans de l'eau avec pied de veau, la couenne du lard, de l'eau-de-vie, les os de l'épaule, oignons, clous de girofle, bouquet garni, sel, poivre, carottes. Écumez au premier bouillon, laissez mijoter quatre heures; retirez, mettez dans une terrine, passez la cuisson dans une serviette, clarifiez et versez sur l'épaule.

Épaule de veau en musette. — Désossez, piquez de lardons et de filets de langue à l'écarlate; salez, poivrez intérieurement, troussez, ficelez en donnant, autant que possible, la forme d'une musette. Mettez des bardes de lard dans une casserole, l'épaule, carottes, oignons, thym, laurier, persil, encore des bardes de lard; mouillez de bouillon, faites cuire feu dessus, feu dessous; l'épaule cuite, retirez-la; passez la sauce, dégraissez-la, reversez-la sur l'épaule, laissez mijoter encore un quart d'heure.

Éperlans frits. — Videz, écaillez, essuyez, enfilez par les yeux sur des brochettes, trempez dans du lait, farinez, faites frire.

Éperlans au gratin. — Nettoyez, enlevez la tête, placez dans un plat beurré, mettez dessus fines herbes, oignons, champignons, persil haché, du vin blanc, de la chapelure, arrosez de beurre fondu, faites cuire feu dessus, feu dessous, et servez dans le plat.

Éperlans marinade. — Lorsqu'il vous reste des éperlans frits, faites-les mariner une nuit, retirez et séchez-les, passez la marinade, pressez dessus le jus d'un citron et saucez de la marinade.

Éperlans mylords. — Videz, écaillez, essuyez les éperlans; mettez dans une casserole sel, poivre, tranche de citron sans zeste, de l'eau, du vin blanc, faites bouillir un quart d'heure, mettez les éperlans, laissez cuire, égouttez et servez avec sauce raifort.

Épices et aromates. — Les épices et les aromates les plus connus sont : le girofle, la vanille, le poivre, le piment de la Jamaïque, le piment des jardins, la moutarde, les graines de macis, l'écorce de cannelle, le gingembre.

Presque toutes ces substances renferment des huiles volatiles ou des essences qui leur donnent leur odeur et leur saveur.

On les doit employer avec mesure et se méfier des falsifications, moins nombreuses que pour les autres denrées alimentaires.

Épinards à l'ancienne. — Faites blanchir vos épinards, hachez-les, mettez-les dans une casserole avec beurre, sel, muscade, un peu de farine, sucre et crème; servez avec croûtons.

Épinards en salade. — Lavez, faites cuire à l'eau salée, égouttez, laissez refroidir, assaisonnez comme une salade ordinaire, avec filets de sardines. Ce mets figure dans les menus de sainte Thérèse.

Épinards maître-d'hôtel. — Faites cuire à l'eau bouillante, jetez ensuite dans l'eau froide, passez, égouttez, hachez, mettez dans une casserole avec beaucoup de beurre, sel, poivre, une pincée de farine.

Épinards au sucre. — Faites cuire avec beurre; mettez sel, sucre, écorce de citron, macarons pilés, et servez avec des biscuits à la cuiller autour.

Escalopes de filet de bœuf aux truffes. — Faites sauter vos escalopes dans du beurre; mettez sel, poivre; après cuisson dressez en couronne, mettez au milieu un ragoût de truffes et saucez d'une sauce madère.

Escalopes de bœuf à la purée de marrons. — Faites comme ci-dessus; mettez au milieu une purée de marrons et saucez d'une sauce espagnole.

Escalopes de filets de lièvre. — Escalopez les filets d'un lièvre; mettez sel, poivre en grande quantité, faites sauter au beurre; servez avec une sauce espagnole où vous aurez mis un verre de vin de Bourgogne et fort réduite.

Escalopes de homard à la parisienne. — Ayez un gros homard ou une grosse langouste; étant cuit au court-bouillon et refroidi, coupez la queue en tranches, faites chauffer dans du beurre fondu, dressez en couronne et versez dessus une sauce à la parisienne dans laquelle vous mettez des champignons blanchis, des quenelles de poissons, des moules, les huîtres enlevées de leurs coquilles et blanchies; laissez mijoter cinq minutes.

Escalopes de langoustes à l'indienne. — Quand les langoustes sont cuites comme d'usage, vous enlevez les queues, que vous couperez en tranches et dresserez en buisson, dans une bordure de riz, puis recouvrez d'une sauce indienne, qui peut s'obtenir d'un roux bien corsé, rehaussé de poudre de kari.

Escalopes de lapereaux aux pointes d'asperges. — Faites blanchir une botte de petites asperges vertes, coupez-les en dés, faites sauter avec beurre et un peu de sauce allemande ; puis, ayant fait bouillir dans un peu d'eau du lapereau, mettez quelques cuillerées de ce jus, ajoutez sel, poivre, muscade, mettez les escalopes de lapereaux que vous avez fait précédemment sauter au beurre.

Escalopes de saumon. — Ayez un beau morceau de saumon que vous dépouillez et coupez par tranches ayant un centimètre et demi d'épaisseur ; donnez-leur une forme aussi régulière que possible ; faites chauffer légèrement du beurre frais dans une poêle ; mettez-y les escalopes à plat en ayant soin de ne pas les mettre l'une sur l'autre, avec sel et poivre ; préparez une sauce avec du jus de viande, ou bien si l'on doit servir les escalopes à un repas maigre, avec un court-bouillon que vous aurez bien fait réduire en y ajoutant du beurre manié de farine, quand les escalopes seront retournées, et que leur cuisson sera faite.

Escalopes de veau. — Prenez de belles tranches de veau cru, trempez dans des œufs battus, dans la chapelure, encore dans les œufs, puis dans la chapelure et faites frire au beurre chaud.

Escalopes de veau duchesse. — Ayez de petites escalopes de veau, faites-les revenir légèrement, afin qu'elles ne durcissent pas, mouillez de vin blanc et de bouillon ; faites réduire à courte sauce.

D'autre part, ayez une purée de pommes de terre très épaisse, incorporez-y deux ou trois œufs entiers ; faites-en de petites galettes plates, au centre desquelles vous mettez une olive dénoyautée ou un hachis de champignons et de chair à saucisse, roulez dans la farine, faites frire au beurre et servez, en alternant une escalope et une galette.

Escalopes de veau à l'huile. — Passez dans la farine ; mettez de l'huile dans une casserole ; lorsque l'huile est bien chaude, placez vos escalopes ; retournez lorsqu'elles sont dorées ; laissez dorer l'autre côté ; retirez, ajoutez à l'huile du jus de viande, du bouillon, de la chapelure, dressez-les en dôme ; prenez une partie du jus qu'elles ont produit, ajoutez-le à la sauce, avec un peu de persil haché, blanchi, et un peu de jus de citron ; garnissez votre plat de croûtons frits, et servez la sauce à part dans une saucière.

Escalopes de veau à la vénitienne. — Faites-les sauter au beurre, saucez d'une sauce vénitienne ; mettez au milieu du plat où vous arrangez vos escalopes en couronne, de petites pommes de terre rondes cuites au beurre.

Escargots à la bourguignonne. — Laver et faire dégorger les escargots, les jeter dans l'eau bouillante, les retirer au bout de 3 ou 4 minutes, les enlever de leurs coquilles, les nettoyer et les mettre sur le feu, dans de l'eau chaude avec sel, gousse d'ail, un peu de persil, les laisser cuire pendant deux bonnes heures ; après avoir bien rincé et égoutté les coquilles, on y remet les escargots en les recouvrant d'une pâte faite de beurre frais, sel, poivre, persil et ciboules hachés bien fin; on place les coquilles sur un plat ou tourtière et on les met au four pendant 6 ou 8 minutes ou sous le four de campagne; ne pas laisser dessécher.

Escargots à la crème. — Lavez les escargots et faites-les cuire jusqu'à ce qu'ils sortent de leurs coquilles et faites-les égouttez; remettez-les au feu avec poivre, sel, beurre, mie de pain hachée, faites sauter, ajoutez persil et ail pilés, un verre de crème épaisse, liez avec deux jaunes d'œufs délayés dans l'huile.

Escargots grillés. — Lavez et faites rôtir comme des marrons, faites à part une sauce avec beurre, oignons, échalotes, fines herbes, un verre de vin blanc, pincée de farine; la sauce se sert à part.

Escargots au jus. — Lavez les escargots à l'eau tiède, puis faites cuire jusqu'à ce que les escargots sortent de leur coquille; enlevez les coquilles et la moitié de l'eau, ajoutez beurre, poivre, fines herbes, jus de citron, faites bouillir dix minutes.

Escargots sauce poivrade. — Même façon, jusqu'à ce qu'ils sortent de leur coquille, faites sauter avec épices, ail, poivre, sel, piment, beurre, saupoudrez de persil.

Escoton. — Faites une bouillie avec de l'eau et de la farine de maïs, salez un peu, cuisez vingt minutes, remuez, versez dans un plat demi-creux, laissez pendant un jour, coupez en tranches passez dans de la farine de froment, faites frire au beurre, sucrez, mangez chaud.

Esturgeon braisé. — Piquez un morceau d'esturgeon de lardons passés dans persil haché, sel, poivre; mettez une tranche de lard dans une casserole, votre morceau d'esturgeon, encore une tranche de lard; des ronds de carottes, d'oignons, sel, poivre, bouquet garni, du vin blanc; faites cuire à grand feu et servez avec sauce piquante mouillée d'une partie de la cuisson.

Esturgeon en fricandeau. — Prenez de belles tranches d'esturgeon que vous coupez de l'épaisseur de 10 centimètres. Enlevez la peau et piquez de lard fin. Foncez un plat avec des bandes de lard, mettez-y vos tranches, le côté non piqué en dessous. Couvrez le tout avec du jus de rôti et faites cuire au four à chaleur modérée pendant une heure environ. Dressez sur un plat et servez.

Esturgeon en matelote. — Faites passer au beurre des rondelles de pain; lorsqu'elles sont dorées, égouttez; coupez des tranches minces d'esturgeon, mettez sur le feu, dans un plat avec beurre, sel, poivre; laissez cuire vingt minutes en retournant deux fois; enlevez et mettez dans le plat de la farine, laissez roussir en remuant, mettez persil, ciboule, échalote hachés, vin rouge; laissez bouillir un quart d'heure, remettez les tranches d'esturgeon dans la sauce, ne faites plus bouillir, servez avec les croûtons frits et une pincée de câpres.

F

Faisan à la bohémienne. — Prenez un faisan que vous videz; plumez et remplissez le corps avec la chair d'une bécasse, un peu de truffes, un foie gras; assaisonnez avec sel et poivre, puis troussez les pattes en dedans, et bardez. D'autre part, cassez la carcasse de la bécasse, faites-la revenir dans du beurre avec le foie, les intestins, les parures des truffes et une échalote hachée menu; assaisonnez de sel et de poivre, mouillez d'un bon verre de madère. Laissez cuire pendant une demi-heure, pilez, passez au tamis et mélangez avec un bon morceau de glace de viande ou d'extrait de bouillon; relevez le tout d'une pincée de poivre de Cayenne. Mettez le faisan à la broche; garnissez le fond de la lèchefrite d'une belle tranche de pain qui servira à dresser le faisan, arrosez avec du beurre. La cuisson terminée, débrochez, dressez dans un plat sur le pain de la lèchefrite. Entourez le plat, si vous voulez, d'une garniture de truffes, de tranches de foie gras, de crêtes de coqs et rognons alternés; masquez avec la sauce et servez le surplus dans une saucière.

Faisan braisé à la reine Blanche. — Prenez un ou deux faisans ayant 15 jours de bon garde-manger, car c'est un crime culinaire que de les honorer du service avant les 15 jours qui suivent leur mort. Prenez une casserole très épaisse, haute, foncez-la avec de la bonne graisse de volaille et légumes. Déposez-y les faisans troussés et piqués; couvrez la casserole et ayez soin de veiller à ce qu'ils soient dorés. Mettez votre casserole à plein feu, versez dedans, et cela sur les faisans, deux bons verres de champagne veuve Cliquot, un litre de crème double et quatre truffes brossées, mais non épluchées. Cuisez jusqu'à réduction des deux tiers; sortez les faisans, dressez-les sur une belle coupe de riz, les truffes en couronne, passez la sauce à l'étamine, corsez-la légèrement et servez-la à part.

Faisan farci. — Pour être accommodé de cette façon le faisan ne doit pas être trop faisandé; hachez menu le foie avec du lard, persil, ciboules, sel, poivre, faites de cela une farce que vous mettrez dans le ventre du faisan; enveloppez ensuite de bardes de lard et de papier beurré, puis mettez à la broche; servez avec une sauce poivrade.

Faisan farci au foie gras et pistaches. — Même recette que pour la perdrix; seulement, vous ajoutez des pistaches et des truffes, plus un verre de malaga dans la lèchefrite.

Faisan en filets à la chevalière. — Vous levez huit filets de faisan; vous mettez à part les filets mignons que vous sauterez et que vous arrangerez dans le milieu; parez vos filets et piquez-les de lard fin; prenez dans une casserole des bardes de lard, des débris de vos faisans, quelques tranches de veau, deux carottes, quatre oignons, deux clous de girofle; vous arrangerez bien vos filets pour qu'ils conservent une belle forme, vous mettrez dessus un verre de vin blanc, deux verres de consommé, un peu de sel, une feuille de papier beurré; mettez-les au feu une heure avant de servir; quand ils bouilliront, vous les poserez sur un feu doux et beaucoup de feu sur le couvercle, pour qu'ils se glacent; au moment de servir, égouttez-les; passez au tamis de soie le mouillage dans lequel ils ont cuit; faites-le réduire presque à glace; versez dessus trois cuillerées d'espagnole que vous faites bouillir avec votre réduction; vous la passez à l'étamine et vous servez vos filets à plat sur des croûtons passés au beurre et épais d'un centimètre. Versez votre sauce dessous et servez.

Faisan en surprise. — Préparez un faisan comme pour rôtir, faites une incision et introduisez dans son ventre une perdrix dans laquelle on introduit de la même façon une caille qui recèle elle-même une mauviette. Pour que ces différents oiseaux soient cuits en même temps que le faisan, il faut qu'ils aient cuit précédemment, suivant grosseur. Ce plat ne manque jamais d'exciter l'enthousiasme de la table.

Farce cuite. — Pilez des blancs de volaille, de la tétine de veau cuite, de la mie de pain trempée de bouillon et un peu sèche, par parties égales, passez à la passoire, mettez des jaunes d'œufs, sel, poivre, muscade.

Farce de foie. — Enlevez les nerfs d'une demi-livre de panne de porc frais, fondez avec une livre de foie de veau haché, sel, poivre, muscade, laurier; faites revenir trois minutes à feu vif; retirez, laissez refroidir; passez au mortier avec deux ou trois jaunes d'œufs crus.

Farce de foie gras. — Prenez 500 grammes de foie gras que vous aurez choisi bien frais et très ferme; 100 grammes de tétine, et 200 grammes de panade préparée comme il est dit à la farce de volaille. Mettez sel, poivre et muscade, pilez le tout ensemble au tamis; remettez dans le mortier et mêlez-y en pilant cinq jaunes d'œufs l'un après l'autre, que vous réserverez pour servir; si vous voulez, ajoutez-y quelques quenelles. Pour rendre la farce légère, on y ajoute quelques blancs d'œufs battus en neige.

Farce aux œufs. — Pilez dans un mortier des jaunes d'œufs durs, du mitonnage, du beurre et une omelette bien cuite; on lie avec des blancs d'œufs en neige et des jaunes d'œufs bien frais.

Farce de poisson. — On peut la préparer avec carpe ou merlan ou brochet ou tanche : passez au tamis le poisson, privé de ses arêtes et de sa peau, mettez dans un mortier avec du mitonnage au lait refroidi, beurre, sel, persil; hachez, pilez, ajoutez deux œufs, passez.

Farce de volaille. — Pilez des filets de poule pour en avoir 500 grammes tout passés, ajoutez-y 300 grammes de tétine de veau cuite, pilée et passée au tamis, et 300 grammes de panade faite avec mie de pain et cuite à grand bouillon ; cette panade doit être desséchée de manière à être très consistante; mettez la chair des poules dans le mortier avec la tétine, mêlez le tout en pilant; ajoutez votre panade et assaisonnez de sel, poivre et pointe de muscade. Quand tout est bien mêlé, ajoutez-y 1 décilitre d'allemande réduite, puis faites-en de petites quenelles; arrangez votre sauce à point en y ajoutant de la crème double et un peu d'allemande.

Farines. — Nous préférons pour cuisine les farines supérieures; pour la pâtisserie, les farines de gruau français et de Hongrie.
Pour les sauces et ragoûts nous préférons les fécules bien étuvées à la farine.
Comme potage, nous avons : crème d'orge, crème de riz, semoule, maïs d'Italie et de Bourgogne. Nous recommandons pour déjeuner du matin les potages de farine maïs de Bourgogne, de crème d'orge, d'arow root, farine de gruau d'avoine.

Faux-filet aux choux de Bruxelles. — Mettez dans une casserole du faux-filet avec beurre, madère, bouillon, poivre, sel, oignon, carottes, faites revenir à part de petites saucisses, gardez, préparez des choux de Bruxelles, cuisez à grande eau, enlevez un peu du jus du faux-filet, mettez dans un bol, séparez la graisse, mettez dans les choux avec gelée de viande, ajoutez les saucisses : une demi-heure avant de servir, ajoutez tout au faux-filet, dressez, garnissez des choux et des saucisses.

Fèves à la crème. — Prenez des fèves bien fraîches, et les plus petites possible ; si elles sont grosses, faites-les blanchir, enlevez la peau qui les couvre; mettez-les cuire dans une casserole avec un bon morceau de beurre, persil haché, sel, poivre, mouillez du jus de cuisson et d'un verre de lait, délayez dans la crème deux jaunes d'œufs battus et servez.

Fèves au lard. — Faites cuire les fèves à l'eau bouillante, égouttez-les bien, faites revenir du lard de poitrine avec un morceau de beurre, laissez jaunir, ajoutez une cuillerée de farine, faites un roux blond ; mouillez de jus de cuisson et d'un peu de bouillon, ajoutez-y les fèves, laissez mijoter quelques minutes avant de servir.

Fèves en Macédoine. — Blanchir fèves et fonds d'artichauts; hachez champignons, échalotes, persil, passez ce hachis au beurre, mêlez un peu de farine, mouillez avec bouillon et vin blanc, ajoutez les fèves et fonds d'artichauts coupés en dés, sel, poivre; tenir la sauce courte, enlever le bouquet avant de servir.

Fèves à la poulette. — Écossez et lavez les fèves, blanchissez à l'eau salée et jetez dans de l'eau fraîche, faites cuire. Mettez dans une casse rôle ou beurre et de la farine, ajoutez deux jaunes d'œufs, un peu de lait et 4 grammes de sucre; mettez les fèves dans la sauce avec une cuillerée à café de sarriette hachée et mêlez.

Filet de bœuf à la milanaise. — Faites blanchir du macaroni que vous faites cuire avec du consommé de volaille; égouttez et assaisonnez-le avec de l'espagnole et du parmesan; faites une escalope de filet de volaille, de langue écarlate, de truffes et de champignons émincés que vous mêlerez dans le macaroni; d'autre part, ayez un beau filet, piqué de gros lard et cuit en broche, mettez-le sur un plat et garnissez-le tout autour avec le macaroni; versez le jus sur le tout.

Filet de bœuf napolitain. — Piquez, faites cuire dans du beurre à la casserole, mettez dans une autre casserole du jus, de la confiture et des grains de groseilles; faites réduire, passez à l'étamine, râpez dans cette sauce du raifort et versez sur votre filet.

Filet de bœuf sauce madère. — Salez, poivrez, faites revenir à la casserole avec du beurre bien chaud; retirez lorsqu'il est doré de tous côtés. Faites un roux dans le beurre de la cuisson, mettez un verre de madère, un peu de bouillon; laissez cuire doucement un quart d'heure. Remettez le filet, quelques truffes coupées en morceaux, faites mijoter cinq minutes, mettez au dernier moment un morceau de beurre frais et un peu de farine. Servez, saucé de la sauce.

Filet de bœuf à la financière. — C'est un plat pompeux et facile comme tout à exécuter. Ayez un fort filet que vous piquez très finement, faites-le revenir à la casserole; lorsqu'il est bien doré, ajoutez une pincée de farine, faites un roux léger que vous mouillez avec du madère, du vin blanc, du malaga et du bouillon par parties égales; ajoutez un fort morceau de glace de viande; assurez-vous du degré de cuisson de votre filet et, lorsqu'il est à point, retirez-le et laissez doucement mijoter votre sauce. Ayez des crêtes de coq, des rognons de coq, des olives, des champignons, des truffes, de la langue à l'écarlate, des quenelles de volaille, quelques ris d'agneau; vous faites cuire avec un peu d'espagnole, de sauce tomate et beaucoup de kari ces divers ingrédients; cinq minutes avant de servir, vous leur faites faire un tour dans la sauce en compagnie de votre filet; dressez avec goût sur un plat et servez. Le poulet, les ris de veau à la financière se font de même.

Filet de cerf rôti. — Le filet de cerf n'est un morceau délicat qu'à la condition d'être bien préparé; on le pique de lardons assaisonnés, puis on le met mariner pendant quarante-huit heures au moins dans du vin blanc avec oignons, bouquet garni, vinaigre; on l'égoutte alors, et on le met en broche en l'arrosant de temps en temps avec sa marinade; on le sert dans une sauce poivrade augmentée du jus de la lèchefrite.

Filet de chevreuil. — Prenez un beau filet de chevreuil, que vous piquez et que vous faites mariner deux jours avec huile, vin blanc, vinaigre, oignons, thym, laurier, clous. Rôtissez et servez en y jetant une sauce d'un roux léger, avec deux cuillerées de la marinade et d'un jus de citron.

Filets de chevreuil purée de marrons. — Piquez de lard, faites mariner avec oignons, persil, sel, huile; mettez dans un plat, arrosez de beurre; fermez avec un papier beurré, faites cuire au four un quart d'heure et servez avec purée de marrons.

Filets de grondins sauce tomate. — Enlevez les filets de deux grondins, enlevez la peau; mettez sel, poivre; faites sauter au beurre, égouttez et servez avec sauce tomate.

Filets de harengs frais à l'huile. — Écaillez, videz, essuyez vos harengs, faites cuire dans un court-bouillon très relevé. Retirez, égouttez, enlevez les filets, et assaisonnez de sel, poivre, huile, vinaigre et fines herbes.

Filets de maquereaux. — Enlevez les filets de deux maquereaux; faites-les revenir dans du beurre, avec sel, poivre, jus de citron et servez avec sauce ravigote.

Filets de maquereaux crème d'anchois. — Divisez vos maquereaux en filets, n'enlevez pas la peau, salez, mettez dans une casserole, la peau en dessus, avec beurre, jus de citron. Lorsqu'ils sont cuits, servez avec les laitances des maquereaux blanchies à l'eau salée et une sauce béchamel sur le tout.

Filets de merlans au gratin. — Levez vos filets, garnissez-les d'une farce grasse ou maigre, c'est-à-dire faite de viande ou de poisson; garnissez un plat de cette farce, posez vos filets dessus, recouvrez-les de farce, arrosez de beurre fondu et mettez cinq minutes au four.

Filets mignons de chevreuil. — Coupez le filet en petites tranches de l'épaisseur d'un doigt, aplatissez légèrement, piquez et laissez mariner deux jours; faites cuire sur le gril à feu vif, trois minutes d'un côté, trois minutes de l'autre. Servez en couronne sur une sauce piquante à la poivrade.

Filets de mouton à la Destaing. — On coupe le filet en petits morceaux qu'on aplatit avec un couperet; on les garnit d'une farce composée de blancs de volaille, graisse de bœuf, persil, oignons, ail, sel, poivre, jaune d'œuf; on les fait cuire à petit feu et on les met sur une sauce piquante.

Filets de sanglier au chasseur. — Faites mariner quatre jours, égouttez, mettez cuire dans une casserole avec des déchets de viande, bardes de lard, carottes, oignons, bouquet garni, sel, poivre, consommé, vin blanc. Servez avec sauce piquante, dans laquelle vous versez la cuisson réduite et passée au tamis.

Filets de sarcelle aux anchois. — Faites cuire, à la broche, deux sarcelles (aux trois quarts seulement), enlevez les filets; mettez-les sur un plat beurré, parsemé de parmesan râpé; posez un filet de sarcelle, un filet d'anchois, arrosez de bouillon, saupoudrez de mie de pain et de parmesan, placez sur cendres chaudes, four de campagne au-dessus, et au moment de servir, arrosez d'un jus de citron.

Filets sautés aux champignons. — Coupés en morceaux, les saupoudrer de sel, poivre; faites blondir un peu de beurre dans une poêle, mettez les filets, faites cuire sur un feu assez vif quatre minutes d'un côté, quatre de l'autre; retirez les morceaux de filets, mettez une cuillerée de farine dans le beurre, tournez un peu, et laissez prendre couleur; ajoutez un peu de bouillon, des champignons. Assaisonnez, faites mijoter pendant cinq minutes. Remettez vos filets, pour réchauffer, et servez. On peut remplacer les champignons par des olives ou des truffes.

Filets de soles béarnaise. — Enlevez les filets de deux belles soles, roulez-les sur eux-mêmes, faites-les pocher dans du bouillon et du vin blanc, par parties égales et très bouillants; retirez et servez avec sauce béarnaise.

Filets de soles frits et panés. — Les filets de soles, bien parés, sont mis dans une marinade avec jus de citron, sel et poivre; une heure après, roulez-les en tire-bouchons, passez-les à la farine, légèrement, puis à l'œuf battu, et, en dernier lieu, à la blanche mie de pain. Plongez-les dans une large friture; au moment de servir, sortez-les bien dorés et dressez-les en pyramide, sur un bouquet de persil frit. Flanquez-les de demi-citrons. Une sauce tomate dans la saucière.

La réussite de ce plat dépend de la manière de cuisson. La friture doit rester ferme, croquante, et de belle couleur.

Filets de soles Joinville. — Levez les filets de quatre soles bien épaisses et faites-les cuire dans un verre de bon vin blanc, sel, poivre, citron, un quart de beurre fin, pas de champignons; égouttez-les quand ils sont cuits; mettez un peu de beurre, d'écrevisses, quelques rondelles de truffes bien noires; saucez de votre sauce et servez.

Filets de soles Merville. — Levez les filets d'une sole épaisse; faites-les mariner dans du beurre fondu avec jus de citron, thym, laurier; une heure avant de faire cuire chapelurez vos filets; enlevez le beurre de la marinade, faites-le chauffer comme une friture, jetez-y vos filets et servez-les saucés d'une sauce tomate.

Filets de sole à la Orly. — Écorchez vos soles, et avec un couteau enlevez les filets, roulez vos filets, embrochez-les à une brochette, farinez, faites frire.

Filets de soles à la vénitienne. — Videz quatre belles soles, ôtez-en la peau des deux côtés; levez les quatre filets de chaque sole, en coupant sur le milieu, de la tête à la queue. Divisez chaque filet en deux; beurrez le fond d'un plat à sauter, versez ensuite un peu d'huile d'olives, rangez les filets de soles; dix minutes avant de servir faites-les sauter sur un bon feu, en ayant soin de les retourner; lorsqu'ils seront cuits, égouttez bien le beurre et l'huile; dressez-les en couronne sur un plat et masquez-les de sauce vénitienne (voir Sauce); mettez au milieu un émincé de truffes au vin de Champagne.

Flan. — Délayez une cuillerée de farine avec une cuillerée d'eau-de-vie, ajoutez sel et quatre jaunes d'œufs, versez dans du lait sucré bouillant (un litre) en remuant, mettez dans une tourtière, cuisez au four, saupoudrez de sucre, glacez à la pelle rouge, servez.

Flan d'abricots à la Metternich. — Disposez sur une abaisse de tourte, des abricots, des cerises, entremêlés. Saupoudrez de sucre, cuisez au four; faites une sauce avec sucre, crème, amandes d'abricots et de cerises pulvérisées, versez sur le flan.

Flan de fruits. — Garnissez de pâte un moule de 5 centimètres de hauteur, mettez dans un vase cerises, pêches, brugnons, groseilles, abricots; sautez avec du sucre en poudre, arrangez dans la pâte, cuisez au four chaud, prenez les amandes des noyaux, enlevez la peau, servez sur les fruits arrosés de sirop.

Foies de canard en gâteau. — Prenez quatre foies de canard, pilez, mettez un morceau de beurre fin, de la mie de pain trempée dans du lait, deux jaunes d'œufs, un demi-verre de lait, sel, poivre, muscade, les deux blancs d'œufs battus en neige. Beurrez entièrement une casserole, versez votre mélange, mettez dans le four au bain-marie pendant une demi-heure. Faites un roux mouillé de bouillon, de jus de volaille, avec des rondelles de cornichons, démoulez votre gâteau et saucez de cette sauce.

Foie de cochon. — Coupez en fines tranches, faites sauter au beurre, avec sel, poivre; ajoutez à mi-cuisson, ail, échalotes, persil hachés; égouttez les tranches de foie; délayez un peu de farine dans du vin blanc, jetez dans la cuisson, ajoutez un peu de vinaigre, ne laissez pas bouillir, et versez sur vos tranches de foie.

Foie de veau farci. — Pour un foie de veau faites une farce d'œufs durs, de mie de pain, mouillée de bouillon, ail, persil, sel, poivre; faites des fentes au foie de veau, profondes et rapprochées, bourrez-les de farce, enveloppez d'une toilette de porc et faites cuire au four.

Foie de veau au vin. — Prenez un foie de veau, piquez-le avec une demi-livre de lard coupé en lardons fins; faites revenir le foie au beurre; mettez du bouillon, du vin blanc, poivre, sel, oignons, clous de girofle, carottes; faites cuire, casserole bouchée, pendant deux heures.

Foies de volailles en ragoût. — Ayez des foies de volailles, débarrassez de l'amer, faites blanchir à l'eau bouillante, puis cuire dix minutes, dans bouillon, vin blanc, avec sel, poivre, persil, ciboule, ail; liez la sauce avec beurre manié de farine.

Fondants. — Faites fondre du sucre avec très peu d'eau, pilez des noix, des noisettes ou des amandes, amalgamez le tout de manière à avoir une pâte douce et ferme et formez de petites boules.

Fondue au fromage. — Pesez des œufs entiers; prenez le tiers de leur poids de fromage de Gruyère râpé, un petit morceau de beurre fin, cassez les œufs, battez-les, mélangez-y fromage et beurre, beaucoup de poivre, peu de sel; mettez sur le feu, tournez vivement pendant la cuisson et servez à consistance d'œufs brouillés.

Fourchette. — Depuis la création du monde jusqu'au XVII° siècle, l'homme mangea avec ses doigts.

Les Romains aux temps célèbres de leur civilisation la plus raffinée, les convives du fameux et fastueux Lucullus, mettaient sans honte la main au plat.

Il en fut ainsi en France, à la cour brillante de François Ier jusqu'à Louis XIV, quoique sous Henri III quelques petits-maîtres aient tenté de se servir d'un petit instrument fourchu, ustensile ridicule, disaient les moralistes d'alors qui malmenèrent fort ces dégoûtés, ces gens assez malpropres pour ne point se servir de leurs doigts, comme tout le monde.

Chez les princes même, la personne chargée de découper la viande avant que le plat fût livré aux convives, opérait avec un couteau et avec ses doigts en guise de fourchette.

Dans un traité de civilité publié au commencement du XVI° siècle, il est dit que c'est une espèce d'incivilité, ayant les doigts sales et gras, de les porter à sa bouche pour les lécher ou de les essuyer à son vêtement; il sera plus honnête que ce soit à la nappe.

Louis XIV jeune, trouvait encore qu'il n'était point contraire à l'étiquette que quelqu'un prît, avant lui, avec les mains, sa part de ragoût dans le plat qui lui était destiné.

Nous avons, depuis cette époque relativement peu éloignée, perfectionné les fourchettes dont l'usage est universel, et dont on trouve dans les magasins spéciaux des spécimens les plus jolis, les plus variés, depuis la fourchette ordinaire jusqu'à celle qui sert à manger avec élégance et les huîtres et les fruits.

Fraises au champagne. — Tenez sur glace une bouteille de champagne, jetez-le sur vos fraises et ajoutez quelques tranches d'oranges.

Fraises au citron. — Sucrez des fraises Ricard et exprimez dessus le jus d'un citron.

Fraises pour convalescents. — Leur faire jeter un bouillon dans de l'eau sucrée et anisée.

Fraises glacées. — Mettez un kilog de fraises Ricard dans un verre de vin de Marsala, versez dessus un sirop de sucre et mettez dans la sorbetière.

Fraises Marinette. — Passez au tamis une livre de fraises des bois, sucrez de sucre en poudre vanillé, mélangez de crème fouettée, mettez dans un moule et tenez sur glace trois heures.

Fraises normandes. — Sucrez les fraises et arrosez-les de cidre.

Frangipane. — Un prince italien, César Frangipani, l'inventa. Vaut-elle son illustre origine ? Mélangez quatre œufs entiers, deux jaunes ; mettez de la farine en tournant toujours jusqu'à former une bouillie très épaisse ; délayez avec un litre de lait sucré de 250 grammes de sucre, mettez un quart de beurre fondu, remuez en faisant cuire vingt minutes ; ajoutez quelques filets d'amandes.

Fricandeau. — Prenez une noix de veau, piquez-la de gros lardons, mettez cuire pendant trois heures avec beurre, lard, débris de viande ; ajoutez oignons, carottes, bouquet garni, bouillon ; arrosez de temps en temps ; retirez le fricandeau, faites réduire la sauce et servez sur farce d'oseille saucée de la cuisson.

Fricandeau macaroni aux champignons. — Preparez comme ci-dessus, seulement mettez plus de jus; mettez une ou deux poignées de macaroni aux trois quarts de la cuisson; vous avez fait revenir des champignons dans du beurre avec sel, poivre, jus de citron, vous les ajoutez au moment de servir.

Fricassée de poulet à la Dubarry. — Dépecez votre poulet, mettez sur le feu dans une casserole remplie d'eau; au premier bouillon, retirez les morceaux, égouttez. Mettez dans une autre casserole beurre, débris de jambon de Bayonne, lard râpé; lorsque cela commence à bouillir mettez vos morceaux de poulet, faites revenir, ajoutez un peu de farine, deux verres de bouillon, deux verres de l'eau dans laquelle le poulet a blanchi; mettez oignons, bouquet garni; écumez, laissez bouillir une heure, liez la sauce de trois jaunes d'œufs; retirez oignons et bouquet.

Fricassée de poulet « électric ». — Faites cuire votre poulet dépecé dans du beurre; retirez, mettez de la farine dans la cuisson, sel, poivre, champignons, persil, échalotes hachées, laissez bouillir une minute en remuant toujours; ajoutez un verre de vin blanc, faites réduire vivement, mettez réchauffer vos morceaux de poulet; il ne faut pas plus de vingt minutes.

Fricassée de poulet à la Barloux. — Découpez deux poulets, faites dégorger et blanchir dans de l'eau salée, avec un bouquet garni; retirez vos poulets et faites-les revenir dans un quart de beurre fondu; liez avec de la farine et mouillez avec l'eau dans laquelle vos poulets ont blanchi; laissez cuire. D'autre part, coupez en gros dés douze gros oignons auxquels vous aurez retiré le cœur; faites-les blanchir, égouttez-les et mettez-les cuire dans le beurre avec un peu de consommé et un morceau de sucre; laissez cuire; dégraissez votre fricassée de poulet, passez la sauce sur les oignons, faites réduire le tout ensemble, liez avec trois jaunes d'œufs, dressez vos poulets, versez dessus sauce et oignons, et servez.

Fricassée de poulet à la ménagère. — Mettez dans une casserole, 40 grammes de beurre, deux cuillerées de farine, remuez; quand votre beurre est mêlé à la farine, délayez avec de l'eau chaude, sel, poivre blanc, un bouquet garni de clous de girofle; ensuite le poulet découpé et dégorgé, faites sauter tout dans la casserole afin de bien le mélanger. Au bout d'une demi-heure, mettez petits oignons et champignons; laissez encore cuire trente minutes; retirez du feu, rangez les membres et saucez de la sauce liée de jaunes d'œufs et aromatisée de jus de citron.

Fricassée de poulet aux racines. — Préparez les poulets, découpez, mettez-les dégorger vingt minutes, mouillez avec de l'eau dans laquelle, pommes de terre, navets, panais, oignons, auront cuit; faites cuire doucement; égouttez, passez la cuisson, mettez un peu de velouté; faites réduire, mettez un jaune d'œuf, versez sur vos poulets et servez avec garniture de petits oignons cuits à l'eau, de bouquet, de choux-fleurs, de pointes d'asperges, de carottes et d'olives.

Friture. — On obtient une bonne friture en mélangeant de la graisse de rognons de bœuf, de la graisse de rognons de veau et du saindoux par parties égales; on la rend meilleure en y ajoutant de la graisse de pot-au-feu fondue et clarifiée. Il faut avoir deux fritures, une pour le poisson et une pour les autres choses à frire. Quand vous vous êtes servi de friture, il faut la laisser refroidir un peu et déposer avant de la ranger, la verser ensuite à clair dans son pot en supprimant le dépôt du fond de la poêle; ajoutez de nouvelle friture de temps en temps pour renouveler.

Friture d'écorce de melons. — Coupez les écorces en languettes; passez dans la pâte à frire et faites frire de belle couleur.

Fromage. — On donne le nom de fromage au produit résultant d'une fermentation du caillé.

Le lait se coagule ou tourne soit spontanément, soit sous l'influence d'un assez grand nombre de substances, telles que les acides ou la présure.

Dans la précipitation le caillé, qui se forme, englobe non seulement presque toutes les substances azotées, mais encore une forte proportion de la matière grasse avec un peu de lactose et une certaine quantité des sels contenus dans le lait. (Voir pour la fabrication *les Industries du lait*, de Lézé, ouvrage remarquable, auquel nous empruntons la plupart des intéressants détails qu suivent.)

Il existe des milliers de fromages différents, résultant de la coagulation du caillé à des températures variant de 20 à 40 degrés; énumérons les principaux en les classant par catégories.

Fromages à consistance molle. — Ce sont les fromages non fermentés, frais et à la crème, les fromages *maigres*, *mous* et à la *pie* qui se mangent ordinairement en y ajoutant un peu de sel.

Les maisons qui vendent le lait en gros utilisent en toute saison les laits invendus en les transformant en fromages blancs de mai en octobre et en fromage façon brie pendant le reste de l'année.

Fromages double crème. — On comprend sous cette dénomination les fromages dits suisses, les fromages de Neufchâtel, dits bondons, petits carrés et malakoffs.

Ces fromages s'altèrent très rapidement à l'air, et prennent un goût aigrelet et une odeur rance; pour les conserver plus longtemps on les transforme en fromages *demi-sel* qui restent bons pendant huit à dix jours. La dose de sel à employer est de 2 p. 100. Le sel doit être parfaitement sec et fin.

Fromages à pâte fermentée. — *Le camembert, le brie, le coulommiers* sont des types des nombreuses variétés de fromages mous affinés.

Parmi tous ces fromages à pâte molle le camembert passe avec raison pour un des meilleurs et des plus délicats. C'est un fromage de luxe dont le prix est toujours assez élevé parce qu'il doit être mangé à un point précis de maturité. S'il n'est pas complètement fait, la pâte inférieure reste blanchâtre, insipide et fade. S'il est trop mûr, sa pâte se ratatine par la sécheresse, son goût devient fort et piquant ou bien la pâte devient jaune et coulante.

Dans le fromage mûr à point, la pâte est homogène, fine et moelleuse, douée d'une saveur douce et agréable; elle fond dans la bouche, la digestion en est facile. C'est un des meilleurs aliments qui se puissent rencontrer si l'on s'en rapporte à la composition chimique; c'est un des plus délicieux au dire des gourmets.

La réussite en est difficile. C'est en vain que l'on a essayé à diverses reprises d'introduire la fabrication de ces fromages en Angleterre, en Allemagne. En France même elle ne réussit pas partout et les marques renommées proviennent de quelques localités privilégiées de la Normandie.

Les fromages de **géromé** se font en trois à six mois. Si on mélange leur pâte avec du cumin des prés ils ont une teinte verdâtre et ressemblent au roquefort. On débite, chaque année, plus de sept millions de kilos de cet excellent produit dont la fabrication a été perfectionnée ces années dernières.

Le **brie**. — C'est principalement dans les départements de Seine-et-Marne, Marne, Seine-et-Oise, Meuse, Aisne, Loire, Allier, que l'on fabrique les fromages de Brie qui ont une forme cylindrique. Ils doivent être faits avec du lait complet ou très faiblement écrémé.

Les bons fromages ne doivent être ni plissés ni frisés et peuvent après cinq ou six semaines de travail être livrés à la vente.

Le **coulommiers** est un fromage cylindrique mesurant environ 13 centimètres de diamètre sur 3 centimètres de hauteur.

Les fromages affinés se vendent frais et peu salés. Ils sont un peu moins estimés que le brie, et fabriqués rarement avec du lait complet. Leur bonne saison est l'automne.

Fromage d'Olivet. — Il a pour lieu d'origine un gros bourg situé sur le bord du Loiret, près d'Orléans. Les cultivateurs de ce pays prennent un soin extrême de leurs herbages qu'ils fument avec des engrais à base de sels alcalins et le fromage qu'ils fabriquent est depuis longtemps renommé dans la contrée. La fabrication se rapproche de celle du camembert et du mont-dor.

Il en existe trois catégories : blanc, bleu et affiné. Le fromage bleu s'affine par un contact avec de la cendre de sarment de vigne ou de bois très fraîche. La première lui communique son arome spécial très délicat.

Le **mont-dor**. — Ce fromage tire son nom d'une localité du département du Rhône appelé le Mont-dor, comprenant plusieurs communes où il y a un demi-siècle, était monopolisée sa fabrication.

Le mont-dor était fait exclusivement avec le lait de chèvre; sa réputation s'étendit; et au lait de chèvre qui donnait un fromage de première finesse on a substitué le lait de vache, très appauvri même.

C'est à l'exagération de ces manœuvres, dit l'ouvrage de Lézé, qu'est due la dépréciation qui s'accentue de plus en plus chaque jour sur un produit autrefois si renommé et que l'on délaisse partiellement maintenant pour les autres marques de fromages mous.

On rencontre d'assez importantes fabriques de mont-dor dans les départements de l'Eure, de l'Oise, de l'Ain, de l'Aisne, de l'Isère et du Rhône.

Fromages durs et fromages cuits. Fromage de Hollande. — Il peut être considéré comme le type des fromages durs, pressés, sans cuisson. Très répandu et très apprécié dans la Hollande et dans les pays de la Baltique; on le fabrique aussi en France, mais il est au-dessous du vrai. Les falsifications ont même déprécié le véritable fromage de Hollande dont la forme est sphérique, la pâte rougeâtre, la croûte colorée en rouge, en jaune, ou quelquefois même de différentes couleurs sur le même pain.

Le **cantal**. — Il se fabrique principalement dans les montagnes de l'Auvergne et de l'Aubrac. Il s'en vend plus de six millions de kilos chaque année, surtout dans les départements voisins.

Sa pâte est légèrement jaunâtre, sa saveur fade et piquante à la fois. Il aigrit en vieillissant; et, quoique fabriqué avec un lait des plus riches et des plus savoureux, il manque de délicatesse et n'est point recherché des gourmets.

Le **chester**. — Il est spécialement fabriqué en Angleterre, en Amérique et un peu en Hollande et en Suède. C'est un fromage à pâte ferme obtenu avec du lait de vache, de couleur saumon clair, un peu cassant, mais doux et moelleux.

Le gruyère. — Il doit être considéré non seulement comme le type des fromages cuits, au point de vue de la fabrication, mais comme un des meilleurs fromages qui existent.

Cette réputation, résultat du goût général du public, est si bien établie que cet excellent fromage est de plus en plus connu et recherché et le serait davantage si la fabrication ne laissait à désirer trop souvent. L'appât du gain conduit les fermiers ou les fromagers à écrémer de plus en plus et les fromages maigres résultant de cette préparation n'ont plus ce goût onctueux, ce moelleux fondant des produits de bonne qualité.

En Suisse, les fromages des laits de montagne sont meilleurs que ceux des laits de plaine, et la fabrication la plus estimée est celle de l'été, alors que les vaches libres, au grand air, paissent dans les herbages savoureux des Alpes.

Le bon fromage gras fond dans la bouche; il a un peu la saveur de la noisette; c'est un des meilleurs aliments que l'on puisse trouver et son odeur à peine perceptible ne choque pas. Les fromages bien réussis présentent une pâte fine et élastique d'un jaune tendre. Dans la tranche la pâte présente un trou en moyenne par deux ou trois centimètres carrés; le diamètre de ces trous ou de ces yeux est d'un centimètre à peu près et la cavité doit apparaître brillante, lisse et légèrement humide.

Le port-du-salut. — C'est le type d'une catégorie de fromages à pâte demi-cuite, tenant place entre les fromages affinés et les gruyères.

Ils sont fabriqués dans certaines abbayes, dont les moines refusent l'accès aux visiteurs; malgré ces précautions jalouses, on a saisi les prétendus secrets et l'on fabrique autour des abbayes des fromages excellents.

Le reggian-parmesan. — Il se fabrique dans les provinces de Parme et de Reggio. On le confond souvent avec le parme ou lombard son voisin.

Son apparence (lorsqu'il est bien fait) est celle de la cire vierge. Il est savoureux et possède une odeur aromatique. On en fabrique une grande quantité.

Le roquefort. — Le roquefort se fait avec un levain de farine imbibé de vinaigre. La fermentation s'établit dans ce pain, qui devient vert, vrai pain moisi dont la poudre verte est préparée par les soins d'une usine centrale et distribuée ensuite aux paysans pour leur fabrication.

La fabrication du roquefort est surtout pratiquée dans les environs du village de ce nom, situé dans le département de l'Aveyron, véritable bienfait pour ce pays très pauvre; malgré la redoutable concurrence des *bleus*, faits actuellement avec le lait de vache.

Le lait de brebis sert à la fabrication du véritable roquefort; le bleu d'Auvergne, quoique estimé, ne le vaut pas.

Le gorgonzale a une assez grande analogie avec notre roquefort. Il se fabrique en Italie, dans le Milanais.

Une plus longue énumération serait fastidieuse. Citons encore cependant une *espèce* française.

Le chabichou est un petit fromage en forme de bondon un peu aplati, qui a une grande réputation, non seulement dans tout le Poitou, mais aussi parmi tous les gourmets. Il se fabrique dans un faubourg de Poitiers que les Gaulois nommaient Maubernage, et que nous appelons Montbernage.

Dans presque toutes les maisons de ce faubourg assez important, on fabrique des chabichous qui, pour être bien à point ou, comme on dit en patois, *caffionés*, demandent une longue préparation et beaucoup de soins.

On assure, nous ne savons pourquoi, que ce sont les vieilles femmes qui fabriquent les meilleurs. C'est sans doute parce qu'elles ont plus d'expérience. Quoi qu'il en soit, lorsque le chabichou, ainsi que me disait un jour une chabichounière, est fait-z-à maturité, il est parfait. Seulement — ah! que voulez-vous, il n'y a pas de médaille sans revers! — il répand une odeur auprès de laquelle celle du roquefort est éclipsée. Mais des goûts et des couleurs il ne faut disputer, car c'est justement l'odeur du chabichou qui lui donne une saveur toute particulière et le fait tant rechercher des amateurs.

De plus, il a une autre qualité ou un autre défaut, tout dépend comme on l'envisage. L'été, il est généralement très agité, et volontiers, il se rendrait tout seul dans l'assiette des convives.

Le Poitevin est très fier de son chabichou, et il en parle avec le même enthousiasme que le Marseillais de sa bouillabaisse. On en expédie partout, beaucoup à Paris et jusqu'en Russie, dans des boites bien closes enveloppées dans des papiers goudronnés, et ce commerce est assez lucratif pour faire vivre et bien vivre de nombreuses familles, dont les gars sont de joyeux drilles, comme tous les Poitevins.

Les **saisons des fromages**. — Beaucoup de bonnes maîtresses de maison se préoccupent pour le bon service de la table, de l'époque à laquelle elles doivent présenter les diverses espèces de fromages.

On a publié jadis un « Almanach des fromages » qui renseignait à cet égard, mais il est aujourd'hui introuvable.

Nous avons été consulter un grand spécialiste qui nous a adressé pour nos lecteurs le tableau suivant :

MARS, AVRIL, MAI

Fromages à la crème. Pont-l'Évêque. Suisses. Roquefort nouveau. Coulommiers double crème.

JUIN, JUILLET, AOUT

Principalement pour amateurs :
Gruyère salé. Hollande étuvé. Hollande gras. Port-Salut. Chester. Fromages de chèvre. Kumen et Kas. Ananas.

SEPTEMBRE, OCTOBRE, NOVEMBRE, DÉCEMBRE, JANVIER, FÉVRIER

Camemberts. Brie. Coulommiers. Roquefort vieux. Gex. Saint-Florentin. Munster. Gérardmé. Cantal. Marvilles. Romatour. Limbourg. Livarot. Olivet cendré. Baron Royer. M' Fromage. Fromages de Lombardie. Gorgonzola. Parmesan. Picorimo. Provalo. Cacho Canal.

EN TOUTES SAISONS. — Schepker. Bondons. Neufchâtel. Gournay. Saint-Marcellin. Petits Normands.

Fromage à la crème fantaisie. — Ayez un fromage à la crème, arrosez-le de crème fraîche, de quelque cuillerées de bon kirsch, battez, ajoutez sucre en poudre, rebattez vivement deux minutes et servez.

Fromage Marinette. — Prenez un fromage à la crème, mélangez-le avec du sucre en poudre, ajoutez quelques cuillerées d'extrait de café très fort, mettez à la glace deux heures et servez.

Fromage à la crème roumain. — Mélangez des câpres, du beurre, une sardine, oignon cru haché, persil, caviar, farine rouge, une goutte de kummel.

Fruits. — Les fruits complètent heureusement notre alimentation par les acides, les sels et le sucre qu'ils contiennent.

Les acides contenus dans les fruits sont des plus variables. Ainsi les abricots, les pêches, les pommes, les poires, les groseilles, contiennent de l'acide malique; les raisins de l'acide tartrique; les oranges et les citrons de l'acide citrique, les coings de l'acide pectique lequel se transformant en pective permet d'obtenir des gelées de ces fruits.

Comme les légumes, les fruits introduisent dans l'économie des principes alcalins tels que la chaux et la potasse. Ce sont donc des aliments utiles.

Par le sucre qu'ils renferment ils servent aussi à la nutrition; mais lorsqu'ils sont pris en trop grande abondance, ils deviennent purgatifs.

Fumet de faisan. — Se fait comme le fumet de perdreaux.

Fumet de gibier à plumes. — Préparez comme le fumet de perdreaux en remplaçant les parures et carcasses de perdreaux par celles de faisans, de grives, de bécasses ou de mauviettes.

Fumet de levrauts ou de lapereaux. — Prenez un lièvre, un levraut ou un lapereau, prenez les filets que vous liez ensemble pour un plat d'entrée; cassez en morceaux le devant, les cuisses et les os du râble, puis opérez de la même manière que pour le fumet de perdreaux.

Fumet de perdreaux. — Ayez deux ou trois perdreaux, conservez les filets, que vous préparez pour une entrée, cassez les carcasses et les cuisses en morceaux, que vous mettez dans une casserole avec carottes, muscade, bouquet garni; un demi-verre de madère, faites cuire à feu vif, laissez tomber à glace, mouillez à hauteur avec bouillon, faites bouillir, écumez, laissez cuire à petit feu une heure et demie à deux heures, passez dans une serviette et réservez.

G

Galantine de bœuf. — Prenez quatre livres de bœuf (cuisse sans os ni graisse), bardez finement de lard gras fumé; ficelez soigneusement de manière à ce que les lardons soient renfermés dans l'intérieur. Mettez dans une casserole oignons, carottes coupés en tranches, cuillerée de beurre fondu, mettez avec le bœuf une livre de rouelle de veau et une demi-livre de foie de bœuf; mouillez de deux litres de bouillon; ajoutez pied de veau, sel, poivre, clous de girofle, persil, ail; faites partir à bon feu, ralentissez et laissez cuire 6 heures; retirez, mettez en terrine; dégraissez et clarifiez le jus que vous versez sur votre galantine.

Pour clarifier le jus battez une coquille d'œuf et un blanc, mettez-les dans le jus froid; vous placez sur le feu et fouettez sans arrêter jusqu'au premier bouillon; passez ensuite dans une serviette.

Galantine de poulet. — Fendez sur le dos, enlevez la peau sans la déchirer, désossez, enlevez la chair, coupez-la en filet, découpez également en filets du veau, du porc et du jambon de Bayonne; faites un hachis de porc, de veau, sel, poivre, persil, échalotes; deux œufs crus. Mettez sur la peau du poulet une barde de lard, puis du hachis, puis des tranches de veau, poulet, jambon et porc en alternant, recouvrez de bardes de lard; mettez encore hachis et viande, une dernière barde de lard; recousez le poulet, foulez serré, mettez dans une serviette. Mettez dans une casserole les os, les abatis du poulet, du pied de veau, une livre de bœuf, sel, poivre, couenne de lard, faites revenir, mouillez d'eau, ajoutez des oignons, carottes, ail, persil, clous de girofle, mettez cuire dedans le poulet; fermez la casserole; au bout de deux heures, retournez, faites encore cuire deux heures. Retirez, laissez refroidir, déficelez, enlevez la serviette. Clarifiez la cuisson et versez sur la galantine.

Galette. — Une livre de farine, un quart de beurre, un demi-litre de lait, une cuillerée de levure de bière, un peu de sel. Pétrissez sur un plat en battant, jusqu'au moment où la pâte se détache. Beurrez, saupoudrez de farine une plaque de tôle, étendez la pâte en l'étirant; faites lever au chaud; quand la pâte est levée, saupoudrez de sucre, arrosez d'un peu de lait et mettez au four.

Galette de ménage. — Prenez 275 grammes de farine tamisée, 150 grammes de beurre, du sel, pétrissez avec un demi-verre d'eau, tenez en réserve un autre demi-verre, que vous ajoutez peu à peu pendant l'opération ; la pâte doit être lisse ; laissez reposer une heure, abaissez la pâte, formez la galette, dorez à l'œuf, faites le dessin avec la pointe d'un petit couteau, mettez au four une demi-heure.

Galette de pommes de terre. — Faites cuire au four une douzaine de pommes de terre, les rouges de préférence, pelez chaudes, jetez-les dans une terrine avec un quart de beurre, un verre de lait, sel, poivre. Écrasez le tout ensemble ; le mélange complet, versez dans un plat qui aille au feu, et que vous aurez beurré, étendez la pâte deux doigts d'épaisseur, aplatissez la surface avec le dos d'un couteau, faites cuire au four de campagne avec feu dessus, pas en dessous ; dix minutes suffisent pour la cuisson.

Galettes salées. — Prenez 250 grammes de farine, délayez avec de l'eau et sel, faites une pâte très lisse, laissez reposer une demi-heure, abaissez à l'épaisseur de 5 millimètres. coupez en rond de 6 millimètres de diamètre, ensuite rangez ces ronds sur une plaque, piquez avec une fourchette, mouillez la surface avec de l'eau, saupoudrez de sel fin, cuire à four gai.

Garniture à la chipolata. — Se compose de petites saucisses, de morceaux de lard coupés en dés, de champignons, de marrons grillés et épluchés, mis dans une sauce espagnole.

Garniture financière. — Se compose de rognons et crêtes de coq, escalopes de foie gras, des truffes, des champignons, des quenelles de volaille mis dans une sauce madère.

Garniture à la forêt Sénart. — Ce nom pompeux veut dire : une garniture de branches de persil.

Garniture à la Godard. — C'est une financière à laquelle on ajoute des queues d'écrevisses.

Garniture à la Toulouse. — C'est une financière mise dans une sauce blanchie.

Gâteaux. — **Plum-Cake.** — Battez une livre de beurre frais avec une forte cuillère en bois, jusqu'à ce que le beurre ressemble à de la crème ; ajoutez une livre de sucre en poudre et mélangez complètement ; ayez prêts les blancs de dix œufs battus, et versez-les dans le beurre et le sucre ; ajoutez alors les jaunes de dix-huit œufs bien battus, et rebattez le tout pendant dix minutes. Prenez une livre de farine, 2 onces d'épices pilés et broyés (clous de girofle, muscade, cannelle, noix de muscade) et mélangez par degrés avec les autres ingrédients ; battez alors le tout pendant dix minutes, et quand le four est prêt, ajoutez une livre de raisin de Corinthe, 4 onces d'amandes pilées, une demi-livre de raisins secs et un grand verre de brandy. Mettez le gâteau dans un four chaud. Faites cuire et laissez après refroidir le gâteau pendant plusieurs heures, pour le sécher.

Queen-Cake. — (*Gâteau de la reine*). — Prenez une livre de farine sèche, une livre de sucre en poudre et de raisin de Corinthe bien lavé. Nettoyez une livre de beurre dans de l'eau de rose, battez bien, mélangez alors avec huit œufs, jaune et blanc battus séparément, et mettez dedans les ingrédients secs par degrés; battez le tout pendant une heure; graissez avec beurre des tasses à thé, ou des petits moules, ne les remplissant du mélange qu'à moitié. Mettez un peu de sucre fin à la surface, au moment où vous le mettez dans le four.

Rice-Cake. — (*Gâteau de riz*). — Prenez une livre de riz broyé, une livre de sucre blanc en poudre, huit œufs, blancs et jaunes, bien battus ensemble, la peau d'un citron râpé, et le jus d'un autre. Quand toutes ces parties sont bien mélangées, battez une demi-heure de plus, et mettez le tout dans un moule graissé avec beurre; faire cuire une heure et demie.

Coffee-Cake. — (*Gâteau au café.*) — Prenez une livre de farine, un quart de beurre, un quart de sucre en poudre, un œuf et une once de carraway seeds, quinze graines de carvi; mélangez le tout avec du lait chaud et une grande cuillerée d'eau de rose; roulez le tout très finement, coupez avec le haut d'un petit verre à vin en petits gâteaux, et faites cuire.

Gâteau allemand. — Prenez un demi-quart de beurre fin, de la farine, à peu près même quantité et amalgamez avec quatre jaunes d'œufs et les blancs battus en neige; travaillez un quart d'heure; faites cuire dans un litre de lait sucré en faisant tomber la pâte quand le lait bout; il faut une demi-heure de cuisson à feu modéré.

Gâteau battu. — Mettez dans une grande terrine 450 grammes de farine, délayez-la avec un quart de verre d'eau tiède, ajoutez trois bonnes cuillerées de levure de bière, vingt-deux jaunes d'œufs battus, six blancs battus en neige, 225 grammes de beurre, un peu de sel, du sucre, de l'eau de fleur d'oranger; mêlez bien le tout; puis pétrissez afin de bien incorporer le beurre; battez la pâte avec la main, environ un quart d'heure, beurrez un moule et remplissez-le à moitié; laissez monter de façon à remplir le moule, mettez au four un quart d'heure après y avoir mis le pain, retirez votre gâteau en même temps que le pain. Pour éviter au gâteau une couleur trop brune, posez sur le moule une feuille de papier mouillée d'eau; retirez du moule aussitôt la cuisson faite.

Gâteau biscuit. — Prenez trois quarts d'un paquet de fécule de pommes de terre, huit œufs, 300 grammes de sucre vanillé; on bat les blancs d'œufs en neige, on mêle; mettez au four dans un moule beurré, environ vingt minutes.

Gâteau de bœuf. — Prenez de la tranche de bœuf bien tendre, du jambon et de la tétine de veau, le bœuf entrant pour les trois quarts; hachez le tout très menu, coupez du lard en petits morceaux, que vous mélangez au hachis, avec sel, poivre, épices, persil, ciboules, champignons, ail finement hachés, laurier, thym, un verre d'eau-de-vie; mettez dans une terrine à pâté des bardes de lard, placez-y votre hachis, couvrez votre terrine; garnir les joints de pâte faite de farine et vinaigre, et laisser passer la nuit au four. Ne servir le gâteau de bœuf que lorsqu'il est refroidi.

Gâteau breton. — Prenez 300 grammes de farine, autant de sucre jaune, 150 grammes de beurre, huit œufs, dont le blanc battu en neige, ajoutez 150 grammes de raisin de Malaga, autant de raisin de Corinthe, autant de prunes sèches, un litre de lait dans lequel on a fait bouillir de la cannelle, une feuille d'oranger, une feuille de laurier; faites fondre le beurre dans du lait, laissez refroidir, ajoutez deux cuillerées de rhum, mêlez le tout ensemble, beurrez un plat allant au feu, versez le mélange, laissez cuire deux heures et demie, avec feu dessus et dessous.

On sert ce gâteau avec la sauce suivante : Prenez un verre de vin blanc, un quart de verre de rhum, du sucre, mettez au feu en remuant sans cesse comme si l'on faisait une sauce au beurre; quand cela est pris, laissez bouillir huit minutes; versez sur le gâteau ou servez dans une saucière.

Gâteau de carottes. — Faites cuire des carottes à l'eau salée, passez au tamis, desséchez au feu, incorporez de la crème, de la fécule, de la fleur d'orange pralinée, du sucre, des jaunes d'œufs, du beurre tiède, les blancs d'œufs battus en neige; le mélange fait, versez dans un moule beurré, faites cuire au four de campagne, renversez sur un plat, servez saupoudré de sucre.

Gâteau au chocolat. — Prenez 250 grammes de sucre pilé, autant d'amandes et de chocolat râpé, 125 grammes environ de farine; quand le tout est bien travaillé : ajoutez huit blancs d'œufs battus en neige, faites cuire au four.

Gâteau éponge. — Prendre six œufs et le même poids de sucre en poudre; trois autres œufs et leur poids de farine. Battre les œufs avec le sucre pendant 20 minutes; puis ajouter la farine, battre le tout cinq minutes encore; beurrez un moule, versez votre mélange, faites cuire au four ou sous un four de campagne.

Gâteau à la fleur d'oranger. — Prenez 70 grammes de sucre pilé, ajoutez deux œufs, battez les blancs en neige, en y incorporant peu à peu du sucre, de la fleur d'oranger fraîche ou pralinée; formez de cette pâte de petits gâteaux ronds, placez-les sur du papier blanc, faites cuire sur un plateau au four très chaud.

Gâteau de foie de cochon. — Hachez ensemble une livre de panne, une livre et demie de foie de cochon, échalote, oignon, ail, champignons, feuille de laurier, thym, salez, poivrez. Beurrez entièrement un moule, garnissez le fond et les parois de bardes de lard, mettez le hachis et faites cuire au four une heure et demie.

Gâteau de foie de volaille. — Après avoir préparé les foies de volaille on les pile dans un mortier de marbre avec du sel, du poivre, ail, persil haché; préparez une sauce blanche, très épaisse, avec du lait, du beurre, de la farine, laissez-la refroidir, puis l'ajoutez peu à peu dans le mortier en continuant à piler les foies, ajoutez trois jaunes d'œufs un par un; battez les trois blancs d'œufs en neige; mélangez dans le mortier; prenez un moule, beurrez l'intérieur, saupoudrez avec de la chapelure; versez-y votre pâte, couvrez le moule, faites cuire au bain-marie pendant trente minutes; un quart d'heure avant de servir découvrez le moule, renversez le moule sur un plat chauffé, servez avec une sauce tomate ou béarnaise, ou une sauce blanche aux câpres.

Gâteau Marinette. — Ayez cinq petits pains d'un sou, une demi-livre de cerises noires, une demi-livre de cerises rouges ; dénoyautez les fruits ; faites tremper les pains dans du lait sucré, bouilli et refroidi ; passez-les au tamis, ajoutez trois œufs dont vous battez les blancs en neige, mettez un demi-quart de beurre, 150 grammes de sucre en poudre, vos cerises, mélangez le tout ; beurrez un moule et faites cuire au four une demi-heure.

Gâteau massepain. — Prenez 500 grammes d'amandes douces parmi lesquelles 30 amères, les piler très fin, 500 grammes de sucre pilé afin de former une pâte ; mettez fleur d'oranger assez pour qu'elle ne soit pas sèche ; étendre la pâte avec un rouleau de façon à lui laisser environ un centimètre d'épaisseur, y couper des morceaux ronds que l'on entoure d'un bourrelet de même pâte ; mettez une feuille de papier sur un morceau de tôle, les massepains sur la feuille de papier, le tout dans un four refroidi. Laissez pendant six heures. Quand les gâteaux ont durci, mettez de la confiture, des fruits confits, mettez sur le poêle tiède, servez chaud.

Gâteau de Milan. — Un litre de lait, un demi-quart de beurre, une demi-livre de sucre, une écorce de citron. Mettez le beurre dans une casserole, délayez la farine, mettez le lait, le sucre, l'écorce de citron râpée et six œufs fortement battus. Beurrez un moule, versez le mélange et faites cuire au bain-marie trois quarts d'heure.

Gâteau mirepoix. — Faites fondre un quart de beurre jusqu'à ce qu'il soit couleur brun clair, mettez une demi-livre de mie de pain, remuez toujours jusqu'à couleur foncée, ajoutez un grand verre de lait en continuant à tourner jusqu'à consistance de pâte assez épaisse, mettez alors quatre jaunes d'œufs, les blancs battus en neige très ferme ; beurrez un moule ; remplissez-le de votre mélange et faites cuire au bain-marie.

Gâteau mosaïque. — Faites un plat de riz, ajoutez une couche de marrons glacés, cédrats, orangé, citron coupé en menus morceaux. Couvrez d'une marmelade de pommes, avec des blancs d'œufs battus en neige, que vous faites meringuer.

Gâteau duchesse. — Quand vous avez fait réduire 1 litre et demi de lait, prenez huit jaunes d'œufs et deux blancs bien battus ensemble, sucre, vanille, ensuite ajoutez au lait réduit ; placez dans un moule beurré, et faites cuire au bain-marie. On peut remplacer le beurre par un caramel.

Gâteau mousseline. — Mettez dans une large terrine huit jaunes d'œufs, dix cuillerées à bouche de sucre pilé, le jus d'un citron et le zeste bien mondé ; mélangez le tout pendant une demi-heure, ajoutez quatre cuillerées de fécule de pommes de terre, mêlez encore une demi-heure. Battez six blancs d'œufs en neige. Ajoutez-les à la pâte et ne la travaillez plus ; graissez un moule avec du beurre frais, mettez la pâte, faire cuire à four doux.

Gâteau de pain. — Faites tremper du pain rassis dans du lait; faites cuire; lorsque le pain est en bouillie, ajoutez trois œufs, les jaunes d'abord, puis les blancs battus en neige; mettez du raisin de Corinthe, puis, placez le mélange dans un moule beurré et faites cuire au four.

Gâteau parfait. — Emplissez un moule de biscuits à la cuiller imbibés de rhum. Ajoutez une couche de confitures d'abricots sur laquelle vous remettez une nouvelle couche de biscuits, faites de même jusqu'à ce que le moule soit rempli. Mettez à la presse 2 heures, démoulez sur un compotier, garnissez d'une crème suivant le goût. Ajoutez des fruits confits entiers ou coupés en morceaux.

Gâteau de pistaches. — Échaudez et pilez une livre de pistaches avec du blanc d'œuf, un peu de citron vert râpé, une livre de sucre en poudre, quinze jaunes d'œufs, dont les blancs auront été fouettés en neige. Mélangez bien le tout, beurrez un moule, versez le mélange et faites cuire au four, une heure et demie à feu doux.

Gâteau de plomb. — Faites un trou au milieu d'une livre de farine; mettez-y un peu de sucre, un peu de sel, un petit verre de crème, une demi-livre de beurre. Faites la pâte comme la galette. Laissez reposer une heure; aplatissez à quatre centimètres en lui donnant une forme ronde; faites de petites hachures sur les bords; dorez le dessus à l'œuf et faites-y des rayures avec le dos d'un couteau. Beurrez une bande de papier, collez-la autour du gâteau, en l'attachant avec une ficelle pour soutenir la pâte et l'empêcher de s'étaler en cuisant. Mettez cuire au four pendant une heure.

Gâteau de pommes. — Faites fondre et bouillir une livre de sucre dans un peu d'eau; il faut que le sucre soit presque candi. Jetez dans ce sirop deux livres de pommes reinettes épluchées et coupées en tranches minces, plus la pelure d'un citron. Faites cuire jusqu'à consistance de gelée. Enduisez un moule de beurre; versez-y votre gelée, faites cuire un quart d'heure au bain-marie, laissez refroidir et servez avec une crème claire où vous avez mis quelques filets d'amandes.

Gâteau de pommes de terre. — Faites cuire des pommes de terre sous la cendre; les éplucher, les réduire en pâte, étant chaudes; délayez six jaunes d'œufs par 500 grammes de pommes de terre, 120 grammes de sucre, mélangez le tout ensemble, ajoutez le zeste d'un citron, ajoutez ensuite le blanc des œufs battus en neige, mettez dans une tourtière bien beurrée, faites prendre couleur sous un four de campagne ou à four doux.

Gâteau praliné. — Prenez un quart de pralines roses, blanches et jaunes que vous pulvérisez au mortier. Battez quatre blancs d'œufs en neige très ferme, ajoutez-y vos pralines, un peu de sucre en poudre. Caramélisez un moule, versez le mélange, faites cuire au bain-marie, avec feu dessus pendant une heure. Démoulez à bain froid et versez dessus une crème faite avec les quatre jaunes d'œufs et un demi-litre de lait.

Gâteaux secs (petits). — Une demi-livre de farine, un quart beurre, un demi-quart sucre en poudre ; travaillez le tout, étendez au rouleau, coupez de petits carrés et faites cuire au four sur une plaque. Retirez lorsqu'ils roussissent.

Gâteau purée marrons. — Prenez un kilog de bons marrons, enlevez la première enveloppe, faites cuire à l'eau, ensuite enlevez soigneusement la deuxième peau. Pilez-les dans un mortier de marbre afin de les réduire en pâte, ajoutez-y six blancs d'œufs battus en neige, du lait sucré vanillé. Faites un caramel dans un moule, versez-y votre pâte, faites cuire une heure au four de cuisine pas trop chaud. Quand votre gâteau est cuit, démoulez de suite, versez une crème à la vanille sur votre gâteau au moment de servir.

Gâteau de riz. — Lavez une demi-livre de riz, faites cuire dans un litre de lait bouilli, sucré et aromatisé de zeste de citron ; lorsqu'il est bien sucré et bien ferme, laissez refroidir, mettez dedans dix macarons pilés, un peu de sel, quatre jaunes d'œufs, un morceau de beurre fin, deux blancs d'œufs battus en neige. Beurrez un moule, mettez le reste de riz et faites cuire au four.

Gâteau de riz Marinette. — Faites cuire une demi-livre de riz dans très peu d'eau ; retirez, faites égoutter, sucrez de trois quarts de sucre, versez un litre de vin blanc, du jus de citron ; faites cuire le tout un quart d'heure ; retirez ; mettez dans un moule beurré ; faites prendre au bain-marie ; laissez refroidir, démoulez et versez avec des cerises confites et des morceaux d'angélique.

Gâteau de riz et de volaille. — Faites cuire du riz dans du bouillon, assaisonnez fortement ; il faut que le riz soit très épais ; mettez les débris de volailles à la sauce blanche, mélangez fortement le tout ; mettez dans un moule et faites cuire au four.

Gâteau royal au kirsch. — On prend une douzaine de biscuits de Reims qu'on imbibe de kirsch ; rangez au fond d'un compotier dont ils doivent garnir le fond, les mettre bien près les uns des autres, debout tout autour. Emplissez alors le creux qu'ils laissent d'une épaisse crème de vanille, laissez refroidir la crème et servez.

Gâteau de sable. — Lavez à l'eau tiède, de manière à l'amollir, une demi-livre de beurre, mettez dans ce beurre une livre de sucre ; pilez au mortier pour bien mélanger ; mettez ensuite une livre de farine, douze jaunes d'œufs crus, quelques fleurs d'oranger pralinée écrasée, six blancs d'œufs battus en neige ; beurrez une tourtière et faites cuire au four.

Gâteau de semoule. — Versez quatre cuillerées de semoule dans un demi-litre de lait bouillan.... ...ez cuire ; lorsque vous avez une bouillie épaisse, sucrez d'un quart de sucre, vanillez et mettez quatre œufs entiers. Beurrez un moule, mettez-y de la mie de pain, versez la pâte et faites cuire au four.

Gâteaux turcs. — Pilez 225 grammes d'amandes douces, prenez autant de sucre en poudre, 4 blancs d'œufs battus en neige, faites une pâte feuilletée, étendez-la très mince, coupez-en des petits ronds à l'aide d'un verre; ajoutez une cuillerée de neige aux amandes sur chaque rond; mettez au four doux jusqu'à ce que les petits gâteaux aient une belle couleur.

Gâteau au vermicelle. — Faites bouillir un litre de lait sucré d'une demi-livre de sucre et jetez dedans trois quarts de vermicelle; lorsque le mélange sera bien épais, ajoutez du beurre, un peu de citron râpé, trois œufs entiers; beurrez un moule et faites cuire au bain-marie.

Gâteau au vin. — Prenez un quart d'amandes douces, deux ou trois amères émondées, pilez le tout; ajoutez une demi-livre de sucre pilé, un quart de pain grillé au four pilé et tamisé; de la cannelle, 5 clous de girofle pilés, un verre de bon vin rouge; mélangez le tout, ajoutez 10 jaunes d'œufs; remuez un quart d'heure, toujours dans le même sens; battez les blancs en neige ferme, ajoutez-les au mélange que vous versez immédiatement dans un moule beurré à l'avance; faites cuire au four.

Gaufres aux amandes. — Prenez quatre jaunes et 2 blancs d'œufs mêlez un demi-litre de crème douce, faites cuire 125 grammes d'amandes pelées et pilées, autant de sucre pilé et tamisé, autant de farine délayée.

Gaufres ordinaires. — Pour dix douzaine de gaufres, un kilogramme de farine, la moitié de beurre, 200 grammes de sucre pilé, deux œufs, deux litres un quart de lait. Versez sur le sucre un demi-verre d'eau bouillante, délayez la farine avec la moitié du lait tiède, fondez le beurre dans l'autre moitié, ajoutez-le tiède à la pâte, mettez le sucre fondu avec deux œufs, ajoutez la râpure d'un citron, chauffez le gaufrier d'une couenne, mettez de la pâte et faites cuire des deux côtés.

Gaufres chaudes à la crème aigre. — Délayez six cuillerées de farine avec du lait, formez-en une pâte épaisse, mettez-y huit jaunes et quatre blancs d'œufs, tournez; ajoutez trois quarts de litre de crème aigre, sel, un quart de sucre tamisé, mêlez, faites cuire comme précédemment.

Geai aux choux. — Lorsque le geai est jeune on peut le manger rôti. Préparez-le exactement comme la perdrix aux choux.

Gelée. — Prenez de la gélatine de première qualité, soixante à soixante-dix grammes, que vous faites tremper six à sept heures avec quatre verres d'eau.

Faites bouillir.

Lorsque le tout est bien fondu, laissez un peu refroidir.

Lorsque la tiédeur est arrivée, mettez un peu de blanc d'œuf battu avec très peu d'eau.

Mélangez bien le tout et remettez sur le feu.

Lorsque cela commence à bouillir, jetez-y quelques gouttes de jus de citron, afin de rendre la gelée bien transparente et limpide; filtrez à travers un linge fin.

Remettez sur le feu et faites réduire vivement jusqu'à ce qu'il ne reste que deux verres de solution.

Ajoutez-y une égale quantité de sirop de sucre et faites votre gelée au parfum que vous préférez, orange, citron, thé, etc.

Gelée de coings. — Se fait comme la gelée de pommes; seulement, la première cuisson doit être de trente-cinq minutes.

Gelée de framboises. — Trois quarts de sucre par livre de jus; cuisson, vingt-cinq minutes.

Gelée aux fruits confits. — Faites bouillir un litre d'eau, mettez-y 30 grammes de gélatine et trois quarts de sucre; après vingt-cinq minutes d'ébullition, écumez, passez au tamis, versez dans un moule huilé; ajoutez du kirsch et un quart de fruits confits, oranges, cédrats, citron, angélique, pâte d'abricots, pâte de framboises, cerises, poires, etc., découpés en petits morceaux. Lorsque la gelée est prise, ajoutez encore des fruits confits, également en petits morceaux. Laissez refroidir; renversez sur un plat au moment de servir.

Gelée de groseilles blanches. — Livre de sucre par livre de fruits; lorsque le sucre a cuit un quart d'heure, on jette le jus avec une gousse de vanille coupée en deux et on retire au bout de dix minutes d'ébullition.

Gelée de groseilles faite à froid. — Deux livres de sucre par livre de jus; on mélange le tout jusqu'au moment où la dissolution du sucre est complète; portez à la cave, laissez quinze heures, en remuant quelquefois ce mélange, et mettez en pots, que vous laissez à la cave pendant tout l'été. Cette gelée ne se conserve pas longtemps, mais elle a plus de goût que la gelée ordinaire.

Gelée de groseilles rouges. — Égrenez vos groseilles et les mettez dans la bassine, jetez un bouillon qui fait crever les grains, retirez du feu, passez au tamis de crin, pesez le jus et y mettez trois quarts de livre de sucre par livre de jus, mettez le tout dans la bassine à grand feu, laissez bouillir environ dix minutes, ajoutez une livre de jus de framboises pour quatre livres de jus de groseilles et laissez bouillir encore dix minutes; versez en pots.

— Une méthode plus expéditive, mais qui donne de moins bons résultats, consiste à écraser les fruits au pilon, à presser ce qui reste fortement avec les mains et à passer le jus ainsi obtenu dans un torchon. Pour le reste opérer comme ci-dessus.

Gelée d'oranges. — Exprimez le jus d'une certaine quantité d'oranges; passez dans un linge; râpez le zeste de deux oranges; filtrez le jus, auquel vous aurez ajouté les zestes râpés. Faites fondre du sucre; clarifiez-le; il faut un quart de sucre par livre de jus; mélangez le tout, ajoutez un peu de gélatine, remuez et mettez en petits pots.

Gelée de pommes. — Prenez des pommes reinettes pas très mûres, pelez-les, coupez-les en quatre, mettez-les dans de l'eau fraîche, où vous avez mis un jus de citron; mettez de l'eau dans une bassine; retirez vos pommes de la première eau et jetez-les dans ladite bassine; faites bouillir vingt minutes. Retirez les pommes, mises en marmelade, mettez-les égoutter sur un tamis de crin; pesez le jus qu'elles rendent;

on prend trois quarts de sucre par livre de jus; le jus de deux citrons; mettez le tout au feu; faites bouillir dix minutes; mettez en pots.

Gelée au punch. — Exprimez le jus de trois citrons, un peu de zeste râpé, une livre de sucre clarifié, trois grands verres de vin blanc, un grand verre de rhum, 30 grammes de gélatine; mettez dans un moule, faites prendre sur glace.

Gelée de viande. — Pour faire un litre de bonne gelée, prenez trois livres de gîte de jambe, un gros pied de veau, une livre d'os; mettez le tout dans une marmite, avec thym, laurier, ail, échalotes, oignons, persil, poivre, sel, carottes, branche d'estragon, navets, poireaux, un petit verre d'eau-de-vie; laissez bouillir doucement pendant six heures; passez au tamis, laissez refroidir et enlevez complètement la graisse qui se sera figée à la surface. Remettez sur feu et ajoutez trois blancs d'œufs avec leurs coquilles, le tout fortement battu et presque mousseux; continuez à fouetter jusqu'au moment de l'ébullition. Au premier bouillon retirez et passez au tamis de soie; laissez refroidir, vous aurez ainsi la plus séduisante gelée, topaze pâle ou topaze brûlée si vous avez ajouté un peu de colorant.

Gelée d'ananas, dans l'ananas même. — Prenez un bel ananas, coupez-en la couronne à trois centimètres de sa superficie et laissez la queue de quatre centimètres de longueur; creusez-le du côté de la couronne, sans percer ni endommager sa peau et son écorce; pour ce, servez-vous d'un couteau à lame d'argent; ôtez bien toutes les chairs, mettez-les dans un sirop de sucre au petit lissé, passez au tamis, mettez votre gélatine, remplissez votre ananas, entourez de glace non salée; ayez un gâteau madeleine de la grandeur du plat d'entremet, creusez au milieu un trou pour recevoir votre ananas que vous placez du côté de la queue, la couronne en l'air.

Gelinottes rôties. — Bridez, flambez avec soin les gelinottes, piquez de fins lardons, faites rôtir à bon feu, en arrosant souvent; servez entouré de cresson.

Génoise. — Une demi-livre de sucre en poudre, six œufs entiers, un quart de farine, un quart d'amandes douces pilées, un quart de beurre frais fondu, une pincée de sel. Battez, de manière à avoir une pâte lisse; étendez cette pâte sur une tourtière beurrée. Faites cuire à four vif.

Gibelotte de poulets. — La meilleure manière d'accommoder les vieux poulets. Faites revenir les poulets dans du beurre; puis, faites un roux dans la cuisson; coupez en morceaux des petits oignons, des champignons, carottes, un peu de panais; mouillez, moitié bouillon, moitié vin blanc; mettez sel, poivre, bouquet garni, ail. Laissez bouillir et réduire; liez la sauce avec les foies des poulets écrasés et passés au tamis.

Gigot à l'anglaise. — Parez un

beau gigot, ficelez-le et mettez-le dans l'eau bouillante salée; laissez cuire un quart d'heure par livre. La cuisson terminée, retirez, déficelez et servez avec une garniture de pommes de terre cuites à l'eau et une sauce piquante aux câpres.

Gigot de chevreuil. — Sciez le manche à 4 centimètres au-dessous de l'osselet, enlevez la peau, piquez-le de lard fin; faites-le mariner 5 ou 6 jours dans une marinade composée de vin blanc, de vinaigre, huile, thym, laurier, ail, échalotes, carottes, oignons, persil, clous de girofle. Faite-le cuire à la broche à feu égal et soutenu; saupoudrez-le de deux pincées de sel, cinq minutes avant de le débrocher; débrochez, mettez une papillotte au manche, servez sur le jus ou avec une sauce poivrade. On peut conserver le pied, en l'enveloppant de papier huilé.

Gigot à l'eau. — Désossez, faites-lui prendre couleur dans du beurre, mouillez avec de l'eau; mettez trois gousses d'ail, cinq oignons entiers, trois carottes; faites cuire cinq heures à tout petit feu, salez; ne poivrez pas. Servez le gigot garni de sa sauce dégraissée et liée d'un peu de fécule.

Gigot à la Marcelline. — Enlevez la peau du gigot et faites mariner 2 heures dans du vin blanc, sel, poivre, laurier, fines herbes; faites rôtir en arrosant de sa marinade. Quand le gigot est cuit, faites un roux léger, mouillez avec de l'eau dans laquelle vous aurez fait blanchir une demi-livre de champignons, plus, le jus de la lèchefrite; ajoutez à cette sauce un anchois écrasé, des champignons blanchis; laissez bouillir cinq minutes; débrochez le gigot et servez en le masquant de cette sauce.

Gigot de mouton en chevreuil. — Il faut le choisir tendre et de forme allongée; piquez-le, mettez-le dans une marinade chaude faite de vin blanc et de vinaigre, assaisonnée d'oignons, carottes, thym, laurier, persil, sel, poivre, l'y laisser 48 heures en le retournant de temps à autre; faites-le égoutter pendant une heure, embrochez-le; pendant la cuisson l'arroser de sa marinade, le servir avec une sauce poivrade très liée que l'on délaye avec le jus de la lèchefrite.

Gigot de mouton à la Polonaise. — Faites braiser aux trois quarts un gigot de mouton, retirez et coupez-le en tranches, sans les séparer; maniez du beurre avec persil, ciboules, échalote, sel, poivre, mie de pain, mettez une couche sur chaque tranche du gigot que vous placez ensuite dans une casserole, en le mouillant d'un verre de vin de champagne et de sa cuisson; faites cuire une demi-heure feu dessus, feu dessous; servez en dégraissant la sauce à laquelle vous ajoutez le jus d'une orange.

Gigot de mouton sauce aux câpres. — Mettez cuire un gigot dans un pot-au-feu avec de l'eau, écumez; ajoutez carottes, oignons, persil, ciboules, clous de girofle, ail, laurier; faites cuire deux heures, égouttez et servez avec sauce blanche aux câpres.

Gigot à la russe. — Faites rôtir un gigot aux trois quarts; retirez, posez sur un plat allant au feu ; mouillez de deux grands verres d'eau-de-vie, placez le plat sur feu doux et lorsque l'eau-de-vie est chaude, mettez le feu et remuez-la tant qu'elle brûlera en retournant le gigot. Ajoutez un peu de jus de viande, laissez mijoter un moment et servez.

Gigot de sept heures. — Prenez un gigot dans les trois kilogrammes, mettez-le dans une casserole avec carottes, thym, laurier, persil, un bon verre d'eau-de-vie, deux verres de madère. Laisser cuire à l'étouffade pendant six à sept heures, passer la cuisson bien réduite et couvrir le gigot avec au moment de servir ; servez en même temps une purée de haricots.

Gigot aux trois couleurs. — Faites cuire dans trois casseroles séparées une purée de pommes de terre, une de haricots, une d'oignons. Vous servez en même temps un beau gigot rôti piqué d'ail et couvrez le tout du jus dégraissé.

Glace. — Ceux qui aiment l'eau glacée doivent se garder d'en boire trop à la fois ; les Américains qui l'adorent ont, à cause de cet abus, de fréquentes pleurésies.

Pas de glace à jeun ; pas de glace pendant la digestion, pas de glace après les exercices violents. Les glaces prises dans les soirées ne font pas mal parce qu'on les déguste lentement et qu'elles n'arrivent dans l'estomac qu'après avoir été, pour ainsi dire, échauffées dans la bouche.

La glace sert à la conservation des viandes et des poissons.

Comme elle peut être formée avec de l'eau malsaine, il est bon de la faire soi-même à l'aide d'un cylindre métallique bien connu, sorte de moulin à glace que l'on plonge dans un mélange réfrigérant en imprimant un vif mouvement de rotation.

Ce très simple mode de fabrication est à la portée de tous.

Glace à la vanille. — Délayez huit jaunes d'œufs dans un litre de lait sucré d'une demi-livre de sucre ; vanillez fortement ; mettez sur le feu en tournant sans arrêter ; faites épaissir mais ne laissez pas bouillir ; lorsque la crème est bien épaisse, mettez-la dans la sorbetière et faites prendre entourée de glace pilée et salpêtrée.

Gougère au fromage. *Cuisine du Nord.* — Un peu d'eau, un quart de beurre frais, une pincée de sel mis dans une casserole sur feu vif ; dès le premier bouillon mettez une demi-livre de farine et laissez cuire cinq minutes en tournant toujours ; enlevez la casserole et mélangez quatre jaunes d'œufs ; battez les blancs en neige, mélangez-les à leur tour et ajoutez un quart de fromage de gruyère râpé ; lorsque le tout est bien battu, mettez sur une tourtière, avec de minces tranches de fromage de gruyère en dessus ; faites cuire au four une demi-heure.

Gougloff à l'allemande. — Faites une pâte avec du beurre, des œufs, de la levure, de la farine, du sucre en poudre, un peu de sel ; délayer avec du lait chaud et pétrir jusqu'à bonne consistance ; placer alors la pâte dans un moule beurré, le mettre au four. C'est un excellent dessert.

Goujons étuvée. — Nettoyez les goujons sans les laver ; étendez sur un plat du beurre, avec échalotes, persil hachés, sel, poivre ; mettez les goujons côte à côte, remettez le même assaisonnement, un verre de vin blanc et laissez mijoter jusqu'à presque complet desséchement de jus.

Goujons frits. — Se fait comme tous les poissons frits. On les vide, on les trempe dans la farine et on les jette dans la friture bouillante; retirer, saler et servir avec persil frit.

Gras-double bourgeoise. — Faites blanchir le gras-double, ratissez-le, jetez encore dans l'eau bouillante, nettoyez-le encore, jetez une troisième fois dans l'eau bouillante et faites cuire une demi-heure, coupez en lanières et faites mariner avec sel, poivre, persil, ciboules, ail hachés avec de la graisse; trempez le gras-double dans du beurre fondu, de la mie de pain, de façon à ce que l'assaisonnement tienne dessus; mettez cuire sur gril et servez avec sauce piquante.

Gras-double mode de Caen. — Le gras-double blanchi, coupez en morceaux et mettez cuire dans une casserole avec lard râpé, carottes, oignons, clous de girofle, laurier, thym, ail, poivre de Cayenne, persil, mouillez-le vin blanc, de graisse de pot-au-feu et laissez cuire six heures à petit feu.

Gras-double aux fines herbes. — Coupez le gras-double cuit en morceaux carrés, mettez un oignon coupé en tranches, des échalotes, revenir dans du beurre; ajoutez des champignons hachés, saupoudrez de farine, mouillez de bouillon; faites mijoter dix minutes, mettez le gras-double, un peu de sauce tomate, du poivre de Cayenne, faites cuire dix minutes tout doucement et servez avec filet de vinaigre et persil haché.

Gras-double Marinette. — Hachez menu une grande quantité d'oignons; faites revenir une demi-heure à feu doux; mettez votre gras-double, cuit, coupé en lanières minces, laissez encore mijoter vingt minutes, ajoutez sel, poivre, persil haché, filet de vinaigre.

Gras-double à la poulette. — Le gras-double cuit (on en trouve chez tous les tripiers à 60 centimes la livre), coupez en morceaux et faites cuire avec lard, oignons, carottes, thym, laurier, persil, ail, échalotes, clous de girofle, sel, poivre, vin blanc, bouillon; faites mijoter deux heures et jetez dessus une sauce poulette.

Grenadins à l'ivoire. — Les grenadins à l'ivoire sont de petits fricandeaux très menus piqués de lard et cuits dans une glace de viande à laquelle on ajoute un roux blanc qu'on lie avec trois jaunes d'œufs délayés dans quatre ou cinq cuillerées de crème triple et douce. Cette entrée est exquise et très facile à préparer.

Grenouilles à la Dumas. — Faites dégorger à l'eau froide puis cuire un quart d'heure avec beurre, vin blanc, oignons en tranches; liez la sauce avec un peu de farine.

Grenouilles à la poulette. — Une fois dégorgées, mettez-les dans une casserole avec un morceau de beurre; saupoudrez d'un peu de farine et d'un demi-verre de vin blanc; ajoutez sel, poivre, échalotes hachées, pointe d'ail. Faites bouillir et liez la sauce avec un jaune d'œuf.

Grillade de rognons de bœuf. — Couper des tranches de rognons de bœuf, les mettre dans une casserole avec un bon morceau de beurre, persil, ciboules, ail, échalotes, le tout bien haché, sel, poivre ; faites rissoler à petit feu, passez ensuite et arrosez avec le beurre de la cuisson ; servez avec une sauce piquante claire.

Grives à l'eau-de-vie. — Épluchez, troussez les grives, écrasez l'estomac, mettez-les dans une casserole avec lard fondu, bouquet garni, oignons, champignons, truffes, placez la casserole sur le feu, mouillez les grives de deux verres d'eau-de-vie, faites revenir à grand feu en remuant pour que l'eau-de-vie s'enflamme ; le feu éteint, ajoutez du jus, laissez mijoter ; lorsqu'elles sont cuites, dégraissez, servez sur un plat chauffé, ajoutez un jus de citron.

Grives au genièvre. — Plumez les grives sans les vider, fendez la peau du cou pour retirer le gésier ; flambez, enveloppez chaque grive d'une barde de lard, faites revenir à la casserole, faites une sauce avec deux cuillerées de bon jus, ou une d'extrait de viande délayé dans trois cuillerées d'eau chaude, du vin blanc, ail, une pincée de graines de genièvre, le jus d'un citron ; laissez réduire de moitié, ajoutez cette sauce quelques minutes avant la fin de cuisson des grives, laissez mijoter le tout cinq minutes.

Grives à la paysanne. — Préparez des grives, embrochez sur un petit attelet, attachez-les sur une broche, mettez au feu, enveloppez un morceau de lard d'un papier, placez-le au bout d'une brochette, mettez-y le feu ; faire tomber le lard en flammes sur les grives ; une fois que le lard ne tombera plus, saupoudrez de sel, panez de mie de pain. Mettez dans une casserole des échalotes hachées, sel, poivre, un peu de bouillon, un jus de citron, mettez cette sauce sur un plat et posez vos grives dessus.

Grives sautées. — Plumez, flambez, retirez la poche des grives, faites revenir dans du beurre à feu vif, avec sel, poivre, mouillez d'eau-de-vie, mettez-y le feu ; une fois éteint, mouillez avec de l'extrait de viande délayé à l'eau chaude, ajoutez quelques grains de genièvre, des truffes coupées, bouquet garni, laissez mijoter ; la cuisson terminée, versez sur les grives la sauce dégraissée, et servez.

Grog. — Trois cuillerées d'eau-de-vie, six cuillerées d'eau de sucre, une tranche de citron, finissez de remplir le verre avec de l'eau bouillante.

Grog à l'américaine. — Mettez de l'eau chaude dans des verres, sucrez, mettez une tranche de citron, versez au-dessus du rhum, mettez le feu, laissez brûler, buvez très chaud.

Grondins sauce tomate. — Préparez des filets de grondins ; cuisez vivement dans du beurre, ajoutez sel, persil haché, versez dessus une sauce tomate chaude au moment de servir.

Groseilles à la neige. — Prenez des grappes de belles groseilles, bien mûres, moitié blanches, moitié rouges. Battez des blancs d'œufs en neige demi-ferme, passez vos groseilles dedans, trempez-les ensuite dans du sucre en poudre, mettez sur une feuille de papier et faites sécher à four très doux ou au soleil.

Guignolet (liqueur). — Mettez dans un bocal deux livres de cerises dont vous avez enlevé queues et noyaux; versez dessus quatre litres d'eau-de-vie; bouchez, exposez au soleil un mois.

Vous avez cassé la moitié des noyaux et les avez mis macérer dans un peu d'eau-de-vie pendant le même laps de temps. Mélangez alors les deux liqueurs et ajoutez une livre et demie de sucre blanc, fondu dans un peu d'eau.

H

Hachis portugais. — Prenez de la viande de mouton (reste gigot ou épaule), hachez avec sel, poivre, échalote, pointe d'ail, de la chair à saucisses, une ou deux cuillerées d'eau-de-vie; un œuf entier; mettez du beurre au fond d'un plat; votre hachis par-dessus; faites cuire au four et servez avec sauce tomate bien relevée.

Hachis à la toulousaine. — Hachez vos restes de viandes avec des cervelles de veau ou de mouton cuites dans l'eau et du sel, mêlez ce hachis avec du bon beurre d'anchois fondu et des jaunes d'œufs, sel, poivre, épices, faites-en des boulettes, roulez-les dans de la mie de pain fine, faites prendre une belle couleur avec du beurre dans la casserole, servez sur une sauce tomate ou autre.

Hachis de viande. — Hachez finement trois livres de porc frais, bien maigre, ajoutez une livre de mie de pain trempée dans du vin blanc; mettez sel, poivre, zeste de citron. Faites des boulettes plates, panez et faites frire.

Harengs frais au beurre noir. — Faites cuire dans un petit court-bouillon, comme pour la sole, ou bien sur le gril, enlevez les têtes, versez dessus du beurre fondu très foncé.

Harengs frais frits. — Vider, préparer, les mettre une demi-heure avec beurre, sel, persil; ensuite farinez-les, faites frire; servez à part une sauce à la maître d'hôtel, 50 grammes environ pour un hareng.

Harengs frais au gratin. — Préparez de la même manière que pour les merlans; il faut enlever les têtes.

Harengs frais à la maître d'hôtel. — Préparez, grillez, fendez leur dos; dressez sur le plat, garnissez l'intérieur de leur corps avec du beurre mélangé de farine, sel, poivre, tenez le plat sur des cendres chaudes jusqu'au moment de servir, ajoutez un jus de citron ou un filet de vinaigre.

Harengs saurs panés et grillés. — Ouvrez-les par le dos, enlevez la tête, la queue, les arêtes, faites blanchir à l'eau bouillante, trempez dans du beurre fondu, dans de la mie de pain assaisonnée de fines herbes, par deux fois; faites griller et servez arrosés d'huile.

Harengs frais à la mayonnaise. — Faites mariner les filets, mettez sur le gril, sans les paner, servez froid sur une mayonnaise.

Harengs frais sauce blanche. — Nettoyez vos harengs, saupoudrez légèrement d'un peu de sel blanc, rangez sur le gril, chauffé d'avance afin qu'ils ne s'attachent pas; quand ils sont grillés des deux côtés, servez avec une sauce blanche, à laquelle vous avez ajouté des câpres.

Harengs frais sauce moutarde. — Préparer six harengs, les mettre dans un plat de faïence avec beurre, sel, persil, une demi-heure; les griller doucement, les servir avec une sauce blanche au beurre où l'on délaie au dernier moment une cuillerée à bouche de moutarde.

Harengs frais sauce tomate. — Préparez, faites griller, servez avec une sauce tomate, rangez vos harengs dessus.

Harengs frais à la tartare. — Vous faites mariner les filets, ensuite on les pane; faites griller, servez sur une sauce tartare.

Harengs fumés à la bruxelloise. — Chauffez-les à la vapeur d'eau bouillante ou sur le gril, enlevez la peau, prenez les filets; parez, rangez côte à côte dans une caisse de papier huilé; mettez entre chaque filet des petits morceaux de beurre mélangés de fines herbes, champignons hachés, persil, ciboule, échalote, ail, poivre, arrosez d'huile d'olive, saupoudrez de chapelure, mettez sur le gril, servez avec un jus de citron.

Harengs en matelote. — Videz, lavez, raclez une demi-douzaine de harengs frais, mettez en casserole avec beurre, persil, ciboule, ail, un verre vin blanc, un verre vin rouge, sel, poivre, un peu d'eau et de vinaigre; faites bouillir un quart d'heure.

Haricots verts en salade. — Faites blanchir, cuire, rafraîchir, égoutter vos haricots; mettez dans un saladier, garnissez d'oignons cuits sous la cendre, de betteraves, fines herbes, persil haché, sel, poivre, huile, vinaigre et filets d'anchois.

Haricots au beurre de piment. — Faites cuire, sautez avec un morceau de bon beurre sans laisser bouillir, mettez poivre de Cayenne en poudre.

Haricots blancs à la moelle. — Cuisez à l'eau salée avec un oignon, égouttez, sautez avec de la moelle de bœuf fraîche et fondue sur le moment, mettez sel, poivre et au moment de servir, un jus de citron.

Haricots blancs en purée. — Assaisonnez en purée avec du fumet de gibier, ou avec de la graisse d'oie; au moment de servir on entoure de croûtons frits.

Haricots bordelais. — Un bon morceau de beurre, un anchois, des échalotes et de l'ail hachés; pétrissez le tout ensemble et mettez-le dans des haricots cuits à l'eau, égouttés et chauds; ajoutez persil et cornichons hachés; faites bouillotter un quart d'heure.

Haricots à la bretonne. — Émincez trois cents grammes d'oignons, blanchissez, égouttez, passez au feu avec 135 grammes de beurre; ajoutez quand ils sont roux 35 grammes de farine, sel, poivre, laissez roussir cinq minutes, mouillez avec un litre de bouillon, laissez cuire en remuant pendant 20 minutes ; mêlez un litre de haricots bien cuits ainsi que 30 grammes de beurre, sautez, servez.

Haricots frits. — Lorsqu'ils sont cuits, égouttez-les, et jetez-les dans du beurre bouillant, salez, poivrez et sautez-les jusqu'au moment où ils ont pris une teinte jaunâtre.

Haricots à l'Isly. — Ayez des haricots blancs fraîchement écossés, mettez cuire à l'eau bouillante à peine salée, égouttez après cuisson et mettez au beurre chaud sans être roux, salez, poivrez, faites sauter jusqu'à ce qu'ils aient pris une teinte dorée.

Haricots au lait. — Cuits et égouttés, mouillez avec du lait et laissez mijoter.

Haricots à la mexicaine. — Faites cuire dans l'eau salée, égouttez, versez dans une poêle où vous avez mis une quantité d'huile d'olives dans laquelle on a fait revenir des oignons et du jus de viande, et faites revenir.

Haricot de mouton. — Prenez des hauts de côtelettes, faites revenir dans du beurre et un peu de lard en dés ; après couleur prise retirez vos morceaux, faites un roux foncé, remettez vos morceaux, salez, poivrez, ajoutez thym, laurier, oignons, persil, ail ; à mi-cuisson mettez des navets et des pommes de terre et laissez achever de cuire à tout petit feu.

Haricots panachés à la maître d'hôtel. — Ayez moitié haricots verts, moitié haricots blancs nouveaux, cuits isolément à l'eau salée, égouttez, tenez chaudement, tiédissez un morceau de bon beurre avec des fines herbes, sel, poivre, versez sur les haricots et sautez.

Haricots rouges à la bourguignonne. — Cuisez des haricots rouges dans du bouillon de racines, avec beurre, oignons piqués de clous de girofle, bouquet ; après la cuisson enlevez oignons et bouquet, mettez sel, poivre, vin rouge.

Haricots rouges au lard. — Faites tremper à l'eau froide, mettez ensuite à l'eau tiède avec un morceau de petit salé et des oignons ; lorsqu'ils sont cuits, faites revenir un quart de lard de poitrine, versez vos haricots dessus, mouillez d'un peu de bouillon, sel, poivre, servez avec le petit salé au-dessus.

Haricots verts à la lyonnaise. — Épluchez, blanchissez à grande eau un peu salée et à feu vif, jetez dans de l'eau fraîche, égouttez, coupez un oignon en ronds, passez les haricots au beurre, quand il commence à roussir ; sautez avec persil, ciboule hachés, sel, poivre ; quand ils sont cuits dressez sur un plat, mettez un filet de vinaigre dans la poêle qui a servi à roussir l'oignon, chauffez et versez sur les haricots.

Haricots verts à la polonaise. — Faites cuire dans de l'eau salée des pommes de terre, des haricots verts, deux gros oignons ; retirez, égouttez, ajoutez sel, poivre et un gros morceau de beurre mélangé avec des fines herbes.

Haricots verts à la poulette. — Épluchez, mettez à l'eau fraîche, puis à l'eau bouillante salée, faites cuire à grand feu, plongez dans l'eau froide, égouttez, coupez en dés un oignon, passez à blanc dans le beurre et, lorsqu'il sera presque cuit, une pincée de farine; laissez cuire sans qu'elle roussisse, mouillez avec une grosse cuillerée de bouillon, mettez sel, poivre, persil, ciboule hachés, cuisez cette sauce, ajoutez les haricots; faites-leur jeter un bouillon, liez avec jaunes d'œufs et jus de citron.

Haricots verts sautés. — Mettez-les à l'eau bouillante salée (ne couvrez point la casserole); lorsqu'ils sont cuits, mettez-les dans une passoire et douchez-les vigoureusement d'eau froide; faites fondre du beurre dans une casserole, faites chauffer vos haricots dans ce beurre, poivrez (ne salez pas) et ajoutez du persil haché.

Homard à l'américaine. — Ayez un chaudron de cuivre assez élégant pour pouvoir être servi sur table, c'est le genre; prenez trois homards de moyenne grandeur, bien vivants, coupez-les en tronçons, les pattes entières avec seulement un coup de couperet, jetez-les dans votre chaudron où un fort morceau de beurre et un peu d'huile sont en ébullition; ajoutez du poivre rouge, peu de sel, oignons, ail et persil hachés menu; lorsque vos tronçons sont à peu près cuits, retirez-les; jetez dans votre cuisson un verre de vin blanc, un petit verre d'eau-de-vie, une sauce tomate bien relevée d'estragon, un peu de glace de viande; faites réduire; passez au tamis de soie, faites rebouillir et jetez-y de nouveau vos tronçons; laissez cuire à feu vif et servez brûlant.

Cette recette est exquise, peu coûteuse et vivement exécutée.

Homard à la Bonnefoy. — Émincez une carotte, un oignon, thym, laurier que vous ferez cuire au beurre; découpez votre homard *vivant* que vous faites cuire avec vos légumes; mettez une bouteille de vin blanc, un verre de cognac, 50 grammes de beurre, sel, poivre, un peu de poivre de Cayenne; laissez cuire 30 minutes et servez.

Homard à la broche. — Plongez le homard dans l'eau bouillante pendant une minute, retirez vivement, mettez en broche devant feu vif et arrosez fréquemment de vin blanc et de beurre fondu. Lorsque la coquille se détache en petits fragments, le homard est cuit.

Servez avec le jus de la lèchefrite et filet de citron.

Homard, sa cuisson. — Cette recette s'applique également aux langoustes. Faites un court-bouillon très monté; vous avez ficelé votre homard ou votre langouste, mettez-le vivant dans ce court-bouillon, couvrez la casserole laissez 25 minutes, retirez la casserole du feu et laissez votre bête jusqu'au moment où le court-bouillon sera froid; retirez-la, déficelez-la et frottez-la d'huile d'olives pour lui donner belle couleur. Du court-bouillon on fait un potage.

Homard à l'italienne. — Prenez un homard vivant, ficelez-le, trempez-le deux fois dans l'eau bouillante, puis coupez-le par tronçons; mettez-le dans une casserole avec huile, sel, poivre, gousse d'ail hachée, clous de girofle; couvrez hermétiquement. Mettez feu dessus, feu dessous; au bout de 10 minutes ajoutez trois ou quatre tomates coupées par tranches, laissez bouillir une minute et servez sur croûtons. Il faut sauter le homard pendant la cuisson.

Homard en salade. — Coupez les chairs en rondelles, les pattes en petits dés; ayez une salade de laitues bien blanches, des quartiers d'œufs durs, des câpres; mettez le tout ensemble et saucez d'une mayonnaise bien montée.

Hors-d'œuvre. — Sont, en général : beurre, radis, crevettes, sardines, anchois, cornichons, thon mariné, olives, concombres, betteraves, artichauts poivrade, langue à l'écarlate, saucisson ordinaire, de Lyon, de Bretagne, raifort, melon en tranches, etc.

Huiles. — L'odeur et la saveur de l'huile permettent à une personne expérimentée de reconnaître si un échantillon est pur ou mélangé. Si l'on frotte entre les mains une goutte d'huile, on perçoit parfaitement les odeurs caractéristiques de l'olive ou des graines oléagineuses. Tout le monde connaît le goût caractéristique de certaines huiles, et il est facile de retrouver la saveur des huiles d'olive, d'arachide, de sésame et d'œillette. Les procédés d'analyse sont nombreux et sûrs. L'huile d'olive étant la plus chère des huiles comestibles est fréquemment falsifiée, heureusement ses propriétés permettent généralement de découvrir la fraude. L'huile d'arachide, par suite de son bas prix, est rarement falsifiée, mais on la mélange souvent ainsi que l'huile de sésame, à l'huile de coton.

L'huile d'œillette, très siccative, ce qui permet de la démasquer, est employée aussi bien dans l'alimentation que dans les arts; elle était autrefois désignée dans le commerce sous le nom d'huile blanche. On fabrique également de l'huile de faîne et de l'huile de noix.

Le goût particulier de cette dernière en restreint considérablement l'usage. D'ailleurs elle est difficile à conserver et on ne l'utilise guère dans l'alimentation que pendant les trois ou quatre mois qui suivent son extraction.

Huîtres frites. — Détachez des huîtres, faites mariner dans du vinaigre, poivre, oignons hachés; retirez-les, roulez dans la farine, faites frire à l'huile tout doucement.

Huîtres en friture. — Faites-les blanchir; salez, poivrez, mettez un jus de citron et faites cuire une heure; trempez dans une pâte à frire et faites frire vivement.

Huîtres en ragoût blanc. — Faites blanchir les huîtres, puis faites-les chauffer dans du velouté avec du beurre.

Huîtres sautées. — Ouvrir des huîtres et placer cinq minutes sur feu vif, détacher l'huître. Faites dans une casserole une sauce au beurre, ajoutez estragon haché, cannelle, un verre de madère, un jus de citron; quand la sauce bout, mettre les huîtres, retirer du feu et laisser mijoter au chaud un quart d'heure.

I

Ile d'amour. — Battez en neige très ferme huit blancs d'œufs; ajoutez quinze cuillerées de sucre en poudre et des fruits confits, tels que : écorce d'orange, citron, de cédrat, cerises, angélique, pâte d'abricots, de framboises, etc. Dans un moule, enduit de caramel, versez le tout en tassant bien et faites cuire au bain-marie, environ une heure et demie. Retirez et laissez refroidir. Démoulez et servez sur une crème liquide à la vanille. Le gâteau, très léger, flotte sur sa sauce.

Ile flottante (cuisine anglaise). — Faites cuire dans de l'eau une demi-douzaine de belles pommes; passez-les au tamis lorsqu'elles sont froides; sucrez de sucre en poudre; battez quatre blancs d'œufs avec de l'eau de fleur d'oranger, mêlez peu à peu à vos pommes en purée et servez sur une couche de gelée de groseilles.

J

Jambon à l'autrichienne. — Coupez des tranches de jambon aussi minces que possible; coupez des tranches de mie de pain de même grandeur, également très minces; passez les tranches de pain au beurre, mettez dans un plat du lard râpé, dessus, les tranches de pain, puis une couche de fines herbes, persil, ciboule, champignons hachés finement; mettez ensuite vos tranches de jambon, une couche de fines herbes et une couche de jambon; mettez sur ce dernier de la fine mie de pain, faites cuire sous four de campagne une heure et demie.

Jambon à la choucroute. — Prenez de la choucroute blanche, lavez, mettez dans une casserole des carottes coupées, ajoutez la choucroute, de la poitrine fumée, du jambon cru; ajoutez de la graisse de porc rôti, mouillez avec bouillon et vin blanc, couvrez, laissez cuire à feu doux pendant six heures, coupez en tranches le jambon et le lard, posez sur la choucroute, servez.

Jambon, sa cuisson. — Mettez dessaler deux jours à l'eau tiède, changez l'eau; nouez-le dans un linge et placez-le dans la marmite avec thym, laurier, ail, échalotes, vingt oignons, six clous de girofle, carottes, persil, estragon, céleri, panais, de l'eau, une bouteille de vin blanc, si vous voulez; faites cuire doucement; on reconnaît que le jambon est cuit lorsqu'une lardoire entre facilement.

Jambon aux épinards. — Lorsque le jambon est cuit, comme pour le manger au naturel, on le met un instant sécher sous le four de campagne, on glace le dessous avec un peu de jus très réduit et on le sert sur des épinards entourés de croûtons.

Jambon à la Groubley. — Prenez un jambon d'Yorck, faites-le dessaler pendant deux heures, quand vous voulez le faire cuire; avec la pointe d'un couteau, creusez des losanges sur la couenne, faites une pâte sur la table, entourez-en bien votre jambon puis mettez-le au four; deux heures suffisent pour le cuire; il se sert en rôti ou en entrée. Pour le premier on le dresse seul sur un plat et il rend du jus comme un gigot; pour le second on le met sur des épinards ou de la purée de marrons ou une garniture d'une sauce au madère.

Jambon à l'italienne. — Préparez comme au jambon sauce madère; la cuisson terminée, dressez sur du riz, entourez de macaroni à l'italienne avec sauce tomate et glace de viande.

Jambon à la macédoine de légumes. — Préparez de même; quand il est cuit, dressez sur du riz, avec macédoine de légumes; servez avec du jus dans une saucière.

Jambon à la Maillot. — Votre jambon dessalé, paré, mis à cuire dans une casserole, enveloppé dans un linge blanc, et à grande eau; puis égoutter, et le remettre dans une autre casserole, avec une bouteille de vin de madère, pour y mijoter pendant une demi-heure; le servir entouré de carottes, d'oignons, de laitues, navets, haricots verts, cuits séparément et accompagné d'une sauce madère.

Jambon rôti. — Faites dessaler, mettez-le dans terrine, avec oignons, carottes coupées en rondelles, persil, laurier, thym. Mouillez de vin blanc de préférence, laissez mariner vingt-quatre heures, la terrine bien fermée avec un linge sous son couvercle. Ensuite, embrochez le jambon, mettez au feu, arrosez avec sa marinade; une fois cuit, débrochez, parez-le, servez sur un lit d'épinards.

Jambon sanglier. — Enlevez la peau, parez, piquez de lard fin, mettez, cinq jours, dans une marinade cuite; retirez, égouttez, embrochez, faites cuire à feu vif en arrosant de la marinade un quart d'heure par livre.

Jambon de sanglier à la sauce venaison. — Prenez un jambon de sanglier, enlevez la peau, parez, piquez de lard, mettez pendant 4 jours dans une marinade cuite, retirez, égouttez, embrochez; à feu vif, arrosez de marinade; débrochez, dressez, servez, avec une sauce venaison à part.

Jambon d'York au madère. — Fumer et parer le jambon, c'est-à-dire couper l'os et lui donner une forme, le coudre ensuite dans un linge, le faire cuire, avec de l'eau, tous les légumes du pot-au-feu, thym, laurier, poignée de cerfeuil, céleri; il faut six heures de cuisson; servez votre jambon chaud, avec une bonne sauce madère bien montée.

Jardinière. — Faites fondre un gros morceau de beurre, mettez petites pommes de terre nouvelles, petites carottes, petits navets, petits pois, haricots verts, haricots flageolets. A mesure du temps qu'il faut pour les cuire, couvrez la casserole avec une assiette pleine d'eau, ajoutez sel, poivre, un morceau de sucre, une pincée de farine au moment de servir.

Julienne à la Boitard. — Préparez vos légumes comme pour une julienne maigre, faites cuire à demi-cuisson de beaux marrons de Lyon, les peler, les couper en petits morceaux de la grosseur d'un haricot, les jeter dans votre julienne une demi-heure avant de servir pour achever de cuire.

K

Kirsch de crème. — Mélangez un litre de kirsch avec un litre et demi de sirop de sucre. On met en cruches; au bout d'un mois, on peut commencer à boire cette liqueur, qui est excellente.

Kirsch de ménage. — Concassez une certaine quantité de noyaux de cerises, laissez-les infuser avec leurs amandes, dans de l'eau-de-vie, jusqu'au temps de la pleine maturité des abricots : ajoutez alors à la macération quelques noyaux d'abricots sans les amandes; laissez infuser pendant 2 mois, filtrez, mettez en bouteilles.

Kloes de Berlin. — Espèce de quenelles faites avec de la farine ou de la mie de pain trempée dans du lait, avec du riz ou de la semoule, avec de la viande, de la volaille, des ris de veau, des rognons, etc. On les fait cuire dans l'eau, le lait ou bouillon, suivant les cas; on les sert comme garniture ou entremets.

Kluskis. — Faites une pâte épaisse avec de la farine, de l'eau tiède, des œufs, de la levure de bière, sel, sucre. On place cette pâte dans un endroit chaud pour la faire renfler; on en fait des boulettes que l'on laisse reposer sur une table où elles renflent encore. Quand elles sont cuites, on les dore au beurre roussi.

Kluskis au fromage à la crème. (*Cuisine polonaise.*) — Mêlez 500 grammes de beurre à 6 œufs, 6 grandes cuillerées de fromage à la crème, de la muscade, sel, sucre, mie de pain. Faire des boulettes rondes avec le mélange, faire cuire ces boulettes à l'eau bouillante salée; égoutter, dorer de beurre roussi.

Kluskis de viande frite. — On hache 1 kilogr. de maigre de porc frais; on y mêle du pain trempé dans du vin et égoutté, du zeste de citron, sel, poivre; faites des boulettes aplaties; on les passe et on les fait frire.

Koublac. (*Cuisine polonaise.*) — Prenez de la pâte à brioche, laissez reposer 12 ou 15 heures. On en abaisse une partie à un centimètre d'épaisseur pour former le fond du pâté. On pose cette abaisse sur une feuille de papier beurré sur une plaque de four. Ensuite vous avez fait crever très épais du riz au bouillon gras; mettez une couche de ce riz sur la pâte, et une couche de jaunes d'œufs durs hachés; une couche de viande de boucherie, ou de chair de volaille, ou de gibier, émincés par filets assaisonnés dans une terrine avec sel, poivre, épices, fines herbes. On établit ces couches jusqu'à ce que la pâte forme une demi-boule, on couvre ensuite d'une abaisse de pâte, on replie les bords au-dessus de celle du fond, pour fermer hermétiquement le pâté, on décore le dessus avec des filets de pâte, on dore; faites cuire à feu modéré, servez chaud.

Koulitch (*gâteau russe*). — Mettez 500 grammes de farine sur une planche, faites un trou au milieu. Mettez 10 grammes de sel, gros comme deux œufs de levain, un demi-verre d'eau tiède. On délaye bien le levain avec l'eau et le sel; on ajoute quatre œufs, 225 grammes de raisin de malaga épépiné, 70 grammes de raisin de Corinthe, 100 grammes de sucre en poudre et autant de beurre, on mêle à la farine. Quand la pâte est bien unie, on la met en boule, on la saupoudre de farine, on l'enveloppe dans un linge saupoudré de farine et on met le tout dans un plat creux que l'on couvre, s'il fait froid. On met le plat près d'un feu et on le retourne de temps en temps pour que la pâte s'échauffe également partout. On la laisse lever aussi longtemps que de la pâte à pain. On l'enfourne, en même temps que le pain, sur une plaque de tôle beurrée, en ayant soin de l'aplatir un peu et de la dorer avec du jaune d'œuf allongé d'eau. On laisse au four aussi longtemps que le pain et on laisse refroidir debout. Ce gâteau peut se conserver pendant plusieurs jours.

Kummel. — Faites dissoudre dans 9 litres d'alcool à 90°, 15 grammes d'essence de cumin. Faites un sirop avec 4 kilogr. 500 grammes de sucre; versez-le sur le mélange, quand il est froid. Ajoutez l'eau nécessaire pour ramener la liqueur à 40°. Cette liqueur porte aussi le nom de crème de kummel.

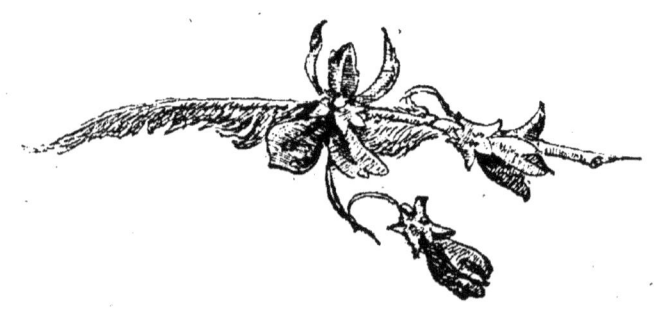

L

Lait à l'anis. — Enfermez deux ou trois pincées d'anis dans un petit linge et faites bouillir dans le lait.

Lait à la cannelle. — Agissez de même, en mettant un morceau de cannelle en place d'anis.

Lait de poule. — Délayez un jaune d'œuf avec une cuillerée d'eau tiède, jetez ensuite dans un bol de lait bouillant très sucré ou dans de l'eau bouillante pour qu'il soit plus léger.

Lait à la vanille. — Un morceau de vanille en place du morceau de cannelle.

Laitues à la crème (*salade de*). — Assaisonnez de sel, poivre, vinaigre, crème en place d'huile.

Laitues farcies. — Enlevez les feuilles dures; lavez les laitues, passez dix minutes à l'eau bouillante; passez à l'eau froide, égouttez-les soigneusement; enlevez les cœurs, remplacez-les par un hachis de viande et de chair à saucisses, ficelez et faites cuire deux heures dans une casserole avec de l'eau, du bouillon, bouquet garni, oignons, clous de girofle, carottes.

Laitues hachées. — Épluchez soigneusement vos laitues, jetez-les dans l'eau bouillante salée, laissez blanchir, retirez, égouttez, passez à l'eau froide; égouttez dans une serviette; hachez, mettez au feu dans une casserole avec beurre, sel, poivre, cuillerée de bouillon ou de jus de viande, une pincée de farine; servir avec croûtons frits.

Laitues au lard (*salade de*). — Assaisonnez de sel, poivre. Faites fondre à la poêle de petits morceaux de lard gras; versez brûlants sur la laitue; faites chauffer le vinaigre, mélangez le tout dans un saladier chauffé et servez.

Laitues mayonnaise (*salade de*). — Versez une sauce mayonnaise bien montée sur les laitues et servez de suite.

Laitues aux œufs (*salade de*). — Ecrasez six jaunes d'œufs durs; coupez les blancs en filets; salez, poivrez, vinaigrez, huilez et mélangez avec la laitue.

Laitues au thon (*salade de*). — Mettez les cœurs de laitues, des filets de thon, des œufs durs coupés en rouelles; assaisonnez comme à l'ordinaire.

Lamproie aux champignons. — Passez à l'eau bouillante, ratissez; coupez la lamproie par tronçons, mettez-les dans une casserole avec moelle de bœuf, champignons et fines herbes hachées, sel, beaucoup de poivre, mouillez de vin blanc de manière à ce que tout baigne, mettez sur feu vif; ajoutez vers la fin les champignons blanchis; retirez lamproie et champignons, laissez réduire la sauce, passez-la, couvrez-en les morceaux de lamproie et les champignons tenus au chaud.

Lamproie à la napolitaine. — Nettoyez une lamproie, découpez en morceaux, placez dans une casserole avec oignons en rouelles, six gousses d'ail pilées, fines herbes, vin blanc et une cuillerée d'huile. Faites bouillir le tout à gros bouillons, mettez un jus de citron et servez.

Lamproie à la sauce douce. — Saignez au cou la lamproie, conservez le sang, ébouillantez, ratissez, coupez en morceaux, faites un roux, passez-y les morceaux, mouillez de vin rouge, assaisonnez de cannelle, bouquet, sauge, écorce de citron, colorez avec du caramel, laissez cuire, liez avec le sang, servez dans un plat sur une tranche de pain bis.

Langouste à l'indienne. — Cuite comme le homard, dans un bon court-bouillon; coupez la chair des queues en tranches, servez sur du riz cuit au bouillon et saucé d'une sauce indienne.

Langue de bœuf braisée. — Retirez le cornet et les déchets; mettez-la à l'eau froide six heures; blanchissez à l'eau bouillante, enlevez la peau, piquez de gros lardons. Placez dans une casserole avec du lard de poitrine, un peu de jambon, carottes, oignons coupés en tranches, poivre, un peu de sel, bouquet garni; mouillez vin blanc et bouillon, un peu d'eau-de-vie; couvrez et laissez cuire quatre heures. Retirez, passez, dégraissez la cuisson et servez.

Langue de bœuf à la créole. — Faites braiser, mouillez avec du madère. Faites cuire une demi-livre de riz dans de l'eau salée; tenez-le sec. Coupez la langue en morceaux, mettez-la en couronne et au centre placez votre riz, que vous mélangez avec un peu de safran et du poivre de Cayenne. Servez la sauce madère à part.

Langue de bœuf à l'écarlate. — Lavez, piquez avec la pointe d'une grosse aiguille, frottez-la avec du sel fin dans lequel vous avez mis un seizième de salpêtre; mettez dans un pot de grès, avec feuille de laurier, poivre en grains, thym et fenouil. Laissez mariner douze jours en retournant tous les jours. Mettez dans des boyaux de bœuf préparés à cet effet. Faites cuire dans de l'eau salée aromatisée.

Langue de bœuf en papillotes. — La langue cuite et coupée en tranches, la couvrir de beurre manié avec des fines herbes, champignons coupés fins, mie de pain, poivre, sel, enveloppez le tout dans du papier beurré, faites griller sur un feu doux.

Langues de chat au kirsch. — Mélangez dans une terrine un quart de sucre et deux œufs, ajoutez un quart de farine et 6 cuillerées à café de kirsch, terminez en formant des langues sur une tôle beurrée et en faisant cuire au four.

Langues de mouton. — Faites-les cuire dans le pot-au-feu; dépouillez-les, fendez-les en deux, garnissez d'une farce de porc, de mie de pain bien assaisonnée, renfermez-les, enveloppez de papier beurré, saupoudré de persil et fines herbes, et faites griller à petit feu.

Langue de veau sauce tomate. — Agissez comme ci-dessus, piquez votre langue de fins lardons assaisonnés d'épices et de fines herbes; mettez dans une casserole avec bouquet garni, carottes, oignons, clous de girofle; mouillez de bouillon; faites cuire trois heures; fendez en deux et servez avec sauce tomate.

Lapereau en croquettes. — Faites rôtir un jeune lapereau; étant froid, coupez les chairs en petits dés; ayez aussi de la tétine de veau cuite que vous coupez en dés; puis faites fondre un fort morceau de beurre à la casserole, mettez-y deux cuillerées de farine et tournez sans roussir; ajoutez sel, poivre et muscade, champignons et persil haché; faites revenir un peu, mouillez avec de la crème et quatre cuillerées de bouillon.

Lapereau au jambon. — Le couper en morceaux, faire blondir un peu de beurre frais, y mettre le lapereau et des tranches de jambon, un peu d'huile, un verre de vin blanc, un bouquet garni, ciboule, bouillon, poivre, sel; faire cuire une heure et demie à feu doux, disposer les morceaux en monticule sur le plat, lier la sauce avec de la fécule, la passer et servir.

Lapereau Nemrod. — Faire mariner une douzaine d'heures dans du citron, huile, poivre, sel, thym, laurier. Faire revenir de petites tranches de lard avec beaucoup de beurre, mettre le lapin, le retourner fréquemment afin qu'il se dore également. A mi-cuisson, un verre de bouillon, une cuillerée d'eau-de-vie et la marinade au moment de servir.

Lapereau petit diable. — Aussi jeune que possible, mariné deux heures dans une bonne verrée de vin blanc, de l'huile d'olive, thym, laurier, ail, échalotes, oignons, carottes, persil, estragon, poivre, sel, un soupçon de poivre rouge; mettez sur le gril à feu ardent, dix minutes suffisent. Servir avec une sauce piquante.

Lapereau rouennaise. — Faire revenir avec soin un roux léger, étendu de bouillon; laissez cuire et ajoutez des olives dénoyautées au moment de servir.

Lapereau sauté aux fines herbes. — On passe au beurre du persil, une ou deux échalotes, des champignons, le tout haché finement; on y met alors le lapereau coupé en morceaux d'égale grosseur, qu'on assaisonne de sel, poivre, d'un bouquet garni et qu'on mouille d'un verre de vin blanc sec.

Lapereau à la tartare. — Désossez, faites mariner par morceaux, panez et faites griller en arrosant avec la marinade, servir avec une sauce à la tartare.

Lapereau à la yorkaise. — Coupez en tranches, faites revenir et cuire avec de belles tranches de jambon vrai York, un verre d'excellent vin blanc, un peu de bouillon, poivre, sel, persil, ciboule; liez avec un peu de fécule la sauce passée au tamis et très réduite.

Lapin bonne femme. — Faire revenir, puis, avec trois cuillerées de farine, faire un roux foncé que vous mouillez avec de l'eau, un oignon ou deux; faire cuire à petit feu; une demi-heure avant de servir, ajoutez une douzaine de belles pommes de terre de Hollande.

Lapin canaille. — Vous faites un miroton avec des restants de lapin, et vous obtenez un plat canaille, mais délicieux.

Lapin à la chipolata. — Faire revenir le lapin en très petits morceaux, mouiller de bouillon, une cuillerée de madère, lier légèrement la sauce au dernier moment, ajouter des petites saucisses appelées chipolata.

Lapin frit. — Le lapin cuit en broche ou tout autrement est utilisable le lendemain pour les ménagères. On en fait de petits friteaux excellents. Taillez en dés de petits morceaux, trempez dans la pâte à frire et jetez dans la friture fraîche et très brûlante. Quand vos beignets sont bien dorés, égouttez et servez avec couronne de persil frit.

Lapin en gibelotte. — Ce mets fait rêver des tonnelles des restaurants des environs de Paris. On peut faire gibelotte brune ou blonde, selon qu'on emploie vin rouge ou vin blanc. Faire revenir le lapin avec petits lardons, petits oignons, qui évitent le dessèchement; quand il est doré, faire un roux léger, mouiller blanc ou rouge, suivant goût. Prendre ensuite un verre de bonne eau-de-vie, la faire flamber, la jeter dans le chaudron; cela fait un feu de joie qui donne bon goût à la victime. Ajouter le bouquet garni traditionnel, mettre un plat rempli d'eau au-dessus, et laisser mijoter deux heures. Un quart d'heure avant de servir, ajouter des champignons revenus dans le beurre.

Lapin en matelote. — Préparez une anguille, coupez-la en tronçons, disposez un jeune lapin comme pour gibelotte; faites revenir douze petits oignons, retirez-les et faites revenir le lapin; ajoutez un peu de farine, sautez, mouillez de vin blanc et bouillon, joignez l'anguille, les oignons, des champignons, bouquet garni, gousse d'ail, poivre, sel, muscade. Faites bouillir à toute vitesse; la sauce étant à point, ôtez le bouquet, l'ail, et servez avec croûtons frits autour.

Lapin mayonnaise. — Les restants d'un lapin rôti servis avec rouelles d'œufs durs, câpres et une mayonnaise bien épaisse, masquant le tout. On peut ajouter des cœurs de laitues.

Lapin à la normande. — Coupez un lapin par morceaux, faites revenir un roux, mouillez de vin blanc et de bouillon, mettez persil, ciboules, thym, laurier, ail, échalotes, clous de girofle, sel, poivre; à moitié de la cuisson ajoutez des navets blanchis. Servez votre lapin avec les navets et des croûtons frits au beurre et mouillez de quelques gouttes de vinaigre.

Lapin en papillotes. — Faites six morceaux; les quatre pattes et le râble en deux. Préparez une farce de lard frais, de veau, de chair a saucisse, de champignons; hachez finement avec pointe d'ail; garnissez vos morceaux de lapin de cette farce à laquelle vous avez ajouté un œuf pour lier. Enveloppez chaque morceau d'un papier beurré, roulez et mettez cuire à feu doux. Excellent plat de cérémonie.

Lapin portugais. — Cuit au four, puis coupé en morceaux, chaque morceau posé sur une tomate cuite, recouvrez le tout d'une sauce tomate au kary et... c'est exquis.

Lard céleste. — Une demi-livre de sucre, huit jaunes d'œufs, quatre blancs d'œufs; mélangez le tout pendant cinq minutes; versez dans un moule beurré; faites cuire au four.

Légèreté. — Mettez avec une demi-livre de farine, un œuf, de la fleur d'oranger, deux cuillerées de sucre en poudre, pétrissez très longuement le tout, coupez en rubans, formez des nœuds, faites frire et versez, saupoudrez de sucre.

Légumes. — Les légumes se divisent en légumes féculents et en légumes herbacés. Les premiers (haricots, lentilles, fèves), sont très nourrissants et justement appelés « la viande du pauvre. »
La lentille occupe le premier rang au point de vue de la valeur nutritive, car elle contient, outre une forte proportion de matières azotées, une grande quantité de fer.
La pomme de terre, aujourd'hui aussi indispensable que le pain, nourrit beaucoup moins bien que la lentille et le haricot; elle renferme très peu d'amidon.

Légumes secs. — Haricots. — Les meilleures provenances de haricots sont les terrains du Nord.

Les flageolets se préparent sautés.
Les soissons et les liancourt, au jus ou en purée.
Pour les ragoûts, les suisses blancs et les nains.
Les chartres et les suisses rouges, au vin.
Les cocos roses et les rognons de coq, pour purée et potage.

Lentilles. — Ce légume nous arrive de la Moravie, de Lorraine, d'Espagne et d'Amérique; de préférence prendre les Moravie.
La purée de la lentille est très bonne pour les personnes faibles d'estomac, et très nourrissante.

Pois ronds et cassés. — Les pois ronds de Hollande sont les plus recherchés comme bonne cuisson.

Légumes herbacés. — Les légumes riches en albumine végétale sont les choux, le cresson, les asperges, les champignons. Très nutritifs, ils sont plus difficiles à digérer que les autres.
La laitue, la chicorée, les épinards, les artichauts, le céleri, les haricots verts, les asperges, les petits pois, la carotte, les betteraves, le potiron contiennent beaucoup d'eau et différents sels qui les rendent extrêmement utiles à la nutrition.
Les légumes acides, tels que l'oseille et la tomate, ne doivent pas être pris en abondance. Ils sont même nuisibles en certains cas.

Légumes (âcreté des). — Pour enlever cette âcreté il suffit de mettre un morceau de mie de pain enveloppé dans un petit linge fin; retirez après un quart d'heure dans l'eau qui cuit les légumes.

Légumes (cuisson des). — Tous les légumes verts doivent être blanchis à l'eau bouillante et salée.
Tous les légumes secs doivent être mis à l'eau froide salée ou mieux être mis à tremper de la veille, dans de l'eau qu'on jette.

Lentilles au jus. — Lorsqu'elles sont cuites, égouttez, assaisonnez de beurre, mouillez de jus. Versez dans un plat et servez avec œufs pochés autour.

Lentilles maître d'hôtel. — Faites cuire à l'eau froide, salée, avec des oignons ; égouttez, faites sauter au beurre avec poivre, sel, fines herbes ; un peu d'extrait de viande.

Lentilles en salade. — Faites cuire de même et assaisonnez de vinaigre, sel, poivre, huile, persil et ciboulettes hachés.

Levraut en papillotes. — Désossez jusqu'aux jarrets des cuisses de levraut, ajoutez un bon assaisonnement, roulez-les dans des fines herbes hachées, mettez ensuite les cuisses dans une feuille de papier huilé, et faites cuire sur le gril ; servez avec le papier.

Lièvre à la broche. — Mettez à la broche la partie de derrière d'un lièvre, après l'avoir piquée de lard fin ; l'arroser et servir dans une sauce faite de son jus, sel, poivre, échalotes.

Lièvre aux confitures. — Le lièvre, bien frais, cuit au four, est enduit, au moment de le servir, d'une épaisse couche de gelée de groseilles.

Lièvre en daube. — Désossez, brisez les os et la tête, ajoutez un jarret de veau en morceaux, carottes, oignons, faites cuire à petit feu dans du bouillon, vin blanc, sel, poivre, bouquet garni, clous de girofle ; au bout d'une heure, passez, foncez de bardes de lard une terrine allant au feu, mettez la chair du lièvre avec lard, rouelle de veau, sel, poivre, épices. Mouillez avec le jus des os, couvrez de bardes de lard, faites cuire à feu doux, laissez refroidir, servez.

Lièvre en filets. — Pour les détacher du corps de l'animal quand il a été dépouillé, on enfonce un couteau le long de l'échine du dos jusqu'à la cuisse ; et alors, en glissant les doigts entre les os et le filet, on détache celui-ci, sans cependant séparer de la cuisse le gros bout qui y tient ; on passe ensuite la pointe du couteau sur le gros bout en appuyant le pouce sur cette peau nerveuse, on tire à soi le filet qui se trouve détaché et paré tout à la fois, la peau nerveuse restant en place. Quand on a levé de cette manière les filets qu'on veut employer, on les partage en deux ou trois morceaux, on les pare en leur donnant une forme légèrement arrondie, on les pique entièrement de lard, et on les couche dans une casserole sur des bardes de lard très minces, avec des lames de carottes et des tranches d'oignons, assaisonnés d'un peu de thym, laurier, girofle, poivre, sel. On les mouille avec du bouillon, on les couvre d'une feuille de papier beurré, un couvercle par-dessus et on fait cuire doucement pendant trois quarts d'heure.

On sert avec une sauce poivrade ou piquante ; on peut faire mariner les filets pendant trois ou quatre jours.

Lièvre haché en terrine. — Désossez, faites un hachis avec le lièvre, 500 grammes de rouelle de veau, autant de porc frais, maigre, un peu de gras de bœuf, persil, ciboules, thym, laurier, ail, poivre, clous de girofle; garnissez avec des bardes de lard, placez-y le hachis avec 250 grammes de lard en morceaux, versez un verre d'eau-de-vie, couvrez de bardes, recouvrez du couvercle, faites cuire au four pendant quatre heures.

Lièvre à la mode. — Dépouillez, réservez le sang, coupez en morceaux, prenez du lard, divisez en lardons et en dés; avec les lardons, piquez le lièvre, mettez dans un pot de terre avec quelques couennes de lard frais, coupées en morceaux, avec les dés, sel, épices, un verre de vin rouge, carottes, une cuillerée de saindoux, couvrez d'un double papier et du couvercle, entourez de cendres rouges et laissez cuire doucement; remuez et, après cuisson, liez avec le sang, et servez.

Lièvre rôti à la finnoise. — Passez au beurre carottes, oignons, laurier, navets, mouillez avec moitié bouillon, moitié vinaigre, versez bouillant sur un lièvre piqué de lardons, étendu dans une terrine après avoir été dépouillé et passé à la braise; couvrez hermétiquement, laissez mariner pendant quinze heures, faites cuire à la broche, arrosé de la marinade, servez avec le jus de la lèchefrite mêlé à quelques cuillerées de crème aigre.

Lièvre rôti mousquetaire. — Videz le lièvre, sans le dépouiller de sa peau; emplissez-en l'intérieur d'une farce faite avec le foie du lièvre, du foie gras, ou, à défaut, de foie de veau bien blanc, de persil et de ciboule; le tout haché, pilé et assaisonné d'un fort morceau de beurre, sel et poivre, recousez soigneusement le ventre du lièvre, pour que rien ne s'en échappe; enveloppez dans un papier beurré ou huilé; mettez en broche et laissez cuire à petit feu.

Le genre est de le servir avec la peau et de la détacher à table : le lièvre est exquis.

Servir avec sauce poivrade.

La paternité de ce plat original est attribuée à Alexandre Dumas père.

Lièvre sauce tomate. — Faites cuire un lièvre dans beaucoup de beurre, à petit feu, avec quelques oignons, du persil, un peu d'estragon; ajoutez, au moment de servir, une sauce tomate bien épaisse.

Lièvre tôt fait. — Prenez un lièvre qui vient d'être tué, coupez en morceaux. Mettez le lièvre et son sang dans une casserole de cuivre, beaucoup de lard coupé en gros dés, un fort bouquet garni, un gros oignon, pas de sel, force poivre, 2 litres de vin rouge très fort. Mettez-le sur un feu vif, allumez une cuillerée d'eau-de-vie que vous jetez dans votre récipient pour faire flamber. Quand il a fini de brûler, mettez une demi-livre de beurre fin, quatre cuillerées de farine et laissez réduire à grand feu. En vingt-cinq minutes, le lièvre est cuit à point.

Lièvre à la Charles IX (civet de). — Dépouillez votre lièvre, réservez-en le sang, taillez-le en morceaux d'égale grosseur; taillez en gros dés de la poitrine de porc frais et faites revenir ensemble dans une casserole, sur un feu vif. Quand tout a pris couleur, saupoudrez de farine : laissez revenir et mouillez avec moitié vin blanc, moitié bouillon chaud.

Assaisonnez de sel, poivre, forte-

pincée de quatre épices, bouquet garni et gousse d'ail; puis, incorporez successivement dans le civet :
12 poires tapées;
12 beaux pruneaux sans noyaux;
12 champignons tournés;
12 petits oignons blancs;
12 beaux marrons grillés et épluchés;
Quelques lames de truffes.

Un quart d'heure avant de servir ce sujet, qu'il ne faut pas dégraisser, écrasez le foie et la cervelle du lièvre, mêlez-les au sang mis en réserve; délayez le tout avec un demi-verre de vin rouge et le jus obtenu, en faisant suer une tranche de jambon dans une casserole, et avec cet appareil, liez la sauce qui, dès lors, ne doit plus bouillir.

Lièvre vrai civet. — Voici la véritable façon de faire le civet de lièvre. Suivre exactement cette recette :

On met en civet soit un lièvre entier, soit la partie de devant seulement, lorsque le râble a été mis à la broche. Après que le lièvre a été dépouillé et vidé, on le coupe par morceaux et on met en réserve le sang, qu'on tient dans un endroit frais, en y ajoutant quelques petits morceaux de beurre, qui servira plus tard à faire la sauce. On prend ensuite 250 grammes de petit salé qu'on lave à l'eau tiède, qu'on coupe par morceaux carrés gros comme la moitié du pouce, et qu'on fait revenir dans un roux fait avec 125 grammes de beurre. On y met alors le lièvre et, quand il est bien revenu, on met un demi-verre d'eau-de-vie que l'on brûle; on ajoute deux cuillerées de farine qu'on laisse sécher; on le mouille avec moitié bouillon, moitié vin rouge en suffisante quantité pour que tous les morceaux baignent convenablement; on ajoute un bouquet garni, une gousse d'ail, une échalote, poivre, sel, un oignon piqué de deux clous de girofle et, si l'on veut, une pointe de muscade râpée. Il faut faire aller d'abord le tout à grand feu, afin de réduire le bouillement, et puis on le laisse cuire tout doucement trois quarts d'heure, une heure. Pendant ce temps, on aura épluché deux douzaines de petits oignons qu'on met dans une casserole avec un peu de sucre, du beurre et un demi-verre de vin blanc, et qu'on laisse cuire de manière qu'il tombe à glace, en prenant une belle couleur blonde. On aura aussi tourné des champignons en ajoutant, si on le peut, quelques fonds d'artichauts qu'on tiendra chauds à part dans un peu de consommé. Enfin, on aura fait frire à l'huile des croûtons de mie de pain longs de 5 centimètres et taillés en forme de losanges. Ces garnitures étant ainsi préparées, on lie le civet avec le sang, qu'on a mis en réserve, on dresse en pyramide sur le plat en disposant avec goût.

Lièvre (Haricot de). — Coupez le lièvre en morceaux, passez au beurre, coupez des navets en gros dés, passez avec saindoux ou lard haché, saupoudrez d'un peu de sucre râpé; quand ils sont blonds, mettez avec les morceaux de lièvre, et bouquet garni, sel, poivre. Faites un roux léger, passez deux ou trois oignons coupés en rouelle, mouillez avec du bouillon; au bout de deux minutes d'ébullition versez sur le lièvre et les navets, ajoutez du bouillon et faites cuire à petit feu; quand il est cuit, mettez un peu de vinaigre, dressez sur un plat, entouré de croûtons rôtis, salés, vinaigrés.

Lièvre à la Castiglione (Râble de). — Parez le râble d'un bon lièvre, piquez avec des filets d'anchois dessalés. Faites mariner un jour dans un demi-verre de vinaigre, un oignon coupé en rouelle, une branche de thym, laurier, quelques grains de poivre, clou de girofle, mettez au four dans un plat en terre, ajoutez un morceau de beurre, assaisonnez légèrement, arrosez continuellement le râble avec sa marinade; aussitôt cuit, dressez sur un plat, passez le fond qui reste et versez dessus.

Lièvre au fromage blanc (Râble de). — Parez et assaisonnez de sel et de poivre un râble de lièvre, couvrez une feuille de papier d'une couche de fromage blanc d'un centimètre d'épaisseur, enveloppez dedans le râble, fixez à l'aide de ficelle, mettez cuire au four; quand il est cuit, déballez le râble du lièvre, dressez sur un plat, servez avec du bon jus.

Limandes sur le plat. — Videz, nettoyez vos limandes; faites fondre sur votre plat un morceau de beurre, mettez un peu de muscade râpée, placez les limandes, mettez du vin blanc, de la chapelure et faites cuire feu dessus feu dessous.

Limonade au vin rouge. — Mettez deux tiers d'eau, un tiers de vin de Bordeaux, du sucre, un jus de citron.

Limonade au madère. — Se fait comme celle au vin rouge, en mettant du vin de madère en place de vin de Bordeaux.

Liqueurs (Recettes). — Nous en empruntons quelques-unes au remarquable ouvrage consacré aux distillateurs dans la collection des manuels Roret.

Procédé pour vieillir les eaux-de-vie. — Ce procédé consiste à verser par litre d'eau-de-vie nouvelle, 5 à 6 gouttes d'ammoniaque (alcali volatil), et à agiter fortement. En peu de jours, cette eau-de-vie perd sa dureté et paraît aussi bonne que l'eau-de-vie qui a plusieurs années. Nous devons ajouter que cette addition ne peut être nuisible à la santé. En général on améliore la qualité des eaux-de-vie nouvelles *véritables* en leur ajoutant 15 grammes de sucre candi par litre, ou 3 centilitres de sirop de raisin, qui leur enlève le mordant et les rend plus douces et plus agréables.

On sophistique les eaux-de-vie comestibles par des additions de substances étrangères, destinées soit à leur donner plus de saveur, plus de couleur, soit pour y développer artificiellement le bouquet qui caractérise les vieilles eaux-de-vie.

Falsification. Saveur artificielle. — Pour donner à l'eau-de-vie plus de saveur, on y ajoute des substances âcres, telles que le poivre ordinaire, le poivre long, des poudres ou extraits de gingembre, de piment, de pyrèthre, de stramoine, d'ivraie, de l'alun, du laurier-cerise.

Coloration artificielle. — Les eaux-de-vie blanches sont souvent colorées par du caramel, du brou de noix, du cachou ou une sauce.

Liqueurs surfines (par les essences). — Crème d'absinthe (surfine), par les essences :

Essence d'absinthe....	2 grammes.
— d'anis.........	6 gr.
— de menthe anglaise.......	1 gr. 5
— de fenouil doux.	1 gr. 5.
— de citron distillé.........	6 gr
Alcool à 85°............	7 litres.
Sucre	11 kilog.
Eau...................	5 litres.

Produit : 20 litres.

Liqueur à la cannelle. — Mettez 8 grammes de bois de cannelle dans un litre d'alcool pur, 5 grammes de macis, un peu de coriandre, un peu de zeste de citron, bouchez, laissez infuser trois jours, passez et ajoutez un verre de sirop de sucre.

Liqueur dorée. — 30 grammes de quinquina rouge, 30 grammes de cannelle, 30 grammes d'écorce d'oranges amères, 16 grammes de safran, 10 litres d'eau-de-vie, 4 litres de malaga; mélangez le tout; laissez infuser huit jours, passez au tamis, ajoutez 5 livres de sucre et, lorsqu'il sera fondu, filtrez au papier Joseph et mettez en bouteilles.

Liqueur de fleurs d'oranger. — Mêlez un litre d'eau-de-vie avec un quart d'eau de fleurs d'oranger dans laquelle vous aurez fait fondre 300 grammes de sucre.

Liqueur de genièvre.

Bois de genièvre...	200 grammes;
Semence d'anis...	10 —
Angélique...	100 —
Vanille...	10 —

Faites macérer dans de l'alcool à 90°. Au bout de huit jours décantez avec expression, clarifiez, filtrez, ajoutez un litre de vieux cognac et un demi-litre de sirop de miel clarifié. Un petit verre après chaque repas.

Liqueur Marinette.

Tiges ou feuilles d'angélique menues...	20 grammes.
Eau-de-vie ordinaire...	1000 gr.
Eau...	150 gr.
Sucre...	250 gr.

Une gousse de vanille.
Un clou de girofle.

Faites macérer huit jours; sucrez, si vous voulez, filtrez et mettez en bouteilles.

Liqueur de noyaux. — Cassez une demi-livre de noyaux d'abricots, échaudez-les à l'eau bouillante, enlevez la peau; mettez-les dans 4 litres d'eau-de-vie et laissez infuser pendant deux mois au soleil. Ajoutez ensuite égale quantité de sirop de sucre.

Liqueur d'oranges. — 2 litres d'esprit-de-vin, une livre et demie de sucre, 2 litres d'eau, dix oranges. Mettez dans un vase l'alcool et la moitié de l'eau et jetez dedans les oranges coupées en tranches minces. Laissez macérer douze jours, passez en pressant.

Faites fondre le sucre dans l'autre moitié de l'eau, ajoutez à la liqueur, laissez reposer quelques jours et filtrez.

Liqueur d'oranges (*autre*). — Pour un litre d'eau-de-vie, prenez six oranges dont on épuisera l'essence en frottant l'écorce avec une livre de sucre cassé en morceaux. Lorsque le sucre est dissous dans l'eau-de-vie, ce qui demande quelques jours, filtrez au papier Joseph.

Liqueur de « petite mère ». — Au mois de janvier on reçoit souvent des caisses de mandarines avec feuilles et fleurs, mettez donc fleurs et feuilles avec quelques pelures de mandarines dans de l'eau-de-vie; laissez infusez huit jours et filtrez.

Longe de veau. — Faites rôtir une longe de veau, débridez et servez sur des chicorées hachées; saucez du jus de la lèchefrite et d'une sauce espagnole courte.

Longe de veau Victoria. — Parez et dressez une longe de veau pour broche, faites-la rôtir un peu saignante. Faites un blanc de veau avec du jarret, liez-le avec un petit roux bien blond pour faire une allemande. Cette sauce doit être blanche; faites-la réduire en y mettant sept à huit cuillerées de crème double, retirez la longe de la broche, enlevez la noix en laissant les deux côtes pour tenir la sauce, émincez la noix que vous remettrez à sa place, dressez et faites glacer au four bien chaud. Servez de suite en y ajoutant un peu de jus.

Lottes à l'italienne. — Faites frire les lottes, mettez-les sur un plat, masquez-les d'une sauce ainsi faite : Mettez dans une casserole panais, carottes, oignons, coupés en tranche, ail, laurier, bouquet garni, clous de girofle, passez au feu avec un morceau de beurre ; mouillez avec deux verres de vin de Champagne et du bon bouillon maigre, laissez bouillir à petit feu pendant une heure ; dégraissez, faites réduire la sauce, ajoutez un anchois pilé, quelques câpres hachées, sel, poivre et servez.

Lottes au lard glacé. — Préparez des lottes, laissez les foies dans leurs corps, puis piquez-les d'un petit lardon assaisonné, coupez en dés un morceau de rouelle de veau, faites suer avec un peu de beurre dans une casserole, mouillez avec du bouillon, laissez cuire, passez ensuite ce jus au tamis.

Faire suer dans une casserole une tranche de jambon, la mouiller avec le jus, ajouter bouquet garni, mettre les lottes. Quand elles sont cuites, les finir comme un fricandeau, ou bien faire réduire le jus de cuisson, dégraisser, dresser les lottes sur un plat, masquer de la réduction et d'un jus de citron.

Lottes en matelote. — Préparez les lottes; retirez les foies, faites-les revenir dans du beurre, mouillez de vin blanc, ajoutez oignons blanchis, bouquet garni, puis les foies des lottes et quelques câpres ; faites cuire à petit feu ; une fois à point, mettez au fond du plat où vous devez servir cinq ou six tranches de pain rôties ; placez une lotte sur chaque tranche, masquez de la sauce, avec jus de citron dessus.

Lottes à la parisienne. — Après avoir limoné des lottes et en avoir enlevé les foies, faites-les cuire dans une mirepoix et servez-les masquées d'une sauce aux huîtres dans laquelle vous aurez fait cuire les foies.

Lottes à la prussienne. — Mettez une tranche de jambon dans une casserole, laissez suer et attacher, mouillez de deux verres de vin de Champagne, une cuillerée de réduction, une de coulis, un verre d'huile fine, un bouquet de persil, ciboule, laurier, oignons coupés en tranche. Laissez bouillir une heure, dégraissez, passez la sauce au tamis.

Dans cette cuisson, on place les lottes préalablement limonées et vidées ; les foies remis en place, assaisonnez de sel, poivre ; une fois cuites, servez à courte sauce.

M

Macaroni à la crème. — Faites bouillir une livre de macaroni dans de l'eau avec un morceau de beurre, sel, oignons; égouttez; mettez dans une casserole beurre, gruyère râpé, poivre, un demi-verre de lait, ajoutez le macaroni, sautez; quand le macaroni filera, servir.

Macaroni au gratin. — Faites cuire à l'eau bouillante du gros macaroni, cassé en morceaux de 8 centimètres; égouttez. Vous aurez fait une sauce avec peu de farine délayée dans du lait, beurre, persil, sel, poivre, muscade, échalotes hachés; mettre au feu, tourner jusqu'à ce que la sauce ait bouilli et pris consistance voulue, passer au tamis, ajouter le macaroni, avec fromage de parmesan et fromage de gruyère râpés, un bon morceau de beurre; mêlez le tout, versez dans un plat à gratin, saupoudrez de fromage, arrosez de beurre fondu, placez au-dessus un four de campagne, laissez prendre belle couleur. A défaut de parmesan ajouter trois quarts ou une livre de gruyère.

Macaroni à l'italienne. — Faites cuire du macaroni dans de l'eau salée; retirez, égouttez; mettez fondre un morceau de beurre dans une casserole, ajoutez un lit de fromage de gruyère et de fromage de parmesan râpés, un lit de macaroni, un peu de beurre, fromage, macaroni, ainsi de suite, faites chauffer, remuez, mettez sel, poivre, en assez grande quantité. La proportion est de trois quarts de fromage de gruyère, d'un quart de parmesan pour une livre de macaroni.

Macaroni aux marrons. — Ayez de beaux marrons rôtis, écossez, ouvrez en deux, et mêlez au macaroni; terminez comme le macaroni au gratin.

Macaroni à la sauce tomate. — Mettez cuire à l'eau bouillante 500 grammes de macaroni, avec du beurre, du sel, un oignon, avec un clou de girofle; égouttez, mettez dans une casserole, avec du beurre et 375 grammes de gruyère râpé, 125 grammes de parmesan, muscade, poivre, trois cuillerées de crème, sautez; quand le macaroni file dressez en dôme, mettez une sauce tomate épaisse et servez.

Macaroni à la viande. — Précieux pour utiliser des restes. Faites un roux avec du beurre, de la farine, des oignons, du rognon de veau haché fin; lorsque les oignons sont dorés, versez du bouillon, et faites cuire votre macaroni dans ce jus. D'autre part, taillez en languettes vos restants de viande, filet, faux-filet, etc., passez-les au beurre. Prenez un plat allant au feu, mettez une couche de macaroni, une couche de fromage de gruyère râpé, une couche de morceaux de viande et ainsi de suite; la dernière couche doit être du fromage; on ajoute de la chapelure, on fait gratiner sous four de campagne; on sert brûlant.

Macarons. — Pilez une demi-livre d'amandes, une demi-livre de sucre en poudre, battez deux blancs d'œufs en neige très ferme, mélangez le tout; faites de petits tas sur papier beurré et mettez cuire à four doux.

Macédoine de légumes. — Coupez des carottes épluchées en petit dés, un peu moins de navets, coupés de même, des asperges vertes coupées en petits morceaux, des haricots verts également coupés; cuisez à l'eau salée.

Faites fondre, dans une casserole, une demi-livre de beurre, ajoutez une cuillerée de farine, mouillez de bouillon, salez, poivrez; faites cuire dix minutes; retirez; ajoutez un verre de crème, deux jaunes d'œufs, mettez vos légumes réchauffer deux minutes.

Macédoine de légumes en salade. — Coupez en tranches carottes, navets, faites blanchir à l'eau bouillante salée, achevez de cuire dans du bouillon, petits pois, haricots, pointes d'asperges, oignons, choux-fleurs, cuits simplement à l'eau salée. Égouttez, arrangez dans un saladier, assaisonnez comme une salade ordinaire, avec un peu de jus de viande.

Macédoine Marinette. — Coupez des pêches en quartiers, des abricots coupés en deux, des cerises dont vous coupez à demi la queue; des noyaux d'amandes vertes; faites fondre une demi-livre de sucre dans de l'eau, avec du kirsch; versez sur vos fruits, et mettez glacer deux heures avant de servir.

Macis. — C'est l'écorce intérieure de la noix muscade, un condiment dont on a tort de ne pas faire assez usage.

Macreuse aux olives. — Mettez cuire à la broche; avant cuisson complète, débrochez et découpez en morceaux; épluchez de grosses olives, cuisez-les avec du beurre, oignons hachés, de l'huile, versez sur la macreuse avec le jus de la lèchefrite et faites cuire un quart d'heure.

Macreuse rôtie. — Plumez, videz, gardez le foie cru, faites revenir, et mettez en broche en arrosant d'huile et de vinaigre. Hachez le foie avec champignons, oignons, sel, poivre, cuisez dans le jus de la lèchefrite et servez cette sauce à part.

Macreuse au vin blanc. — Étant préparée faites revenir un quart d'heure; coupez ensuite en morceaux et mettez dans une casserole avec vin blanc, eau, fines herbes, bouquet garni, oignons, faites mijoter

Madeleine. — Faites fondre un quart de beurre; lorsqu'il est fondu ajoutez une demi-livre de farine, une demi-livre de sucre, deux zestes de citron râpés, de l'eau de fleurs d'oranger, six jaunes d'œufs, six blancs d'œufs battus en neige, mélangez le tout, beurrez des moules et faites cuire à four doux.

Maïs aux cerises. — Prendre un quart de farine de maïs délayée avec du lait, un demi-quart de beurre, sucre à volonté, faites bouillir lentement afin d'obtenir une bouillie épaisse; après cuisson ajoutez des cerises confites, ou des cerises entières conservées au sucre, ou en compote, mêlez ensemble, versez la pâte sur une table beurrée, coupez en carrés, faites griller légèrement, servez avec un sirop de cerises où vous aurez mis quelques gouttes de kirsch.

Maquereaux Baron Brisse. — Nettoyez les maquereaux, coupez en tronçons, faites revenir doucement dans de l'huile; ajoutez quelques cuillerées de purée de tomate et de purée d'oignons, mettez sel, poivre, persil haché, pointe d'ail; laissez mijoter et servez avec filet de vinaigre.

Maquereaux londoniens. — Épluchez, épépinez de grosses groseilles dites groseilles à maquereau, passez-les au beurre avec persil haché, sel, poivre, ajoutez un hareng pilé, passez le tout; mettez un peu de poivre de cayenne; garnissez l'intérieur des maquereaux avec cette farce, mettez-les cuire dans de l'eau salée avec tranches d'oignons et de carottes; au premier bouillon retirez et servez avec sauce aux groseilles vertes.

Maquereaux aux oignons. — Videz, faites cuire au court-bouillon, écrasez des échalotes en grande quantité, mettez sur feu doux, quatre jaunes d'œufs, tournez-les avec jus de citron, sel, poivre, tournez encore, versez les échalotes, tournez de nouveau; égouttez les maquereaux et servez-les arrosés de la sauce.

Maquereaux aux poireaux. — Coupez les poireaux en filets, faites prendre couleur dans de l'huile, mouillez avec de l'eau; faites cuire les maquereaux dans ce court-bouillon avec sel, poivre; retirez-les et servez-les arrosés de la cuisson très réduite.

Marinade. — Mettre dans une terrine une pincée de grains de genièvre, un peu de mélilot, oignons en tranches, échalotes, gousses d'ail, thym, laurier, clous de girofle, versez moitié eau et moitié de fort vinaigre et faites mariner viande de boucherie que vous servez rôtie ou grillée avec sauce poivrade.

Marinade cuite. — Faites fondre du beurre, oignons, carottes coupées en tranches minces, laurier, ail, persil, poivre, mouillez d'eau, de bouillon, de vinaigre par parties égales, faites bouillir, passez au tamis.

Marinade pour arroser les rôtis. — Hachez du lard gras avec pointe d'ail, persil haché, sel, poivre, une cuillerée de vinaigre, quatre cuillerées d'huile; battez le tout.

Marinade pour gibier. — Mettre dans une terrine, huile, sel, épices, oignons coupés en rouelles, thym et vin rouge. Laissez le gibier de un à quatre jours dans ce mélange.

Marmelade de cerises. — Enlevez queues et noyaux; faites cuire dans trois quarts de sucre par livre de fruits, retirez les cerises, faites réduire le sucre et remettez vos cerises cuire un quart d'heure.

Marmelade de pêches. — Enlevez la peau et les noyaux de pêches bien mûres, mettez par couches saupoudrées de sucre, laissez douze heures à la cave, mettez alors dans une bassine avec livre de sucre par livre de fruits; faites bouillir, écumez, passez au tamis et mettez dessus des noyaux d'amandes pelés.

Marmelade de poires. — Pelez, coupez en quartiers, mettez dans une bassine avec assez d'eau pour qu'elles baignent, faites cuire à grand feu; à mi-cuisson, ajoutez une demi-livre de sucre par livre de fruits; écrasez les poires, et remettez encore cuire un instant.

Marmelade de pommes. — Prenez des pommes sûres, enlevez la pelure et le cœur, coupez par petits morceaux; pour chaque livre de pommes ajoutez trois quarts de sucre; mettez dans une casserole, faites bouillir à petit feu jusqu'à ce que ce soit réduit en gelée, mettez dans des bocaux et dans un endroit frais.

Marmelade de prunes. — Enlevez les noyaux, faites mariner dans du sucre en poudre pendant vingt-quatre heures et faites cuire avec demi-livre de sucre par livre de fruits.

Marrons au caramel. — Prenez de très gros marrons, enlevez leur la première peau, passez à l'eau bouillante pour les faire cuire; enlevez l'autre peau, essuyez. Préparez un caramel, mettez-y vos marrons, roulez-les en tous sens, faites-les sécher sur un fond de panier; recommencez la même opération trois fois et versez sur crème à la vanille.

Marrons au chocolat. — Enlevez la peau à vingt-cinq beaux marrons, faites cuire, enlevez la seconde peau. Faire un sirop de sucre épais, y jeter les marrons; laissez mijoter quinze minutes, faites réduire le sirop afin d'obtenir une pâte épaisse; la saupoudrer de soixante grammes de chocolat à la vanille râpé, passer à la passoire fine.

Marrons glacés. — Épluchez des marrons de leur première enveloppe; faites-les cuire à l'eau à petit feu; lorsqu'ils sont tendres, épluchez-les et plongez-les dans un sirop de sucre vanillé; laissez-les 24 heures dans ce sirop; faites cuire sur feu très doux. Laissez réduire le sirop jusqu'à forte consistance, retirez les marrons, mettez-les sur un tamis, arrosez avec le sirop, laissez égoutter et mettez-les un quart d'heure à four très doux.

Marrons Marinette. —, Faites cuire à l'eau, légèrement salée, un kilog de beaux marrons; retirez du feu, laissez-les dans l'eau une demi-heure et pelez-les; écrasez-les au mortier avec un pilon, ajoutez peu à peu du sucre en poudre et de la vanille; formez une pâte ferme; mettez-la dans la passoire à gros trous, pilez : cela forme des filets comme du vermicelle; battez de la crème en mousse, avec sucre et vanille, et mettez-la sur vos marrons.

Massepain. — Mélangez six jaunes d'œufs avec six cuillerées de farine, mettez un peu de fleur d'oranger et un quart de sucre en poudre. Battez les blancs en neige, mélangez-les avec précaution à votre préparation. Mettez dans un moule beurré et faites cuire à four doux.

Matelote blanche de truites. — Faites sauter au beurre une dizaine de petits oignons, sans laisser blondir, ajoutez deux cuillerées de farine, un verre de vin blanc et une goutte d'eau. Préparez les truites, coupées en morceaux, mettez cuire avec un quart de beurre à feu très lent.

Matelote des bois. — Préparez, coupez en deux des petits poissons tels que gardons, perches, tanches, etc., ajoutez dans une casserole un morceau de beurre, un oignon émincé, retirez une fois blond. Mettez du lard de poitrine coupé en dés, faites revenir, retirez ensuite, faites un roux peu coloré, ajoutez le poisson, retournez un instant; remettez oignon et lard, mouillez de vin rouge, peu de bouillon, sel, poivre, bouquet garni, ail, un quart champignons, laissez cuire doucement, une bonne heure de cuisson suffit; versez dans une autre casserole, passez au tamis de crin en exprimant le poisson, qui n'est plus bon à rien. Placez cette sauce sur un feu doux, ajoutez quelques beaux champignons blanchis, laissez mijoter. Ensuite disposez sur un grand plat côte à côte debout des morceaux de flûte de pain, de la longueur d'un bouchon; autour de ce pain, placez des œufs pochés et des champignons; masquez le tout de la sauce matelote, une fois le pain imbibé servez chaudement.

Matelote de lamproie. — Prenez deux lamproies, plongez-les dans de l'eau presque bouillante pour les limoner; coupez en tronçons, gardez le sang, enlevez tête, queue; faites revenir dans un petit roux, mouillez de vin rouge, ajoutez petits oignons et champignons passés au beurre, sel, poivre, bouquet garni; faites cuire, dégraissez, ajoutez le sang au moment de servir, plus des écrevisses et des croûtons.

Matelote à la marinière. — Prenez une carpe, une anguille, un barbillon et une lote vivants, videz, nettoyez, essuyez et coupez par tronçons, mettez dans un chaudron, ajoutez sel, poivre, ail, thym, laurier et persil, arrosez avec du bon vin de Bordeaux dont le poisson sera à peine couvert, placez le chaudron sur un feu de bois clair. Quand cela bout, mettez un demi-verre d'eau-de-vie que vous allumez, laissez cuire pendant un quart d'heure, ôtez le chaudron et liez avec beurre et farine.

Matelote savante. — Coupez en ronds moyens carpe, brochet, perche, barbillon et anguille; des têtes et des parties minces, faites un court-bouillon, mouillé de moitié vin blanc, moitié vin rouge. Placez ensuite les morceaux de poissons dans un sautoir, avec bouquet garni, quelques champignons, sel, poivre, girofle, mouillez avec le court-bouillon, passez au tamis et faites cuire à feu très vif. Le poisson cuit, passez le fond de cuisson, dégraissez, laissez réduire en demi-glace; ensuite ajoutez un volume égal de sauce espagnole; à défaut d'espagnole faites un roux mouillé de bon bouillon, ajoutez quelques cuillerées de vin de madère, faites réduire la sauce jusqu'à ce qu'elle soit liée à point, passez au tamis dans une autre casserole, ajoutez un morceau de beurre frais, du beurre d'écrevisses, filet d'essence d'anchois, un peu de cayenne; dressez le poisson en pyramide sur un plat, entourez de laitances de carpes, de quenelles, d'oignons glacés, de champignons dressés en bouquets, arrosez légèrement le poisson; servez à part le reste de votre sauce.

Matzoth-Kouguel. — Faites tremper dans de l'eau six heures six matzoth entiers, égouttez; à ce pain trempé, ajoutez une bonne livre de graisse de bœuf hachée, une livre de sucre, une douzaine d'œufs, un zeste de citron, de la cannelle en poudre, travaillez le tout. Graisser une casserole, verser la composition, faire cuire à feu doux sept ou huit heures, démouler sur un plat, servir avec une sauce piquante. Dans une casserole délayez dix jaunes d'œufs, une cuillerée de fécule de pommes de terre, 250 grammes de sucre, autant de graisse de bœuf hachée, sel, une demi-bouteille de vin de Malaga, tourner cette sauce sur un feu modéré, passer à l'étamine.

Servez la moitié de la sauce sur le matzoth et l'autre moitié dans une saucière.

Mauviettes grillées. — Les mauviettes étant parées et bardées, placez-les sur un gril au-dessus d'un feu vif, retournez-les et retirez avant cuisson entière, rangez-les de suite après sur un peu de beurre dans un plat, placez dessus un four de campagne et achevez la cuisson, servez avec du pain frit.

Melons (connaissance des). — Voici les signes auxquels on reconnaît les bons :

La queue d'un melon fraîchement coupée indique qu'il a mûri attaché à la plante et non sur la paille. S'il a du poil, il n'est pas spongieux; de l'écorce s'il s'exhale une bonne odeur, sa chair a de l'arome. Enfin si à l'opposé de la queue l'écorce fléchit légèrement sous la pression du doigt il est assez mûr.

Il y a des bonnes femmes qui, pour s'assurer de sa qualité, le mordent à la queue. Plus la queue est amère, meilleur il est.

Meringues à l'italienne. — Faites cuire au soufflé une demi-livre de sucre, jetez dedans six blancs d'œufs, fouettez en neige et remuez de façon à ce que les blancs d'œufs s'incorporent bien au sucre; mettez un verre de marasquin et opérez comme pour les meringues ordinaires.

Meringues ordinaires. — Battez trois blancs d'œufs en neige, trois cuillerées de sucre en poudre; remplissez une cuillerée de ce mélange, faites tomber d'un seul coup sur une feuille de papier écolier blanc fort, en laissant beaucoup d'espace entre chaque tas; saupoudrez de sucre en poudre et mettez au four très doux où les meringues doivent rester longtemps.

Meringues aux pistaches. — Faites échauder et sécher à l'étuvé un quart de pistaches; pilez dans un mortier en les arrosant de blancs d'œufs, de manière à rendre la pâte maniable; battez six œufs en neige ferme en ajoutant six cuillerées de sucre en poudre, mettez ces œufs sur cendres chaudes tout en remuant; au bout de trois minutes, ajoutez la pâte de pistache, et mélangez le tout ensemble; opérez ensuite comme précédemment.

Merlans à la dieppoise. — Videz les merlans sans les ouvrir; lavez-les avec soin, remettez le foie dans le corps, couchez-les dans un plat long, beurré, allant au feu, mouillez de vin blanc, où vous aurez fait blanchir quelques champignons, assaisonnez de persil haché, sel, poivre, mettez-les cuire. Quand ils sont cuits, mettez dans une petite casserole sur le feu un bon morceau de beurre, une cuillerée de farine, proportionnée au volume des merlans, mouillez avec le jus de cuisson, ajoutez du vin blanc; si le jus est insuffisant, mettez dans cette sauce, qui doit avoir une certaine consistance, quelques moules, des champignons blanchis, faites bouillir un instant, dressez les merlans sur un plat, entourez-les de moules et de champignons, masquez-les avec de la sauce et servez.

Merlans aux fines herbes. — Après avoir préparé des merlans, mettez du beurre dans un plat creux allant au feu, ajoutez persil, ciboule hachés, sel, muscade râpée, placez vos merlans sur le plat tête-bêche, arrosez-les de beurre fondu, mouillez-les avec vin blanc et bouillon, mettez le plat sur le feu. Lorsque vous verrez que vos poissons seront à moitié cuits, retournez-les avec précaution; quand ils le seront tout à fait, versez leur jus dans une casserole sans les retirer du plat. Mettez beurre manié de farine, faites cuire encore, ensuite ajoutez le jus d'un citron, du gros poivre, versez la sauce sur les poissons et servez dans le plat où ils ont cuit.

Merlans au gratin. — Préparez trois ou quatre merlans, remettez le foie dans le corps, placez-les sur un plat allant au feu, avec un morceau de beurre, fines herbes, sel, poivre, muscade râpée, couvrez de chapelure, versez dessus du beurre fondu et, doucement, mouillez de vin blanc; faites réduire la sauce à feu doux sous un four de campagne; une fois la cuisson à point, servez.

Merlans en miroton. — Fendez les merlans, enlevez l'arête et la tête, sans les endommager, mettez un peu de farce de mie de pain trempée dans du lait, salez, poivrez, et avec fines herbes, roulez les merlans en filets. Faites une omelette avec un peu de farine, mettez-la au fond d'une casserole, avec du beurre dessous, arrangez dessus vos merlans farcis, quelques champignons;

faites une seconde omelette, recouvrez vos merlans avec, mettez cuire doucement.

Merlans aux oignons. — Préparez des merlans, faites mariner vingt-quatre heures dans de l'huile, sel, poivre, persil, échalotes hachées, grillez à feu vif, ensuite mettez dans une casserole un morceau de beurre, peu de farine, sel, poivre, citron, une cuillerée de moutarde, et si l'on veut une cuillerée de purée d'oignons; versez-la dans un plat chaud, couchez les merlans dessus et servez.

Millasolle. — Prenez trois cuillerées de farine de maïs, six œufs battus, un peu de sucre, beurrez un moule et faites cuire deux heures à four doux.

Mirepoix. — La mirepoix est au gras ou au maigre: au gras, faites suer ensemble veau, jambon coupés en dés, carottes, oignons, assaisonnez de sel, poivre, laurier, échalotes hachés. Quand le tout est bien blanc, mouillez avec bouillon et vin blanc, laissez mijoter une couple d'heures, passez la sauce, assaisonnez, conservez pour vous en servir au besoin.
En maigre, on procède de même, sans viande ni bouillon. Les écrevisses sont mieux cuites dans une mirepoix maigre acidulée.

Miroton. — C'est un mélange de viande, d'oignons, de pommes de terre fricassées, de lard, de champignons, de fines herbes. C'est un aliment indigeste dont les convalescents et les estomacs faibles doivent s'abstenir.

Miroton de pommes. — Pelez 10 ou 12 belles pommes bien saines, des pommes reinettes de préférence; débarrassez-les du cœur au moyen d'un vide-pommes; coupez-les en tranches, faites mariner pendant quatre heures dans une terrine avec du sucre, de la cannelle en poudre, un demi-verre d'eau-de-vie, un jus de citron; ensuite les égoutter, garnir de marmelade de pommes et d'abricots mêlés ensemble, ranger les tranches de pommes dans un plat qui aille au feu; mettez au four sur des cendres chaudes, le four de campagne par-dessus jusqu'à ce que les pommes aient pris couleur.

Mitonnage. — Faites tremper de la mie de pain dans du lait, laissez dessécher au feu en remuant constamment, liez avec des jaunes d'œufs, retirez du feu, réservez pour vous en servir au besoin. Ce mitonnage s'emploie pour les farces et les quenelles.

Mitonnage aux navets. — Ratissez les navets, coupez en morceaux, mettez cuire à l'eau salée; faites ensuite cuire à tout petit feu du pain mouillé avec l'eau de la cuisson des navets, et lorsque le pain est bien cuit, ajoutez vos navets revenus au beurre, poivre, sel, encore du beurre; ajoutez un jaune d'œuf délayé dans du lait.

Moelle de bœuf à la Orly. — Coupez de la moelle de bœuf en morceaux de 5 centimètres de long sur 3 de large; faites-les dégorger dans de l'eau fraîche, ensuite blanchir; égouttez-les, mettez-les rafraîchir. Quand ils sont froids, passez-les un à un dans de la glace de viande chaude, disposez-les immédiatement sur une plaque en les tenant isolés les uns des autres, et après refroidissement de la glace, parez-en les bavures. Vingt minutes avant de servir, trempez tous les morceaux dans la pâte à frire, mettez-les dans la friture très chaude. Quand ils sont de belle couleur, séchez-les sur une serviette, saupoudrez très légèrement de sel. Dressez en rocher sur une assiette, servez chaud avec garniture de persil frit, une sauce tomate à part.

Morilles à l'andalouse. — Blanchissez les morilles; coupez du jambon en petits morceaux, faites-lui prendre couleur dans de l'huile d'olives; ajoutez quelques cuillerées de vin de malaga, sel, poivre, muscade, piment rouge haché, persil haché, mettez les morilles, faites cuire une demi-heure, mettez un peu de glace de viande et de jus de citron.

Morilles aux croûtons. — Faites revenir les morilles avec beurre, persil, ciboule; mettez un peu de farine, mouillez de bouillon; laissez cuire un moment, retirez du feu et mettez une cuillerée de crème et un jaune d'œuf, un peu de sucre et versez sur la croûte d'un pain mollet, beurré en dedans et séché au four.

Morilles à la romaine. — Épluchez soigneusement les morilles, mettez-les tremper dans l'eau tiède; lorsqu'elles sont bien propres, égouttez, faites sécher. Mettez de l'huile dans une casserole avec sel, poivre, persil, ciboules finement hachés, faites cuire vos morilles dans cette huile et assaisonnement. Faites griller une croûte de pain ronde, beurrez, lorsqu'elle est bien chaude, versez dessus les morilles arrosées de citron et servez.

Morue à la bénédictine. — Prenez 500 grammes de belle morue blanche et préalablement dessalée, mettez-la bouillir dans l'eau avec six grosses pommes de terre jaunes épluchées. Laissez une heure sur le feu, retirez votre morue de l'eau, enlevez soigneusement les arêtes et la peau; écrasez le tout dans un mortier avec vos pommes de terre qui doivent être à peu près défaites, délayez avec un demi-litre de lait, mettez 125 grammes de bon beurre, la moitié de la peau d'un citron, et lorsque votre pâte est aussi fine que possible, beurrez un moule de fer blanc, versez le tout dedans, recouvrez de chapelure, faites gratiner avec feu dessus et feu dessous, laissez cuire environ trois quarts d'heure, à un feu très doux, servez chaud; ce plat se nomme morue à la bénédictine, il est d'une finesse extrême.

Morue carmélite. — Coupez la morue dessalée en morceaux, égouttez, placez au fond d'un pot de porcelaine une couche de morue, ensuite une couche d'oignons hachés avec mie de pain, persil, fines herbes, garnissez le pot de la même façon jusqu'à moitié, ajoutez du beurre fondu et de l'eau, afin de cacher la dernière couche, couvrez, faites cuire à feu lent jusqu'à ce que le liquide ait disparu; servez dans le pot où ils auront cuit.

Morue à la crème. — Faites dessaler une belle queue de morue, mettez-la cuire dans de l'eau froide; dès que l'eau bout, écumez, couvrez la casserole et mettez au chaud sur le côté du fourneau pendant vingt minutes, égouttez, découpez-la en filets, faites fondre dans une casserole une demi-livre de beurre manié de farine, poivre, muscade; lorsque la liaison se fera, ajoutez un demi-litre de crème douce, du persil haché; tournez la sauce pendant cinq minutes, placez les filets de morue, laissez mijoter dans la sauce jusqu'au moment de servir.

Morue hollandaise. — Nettoyez, dessalez et mettez cuire à l'eau un morceau de belle morue; après cuisson, égouttez et servez avec une grande quantité de beurre frais fondu, salé et poivré et des pommes de terre bien farineuses, cuites à l'eau.

Le beurre peut se servir dans une saucière ou versé sur la morue.

Morue au fromage. — Se fait avec la sauce béchamel, dans laquelle on ajoute du parmesan râpé, et on met le tout à gratiner sur un feu doux.

Morue à la mode Bourgogne. — Coupez des gros oignons en rouelles, faites-les cuire au beurre, ajoutez un peu de roux, sel, poivre, vinaigre ou jus de citron. La morue cuite et égouttée, dressez-la sur un plat, arrosez avec le roux aux oignons.

Morue pilée. — Mettez, le jour avant de vous en servir, de beaux filets de morue dans de l'eau, changez l'eau cinq ou six fois; cela suffit pour la dessaler; enlevez soigneusement toutes les arêtes, la peau, mettez-la dans de l'eau froide; quand l'eau commence à frémir, couvrez la casserole, laissez au chaud sur un coin du fourneau; faites cuire des pommes de terre au four, hachez un peu d'ail, mélangez avec du beurre, mettez dans un mortier de marbre une pomme de terre, un morceau de morue, du beurre additionné d'ail, pilez le tout ensemble jusqu'à consistance de pâte, recommencez jusqu'à ce que vous ayez obtenu la suffisance que vous voudrez. Mettez dans un plat allant au four; quand la morue a pris une belle couleur, servez très chaud.

Morue sauce poivrade. — Faire cuire la morue dessalée, mettre égoutter et frire ensuite à l'huile bouillante, placer dans un plat de porcelaine allant au feu. Prenez le tiers d'huile qui a servi à frire, ajoutez de la farine, faites un roux, assaisonnez de laurier, ail, oignons, jus de citron, versez le tout sur la morue, faites bouillir dix minutes avant de servir.

Morue à la suédoise. — Préparez la morue comme ci-dessus; quand elle est cuite, laissez au chaud sur un coin du fourneau; nettoyez des anchois, hachez avec persil, ciboule, peu d'ail, sel, poivre, beurre frais, de façon à former une pâte, semez de câpres; mettez dans un plat allant au feu un peu de beurre et quelques lames de morue, recouvrez avec la pâte, saupoudrez avec de la chapelure; faites cuire avec feu dessus et dessous.

Moscovite d'oranges et d'abricots. — Prenez la chair et le jus de six oranges, les chairs passées au tamis d'une livre d'abricots cuits dans un sirop de sucre, ajoutez le zeste d'une orange, quelques feuilles de gélatine fondue; laissez reposer une nuit; le lendemain, comme les fruits sont pris en gelée, faites un peu chauffer au bain-marie; passez le tout au tamis de crin, mettez

Mou de veau à la poulette.

— Coupez en morceaux carrés un mou de moyenne grosseur, faites dégorger à l'eau tiède et blanchir à l'eau bouillante, le rafraîchir et l'égoutter. Mettre dans une casserole un morceau de beurre, laisser un peu blondir, ajouter le mou en remuant avec une cuiller de bois, afin qu'il n'attache pas. Une fois revenu, mettre une cuillerée de farine, mouiller avec du bouillon, ajouter un bouquet garni, champignons, sel, poivre; le mou cuit aux trois quarts, dégraissez et faites une liaison de trois ou quatre jaunes d'œufs et un filet de vinaigre, et servez.

Moules à la bretonne.

— Nettoyez 2 kilogrammes de moules bien fraîches, lavez-les à plusieurs eaux, faites ouvrir à feu vif, avec deux verres de vin blanc, servez accompagnées de la sauce suivante : Faites roussir 100 grammes de beurre, ajoutez une cuillerée de farine et, sans le laisser prendre couleur, mouillez avec du bouillon gras, laissez réduire. D'autre part, mêlez dans une assiette creuse : deux jaunes d'œufs, 150 grammes de crème, une cuillerée de vinaigre, sel, poivre, oignons, bouquet garni, ail hachés, battez le tout ensemble, ajoutez ce mélange à votre sauce de cuisson, laissez bouillir, versez dans une saucière et servez.

Moules frites.

— Faire fondre un morceau de beurre dans une casserole, mêler avec une cuillerée de farine, ajouter du jambon cru et haché, un oignon coupé en rond, quelques champignons émincés, un bouquet garni, girofle, mouiller de bouillon, mettre au feu, faire réduire de moitié, passer à la passoire, remettre sur le feu, lier avec deux jaunes d'œufs, retirer du feu, en tenant au chaud. Ensuite ouvrez des moules retirées de leurs coquilles, passez une à une dans la sauce chaude, mettez à refroidir, éloignez-les les unes des autres, panez ensuite, toujours une à une ; faites frire ensemble de belle couleur, dressez en rocher sur un plat, et servez un bouquet de persil frit sur votre plat.

Moules à la marinière.

— Préparer les moules, les sauter dans une poêle avec un bon morceau de beurre, persil, ciboule, ail haché fin, poivre, un peu de mie de pain ; servez.

Moules à l'oseille.

— Les moules étant nettoyées, les faire ouvrir sur le feu, les détacher de leurs coquilles, ensuite les piquer de fins lardons, assaisonnés de persil haché, poivre, puis les sauter au beurre, en les assaisonnant d'épices ; les servir sur une farce d'oseille.

Moules à la Villeroi.

— Faites ouvrir des moules dans une casserole avec un verre de vin blanc, retirez de leurs coquilles, trempez, froides, une à une, dans une sauce Villeroi ; laisser refroidir la sauce en les tenant séparées, les paner avec soin, faire frire de belle couleur, servir une garniture de persil frit autour.

Mousse au chocolat.

— Faites fondre dans un peu d'eau une tablette et demie de chocolat, de façon à produire une pâte molle. Mélangez avec de la crème Chantilly, ajoutez du sucre et fouettez vivement dix minutes.

Mousse de pommes. — Faites fondre environ 35 grammes de gélatine dans une goutte d'eau, faites cuire à l'étouffée huit pommes reinettes, passez au passe-purée fin, ajoutez 300 grammes de sucre en poudre, mettez-y la gélatine fondue, fouettez bien ce mélange, ajoutez peu à peu le jus de cinq citrons en évitant de laisser glisser les pépins. Lorsque le moussé est bien neigeux, mettez dans un moule au frais, laissez quelques heures, démoulez pour servir.

Moutarde. — La moutarde s'obtient avec les graines de plusieurs espèces d'herbes, de moutardes, cultivées dans toutes les régions tempérées.

On fait gonfler les graines dans de l'eau, on les pile et on les sale. La moutarde active la digestion, mais il faut se garder d'en abuser.

Les moutardes dites naturelles étant falsifiées surtout avec des farines et des fécules, mieux vaut la fabriquer soi-même de la sorte :

Moutarde de ménage. — On prend parties égales d'eau bouillante, tenant en dissolution du sel marin, du vinaigre très chaud, et on y incorpore aussitôt de la bonne moutarde en poudre très fine, en agitant constamment, pour ne pas former de grumeaux, jusqu'à ce qu'on ait obtenu une pâte claire et bien homogène, qu'on verse dans un vase de faïence, et qu'on bouche bien. Au bout de quelques jours on le débouche. Si la pâte est trop épaisse, on y ajoute un peu de vinaigre.

Moutarde au kari.

Piment enragé. . . . . . . 125 gr.
Racine de curcuma. . . . 100

On pile chaque substance séparément, puis on les mêle et on les tamise; on y ajoute ensuite :

Poivre fin en poudre. . . . 15 gr.
Noix muscade en poudre. . 4
Girofle. 2

On mélange la poudre ainsi obtenue avec du bon vinaigre et on opère ensuite comme ci-dessus pour la moutarde. On emploie aussi directement cette poudre pour la mettre dans les sauces.

La moutarde a de nombreux emplois en médecine, les principaux sont les sinapismes.

Mouton en hochepot. — Précieux pour les restes de gigot, d'épaule. Coupez en morceaux, faites revenir avec un morceau de lard de poitrine coupé en dés et un peu de beurre, retirez les morceaux, faites un roux, que vous mouillez d'un peu de bouillon; ajoutez sel, poivre, bouquet garni, ail.

Faites passer au beurre des navets, pommes de terre, carottes; lorsqu'ils ont pris couleur, mettez-les dans le roux ainsi que vos restes de mouton

Mulet grillé. — Videz, écaillez, lavez, mettez mariner une heure dans huile, sel, poivre, oignons, en tranches, persil; faites griller à feu doux et servez avec sauce verte.

N

Navets glacés en poires. — Prenez de beaux gros navets, pelez-les et donnez-leur la forme d'une poire, faites-les blanchir à l'eau bouillante. Beurrez le fond d'une casserole, placez-y vos navets, saupoudrez de sucre en poudre, mouillez de bouillon, mettez un rond de papier beurré sur les navets; faites partir à feu vif et finissez de les cuire doucement, feu dessus feu dessous.

Navets au jus. — Épluchez les navets, faites-leur jeter un bouillon dans de l'eau; égouttez, passez au beurre avec un peu de sucre en poudre; lorsqu'ils ont pris couleur, faites un roux, mouillez de bouillon, mettez sel, poivre, bouquet garni; laissez réduire et servez.

Navets à la moutarde. — Faites cuire comme ci-dessus et servez avec sauce moutarde.

Navets à la piémontaise. — Un mets adoré de Victor-Emmanuel. Faites cuire à demi vos navets dans l'eau; découpez-les en tranches minces que vous mettez avec beaucoup de beurre dans une casserole; ajoutez un peu de lait et d'extrait de viande, un peu de chapelure, salez, poivrez et faites prendre couleur au four.

Navets à la poulette. — Épluchez des navets en poire, faites blanchir, mettez-les dans un petit roux blanc, mouillez de bouillon; quand la sauce est suffisamment réduite ajoutez du sucre en poudre; au moment de servir liez avec un morceau de beurre et trois jaunes d'œufs.

Navets en purée. — Coupez en tranches, blanchissez, égouttez, mettez dans une casserole avec bouillon, sel, poivre, bouquet garni; assez de bouillon pour qu'ils baignent. Lorsqu'ils sont cuits, passez au tamis, mettez la purée dans une casserole avec du sucre en poudre, du beurre frais et deux jaunes d'œufs.

Navets au sucre. — Quand vous aurez épluché de petits navets faites-les revenir dans du beurre, saupoudrez-les de sucre, ajoutez sel, mouillez d'une cuillerée de bouillon, faites cuire à petit feu.

Nèfles au beurre. — Prenez des nèfles intactes, enlevez la couronne et les ailes, faites fondre du beurre;

quand il est blanc, jetez les nèfles avec un peu de sucre en poudre, faites bouillir, mouillez avec du vin de Malaga, laissez réduire, servez tiède.

Noix confites. — Prenez des noix vertes, pelez-les légèrement, jetez à mesure dans une bassine d'eau fraîche, faites bouillir jusqu'à ce qu'une épingle pénètre facilement dans leur chair, retirez du feu, jetez-les à l'eau froide, égouttez-les; on opère comme pour les prunes confites.

Noix de veau glacée épinards. — Parez une belle noix de veau en laissant la moitié de la tétine, piquez-la de lardons, mettez dans une casserole avec bardes de lard, parures de veau, deux carottes, trois oignons, clous de girofle, persil; placez dessus votre noix, mettez une cuillerée à pot de bouillon, du beurre, faites cuire mettez un double papier dessus pendant deux heures, servez avec garniture d'épinards.

Nougat. — Ayez une livre d'amandes, jetez dans l'eau bouillante cinq minutes pour les émonder; égouttez, pelez, lavez de nouveau, séchez, coupez les amandes en quatre filets chacune; faites sécher à four doux et attendez qu'elles soient blondes. Faites fondre trois quarts de sucre dans un poêlon, remuez, jetez les amandes, mélangez bien le tout; huilez un moule, mettez les amandes dedans en les étendant le plus mince possible. Laissez refroidir et démoulez.

Nouilles au jambon. — Coupez en petits morceaux du maigre de jambon; passez au beurre à feu doux; mouillez de bouillon, ajoutez une demi-livre de nouilles, un morceau de beurre, du fromage de Gruyère râpé, mêlez et ajoutez un peu de poivre de Cayenne.

Nouilles (pâte de). — Une livre de farine, six œufs, une petite tasse de lait tiède. Mélangez les œufs et le lait avec une petite pincée de sel; battez fortement, délayez alors la farine avec ce mélange, très doucement et peu à peu; il faut obtenir une pâte ni trop molle, ni trop dure. Formez de cette pâte des boules, que vous abaissez avec le rouleau de l'épaisseur d'une pièce de un franc; ainsi étendues, ces boules doivent avoir le diamètre d'une assiette; mettez-les en effet sur des assiettes saupoudrées de farine, retournez-les souvent pendant deux ou trois heures, roulez alors votre pâte comme une feuille de papier, coupez-les, avec des ciseaux, en fins rubans d'un centimètre de largeur et faites cuire sept à huit minutes à l'eau bouillante salée.

O

Œufs. — L'œuf qui, entre le pain et la viande, tient une si large et si utile place dans l'alimentation, renferme sous un volume restreint de précieux éléments de nutrition quoiqu'il ne soit pas un aliment aussi complet que le lait.

Les œufs de poule, préférables à tous les autres, sont fins, délicats et se digèrent aisément, crus ou cuits.

On les falsifie, hélas! mais en Amérique et en Angleterre surtout, peu en France.

Pour juger de leur fraîcheur, car ils ne sont vraiment bons qu'étant frais, il les faut mirer à l'aide d'une bougie dans un endroit obscur.

Le moindre trouble aperçu à travers la coquille doit nous mettre en méfiance.

On peut aussi les plonger dans de l'eau légèrement salée; ceux qui vont au fond sont frais. Ceux qui surnagent sont plus que douteux.

Les œufs qu'on veut conserver doivent être recueillis du 8 août au 8 septembre (entre les deux Notre-Dame). Les placer dans un tonneau ou dans un grand pot de grès avec du lait de chaux au fond du récipient, et une couche du même produit entre chaque rangée de façon à ce que l'air ne puisse pénétrer.

Ce mode de conservation est de beaucoup le plus efficace.

Si on peut se procurer des œufs recueillis dans un poulailler où il n'y a que des poules, *pas un seul coq*, on peut à l'aide du lait de chaux les conserver pour ainsi dire indéfiniment.

Un œuf suffisamment frais ne fait pas entendre de clapotement quand on l'agite.

Les œufs teints en rouge ou autrement sont parfois colorés avec des matières dangereuses et peuvent être nuisibles. Il faut s'en méfier, d'autant plus que les œufs durs sont très indigestes.

Œufs à l'ardennaise. — Battez en neige les blancs d'œufs avec sel, poivre; beurrez un plat allant au feu, versez vos blancs, puis quelque cuillerées de crème, enfin vos jaunes *entiers*; faites cuire feu dessus, feu dessous.

Œufs à l'aurore. — Faites durcir les œufs, épluchez-les, coupez les blancs et la moitié des jaunes en petits morceaux, mélangez à une sauce béchamel; le restant des jaunes passés au tamis, on y met du beurre chaud, on verse sur les œufs, on sale, on met un peu de muscade et on fait cuire feu dessus, feu dessous.

Œufs Bercy. — Faites revenir des saucisses plates, cassez les œufs, sans crever les jaunes, versez dessus une sauce tomate et passez sous four de campagne.

Œufs au beurre noir. — Cassez

des œufs dans un plat de terre, mettez sel, poivre; faites fondre du beurre à la poêle, attendez qu'il soit noir, versez alors les œufs avec précaution, faites cuire à feu doux, versez un filet de vinaigre et servez.

Œufs à la bourguignonne. — Pilez un morceau de betterave, avec zeste de citron, quelques macarons, sucre en poudre, peu de cannelle, prenez une demi-douzaine d'œufs dont vous ôtez les germes, brouillez ensemble, passez à l'étamine, faites cuire à la façon des œufs au lait.

Œufs brouillés. — Mettez ensemble dans une casserole six œufs bien battus, un morceau de beurre en petits débris, un peu de lait, sel, poivre; faites cuire en tournant toujours et servez très mollets.

Œufs brouillés aux truffes. — Agissez comme précédemment et ajoutez des truffes coupées en fines lames et passées au beurre.

Œufs brouillés aux anchois et crevettes. — En place des truffes, mettez des anchois et des queues de crevettes.

Œufs brouillés aux champignons. — Un hachis de champignons revenu au beurre et amalgamé aux œufs.

Œufs brouillés aux crevettes. — Epluchez une demi-livre de grosses crevettes. Faites vos œufs brouillés comme précédemment et ajoutez, au moment de servir, les queues de crevettes et un jus de citron.

Œufs brouillés aux croûtons. — Faites revenir dans du beurre de petits dés de pain, amalgamez avec vos œufs cuits comme ci-dessus.

Œufs brouillés au jambon. — Des filets de jambon revenus au beurre et ajoutés au moment de servir.

Œufs brouillés aux pointes d'asperges. — Prenez une botte de petites asperges vertes; faites-les cuire à l'eau salée de manière à ce qu'elles soient croquantes; coupez-les en petits morceaux que vous faites sauter au beurre et que vous mélangez à vos œufs brouillés.

Œufs brouillés à la royale. — Beurrez de petits moules et garnissez-les de farce à quenelles; faites des œufs brouillés, mettez-les dans ces moules, mettez de la farce au dessus, faites prendre au bain-marie, démoulez et versez avec sauce béchamel.

Œufs en caisse. — Faites pour chaque œuf une petite caisse de papier fort, mettez dedans un morceau de beurre, des fines herbes, faites fondre le beurre à feux doux, sur un gril; cassez un œuf dans chaque caisse; couvrez de mie de pain et de parmesan râpé. Faites cuire lentement et passez une pelle rouge sur le dessus.

Œufs cocotte aux champignons. — Faites une farce aux champignons, garnissez soit le fond d'un pot à crème, soit une cocotte de porcelaine, de cette farce, cassez un œuf frais dessus, saupoudrez de sel, poivre, ajoutez un peu de beurre, faites cuire au bain-marie ou au four doux. On peut faire ce plat sur un plat aux œufs si on veut y joindre plusieurs œufs.

Œufs comtesse. — Prenez de beaux fonds d'artichauts entiers, faites-les cuire au beurre, garnissez-les d'une purée de champignons, faites pocher vos œufs. Mettez chaque œuf sur un fond d'artichaut; saucez par-dessus d'une sauce béchamel bien beurrée et liée. Saupoudrez de parmesan, glacez au four et servez.

Œufs à la coque. — Lorsque l'eau bout, mettez vos œufs pendant deux minutes; retirez votre casserole du feu et laissez encore vos œufs deux minutes; ils font ainsi leur lait et sont excellents.

Œufs à la coque truffés. — Mettez des truffes dans un bocal où se trouvent des œufs, fermez hermétiquement pendant vingt-quatre heures et préparez comme les œufs à la coque ordinaires.

Œufs à la crème. — Faites durcir, coupez en deux et servez sur une sauce à la crème.

Œufs dada. — Mettez dans un plat allant au feu de fines tranches de bœuf ou de viande hachée, sel, poivre, un morceau de beurre, cassez œufs sur tout; on cuit comme on veut, trois minutes suffisent.

Œufs énormes. — Mettez à part les blancs et les jaunes de douze œufs. Versez les jaunes dans une petite vessie bien lavée, fermez la vessie avec une ficelle en lui donnant la forme d'un jaune d'œuf; mettez la vessie dans l'eau bouillante; lorsque les jaunes sont durs, enlevez-les de la vessie, mettez-les dans une autre plus grande et ajoutez vos blancs d'œuf; la boule de jaune se trouve au milieu; ficelez votre vessie, mettez-la dans l'eau bouillante et vous obtenez ainsi un œuf formidable.

Œufs farcis à l'indienne. — Prenez des œufs durs, épluchez, coupez en deux dans le sens de la longueur, retirez-en les jaunes, mélangez avec sel, jus de viande, deux ou trois cuillerées de riz bien cuit, mêlez soigneusement; remplir avec cette pâte la partie de l'œuf qui est vide, donner à la surface une forme bombée, lisser avec un couteau beurré, mettre au four dix minutes sur un plat beurré, servir, garnir d'une couche de purée de pommes de terre.

Œufs frits. — Faites de petites omelettes très minces, assaisonnées de sel, poivre, persil, ciboule, roulez-les, coupez-les en deux; passez-les à l'œuf battu, puis dans la mie de pain et faites frire.

Œufs frits (*autre manière*). — Pochez vos œufs dans de la friture bien chaude, retirez et versez sur sauce piquante.

Œufs au fromage à la suisse. — Couper des œufs durs par moitié, dans le sens de la longueur, retirer les jaunes auxquels on ajoute du sel, du fromage de Gruyère et de parmesan râpé, un œuf cru entier, un peu de crème; remplir la partie de l'œuf restée vide de cette farce, mettre au four dans un plat beurré, saupoudrer sur la surface des œufs du parmesan râpé, passer la pelle rougie, servir avec sauce au fromage.

Œufs illusion. — Faites prendre au bain-marie quatre jaunes d'œufs, un peu de sucre, quelques petits morceaux de beurre, jus de citron, écorce de citron râpé. Fouettez les quatre blancs d'œufs en neige, mélangez avec le mélange, versez dans un moule, faites cuire au bain-marie.

Œufs au lait. — Faites bouillir un litre de lait avec 250 grammes de sucre, un peu de vanille ; battez ensemble six œufs, blancs et jaunes, et versez dessus, en tournant toujours, votre lait refroidi ; passez au tamis dans un plat creux, et faites cuire au bain-marie, avec four de campagne au-dessus.

Œufs en matelote. — Versez dans une casserole, moitié eau, moitié vin, bouquet garni, oignons, ail, sel, poivre ; faites bouillir un quart d'heure ; retirez le bouquet et les oignons ; faites pocher six œufs bien frais dans ce mélange ; retirez-les et posez-les sur des croûtes de pain passées au beurre. Faites réduire la sauce ; mettez un peu de farine, et versez sur les œufs.

Œufs aux macarons. — Battez six jaunes d'œufs, trois blancs, trois macarons pilés, zeste de citron, du sucre, un morceau de beurre frais fondu, faites cuire au bain marie.

Œufs mollets à la reine. — Prenez un poulet froid (rôti), hachez la chair avec 50 grammes de beurre, sel, passez au tamis de crin. Au moment de servir, faites chauffer la purée sans la laisser bouillir. Dressez dans un plat, disposez des œufs en bordure, après les avoir fait chauffer dans du bouillon blanc.

Œufs à la neige. — Mettez bouillir un litre de lait, sucrez de 250 grammes de sucre, vanillez ; battez en neige très ferme six blancs d'œufs avec quelques cuillerées de sucre en poudre ; jetez-les par grosse cuillerée dans le lait bouillant ; retournez avec l'écumoire ; en tout, deux minutes de cuisson ; retirez, battez les six jaunes, délayez-les avec du lait de la cuisson, faites prendre un instant au bain-marie, et jetez sur vos blancs d'œufs cuits.

Œufs au parmesan à la Lorraine. — Mettre dans une terrine des œufs, avec sel, peu de crème, du fromage de parmesan et du gruyère râpé, prendre des pots à soufflé, les emplir, faire pocher au bain-marie sans laisser bouillir ; vingt minutes de cuisson suffisent ; saupoudrez de parmesan râpé, colorez en passant dessus la pelle rougie.

Œufs à la paysanne. — Beurrez un plat, mettez sur feu doux, cassez les œufs, salez, poivrez, couvrez de crème double, et laissez cuire doucement.

Œufs de perche en caisse. — Faites sauter dans du beurre des œufs de perche, assaisonnez de sel, poivre, persil haché, mettez griller dans une petite caisse de papier, faites cuire sur le gril à feu doux, arrosez d'un jus de citron, servez.

Œufs aux petits pois. — Faites cuire les petits pois dans du bouillon ; ajoutez quelques croûtons frits, cassez des œufs, mettez sel, poivre, faites cuire feu dessus, feu dessous.

Œufs aux pistaches. — Mettez dans une casserole un peu de crème, de la fleur de farine, l'écorce d'un citron râpée, huit œufs frais, deux morceaux de sucre, des pistaches pilées, délayez le tout ensemble, mettez dans le plat à servir, faites cuire à petit feu, remuez toujours ; les œufs brouillés, ôtez du feu, saupoudrez de sucre râpé, glacez avec une pelle rougie.

Œufs sur le plat. — Mettez un bon morceau de beurre, cassez vos œufs sans laisser fondre le beurre (ils sont ainsi beaucoup plus délicats); salez, poivrez, faites cuire et passez une minute sous le four de campagne.

Œufs pochés. — Mettez à moitié de l'eau dans une casserole, avec vinaigre et sel; lorsque l'eau bout, retirez sur un coin du fourneau, de manière à modérer; cassez vos œufs dans cette eau, avec grande précaution; lorsqu'ils ont acquis de la consistance, retirez avec l'écumoire, mettez-les dans l'eau tiède et servez soit sur une farce d'oseille, d'épinards, de chicorée, soit sur une sauce blanche, ou sur du jus de viande.

Œufs aux pommes. — Faites cuire des œufs durs; coupez par moitié, en largeur, enlevez les jaunes, pilez-les avec de la marmelade de pommes, passez au tamis, remplissez les œufs de ce mélange, mettez sur des tranches de pain frites au beurre; saucez d'une sauce faite de la marmelade d'abricots délayée avec du rhum.

Œufs à la royale (*autre*). — Délayez six jaunes d'œufs avec du jus de viande, mettez sel, poivre, muscade, faites prendre au bain-marie.

Œufs en sandwichs. — Couper des œufs durs en tranches épaisses, les étendre sur des tranches de pain beurré, puis recouvrir de tranches minces de pain beurré, couper les sandwichs à la grandeur convenable; on peut employer des tranches de pain grillé.

Œufs à la sauce. — Faites frire des oignons dans du beurre; lorsqu'ils sont roux, ajoutez de la farine, du vin blanc et mettez des œufs durs coupés en tranches.

Œufs sauce tomate. — Coupez des œufs durs en rouelles, versez dessus une sauce tomate.

Œufs en surprise. — Avec une grosse aiguille percez un œuf, délayez avec votre aiguille; videz la coquille; remplissez alors, au moyen d'un petit entonnoir, vos œufs avec une crème faite de leur contenu et de lait sucré et aromatisé à n'importe quel parfum; mettez un peu de gomme arabique pour boucher l'ouverture, mettez vos œufs dans des coquetiers, que vous placez dans de l'eau bouillante qui doit monter jusqu'à la moitié des œufs, faites prendre et servez.

Œufs à la tripe. — Coupez des oignons en tranches, passez au beurre, faites à peine jaunir, saupoudrez de farine, mettez du lait; lorsque les oignons sont en purée, ajoutez sel, poivre, œufs durs en tranches; amalgamez.

Œufs de vanneau en beignets. — Faire bouillir pendant huit minutes des œufs de vanneau, enlever les coquilles, les tremper dans la pâte à frire, les plonger dans la friture très chaude, égoutter, dresser sur une serviette, servir.

Œufs au verjus. — Faites fondre un peu de graisse et un peu de beurre avec farine, laissez un peu blondir, mettez une cuillerée de jus de viande; battez huit œufs avec du jus de groseilles vertes (en petite quantité), tournez et servez mollet.

Œufs à la vestale. — Faites réduire de moitié un litre de crème et un litre de lait, ajoutez un peu d'écorce de citron sucré, laissez refroidir à moitié, délayez alors des amandes douces, et deux amères pilées, une douzaine d'œufs; passez à l'étamine; versez dans un moule beurré, faites cuire au bain-marie; servez après refroidissement.

Oies. — Les oies sont bonnes de novembre à mars.

Oie à la chipolata. — Préparez, mettez dans une casserole avec bardes de lard, débris de viande, un peu de jambon, les abatis de l'oie, carottes, oignons, bouquet garni, clou de girofle, sel, poivre; couchez l'oie sur tout cela, mouillez le bouillon d'un peu de madère, couvrez d'un rond de papier beurré, faites cuire doucement et servez avec garniture de chipolata.

Oie à la flamande. — Prenez une jeune oie bien grasse, préparez-la, piquez-en l'estomac avec des lardons assaisonnés de fines herbes, sel, poivre; épluchez des marrons rôtis, passez au beurre avec un peu de sucre; remplissez-en l'oie; ficelez et mettez à cuire dans une casserole avec bardes de lard dessus et dessous, du jarret de veau coupé en morceau, carottes, oignons, thym, laurier, persil, ail, échalotes, sel, poivre; moitié vin blanc, moitié bouillon; faites cuire à petit feu; retirez, dégraissez la sauce, faites réduire un peu et masquez-en l'oie.

Oignons farcis. — Faites blanchir de gros oignons, égouttez, creusez-les avec un vide-pommes; remplir de farce à quenelles. Ranger les oignons dans un sautoir beurré, saupoudrer de sel et sucre, couvrir de bardes de lard; cuire à feu vif; quand ils sont cuits, réduire le jus, dresser les oignons sur un plat, les couvrir de leur jus.

Oignons glacés. — Prenez des oignons blancs de même couleur, épluchez-les avec soin, mettez du beurre au fond d'une casserole, placez les oignons à côté l'un de l'autre, ajoutez du poivre noir, sel, une goutte d'eau, sucre en poudre, peu de beurre, mettez sur un feu ardent; modérez le feu lorsque vous voyez le mouillement réduit de moitié, laissez cuire jusqu'à ce que le mouillement soit tombé en gelée. Dressez les oignons sur un plat, allongez au besoin avec de l'espagnole légère, dégraissez, passez à la passoire, versez le jus sur les oignons.

Oignons en matelote. — Épluchez de gros oignons, faites cuire à l'eau bouillante un instant, égouttez, placez-les l'un contre l'autre dans une casserole, assaisonnez de sel, poivre, bouquet garni, un morceau de beurre, faites un roux, mouillez de vin rouge et un peu d'oignon émincé, laissez lier la sauce; la verser sur les oignons à travers une passoire, mettre la casserole sur le feu, cuire doucement les oignons; ajouter un filet de vinaigre et un cornichon haché.

Disposez dans un plat des croûtons de pain grillés, placez vos oignons sur chaque croûton, masquez de la sauce bien réduite.

Oignons en ragoût. — Faites cuire des oignons dans la cendre, épluchez-les avec soin, mettez dans une casserole jus de gigot et vos oignons mijoter dix minutes, liez la sauce d'un peu de farine et de moutarde.

Omelette aux anchois. — Prenez une quinzaine d'anchois, mettez-les tremper une demi-heure à l'eau froide, essuyez, coupez par moitié; faites une omelette de six œufs, mettez-la sur un plat toute étendue, rangez dessus vos anchois; recouvrez-la d'une seconde omelette et servez saucée d'une sauce piquante.

Omelette aux artichauts. — Prenez des artichauts poivrade, coupez le haut des feuilles, coupez-les en quatre et faites-les roussir à la poêle; versez vos œufs battus dessus et faites à l'habitude.

Omelette en bouquet. — Très joli plat, très simple. Faites une omelette ordinaire de trois œufs; une autre, deux jaunes et un blanc; une troisième, avec deux blancs et un jaune; une quatrième, avec beaucoup de fines herbes, de manière à la rendre verte; enfin une cinquième, avec de la sauce tomate, qui la rendra couleur aurore; disposez avec goût et servez.

Omelette aux cerises. — Enlevez les noyaux d'une demi-livre de cerises, passez lesdites cerises au beurre chaud, mêlez vos cerises à une omelette, faites comme précédemment et servez saupoudrée de sucre.

Omelette aux champignons. — Se fait de même que celle aux truffes.

Omelette au chocolat. — Faites fondre une tablette de chocolat dans un peu d'eau; le liquide un peu refroidi, ajoutez peu de crème, quatre jaunes d'œufs. Battre les blancs en neige puis les mêler aux jaunes; faites fondre un morceau de beurre bien frais, versez le mélange en tournant avec une cuillère, jusqu'à ce que les œufs prennent de la consistance. Votre omelette cuite, roulez-la sur elle-même sur un plat, arrosez-la d'une sauce au chocolat.

Omelette aux confitures. — Pour les omelettes, ceci dit une fois pour toutes, il faut battre les blancs et les jaunes à part, puis les rebattre vigoureusement ensemble en ajoutant un peu d'eau, sel et poivre. Donc, battez six œufs et versez-les dans la poêle avec un bon morceau de beurre fondu, laissez prendre l'omelette jusqu'à ce qu'elle soit un peu cuite, étendez alors sur l'omelette restée dans la poêle une épaisse couche de confitures d'abricots ou de groseille; tournez l'omelette, pliez sur le plat et servez saupoudrée de sucre.

Omelette à la crème pâtissière. — Prenez un litre de lait, 75 grammes de farine, huit jaunes d'œufs, 150 grammes de sucre, un peu de zeste de citron râpé. Mettez au feu dans une casserole; quand l'ébullition commence, enlevez la casserole, placez sur des cendres rouges, laissez cuire cinq minutes en tournant toujours, puis retirez du feu. Ensuite ajoutez à l'aide d'une cuiller de bois 70 grammes de macarons, même quantité de fleur d'oranger pralinée, huit œufs entiers, versez le tout dans une casserole garnie de papier beurré, faites cuire à four doux ou sous un four de campagne; après cuisson démoulez sur un plat, enlevez les papiers, servez.

Omelette aux épinards — Avant de plier l'omelette on y ajoute une légère couche d'épinards, apprêtés soit au maigre, soit au gras.

Omelette aux foies de volaille. — Coupez vos foies en tranches minces, faites sauter au beurre, ajoutez vos œufs dessus et finissez comme à l'ordinaire.

Omelette au fromage. — Dans votre omelette préparée comme ci-dessus, mais sans sel, incorporez un quart de fromage de Gruyère râpé et quelques petits morceaux de beurre.

Omelette aux harengs saurs. — Fendez deux harengs, enlevez la peau, séparez les chairs de l'arête et coupez-les en petits morceaux que vous passez au beurre dans une poêle; ajoutez les œufs battus et procédez comme pour l'omelette ordinaire.

Omelette aux huîtres et aux moules. — Faites blanchir des huîtres dans leur eau, coupez par filets, quatre huîtres par œuf; ayez des moules cuites et bien égouttées, également quatre par œuf; mélangez avec vos œufs battus et faites l'omelette comme d'habitude.

Omelette au jambon. — Prenez du jambon, hachez-le bien mince; en mettre une partie dans les œufs battus, assaisonnés de poivre, persil haché, deux ou quatre cuillerées de crème, mettre le tout ensemble, faire une omelette bien moelleuse; la renverser sur un plat, la saupoudrer du reste de jambon passé dans une casserole avec du jus de viande, ou simplement un roux mouillé de bouillon; ne pas trop saler.

Omelette à la jardinière. — Faites un ragoût de haricots verts coupés en morceaux, haricots flageolets, petits pois, fèves, un peu de cerfeuil, persil, ciboule hachés; battez vos œufs, mettez-y la moitié du ragoût, faites cuire et servez avec le restant du ragoût de légumes par-dessus.

Omelette à la jeune mariée. — Battez les jaunes avec du sucre, les blancs en neige; mélangez le tout, ajoutez une cuillerée d'eau de fleur d'oranger, de la fleur d'oranger pralinée, des filets de pistaches, deux macarons pilés, quelques cerises confites; faites cuire au beurre bien frais et servez saupoudrée de sucre.

Omelette au lait. — Battez vos œufs avec lait, sucre en poudre, cuillerée de farine; faites cuire et servez saupoudrée de sucre.

Omelette au lard. — Coupez en dés un quart de lard; faites revenir à la poêle, ajoutez les œufs battus; ne faites pas trop cuire votre omelette, que vous n'avez pas salée, et servez avec sauce piquante.

Omelette au lièvre. — Prenez le sang du lièvre; délayez le foie avec, passez à la passoire; mettez persil, ciboulette hachés, sel, poivre; battez vos œufs, ajoutez ce mélange, plus trois cuillerées de crème chaude; faites l'omelette au beurre frais, retournez des deux côtés de manière à ce qu'elle soit bien sèche.

Omelette au macaroni. — Excellente manière d'utiliser un restant de macaroni de la veille. Coupez en petits morceaux, mélangez à vos œufs non salés et faites cuire avec beaucoup de beurre.

Omelette aux moules et aux champignons. — Battez vos œufs comme à l'ordinaire; ajoutez-y des champignons blanchis et des moules que vous avez fait mourir sur le feu et retirées de leurs coquilles; un peu plus de beurre que pour l'omelette ordinaire et la laisser bien baveuse.

Omelette à l'oignon. — On peut la faire de deux façons, l'oignon roussi, ou purée d'oignons; couper une certaine quantité d'oignons blancs, très minces, passer sur le feu, avec du beurre frais, les cuire doucement à la casserole couverte pour qu'ils ne roussissent pas, saupoudrer de farine, mouiller avec du lait, les assaisonner de sel, poivre, muscade. Quand cette purée est terminée, mêler dans vos œufs battus, faire l'omelette à l'ordinaire. On peut ne pas mélanger la purée aux œufs; votre omelette faite, versez la purée dessus avant de la ployer.

Omelette à l'oseille. — Mélangez une farce d'oseille à votre omelette et agissez comme d'habitude.

Omelette au pain. — Mettez tremper de la mie de pain dans un verre de lait avec sel, poivre, muscade; lorsque le lait a été absorbé par le pain, mélangez vos œufs battus et faites cuire à l'ordinaire.

Omelette au pain (*autre manière*). — Faites frire de petits dés de pain et ajoutez-les à l'omelette.

Omelette du pêcheur. — Prendre 500 grammes de petits poissons, tels que gardons, petites perches, petites brêmes, etc., les écailler, nettoyer, essuyer, les hacher grossièrement avec 100 grammes de petit salé entrelardé, un oignon, une échalote, une gousse d'ail. Mettre ce hachis dans une casserole, avec bouquet garni, sel, poivre, mouiller avec du vin rouge, passer la casserole à feu vif, laisser bouillir une demi-heure; pendant ce temps, manier du beurre avec un peu de farine et faire une dizaine de boulettes de la grosseur d'une noisette, les espacer au fond d'un plat chaud, faire une omelette ordinaire de 12 œufs, la coucher sur les boulettes, verser dessus à travers un tamis le coulis de poisson, soulever un peu l'omelette pour la faire prendre dessous, et servir.

Omelette au plat. — Prenez une poignée d'épinards, cerfeuil, un peu d'oseille, peu de persil, une pointe d'ail, hachés grossièrement, revenus dans du beurre; vous aurez fait cuire dans du lait gros comme trois œufs de mie de pain, sel, poivre; sur le feu mêlez les herbes, puis laissez à peu près refroidir. Battre huit œufs comme pour une omelette, mélanger la panade, verser le tout dans un plat creux beurré; on met à cuire au four avec feu dessus, feu dessous.

Omelette aux pommes. — Cassez et battez vos œufs, ajoutez une cuillerée de farine, un peu de crème, des tranches de pommes revenues dans du beurre et presque cuites; saupoudrez de sucre.

Omelette aux pommes de terre. — Battez vos œufs avec des pommes de terre frites coupées en filets minces et faites cuire comme à l'ordinaire.

Omelette aux queues d'écrevisses. — Cassez six œufs, mettez les jaunes à part, battez les blancs en neige demi-ferme, mélangez le tout, ajoutez une cuillerée de lait, quelques morceaux de beurre frais, vos queues d'écrevisses, et faites cuire votre omelette comme à l'ordinaire; on peut ajouter une cuillerée de sauce tomate.

Omelette au rhum ou au kirsch. — Faites une omelette au sucre, ajoutez en battant vos œufs quelques cuillerées de rhum ou de kirsch (le kirsch est plus délicat), faites cuire assez baveuse, arrosez de rhum ou de kirsch et mettez le feu au moment de servir.

Omelette aux rognons. — Émincez finement du rognon de veau, faites passer au beurre, mélangez avec vos œufs, battez et faites votre omelette; les rognons achèveront de cuire avec.

Omelette russe. — Délayez deux cuillerées de farine de maïs dans deux verres de lait, ajoutez huit œufs entiers, mettez sel, poivre, battez vigoureusement, faites cuire en poêle en mettant beaucoup de beurre, couvrez du four de campagne et servez arrosé de beurre fondu.

Omelette au sang de volailles. — Battre en neige les blancs des œufs à employer, assaisonner de sel, poivre, y joindre un verre de sang de volaille ou d'agneau, trois cuillerées de crème, quelques petits morceaux de beurre, battre en neige, faire l'omelette en remuant toujours, la renverser sur un plat, la servir.

Omelette soufflée. — Battez les jaunes à part, les blancs en neige très ferme, en mélangeant du sucre en poudre, un zeste de citron, un peu de crème; amalgamez le tout avec précaution pour ne pas trop ternir les blancs; mettez dans un plat où vous avez placé des petits morceaux de beurre frais; mettez sur feu doux, sous four de campagne et servez lorsqu'elle sera montée.

Omelette au sucre. — Battez les œufs avec sucre en poudre et zeste de citron, faites cuire, repliez, saupoudrez de sucre en poudre et passez la pelle rougie au feu par-dessus afin de glacer.

Omelette aux tomates. — Passez au beurre du jambon coupé en petits dés. Quand ils sont revenus, versez dans la poêle huit à dix œufs battus, une cuillerée de fines herbes hachées menu, deux cuillerées de purée de tomates, ou de la tomate fraîche, blanchie à l'eau bouillante pelée et coupée en fines tranches, sel, poivre; faire l'omelette, la dresser sur un plat, l'entourer de quartiers d'œufs durs et de cornichons, masquer le tout d'une sauce tomate, ou de tomates fraîches, ou de purée.

Omelette aux truffes. — Faites une omelette au naturel; quand elle sera cuite, avant de la plier, versez au milieu un ragoût de truffes.

Omelette à la viande. — Délayez de la farine avec du lait, une pincée de sel, battez six œufs, mélangez le tout, faites quatre petites omelettes. Hachez les restes de viande avec lard, persil, échalotes, poivre, sel, faites revenir au beurre, mettez un peu de jus de viande, laissez mijoter deux minutes; garnissez vos omelettes, roulez-les, mettez-les au four vingt minutes et servez.

Oreilles de porc braisées. — Nettoyez, flambez, échaudez, cuisez à la braisière avec bardes de lard, oignons, carottes, bouquet, mouillez au bouillon, servez avec une sauce.

Oreilles de porc à la lyonnaise. — Braisez les oreilles de porc, coupez-les par filets, mettez-les cuire avec des oignons passés au beurre; mettez un peu de farine, mouillez de bouillon, faites réduire et servez avec filet de citron et croûtons frits.

Oreilles de porc à la Sainte-Menehould. — Préparez, braisez, refroidissez, trempez dans du beurre tiède, saupoudrez à la mie de pain, puis à l'œuf, mettez au four de campagne, servez avec sauce rémoulade.

Oreilles de veau aux champignons. — Cuisez au naturel, sautez dans le beurre des champignons, faites un roux, mouillez avec du consommé, réduisez, liez avec des jaunes d'œufs, servez avec la sauce.

Oreilles de veau à l'italienne. — Faites blanchir deux oreilles dans de l'eau bouillante pendant dix minutes, jetez-les dans l'eau fraîche, pelez-les et faites-les cuire avec un peu de vin blanc, un verre de bouillon, sel, poivre, bouquet garni; quand elles sont cuites, égouttez-les. Vous avez préparé une farce avec une demi-poignée de mie de pain, du lait, du fromage râpé, faites prendre consistance en mêlant sur feu doux; ajoutez un peu de beurre et deux jaunes d'œufs cuits. Mettez cette farce dans les oreilles, roulez dans de la mie de pain et dans le fromage râpé; faites prendre couleur sous four de campagne.

Oreilles de veau en marinade. — Faites dégorger à l'eau chaude, mettez cuire dans une sauce blanche; passez à l'eau froide après cuisson; égouttez, coupez en long en plusieurs morceaux; faites mariner dans du vinaigre, poivre, sel; séchez-les, passez à la pâte à frire, faites frire bien dorées, servez avec persil frit.

Ortolans périgourdins. — Parez les ortolans, faites-les cuire dans une casserole, entre des bardes de lard et au bain-marie, en les arrosa de jus de citron et de bouillon; ayez autant que d'ortolans de grosses uffes cuites au vin de Champagne et dont l'intérieur sera vide. Mettez au fond du trou un peu de purée de gibier, l'ortolan dessus; réchauffez un instant sous le four de campagne et servez.

Ortolans rôtis. — Après les avoir préparés comme pour les rôtir en broche, les placer avec un peu de beurre, dans une casserole sur un feu vif, en maintenant la casserole close, en l'agitant constamment; quelques minutes suffisent; dressez et servez.

Oseille en purée au gras. — Mettez, à sec, dans une casserole, après les avoir hachés, oseille, laitue, un peu de cerfeuil; remuez jusqu'à ce que ce soit fondu, ajoutez du beurre, sel, poivre; liez de jaunes d'œufs.

P

Pain. — Le pain est une pâte préparée avec une certaine quantité de farine et d'eau mise en fermentation par addition de levure de bière et cuite au four.

On apprécie la qualité du pain en observant la croûte supérieure et inférieure. La croûte inférieure doit être légèrement brune et bien formée; la croûte supérieure doit adhérer à la mie, être lisse, fine, de couleur franche, tirant sur le jaune foncé, sans soufflures ni crevasses. La mie du pain bien fabriqué a des cavités régulières, elle est assez élastique pour reprendre, si on la presse, sa forme naturelle. Dans son ensemble, le bon pain est léger, l'odeur est douce, la saveur agréable rappelle celle de la noisette. Les falsifications du pain sont heureusement très rares; la principale consiste dans l'incorporation à la pâte d'une trop grande quantité d'eau; les fraudeurs mélangent aussi à la farine de blé des farines de fécule de pommes de terre ou des matières minérales destinées à augmenter le poids; l'emploi de l'alun a pour but de rendre le pain plus blanc. Le riche et même le pauvre, qui suit les mauvais exemples du riche, se nourrissent maintenant de pain blanc. Or, le pain est d'autant moins nutritif qu'il est plus blanc; et lorsque dans sa fabrication on élimine le son, on le prive d'une certaine quantité de gluten et de phosphates calcaires si utiles pour le développement des os.

Le **pain d'épice**, qui est normalement préparé avec de la farine de seigle et du miel, renferme assez souvent du bi-chlorure d'étain et du savon.

Pain de cerises. — De la farine, un peu de beurre et de sel; délayez de l'épaisseur d'une pâte à frire. Enlevez les queues et les noyaux à des cerises noires, mêlez-les à la pâte, ajoutez quelques morceaux de beurre, versez dans un plat et faites cuire au four.

Pain de cervelle. — Otez la peau d'une cervelle de veau, faites-la blanchir, assaisonnez-la à l'ordinaire, pilez cette cervelle de façon à former une crème; ajoutez cinq cuillerées de crème, quatre œufs dont les blancs battus en neige, sel, poivre. Quand le tout est bien délayé, versez dans un moule beurré et faites cuire pendant une heure au bain-marie. Au moment de servir, démoulez et versez dessus une sauce piquante avec des cornichons hachés menus.

Pain d'épice. — Clarifiez 255 grammes de sucre, cuit avec deux litres de miel clarifié, un kilogr. et demi de farine, 150 grammes d'amandes douces pilées, 20 grammes de clous de girofle et 16 grammes de cannelle pilée, un peu de gingembre pilé, du zeste de citron haché très menu, joignez le tout au miel et au sucre et remuez fortement. Laisser reposer quatre ou cinq jours, l'étendre avec un rouleau à pâtisserie, et placer sur des tourtières beurrées, très plates. On dore avec du jaune d'œuf, on parsème d'amandes pelées, découpées en filets; mettre au four; lorsque le pain d'épice est cuit et refroidi, découpez en morceaux de diverses formes.

Pain de foie gras ménagère. — Faites dégorger vingt-quatre heures un foie gras dans du lait, coupez-le en morceaux, avec autant de lard frais, faites fondre un peu de ce dernier dans une casserole, avec oignon, ensuite ajouter le foie, sel, poivre, thym, épices, laurier, faire revenir vivement. Pilez et passez au tamis. Après on jette le tout dans une terrine pour le travailler; ajoutez peu à peu 150 grammes de beurre tiède, autant de crème double. Ce mélange doit avoir une belle couleur blonde; faire raffermir au frais dans une terrine pendant quelques heures. Pour le servir, tremper à l'eau tiède pour pouvoir le vider sur un plat.

Pain de foie de veau. — Faites fondre à feu doux dans la poêle une demi-livre de lard frais coupé en morceaux, ajoutez un oignon coupé très mince, trois quarts de livre de foie de veau, sel, poivre, muscade, épices, bouquet garni, ail, faites revenir le tout vivement. Laissez refroidir, pilez au mortier, passez au tamis, remettez dans une terrine, travaillez en ajoutant un bon morceau de beurre, un peu de madère ou de cognac. Blanchissez la farce, mettez au frais dans un moule. On doit la préparer la veille; elle doit être servie comme hors-d'œuvre fin, entourée de gelée. On ajoute si on veut des morceaux de truffes.

Pain de fraises. — Prenez 70 grammes de fraises, écrasez-les en purée, passez à l'étamine, ajoutez 70 grammes de gélatine, 5 décilitres d'eau, le jus d'un citron; vous ne faites ce mélange que quand la gélatine est froide. Ajoutez le suc de deux oranges et d'un citron, puis du sirop; vous mettez le tout dans une casserole sur de la glace. Remuez et mettez dans un moule huilé que vous posez sur de la glace.

Pain de lapin à la saint-versain. — On beurre un moule, on l'emplit de farce à quenelles, on le met au bain-marie. Lorsque la farce est cuite on le renverse sur un plat; on complète le vide fait dans la farce avec des cervelles, des filets et des rognons de lapins sautés; on verse ensuite sur ces garnitures une sauce faite avec moitié espagnole travaillée et moitié fumet de gibier; au moment de servir on ajoute un peu de vin de Champagne.

Pains de Manheim. (*Gâteau sec pour servir avec thé*). — Prenez six cuillerées de farine, trois cuillerées de sucre, un peu de sel, 15 grammes d'anis, deux œufs, maniez de façon à obtenir une pâte très ferme avec laquelle on forme de petits pains allongés. Au milieu de chaque pain simuler une coupure à l'aide de la pointe d'un couteau; faites cuire dans un four assez chaud pour que la pâtisserie prenne une belle couleur.

Pain de perdreaux. — Faites une purée de perdreaux, ajoutez des jaunes d'œufs; passez le tout à l'étamine. Beurrez un moule, mettez-y la purée, faites-la cuire au bain-marie pendant une demi-heure, dressez le pain de perdreaux, versez dessus une sauce d'essence de gibier et d'espagnole.

Pain perdu. — Coupez des tranches de mie de pain, trempez pendant dix minutes dans un lait chaud qui aura bouilli avec du sel, eau de fleurs d'oranger, vanille, égouttez, trempez dans de l'œuf battu, faites frire au beurre, saupoudrez de sucre, servez très chaud.

Pain de poissons. — Prenez des restes de poissons frits cuits au vin blanc, enlevez la peau et les arêtes, pilez au mortier, ajoutez une panade de crème ou de mie de pain et de lait, œufs jaunes et blancs, continuez à piler, ajoutez un morceau de beurre du tiers de votre pâte, sel, poivre blanc; la pâte doit être légèrement coulante; mêlez à la pâte deux blancs d'œuf en neige en évitant de trop les briser : beurrez fortement un moule, enduisez de mie de pain, versez la pâte jusqu'à deux tiers seulement; faites cuire dans la cendre avec feu dessus, laissez prendre belle couleur, détachez du moule avec précaution; versez dans le plat avec une sauce de jus lié assaisonnée de citron ou de câpres.

Pain de riz. — Moulez dans un moule à café 12 cuillerées de riz, faites cuire cinq bols de lait; le lait en ébullition, versez petit à petit le riz moulu, six cuillerées de sucre pilé; tournez jusqu'à ce qu'il épaississe; versez dans un moule beurré, mettez au frais, ne démoulez qu'au moment de servir, versez dessus une crème vanillée.

Pain de veau. — Faire une panade comme pour un potage, ajouter quatre cuillerées de farine, laisser refroidir. Hacher une livre de veau, piler, ajouter votre panade et poids égal de beurre, sel, poivre épices, quatre œufs entiers l'un après l'autre sans cesser de piler. Passer au tamis, laisser reposer quelques heures au frais dans une casserole. Travaillez de nouveau une heure avant de servir en y incorporant un demi-litre de crème, versez le tout dans un moule beurré, faites cuire au bain-marie pendant trois quarts d'heure, servez avec une sauce blonde ou brune avec champignons, crêtes de coqs, cervelles.

Pain victoria. — Prenez un œuf entier, 40 grammes fromage de gruyère râpé, du lait. Battez l'œuf, versez-y le lait bouillant, mettez le fromage râpé, versez dans de petits moules beurrés en emplissant aux trois quarts, faites cuire une heure au bain-marie et servez avec sauce au jus de viande.

Pain de volaille. — Prenez une vieille poule ou une pintade, 3 kilogrammes de veau, un morceau de jaret, un pied, coupez la volaille en morceaux, mettez-la dans une casserole avec les autres viandes, sel, poivre, bouquet de persil, carottes, laurier, un morceau de lard coupé en baguettes de la grosseur d'un doigt, une cuillerée de graisse blanche, et faites roussir pendant un quart d'heure; mouillez avec eau bouillante, assez pour que les morceaux de viande baignent; faites cuire pendant trois heures; il faut que les os se détachent facilement.

Prenez alors toutes les viandes, séparez les os, rangez dans un moule en fer battu, en alternant les viandes et plaçant les morceaux de lard à peu près également dans tout le moule, ajoutez sel, poivre, quelques cuillerées de jus; couvrez d'un couvercle que vous chargez d'une grosse pierre.

Palais de bœuf à la lyonnaise. — Nettoyez et faites blanchir les palais, placez-les un instant sur le gril pour détacher la peau, faites cuire au blanc, coupez-les par morceaux pour les mêler à une purée d'oignons bien chaude.

Panade. — Coupez des tranches de pain rassis, faites-les bouillir à l'eau pendant 2 heures, passez à la passoire, ajoutez sel, un bon morceau de beurre, remettez une minute sur le feu.

Panade bouillie. — Coupez deux petits pains en tranches, faites dorer au four, jetez vos tranches de pain dans de l'eau ou bouillon, sel, poivre, une pincée de sucre candi, ôtez du feu au premier bouillon, laissez cuire à côté, doucement, trois quarts d'heure, en mouillant de temps en temps d'une cuillerée de lait ou d'eau.

Panade au gras. — Cuisez à l'eau un petit pain émietté, ajoutez du bouillon, laissez mijoter une heure, versez un petit verre de vin blanc au moment de servir.

Panade au madère. — Faites sécher des croûtes de pain dans un four; pilez et faites frire dans du beurre frais; jetez un verre de bouillon sur vos croûtes, du sucre, de la cannelle et un demi-verre de madère.

Panade aux miettes. — Émiettez de la mie de pain rassie, faites jaunir dans du beurre, ajoutez du bouillon, faites bouillir dix minutes et servez.

Panade à l'œuf. — Faire bouillir dans de l'eau pendant une heure un petit pain rassis, passer à la passoire, remettre sur le feu, saler.

A part fondre du beurre, y délayer un jaune d'œuf avec un peu de crème, ajouter cette liaison à la panade sans laisser bouillir.

Panade au vin rouge. — Faites dessécher des croûtes de pain, au four ou à la poêle, pilez les croûtes, faites-les frire dans du beurre, faites bouillir un bol de bouillon, que vous versez sur les croûtes, qu'on a dû tenir au chaud; un demi-verre de vin rouge, sucre, un peu de cannelle. On peut remplacer le vin rouge par un peu de madère.

Pannequets aux confitures. — Préparez une pâte avec un demi-quart de farine, 175 grammes de sucre en poudre, 60 grammes de beurre fondu, sel, lait; graissez le fond d'une poêle, versez-y un peu de pâte, faites cuire comme une crêpe, étendez dessus une couche de confiture, roulez, saupoudrez de sucre, servez chaud.

Parfait au café. — Faites bouillir un demi-litre de lait, retirez du feu, ajoutez un demi-litre de café en liqueur très forte, mettez dans une casserole six jaunes d'œufs, une demi-livre de sucre en poudre, délayez le tout ensemble, mettez sur le feu, remuez sans laisser bouillir; un peu épaissi, retirez la casserole, passez à l'étamine, mettez dans un moule uni, faites glacer, et, à moitié de la cuisson, ajoutez un verre de rhum et un verre de curaçao; achevez de glacer et servez sur serviette pliée.

Pâte d'abricots. — Pelez, dénoyautez les fruits, faites cuire avec une goutte d'eau, passez au tamis, remettez au feu en remuant sans discontinuer. Ajoutez sucre en poudre. Retirez, laissez refroidir et étendez avec le rouleau à pâtisserie, en saupoudrant abondamment de sucre. Recommencez plusieurs fois, jusqu'à ce que la pâte ait absorbé trois fois autant de sucre que d'abricots. Pour découper en pastilles rondes on se sert d'un verre à liqueur selon l'usage.

Pâte brisée. — Faites un trou dans 1 kilogramme de farine, mettez-y une demi-livre de beurre, deux œufs, du sel, un demi-verre d'eau. Pour le pétrissage, vous faites comme pour la pâte à dresser.

Pâte à choux. — Faites bouillir dans une casserole un demi-litre d'eau, du zeste de citron râpé, un quart de beurre, un peu de sel et un demi-quart de sucre. Dès que le mélange commence à bouillir, mettez de la farine et laissez cuire en tournant avec une cuillère; lorsque vous avez une pâte épaisse, retirez du feu, laissez refroidir, mettez un œuf en mélangeant bien; puis un autre œuf, et ainsi de suite jusqu'à six œufs.

Pâte demi-feuilletée. — Prenez un quart de beurre pour une demi-livre de farine et donnez neuf tours au lieu de six.

Pâte à dresser. — Faites un trou dans 1 kilogramme de farine, mettez-y une livre de beurre, quatre œufs, un verre d'eau, un peu de sel. Pétrissez peu à peu la farine avec le beurre et les œufs; vous avez ainsi une pâte que vous foulez vivement avec la paume de la main, vous formez des boules que vous appuyez les unes au-dessus des autres pour les laisser quelques heures sous un linge enfariné. On se sert de cette pâte pour les pâtés et les fonds de tourtes de fruits.

Pâte feuilletée. — Faites un trou dans une demi-livre de farine, ajoutez sel, eau, ramassez en boule, laissez reposer.

Maniez une demi-livre de beurre, à la main en hiver, dans un linge en été, posez le beurre sur la pâte après avoir fait un rectangle dont vous ramassez les quatre coins sur le milieu du beurre; soudez, saupoudrez de farine, allongez au rouleau cette pâte, repliez un bout, repliez l'autre par dessus, répétez six fois de quart d'heure en quart d'heure.

Pâte à frire. — Il faut la faire une heure avant de l'employer. Cinq cuillerées de farine, un peu de sel, 30 grammes de beurre fondu dans un peu d'eau tiède, une petite cuillerée d'huile d'olive, un œuf, une cuillerée d'eau-de-vie; ajoutez deux blancs d'œufs battus en neige. Cette pâte est très bonne pour les légumes, les viandes.

Pâté d'alouettes. — Flambez, épluchez, videz en les ouvrant par le dos, jetez les gésiers, pilez tout le reste avec lard, sel, poivre, fines herbes, épices, un peu de veau; remplissez les alouettes de cette farce, enveloppez-les chacune d'une barde de lard; votre pâté est disposé à l'avance comme celui de lièvre; vous déposez au fond une couche de farce, des alouettes, un peu de beurre tiède, épices, feuilles de laurier; fermez le pâté et faites cuire 2 heures au four.

Pâté diplomate. — Hachez ensemble 3 livres de foie de veau et de foie de volaille, 2 livres de lard maigre, une demi-livre de veau, une demi-livre de panne; ajoutez sel, poivre, ail, persil, échalotes, thym, laurier. Garnissez un moule de minces bardes de lard, mettez une couche de hachis au fond, puis des lardons, puis du hachis, des lardons et ainsi de suite; recouvrez de bardes et mettez cuire au four.

Pâté de foie gras. — Une livre de porc frais maigre, une livre de lard, hachez et pilez; assaisonnez de sel, poivre, épices. Choisissez une croûte de pâté de forme haute, étendez la farce dans le fond, garnissez le tour de bardes de lard, assaisonnez les foies gras de sel, poivre, épices, garnissez-les de farce et de truffes, placez-les dans le pâté que vous achevez de remplir de farce. Mettez par-dessus une barde de lard, un morceau de beurre, une feuille de laurier. Dorez le pâté avec des jaunes d'œufs et mettez cuire au four.

Pâté froid. — Ayez une livre de veau, 2 livres de porc, coupez ces viandes en longues tranches minces, faites mariner quatre jours dans du vin rouge, avec oignons, clous de girofle, carottes, poivre, sel, thym, laurier, ail.

Mélangez un kilo de farine, une livre de beurre, un peu de sel; pétrissez avec très peu d'eau, faites une pâte ferme, abattez, mais ne l'étendez qu'au moment de vous en servir. Enduisez un moule de beurre et de chapelure fine, mettez votre pâte au fond et sur les bords, égouttez vos viandes, serrez-les, bien tassées, dans le moule; quand il est rempli, mettez de la pâte au-dessus, dorez avec un jaune d'œuf et faites cuire au four une heure trois quarts.

Pâté de lièvre. — Mettez au fond et sur les parois d'un moule de la pâte à dresser, en laissant dépasser les bords d'un centimètre et en gardant un peu de pâte pour le couvercle.

Vous dépouillez, videz un lièvre gardant le sang, désossez et divisez en morceaux que vous piquez de gros lardons. Hachez et pilez ensemble une demi-livre de veau et une demi-livre de lard sans couenne; mettez sel, épices et le sang du lièvre. Mettez au fond du pâté une couche de farce, une couche de morceaux de lièvre, ainsi de suite et sur le tout feuilles de laurier, sel et bardes de lard. Mouillez la pâte du pâté, rabattez-la et mettez la pâte mise en réserve, avec un trou dans le milieu; dorez au jaune d'œuf, mettez cuire au four pendant deux heures, retirez et, au bout d'une demi-heure, versez, par le trou fait au couvercle, le jus suivant : mettez dans deux litres de bouillon les os du lièvre, les déchets de veau, du pied de veau, oignons, carottes, bouquet garni, sel, poivre; faites cuire trois heures à feu doux, passez à la serviette, clarifiez.

Pâté maigre. — Otez la peau d'un morceau de thon frais, coupez-le en filets, piquez de filets d'anchois et de truffes, placez dans une terrine, saupoudrez de sel, épices, thym, laurier en poudre, et laissez dans la terrine pendant 24 heures ; faites une farce à quenelles avec les parures du thon et mélangez des truffes. Prenez de la croûte à pâté ; mettez de la farce au fond, quelques truffes, la moitié des filets de thon, un lit de farce et de truffes, le restant des filets de thon, couvrez avec le reste de la farce, mettez un bon morceau de beurre dessus, bouchez le pâté, dorez au jaune d'œuf et mettez au feu cuire trois heures. En le sortant du four introduisez dans le pâté un petit verre de madère. Ce pâté se mange froid. On peut remplacer le thon par le saumon.

Pâté à la Pandore. — Une livre de veau, une livre de jambon, une livre de lard gras, un petit chou de Milan, un quart de saindoux. Graisser la cocotte avec le saindoux, couper le lard en tranches minces et l'en garnir tout autour ; mettez le jambon dans le fond, de la graisse, la moitié du chou, le veau, le reste du chou et du saindoux, sel poivre ; couvrez de bardes de lard ; faites cuire deux heures à four ordinaire, démoulez, servez chaud.

Pâté de perdrix à la Choisy (vieille cuisine). — Désossez la perdrix ; pilez la carcasse, passez à l'étamine, mettez avec cette passure le foie, du lard, des truffes, des fines herbes, sel, poivre ; farcissez la perdrix, mettez-la en croûte et remplissez les vides du pâté de foie gras lardé de truffes et d'anchois. Cuire au four, arroser d'un peu d'eau-de-vie en retirant du feu.

Pâté de saumon. — Hachez une livre de brochet, une demi-livre de beurre, un quart de mitonnage ferme ; pilez, passez au tamis ; mettez trois jaunes d'œufs, un œuf entier, sel, poivre. Coupez le saumon en tranches ; vous avez votre pâté préparé comme à l'ordinaire, vous y placez un lit de farce, un lit de saumon, ainsi de suite et finissez comme ci-dessus.

Pâté de saumon chaud. — Piquez avec des filets d'anchois dessalés, des tranches de saumon que vous aurez d'abord fait revenir dans du beurre et assaisonnées de sel, poivre, fines herbes hachées ; mettez le tout dans une pâte préparée comme d'habitude, dorez, mettez le couvercle et faites cuire au four, comme d'habitude. Lorsqu'il est cuit, enlevez le couvercle, versez dedans un court-bouillon avec échalotes, persil haché, beurre, une pincée de farine. Remettez le couvercle et ornez de trois écrevisses.

Pavé de chocolat. — Coupez dans le sens de la longueur des biscuits à la cuillère bien frais.

Vous avez, d'autre part, fait fondre trois tablettes de chocolat dans deux cuillerées d'eau ; lorsque le chocolat est retiré du feu et refroidi, vous y mélangez une demi-livre de beurre fin et deux œufs entiers, vous couvrez de cette crème chaque partie de biscuits, vous les mettez côte à côte en les pressant bien; vous superposez autant de rangs que vous avez de biscuits, et vous couvrez le tout du reste de la crème que vous unifiez avec un couteau.

Pêches Marinette. — Pelez de belles pêches, partagez-les en deux, enlevez les noyaux, mettez dans un plat avec un bon morceau de beurre bien frais; saupoudrez de beaucoup de sucre en poudre, battez des blancs d'œufs en neige, sucrez et vanillez-les, mettez sur vos pêches; faites cuire au four une demi-heure.

Perches au beurre. — Préparez vos perches, enlevez la tête et les ouïes, essuyez-les, mettez-les au feu dans une casserole avec oignons, carottes, laurier, sel, ajoutez de l'eau de manière à ce qu'elles baignent. La cuisson faite, passez à la passoire fine la moitié du court-bouillon, enlevez aux perches écailles, peau et nageoires, mettez-les dans le bouillon clair, égouttez-les, dressez sur un plat, masquez d'une sauce au beurre ou d'une hollandaise.

Perches à la chinoise. — Faites cuire une belle perche dans un court-bouillon, hachez un peu gros des œufs durs, passez vivement, sans les roussir, dans du beurre, sortez la perche du court-bouillon, dressez-la sur un plat chauffé, masquez avec les œufs, assaisonnez avec sel, poivre et servez.

Perches frites. — Les petites perches sont les meilleures frites; après les avoir nettoyées, farinez-les, plongez-les dans la friture bouillante. Égouttez, salez, servez entourées de persil frit.

Perches à la hollandaise. — Préparez au court-bouillon, égouttez servez avec une sauce hollandaise à part; on peut également servir avec une sauce blanche aux câpres.

Perches à la maître-d'hôtel. — Videz et nettoyez des perches de moyenne grosseur, faites mariner une heure, avec de l'huile, sel, poivre, bouquet garni, gousse d'ail, oignons, etc. Retirez, égouttez, faites cuire sur le gril à feu vif, laissez prendre couleur des deux côtés, enlevez la peau, servez sur une sauce maître-d'hôtel.

Perdreaux à l'anglaise. — Étant vidés et flambés, tournez les pattes et fendez-les par le dos d'un bout à l'autre, sans les séparer du côté du ventre; aplatissez-les légèrement avec le plat du couperet et mettez-les mariner avec sel, poivre, laurier, ail, branches de persil et de l'huile. Faites-les griller à feu vif; retournez-les, servez-les sous une maître-d'hôtel, avec jus de citron.

Vous pouvez servir les mêmes avec une rémoulade ou une poivrade.

Perdreaux à la chipolata. — Faites prendre couleur à du lard coupé en dés; retirez-le. Faites un roux, dans lequel vous faites revenir des membres de perdreaux; mouillez avec bouillon ou eau et vin blanc; mettez oignons, champignons et lard passés au beurre, de petites saucisses nommées dans le commerce chipolatas; ajoutez des marrons grillés. Faites cuire le tout ensemble avec bouquet garni. Étant dégraissé et réduit à son point, servez avec croûtons frits autour.

Perdreaux à la crapaudine. — Quand vous aurez troussé et flambé vos perdreaux, les fendre dans le dos depuis la tête jusqu'au croupion; les aplatir sans trop briser les os; mettez-les dans une casserole avec sel, poivre, carottes, laurier, oignons coupés en tranches et un bon morceau de beurre. Quand ils sont à moitié cuits, on les retire pour délayer deux jaunes d'œufs avec le beurre fondu qui est resté dans la casserole, on trempe les perdreaux dans ce mélange de manière à ce qu'ils en soient bien imbibés, on les pane avec de la mie de pain mêlée à deux ou trois échalotes et à du persil finement hachés; on les fait griller sur un feu doux pour les servir sur une sauce à l'échalote, qu'il faut tenir un peu claire; on peut y ajouter le jus d'un citron.

Perdreaux farcis au foie gras. — Mets délicat s'il en est. Préparez vos perdreaux comme à l'ordinaire, ayez de grosses truffes que vous nettoyez et pelurez avec soin; coupez-les en rondelles et passez-les au beurre; soulevez délicatement la peau de l'estomac de vos perdreaux, insinuez-y, avec précaution, les ronds de truffes. Dans l'intérieur, mettez un morceau de foie gras, préalablement dégorgé, des truffes entières, des pistaches. On sert avec des escalopes de foie gras autour du plat et une sauce Périgueux.

Perdreaux à la gelée en belle vue. — Les perdreaux cuits à la broche, refroidis, sont placés au centre d'un moule que vous emplissez de gelée; faites prendre sur glace pilée, démoulez et servez.

Perdreaux mayonnaise. — Parez des perdreaux rôtis de desserte et placez-les sur une sauce mayonnaise; couvrez-les aussi de la sauce, et décorez ce plat avec des croûtons frits, des olives farcies, œufs durs, gelée, filets d'anchois, de truffes, etc.; enfin ce que vous voudrez. On peut lui donner un coup d'œil très agréable et qui répond à sa délicatesse.

Perdreaux en papillotes. — Séparez-les en deux et faites-les revenir dans du beurre; retirez-les presque cuits. Faites une sauce avec champignons, persil haché, échalotes, dans le beurre où sont revenus les perdreaux; ajoutez un peu de farine, sel, épices, mouillez de bouillon et vin blanc; faites cuire et réduire cette sauce et en versez sur les moitiés de perdreaux que vous garnissez dessus et dessous d'une légère barde de lard. Enveloppez-les dans du papier huilé et faites cuire sur le gril à feu doux, environ vingt minutes. On peut ajouter un peu de chair à saucisses et de mie de pain trempée dans du lait, pour faire une farce plus épaisse.

Perdreaux Périgord. — Quand ils ont été préparés comme ci-dessus, on pique les filets avec des morceaux de truffes taillés en forme de clous de girofle. On met les perdreaux à la broche, couverts de bardes de lard et enveloppés de papier; après trois quarts d'heure de cuisson devant un feu modéré, on les débroche, on les déballe et on les dresse au centre du plat, en garnissant les intervalles avec des crêtes de coq, des truffes entières, des champignons et en couvrant le tout d'une sauce financière.

Perdreaux poêlés. — On supprime les ailerons, la tête et le cou, mais non la peau du cou qui doit servir à retenir un morceau de beurre frais qu'on introduit dans le corps des perdreaux. On les bride, en faisant rentrer les pattes, et en donnant une forme rebondie à l'estomac qui sera d'abord recouvert d'une barde de lard. Les perdreaux ainsi habillés sont mis dans une casserole avec des tranches de carottes et d'oignons, une feuille de laurier, un bouquet de thym et de persil, un oignon piqué de deux clous de girofle, un verre de vin blanc et cinq ou six bonnes cuillerées de jus ou de bouillon. On les égoutte au moment de servir, on les débride, puis on dégraisse la cuisson qu'on fait réduire avec un peu d'espagnole, et qu'on verse sous les perdreaux; à défaut d'espagnole, on fait un petit roux léger qu'on mouille avec la cuisson dégraissée.

Perdreaux rôtis. — Après les avoir vidés et légèrement flambés, on les bride, comme des poulets destinés à la broche, en supprimant les ailerons; on ne plume ni la tête ni la partie du cou qui avoisine la tête; mais pour préserver ces parties du contact du feu, on les enveloppe d'un papier huilé et beurré qu'on enlève au moment où on les dresse sur le plat. On pique ou on barde les perdreaux et on ne les laisse cuire qu'une demi-heure. Pour découper un perdreau rôti on le divise en cinq morceaux, en détachant les ailes et les cuisses et en laissant les blancs attachés à la carcasse.

Perdreaux en salmis. — On les fait cuire à la broche; puis, quand ils sont refroidis, on les dépèce en enlevant les ailes, les cuisses et l'estomac; on dépouille ces membres de toute la peau qui les recouvre et les dépose dans une casserole avec un peu de beurre frais. Les débris qui restent sont concassés avec les peaux et servent à faire la sauce. A cet effet, on met dans une casserole ces débris avec trois ou quatre échalotes et une gousse d'ail hachée, un peu de thym, du poivre, du sel, un verre de vin blanc; et, après y avoir ajouté une quantité suffisante de sauce espagnole, on fait bouillir à grand feu ce mélange. Quand la sauce est réduite au point convenable, on la passe au tamis de crin, sans la presser, et on met à peu près le tiers sur les membres des perdreaux pour les tenir chauds. Pendant ce temps, on prépare et on passe au beurre des croûtons de mie de pain taillés en cœur; alors on dresse en rocher le salmis, en plaçant au fond les cuisses et quelques croûtons, et on masque avec le reste de la sauce. On peut ajouter le jus d'un citron. A défaut de sauce espagnole, on peut faire un petit roux, moitié vin blanc, moitié bouillon, dans lequel on met les débris avec les divers ingrédients indiqués ci-dessus.

Perdreaux à la zingara. — Ayez des perdreaux tout préparés; faites fondre du beurre dans un sautoir, mettez et retournez vos perdreaux dans ce beurre; couvrez-les d'un rond de papier; ayez une belle langue à l'écarlate qui ne soit pas trop salée et dont vous aurez coupé six morceaux; mettez-les chauffer dans un vase plein de bouillon; prenez des débris de lard, de veau, de jambon, de volaille, enfin ce que vous aurez, faites cuire dans un peu d'espagnole, faites réduire. Dressez vos perdreaux alternés avec les morceaux de langue, saucez de votre sauce liée avec un peu de farine.

Perdrix à la catalane. — Préparez une perdrix; faites-la revenir dans du beurre; retirez-la et faites un roux avec le même beurre : mouillez de bouillon avec sel, poivre, un bouquet, et l'y remettez jusqu'à ce que la cuisson soit presque terminée. Pendant ce temps, vous avez fait blanchir deux poignées d'ail, et, dans un autre vase, faites blanchir aussi une orange amère ou bigarade coupée par tranches. Un quart d'heure avant de servir, vous mêlez le tout et achevez de cuire.

Perdrix aux choux. — Habillez, troussez les pattes dans le corps de deux perdrix; mettez dans une casserole, carottes, oignons, bouquet garni, les deux perdrix, un morceau de lard de poitrine, un petit cervelas, un bon chou milan qui aura été blanchi à l'eau bouillante, avec sel, bien égoutté et un peu haché; mouillez d'un peu de jus ou de bouillon muscadé; que les perdrix et leur garniture soient placées au milieu du chou. Faites cuire trois heures, feu dessus feu dessous, si les perdrix sont vieilles, et une heure et demie, si elles sont jeunes; dressez le chou sur un plat, les perdrix sur le lard, le cervelas coupé en morceaux et arrangé symétriquement autour des perdreaux. Servez à courte sauce.

Perdrix à la paysanne. — Videz, flambez d'assez vieilles perdrix, troussez les pattes dans le corps, mettez-les dans une petite marmite avec un verre de bon bouillon, une barde de lard, tranches d'oignons, carottes, poivre, faites cuire à très petit feu pendant trois heures, passez la sauce au tamis, versez-la sur les perdrix et servez.

Perdrix à la purée de pois verts. — Faites cuire les perdrix à l'étouffade et servez-les sur une purée de pois verts. On peut faire également avec lentilles et croûtons.

Petits oiseaux au fumet. — Faites rôtir des bécasses ou bécassines, bardées de lard, à feu vif. Débrochez-les encore un peu saignantes. Découpez-les en cinq morceaux : les ailes, les cuisses et la poitrine garnies des deux filets, que vous rangez sur un plat de métal contenant une partie du jus recueilli dans la rôtissoire, autour des tranches de pain grillé, et faites tenir ce plat bien au chaud. Gardez à part, dans l'assiette creuse sur laquelle vous avez découpé les oiseaux, les foies, l'intérieur et le sang ou le jus qui a coulé pendant le découpage; mettez les cous, les échines, les pattes, les gésiers et tous les débris non mangeables dans une casserole ou un plat de métal placé sur le feu et où bouillent un verre de porto et deux verres de bourgogne fortement assaisonnés de sel et de poivre moulu. Laissez cuire cette sauce à feu vif quelques minutes, ajoutez-y un morceau de beurre fin en le promenant contre les parois chaudes du récipient pour qu'il fonde et prenne un peu de goût en bouillant; exprimez un peu de jus de citron; enfin, terminez en versant un petit verre de bon cognac et y mettant le feu : lorsque la flamme s'éteint, la sauce, qui s'est réduite peu à peu, est terminée.

Pendant ce temps, hachez grossièrement et écrasez avec une fourchette les foies et intérieurs humectés de jus et réservés, et la moitié des bardes de lard assaisonnées de poivre de Cayenne, poivre ordinaire et sel, de manière à obtenir une farce épaisse.

Retirez le plat du four; garnissez chaque tranche de pain d'une cuillerée de farce; arrosez avec la sauce que vous venez de préparer passée au tamis, sur les morceaux de pain et sur les morceaux de bécasses; servez brûlant.

Petits plaisirs. — Deux œufs, leurs poids de farine et de sucre pilé, délayez le tout; ajoutez à la pâte du zeste de citron et des amandes finement pilées; étalez cette pâte aussi mince que possible sur une plaque beurrée. Aussitôt que la pâte est cuite, sans la laisser refroidir, coupez-la en carrés que vous enroulerez autour du goulot d'une bouteille.

Petits pois à l'anglais. — Faites bouillir de l'eau dans une casserole, jetez-y vos petits pois; ajoutez oignons, bouquet de persil, laissez cuire, égouttez, mettez dans un plat un bon morceau de beurre fin, versez les pois par-dessus, avec un peu de persil haché; servez très chaud; servez à part du sucre en poudre.

Petits pois à la crème. — Mettez dans une casserole un morceau de beurre avec peu de farine; quand le beurre est tiède, versez-y les pois, avec bouquet garni, ciboule, sel, poivre; laissez cuire dans leur jus. Au moment de servir, retirez du feu, versez dans un bol la cuisson des pois, ajoutez de la crème et du sucre en poudre, battez le tout, versez sur les pois, remettez un instant sur le feu et servez.

Petits pois aux laitues. — Mettez dans une casserole en terre un bon morceau de beurrre, ajoutez oignons, un cœur de laitue, sel, sucre, vos pois très frais, couvrez d'une assiette sur laquelle vous aurez placé un peu d'eau, faites cuire, en remuant, de temps en temps, ne laissez pas dessécher; n'ajoutez de l'eau que le moins possible, mettez un morceau de beurre manié de farine, et servez.

Petits pois à la parisienne. — Prenez des petits pois très fins et bien frais, mettez-les dans une casserole avec un peu d'eau, un bon morceau de beurre, du sel, sucre à volonté, bouquet garni, oignons nouveaux, faites cuire une demi-heure à feu doux, retirez le persil et les oignons, ajoutez un morceau de beurre et une demi-cuillerée de farine pour lier la sauce.

Petits pois au sucre. — Prenez des cœurs de laitue, lavez-les soigneusement, ficelez-les, mettez dans une casserole de cuivre avec sel un morceau de beurre; laissez cuire des petits pois une heure et demie, avant de servir, ajoutez quatre morceaux de sucre dans un légumier, trois ou quatre jaunes d'œufs, retirez les pois à l'aide d'une écumoire, remuez peu à peu avec une cuillère de bois afin que la liaison des œufs ne se coagule pas; couvrez et servez.

Petits pois bonne femme. — Mettez vos pois dans une casserole, avec un morceau de beurre, des petits oignons, des laitues hachées, sel, poivre, peu de sucre, un demi-verre d'eau ; mettez sur un feu vif, pendant trente minutes, ajoutez au moment de servir un morceau de beurre. Il faut que la cuisson soit bien réduite.

Petits pois au lard ou au jambon. — Faites revenir dans un roux léger de petits morceaux de lard ou du jambon coupé en dés ; une fois revenu, mouillez de bouillon, ajoutez les pois, bouquet de persil, ciboule, sel, poivre, faites cuire à feu doux.

Pieds de cochon à la Sainte-Menehould. — Flambez, lavez à l'eau chaude, fendez en deux en longueur ; on rapproche les deux morceaux, que l'on attache ; faites cuire dans une bonne braise ou dans du bouillon ; faites égoutter, passez-les sur le gril ou au beurre, servez.

Pieds de cochon farcis et truffés. — Préparez et faites cuire comme ceux qui précèdent, désossez, mettez à la place des os un salpicon, formé de blanc de volaille et de truffes, entourez de crépine, et faites griller à feu doux.

Pieds de mouton frits. — Passez à l'eau chaude des pieds de mouton ; ôtez le gros os, flambez-les, blanchissez, égouttez, faites cuire au blanc pendant cinq heures, égouttez, enlevez la laine qui est entre les fourchettes ; coupez en filets de moyenne grosseur ; faites mariner avec sel, poivre, filet de vinaigre, trempez dans la pâte à frire ; une fois de belle couleur, servez avec garniture de persil frit.

Pieds de mouton grillés à la purée d'oignons blancs. — Jetez à l'eau bouillante, essuyez des pieds de mouton que vous aurez achetés cuits, ôtez la laine et le gros os qui se trouve entre les deux fourchettes, passez dans du beurre fondu, panez avec de la mie de pain, grillez à feu doux, servez avec une purée d'oignons blancs.

Pieds de mouton à la poulette. — Préparez et fendez en deux des pieds de mouton ; on enlève le gros os ; épluchez, faites blanchir, et faites cuire dans un blanc cinq à six heures ; au bout de ce temps retirez les pieds, égouttez, mettez-les dans une casserole avec une quantité suffisante de velouté, sel, poivre, persil blanchi et haché, laisser mijoter à feu doux, liez la sauce avec des jaunes d'œufs et un jus de citron.

Pieds de mouton sauce Robert. — Faites cuire les pieds, mettez-les dans une sauce Robert, laissez mijotez une demi-heure, ajoutez sel, poivre, un peu de moutarde au moment de servir.

Pieds de mouton à la vinaigrette. — Prenez une demi-douzaine de pieds de mouton, flambez, échaudez, rafraichissez, faites cuire cinq heures au blanc, comme la tête de veau au naturel, retirez, égouttez, fendez la fourchette pour enlever la touffe de poils qui s'y trouve, enlevez le gros os, dressez sur un plat chaud, avec une garniture de persil en branches, servez accompagnés d'un huilier, cerfeuil, oignons hachés en bouquet sur une assiette.

Pieds de veau à la Camargo. — Faites cuire à l'eau quatre pieds de veau, égouttez-les, mettez ensuite dans une casserole avec deux cuillerées de verjus, un morceau de beurre; mélangez à une cuillerée de farine, sel, poivre, échalote hachée, un verre de bouillon; laissez mijoter une demi-heure à petit feu; avant de servir, écrasez un anchois, délayez dans de la sauce avec une cuillerée de persil haché. Tenir la sauce courte; si elle n'est point assez acide, remettre un peu de verjus.

Pigeonneaux marinés. — Plumer, vider des pigeonneaux, trousser les pattes en dedans, les couper en deux en longueur, aplatir, mettre mariner dans de l'huile fine, avec persil, ciboule, échalotes hachés, sel, épices; après deux heures de cuisson, égoutter sur un linge blanc, paner, cuire sur le gril; les dresser sur un plat, masquer d'une sauce faite de bouillon, d'un morceau de beurre et de farine, échalotes hachées, sel, poivre, muscade, liée sur le feu; ajouter au moment de servir quelques cornichons hachés, un filet de vinaigre ou jus de citron.

Pigeon. — Le pigeon est peu nourrissant, son prix élevé ne varie guère.

Pigeons aux choux. — Se font comme la perdrix aux choux.

Pigeons en compote. — Faites revenir un quart de lard dans du beurre, coupé en morceaux; enlevez lorsqu'ils auront pris couleur; mettez à leur place les pigeons; lorsqu'ils sont dorés, mettez de la farine, du bouillon, remettez les morceaux de lard, des champignons, un bouquet garni; vous faites revenir à part de très petits oignons que vous ajoutez cinq minutes avant de servir.

Pigeons à la crapaudine. — Se font comme les perdreaux à la crapaudine.

Pigeons farcis et rôtis. — Préparer des pigeons, détacher la peau de dessus l'estomac, introduire dessous une fine farce faite de leurs foies, de jambon, de lard râpé, champignons, fines herbes, le tout haché, assaisonné de sel, poivre, épices, lié avec des jaunes d'œufs. Recousez les peaux, enveloppez chaque pigeon de tranches de veau minces et de bardes de lard, d'une feuille de papier beurré, embrochez à côté l'un de l'autre. La cuisson presque faite, enlever le papier, laisser dorer, servir avec jus de veau et de jambon, augmenté du contenu de la lèchefrite dégraissée.

Pigeons en matelote. — Faites revenir du lard coupé en petits morceaux, retirez, mettez vos pigeons, faites colorer, saupoudrez de farine, mouillez de bouillon et de vin rouge, ajoutez bouquet de persil, champignons.

Pigeons aux olives. — Faites un roux léger, mouillez de bouillon; ajoutez sel, poivre, olives dénoyautées; laissez bouillir un quart d'heure. Ayez les pigeons préparés et coupés en quatre; faites revenir ces quartiers dans du beurre, mettez un peu de vin blanc, faites réduire; servez avec des olives et saucez de la sauce.

Pigeons aux petits pois. — Faites revenir les pigeons avec du beurre et du lard coupé en morceaux;

lorsque lard et pigeons ont pris couleur, retirez-les, faites un roux, mouillez de bouillon ; remettez le lard, les petits pois, quelques oignons, un bouquet de persil ; dix minutes avant de servir, remettez les pigeons.

Pigeons à la poêle. — Vos pigeons préparés, coupez-les en deux, faites-les cuire à la poêle dans beaucoup de beurre, salez, poivrez. Écrasez les foies dans du beurre fondu, versez sur vos pigeons, ainsi que le jus resté dans la poêle et un jus de citron.

Pigeons saint Hubert. — Videz, coupez en deux, aplatissez, assaisonnez de sel, poivre, trempez dans du beurre fondu, puis dans de la mie de pain. Faites-les griller sur feu vif et servez avec la sauce suivante : Mettez dans une casserole beurre, bouillon, sel, poivre, échalotes hachées, vinaigre, un peu de chapelure ; faites bouillir une minute et servez.

Pigeons au soleil. — Préparez les pigeons, faites blanchir à l'eau bouillante ; puis, cuisez-les avec du beurre, vin blanc, persil, ciboule, ail, sel, poivre ; lorsqu'ils sont cuits, égouttez-les, trempez dans la pâte ci-dessous et faites frire. — *Pâte pour les pigeons au soleil* : Farine, huile, sel fin, un peu de vin blanc.

Pigeons soufflés. — Vos pigeons étant préparés, désossez par la poche, prenez lard, jambon, ris de veau, champignons, truffes, coupés en dés, assaisonnez de sel, poivre, fines herbes hachées, trois blancs d'œufs battus en neige, farcissez les pigeons avec ce salpicon, cousez-les, bardez, enveloppez de papier et faites rôtir à la broche.

Plombières (glace). — Prenez neuf œufs bien frais, séparez les blancs des jaunes, délayez vos jaunes avec un litre de crème, dans laquelle vous avez fait infuser deux pincées de fleurs d'oranger, un quart d'amandes douces, deux amandes amères, bien pilées ; sucrez de trois quarts de sucre en poudre, posez sur feu très doux et remuez, sans discontinuer ; laissez épaissir, mais non bouillir ; passez à l'étamine, faites glacer, travaillez souvent et lorsqu'elle sera à moitié prise, mettez pour un franc de fromage Chantilly, achevez en mettant des fruits confits et finissez de faire glacer.

Poêlée. — Une livre de veau, une livre de lard coupés en dés ; carottes, oignons, également en dés ; demi-livre de beurre, le jus d'un citron, sel, poivre, thim, lauriez, faites cuire, mouillez de bouillon, ne laissez pas longtemps au feu.

Poireaux en marmelade. — Épluchez une grande quantité de poireaux, coupez en quatre, supprimez le vert, lavez, faites blanchir à l'eau bouillante, serrez-les dans un linge pour en exprimer le jus, hachez-les et faites-les revenir dans du beurre avec sel, poivre, un peu de farine, de la crème ; mettez un jaune d'œuf et servez avec croûtons frits.

Poireaux à la sauce blanche. — Prenez de gros poireaux, épluchez-les finement ; faites-les cuire à l'eau salée, retirez un peu croquants ; servez avec sauce blanche.

Poires aux châtaignes. — Faites

une compote avec des poires entières; les poires presque cuites, ajoutez un roux de bon beurre et de jus des poires, sucrez. Faites cuire des châtaignes, les épluchez, laissez cuire le tout à petit feu pendant un instant; on sert chaud.

Poitrine d'agneau Sainte-Menehould. — Mettez la poitrine dans une casserole, avec bardes de lard, deux tranches de veau, carottes, oignons, clous de girofle, thym, laurier, un peu de bouillon, faites mijoter deux heures, égouttez; mettez sel et gros poivre; trempez la poitrine dans du beurre fondu, panez, retrempez dans le beurre, repanez et faites griller un quart d'heure à feu doux, avec four de campagne.

Poitrine de mouton braisée. — Préparez dans une braisière, avec petits oignons, tranches de petit lard, sel, poivre, épices, estragon; lorsqu'elle commence à suer, arrosez de deux verres de bouillon, laissez achever la cuisson, à petit feu. Servez-la dans sa sauce, ou bien une autre sauce qui vous conviendra.

Poitrine de mouton à la sauce piquante. — Parez deux poitrines de mouton, ficelez, mettez cuire dans une bonne braise; quand elles sont cuites, ôtez les os et la peau; parez de nouveau, assaisonnez de sel, poivre; panez, faites griller, servez avec une sauce piquante.

Poitrine de veau aux petits pois. — Coupez la poitrine en morceaux, faites-les blanchir, passez au beurre, saupoudrez de farine, mouillez de bouillon, ajoutez bouquet garni, sel, poivre, faites cuire les pois à part, ajoutez-les avec un peu de sucre et de sarriette, afin qu'ils se trouvent à point en même temps que la viande, liez la sauce avec des jaunes d'œufs.

Poivre. — Le poivre est le fruit desséché des *poivriers*, arbrisseaux grimpants qui peuvent être cultivés dans toutes les régions intertropicales, et qu'on trouve dans l'Inde, dans l'Indo-Chine, les Indes hollandaises, les Philippines, etc.

Le fruit complet et desséché est le *poivre noir*; si on enlève la partie extérieure colorée, on a le *poivre blanc*.

Ces deux espèces se subdivisent en diverses catégories.

Falsifications. — Le poivre en grains est quelquefois falsifié au moyen de grains factices, obtenus en moulant une pâte formée de diverses substances.

Quant au poivre en poudre on y mélange communément du sable, de la fécule de pommes de terre, des farines diverses, des poudres de noyau d'olive, de coques de noix, de noisettes, de divers bois, de graines, de tourteaux épuisés, de débris de pain ou de biscuit pulvérisés, et jusqu'à des balayures de magasin.

N'achetez donc que du poivre en grain, et examinez-le avec attention.

L'examen chimique des cendres révèle aisément toutes ces falsifications.

Pommes au beurre. — Pelez et videz des pommes, mettez-les dans une tourtière sur une petite rondelle de pain rassis trempée dans du beurre fondu. Mettez un morceau de sucre dans chaque creux de pommes, puis un morceau de beurre; faites cuire feu dessus, feu dessous.

Pommes à la coquette. — Pelez, videz des pommes, et mettez dans le vide du sucre en poudre; faites une crème, avec six jaunes d'œufs, une demi-livre de sucre, un litre de lait, un peu de vanille; versez sur les pommes et faites cuire au four.

Pommes au gratin. — Pelez les pommes, coupez-les en deux, enlevez les cœurs, cuisez un peu ferme, dans un sirop de sucre vanillé, mettez sur un plat beurré, arrosez de marmelade d'abricots; faites prendre couleur au four, saupoudrez ensuite de sucre en poudre, mélangé avec des amandes pilées; remettez le plat sous four de campagne encore un peu tiède.

Pommes Marinette. — Pelez de grosses pommes, videz-les largement et faites cuire dans un sirop de sucre avec jus de citron; remplissez le creux de vos pommes avec du riz cuit dans du lait sucré et demeuré un peu ferme; au-dessus mettez un peu de gelée de groseilles; vous avez fait, d'autre part, une purée de marrons, sucrée, vanillée, dans laquelle vous avez mis deux jaunes d'œufs; mettez cette purée dans un plat, vos pommes dessus, mettez le plat au four pendant quelque temps et au moment de servir saupoudrez de pistaches hachées.

Pommes meringuées. — Mettez en pyramide de la marmelade de pommes que vous couvrez avec deux blancs d'œufs battus en neige ferme; vanillez, mettez sur sucre en poudre et faites prendre couleur sous four de campagne.

Pommes au rhum. — Pelez de petites pommes, mettez-les dans une casserole, recouvrez-les d'eau, de sucre, un peu de cannelle; retirez-les quand elles sont encore fermes, mettez sur un plat, versez du rhum enflammé dessus.

Pommes au riz. — Pelez et videz une dizaine de belles pommes reinettes, faites cuire dans un léger sirop de sucre, dans lequel vous avez mis un peu de jus de citron; retirez les pommes; faites cuire dans ce jus d'autres pommes que vous écrasez en marmelade; vous avez, d'autre part, un quart de riz, crevé dans du lait sucré, vous le mélangez à votre marmelade de pommes, vous ajoutez un peu de confitures d'abricots et vous faites prendre couleur, sous four de campagne.

Pommes de terre à l'alsacienne. — Faites cuire à l'eau, épluchez, découpez en tranches, et jetez dans une friture le beurre bien chaude, salez et au moment de servir saupoudrez de chapelure.

Pommes de terre aux anchois. — Faire cuire à l'eau, éplucher, passer au tamis; mettre quatre jaunes d'œufs dans cette purée, et deux blancs d'œufs, du parmesan, des filets d'anchois; mélanger; mettre dans un moule beurré et chapeluré; faire cuire au four.

Pommes de terre à l'anglaise. — Faites cuire à l'eau salée, épluchez, faites fondre du beurre frais, coupez vos pommes de terre en tranches, mettez-les dans le beurre avec sel, poivre, sautez une fois et servez.

Pommes de terre à la bayonnaise. — Prenez des pommes de terre jaunes, pelez-les, lavez-les; mettez-les dans une casserole, couvrez-les d'eau et faites-les cuire à grand feu pendant vingt-cinq minutes; égouttez l'eau, passez les pommes de terre dans une passoire, mettez cette purée dans une casserole, assaisonnez de sel, poivre, muscade, ajoutez-y de l'ail et de l'échalote hachés bien fin. Coupez un quart de jambon de Bayonne par petits dés, mettez-le dans la purée en y adjoignant quatre œufs entiers ; mélangez bien le lait et mettez-y un morceau de beurre frais ; mettez dans un plat creux et faites prendre couleur au four.

Pommes de terre au beurre noir. — Préparez une sauce au beurre noir, mettez dedans des pommes de terre cuites à l'eau, épluchées et coupées en rondelles.

Pommes de terre à la crème. — Faites-les cuire à l'eau, épluchez, coupez en rondelles, mettez dans une sauce blanche, faites cuire à feu doux et ajoutez à la sauce deux jaunes d'œufs délayés avec un peu de crème et de beurre.

Pommes de terre farcies. — Prenez huit grosses pommes de terre, lavez et pelez-les, fendez-les en deux par le milieu ; creusez-les adroitement avec un couteau ou une cuillère, jusqu'à ce qu'elles soient réduites à l'épaisseur d'un demi-centimètre. Prenez deux pommes de terre cuites, deux échalotes hachées, gros comme un œuf de beurre, un petit morceau de lard gras et frais, du persil et de la ciboule hachés ; pilez le tout avec poivre et sel, formez-en une pâte liée, beurrez l'intérieur des pommes de terre, emplissez-les de cette pâte ; que le dessus tombe un peu ; garnissez le fond d'une tourtière avec du beurre frais, mettez vos pommes de terre et faites cuire dans un four modéré.

Pommes de terre au fromage. — Lavez des pommes de terre crues, pelez-les, découpez-les en rondelles très minces ; prenez un plat qui peut aller au feu et être présenté sur la table ; mettez-y une couche de ces rondelles ; sel, poivre, un peu de farine, du fromage de Gruyère râpé ; continuez de la sorte en finissant par une couche de fromage en ajoutant un peu de farine ; sur chaque couche de pommes de terre vous avez mis de petits morceaux de beurre bien frais ; battez deux jaunes d'œufs dans un litre de lait et jetez sur le plat ; faites cuire à feu vif pendant cinq minutes, puis finissez la cuisson dans un four pas trop chaud.

Pommes de terre au lard. — Faites revenir dans du beurre du lard de poitrine coupé en morceaux, faites un roux léger avec un peu de farine, mouillez avec de l'eau ou du bouillon ; mettez sel, poivre, bouquet garni, laissez bouillir cinq minutes ; mettez alors vos pommes de terre crues, pelées, épluchées et coupées en deux, laissez cuire doucement. Quand elles sont cuites, dégraissez votre sauce et servez brûlant.

Pommes de terre Margot. — Faites cuire des pommes de terre à l'eau, épluchez, écrasez et mélangez avec un hachis de viande, en ajoutant sel, poivre, persil, ciboule, échalotes hachées, liez avec deux œufs, faites des boulettes, passez-les à l'œuf battu, puis à la farine et faites frire.

Pommes de terre aux oignons. — Épluchez, coupez en rondelles, mettez dans un plat allant au feu avec beurre, oignons en tranches, sel, poivre ; faites cuire feu dessus et feu dessous.

Pommes de terre paille. — Épluchez et coupez en morceaux de la longueur et de la grosseur d'une allumette. Jetez dans l'eau froide que vous changez plusieurs fois ; égouttez, essuyez, mettez à la friture tiède, retirez, égouttez et rejetez dans la friture bouillante ; servez lorsque c'est sec comme des brins de paille ; salez.

Pommes de terre à la parisienne. — Mettez dans une casserole, beurre, graisse, oignons coupés en tranches, faites revenir, ajoutez les pommes de terre avec sel, poivre, bouquet ; faites cuire doucement.

Pommes de terre pèlerine. — Coupez des oignons en tranches, faites revenir au beurre, mettez les rondelles de pommes de terre cuites à l'eau, mélangez, mouillez de lait, saupoudrez de sucre en poudre, faites bouillir cinq minutes.

Pommes de terre en purée. — Prenez douze grosses pommes de terre crues ; lavez-les, pelez et émincez-les, mettez vos pommes de terre dans une casserole avec un verre d'eau, un peu de beurre, sel et muscade, faites bouillir pendant une demi-heure avec feu dessus, feu dessous ; vos pommes de terre étant bien cuites, passez-les à la passoire en les mouillant avec du lait et l'eau de la cuisson ; ajoutez un bon morceau de beurre et servez sans laisser rebouillir. On peut, si on aime un peu relevé, ajouter des oignons et une gousse d'ail pour la cuisson.

Pommes de terre en salade. — Lorsque vos pommes de terre sont cuites et pelées, coupez-les en rondelles et assaisonnez-les comme une salade.

Pommes de terre soufflées. — Épluchez, coupez en morceaux un peu fins, faites cuire aux trois quarts dans une friture pas trop chaude, retirez, faites ensuite chauffer la friture au plus haut degré, remettez vos pommes, remuez tout le temps, retirez, égouttez, salez et servez.

Pommes de terre aux tomates. — Pelez quelques grosses pommes de terre ; coupez-les en deux dans le sens de la longueur, placez-les en couronne dans un plat allant au four avec un gros morceau de beurre, sel, poivre ; quand les pommes de terre sont à moitié cuites, saupoudrez-les avec du fromage de Gruyère râpé ; remplissez le plat avec des tomates que vous avez ouvertes pour enlever les pépins ; parsemez les tomates et les pommes de terre de quelques petits morceaux de beurre ; couvrez le tout avec une couche de chapelure, mettez au four chaleur modérée ; la sauce doit être très courte.

Pommes de terre (*Pour donner le goût de fraîcheur aux vieilles*). — Les vieilles pommes de terre sont pelées à mesure, mises dans l'eau froide ; les y abandonner pendant deux ou trois heures, les en retirer, les jeter dans de l'eau bouillante qu'on a eu le soin de saler. Les laisser cuire ; la cuisson achevée, enlever toute l'eau et replacer le vase qui les contient sur le feu pendant un quart d'heure ; on peut les accommoder à volonté.

Pommes de terre au vin. — Mettez dans une casserole du beurre, du poivre, sel, du persil et de la ciboule hachés finement, un peu de farine; mouillez ensuite avec du bouillon gras et un verre de vin; faites cuire cette sauce et ajoutez-y des pommes de terre cuites à l'eau et coupées en tranches. Servez à courte sauce.

Pot-au-feu. — Le mets national français, celui qu'on retrouve toujours avec plaisir; la base des dîners bourgeois. Pot-au-feu sain et réconfortant qu'en aucun pays on ne réussit si bien qu'en notre chère patrie. Chacun le fait à sa façon; les ménagères trouvent des innovations! Je vais toutefois donner les recettes classiques.

Le baron Brisse déclare que les os doivent être exclus du pot-au-feu. Voici la recette qu'il donne :

Un pot de terre comme récipient; la culotte de bœuf comme morceau; placez la viande dans le pot avec autant de litres d'eau que de livres de viande, salez et mettez au feu; enlevez avec soin l'écume lorsqu'elle se produit; jetez dans le pot un verre d'eau fraîche pour faire monter à la surface tout ce qui reste d'écume; enlevez et ajoutez les légumes en petite quantité. Une demi-feuille de laurier, une gousse d'ail, non épluchée, un petit morceau de sucre; faites bouillir six heures.

Autre recette. — Prenez un os de *crosse*, mettez bouillir dans un litre d'eau; au bout de trois heures, mettez deux livres de gite à la noix, un abatis de poulet, deux oignons, ail, carottes, poireaux, navets, panais, laissez mijoter quatre heures.

Pour colorer le bouillon, le meilleur est de faire un caramel.

Pot-au-feu languedocien. — Un bon morceau de culotte de bœuf; piquez de lard, d'ail, faites cuire comme un pot-au-feu, versez le bouillon sur des croûtons rissolés au beurre.

Potage aux abatis. — Coupez le gésier en petits morceaux, enlevez les peaux; coupez aussi les foies et les cous, faites blanchir, rafraîchir, cuire dans du bouillon, égouttez, mettez dans la soupière et versez dessus du consommé lié d'un roux blanc.

Potage à l'allemande. — Faire bouillir dans une casserole un litre de bon bouillon. Prenez trois jaunes d'œufs, une cuillerée de fécule de pommes de terre, avec du parmesan râpé, poivre, mêlez le tout en ajoutant un œuf entier, peu de crème double; passez dans une passoire dans votre bouillon brûlant; laissez cuire cinq minutes, servez à part du fromage râpé.

Potage andalou. — Faites un roux, mouillez de bouillon; ajoutez de la purée de tomates, sel, beaucoup de poivre. Ajoutez du macaroni cuit à part à l'eau salée et coupé en petits morceaux.

Potage arlequin. — Mettez dans de l'eau froide pois, haricots, lentilles, fèves, sel, oignons, poireaux, céleri; lorsque les légumes sont cuits, écrasez, passez. Remettez au feu cette purée en ajoutant l'eau de la cuisson, laissez bouillir et versez dans la soupière où vous aurez mis un gros morceau de beurre frais et des tranches de pain mince.

Potage à la d'Aumale. — Éplucher et laver un kilogramme d'oseille, la faire blanchir; la mettre dans une casserole avec deux litres de consommé, 200 grammes de mie de pain, un peu de muscade, 50 grammes de sucre, faire cuire à feu doux en remuant de temps en temps. Lorsque le tout est bien cuit, passer au tamis. Ajouter 6 ou 8 cuillerées de tapioca en tournant toujours afin d'éviter des grumeaux, verser dans votre soupière et servir chaud.

Potage à la Bagration. — Enlevez les filets à des soles, faites un bouillon des débris de soles. Coupez des légumes en morceaux, faites revenir au beurre. Faites bouillir votre bouillon, passez au tamis, retirez, mettez de la crème, des pannes, un peu de kari, les légumes, les filets de soles coupés en deux, des queues d'écrevisses et des croûtons frits au beurre (potage très coûteux).

Potage sans beurre. — Garnissez le fond de votre soupière de tranches de pain bien minces, dessus une épaisse couche de cerfeuil finement haché, sel, poivre, six cuillerées de crème chauffée et de l'eau.

Potage à la bière. — Faites revenir du pain blanc en petites tranches dans du beurre, mettez de la bière, du vin rouge, citron haché, cannelle, clous de girofle, faites bouillir cinq minutes et versez sur pain grillé.

Potage bisque aux crabes. — Cuisez dans l'eau une vingtaine de petits crabes, mettez des carottes et force persil. Pilez au mortier lorsqu'ils sont très cuits, ajoutez de la mie de pain et un peu de riz crevé, passez le tout au tamis, mettez beurre et un peu de parmesan râpé.

Potage bisque d'écrevisses. — Après avoir fait cuire les écrevisses, détachez la queue, videz l'intérieur du corps, pilez avec du riz crevé; la pâte étant fine, délayez dans du bouillon de poissons, garnissez le potage de croûtons frits dans le beurre.

Potage bisque au riz. — Faites cuire au court-bouillon un demi-cent d'écrevisses, séchez les pattes et les coquilles, pilez-les, faites-les bouillir dans du bouillon, passez au tamis, délayez avec la chair d'écrevisse et des blancs de volaille pilés et passés au tamis. Réchauffez au bain-marie, et au moment de servir, incorporez un peu de riz cuit dans du bon bouillon.

Potage aux boulettes. — Mettez dans un vase un litre de lait, du beurre, du sel, du poivre, mêlez; pendant que vous remuez, mettez de la farine jusqu'à ce que ça forme une pâte, étendez cette pâte sur une table saupoudrée de farine, faites-en de petites boulettes que vous faites revenir dans du beurre, puis vous les mettez dans une soupière et vous versez du bouillon bien chaud par-dessus.

Potage brunoise au riz. — Prenez du rouge de carottes, des navets, céleri, des choux-raves, des blancs de poireaux, coupez en petits dés, faites revenir dans du beurre, et cuire dans du bouillon; au moment de servir, ajoutez la quantité suffisante de bouillon; ajoutez quelques cuillerées de riz que vous aurez fait cuire dans du bouillon.

Potage Cambacérès. — Ayez un bouillon de poissons lié à la crème d'orge puis aux jaunes d'œufs et en dernier lieu, crème double et beurre frais. Déposez dans la soupière, au moment d'y verser le potage, une garniture de filets de sole coupés en escalopes, sautées au beurre.

Potage au céleri. — Coupez en petits morceaux beaucoup de céleri, avec des pommes de terre pour rendre très épais, faites cuire avec sel, poivre, muscade, passez en purée et servez en ajoutant des croûtons au beurre et de petits morceaux de céleri cru, saupoudrez de cerfeuil haché.

Potage aux cerises. — Prenez des cerises fraîches, ôtez les queues et les noyaux, écrasez, versez dans un poêlon avec vin et eau, ajoutez-y du citron, faites bouillir, passez, assaisonnez de sucre en poudre, cannelle, échaudés.

Potage Chantilly. — Mettez à l'eau froide des lentilles que vous ferez cuire avec persil, oignon, sel, égouttez et passez ; mettez dans une casserole, rendez liquide avec du bouillon, ajoutez un morceau de beurre, versez sur des croûtons.

Potage chasseur. — Lavez un chou, coupez en quatre, placez dans le pot au feu, mettez un morceau de lard et de l'eau en quantité suffisante, carottes, oignons, persil, laurier, thym, un vieux lapin coupé en cinq morceaux, sel, poivre, faites bouillir deux heures et demie.

Potage « chic ». — Faites un bouillon blanc avec du jarret de veau et un abatis ; faites blanchir et cuire à part une cervelle de veau et un ris de veau ; préparez un roux blond, mélangez avec votre bouillon, faites bouillir, dégraissez, liez avec des jaunes d'œufs, coupez votre cervelle, votre ris de veau, versez votre potage dessus et ajoutez des champignons cuits, très blancs.

Potage à la chicorée. — Épluchez et lavez deux ou trois chicorées frisées, coupez en filet, passez avec un morceau de beurre, mouillez avec de l'eau, salez, poivrez ; faites bouillir pendant une heure, ajoutez une liaison de deux ou trois jaunes d'œufs, versez sur le pain et servez.

Potage aux choux. — Prenez un chou que vous faites blanchir avec du lard, ficelez, faites cuire à part avec le bouillon gras ; quand c'est cuit, faites mitonner le potage avec ce même bouillon et croûtes de pain, servez les choux à la bourgeoise.

Potage aux choux et au lait. — Faites cuire un chou à l'eau et au sel ; quand il est cuit mettez une quantité de lait égale au bouillon, salez, ajoutez un morceau de beurre, trempez sur des tranches de pain et servez les choux sur la soupe avec du beurre et du sel.

Potage aux choux-fleurs. — Épluchez les choux-fleurs ; faites revenir dans du beurre, mouillez avec de l'eau ou du bouillon ; quand ils sont à moitié cuits, ajoutez des tranches de pain grillé, laissez mijoter sur un feu doux et ajoutez une liaison de jaunes d'œufs au moment de servir.

Potage aux choux de Bruxelles. — Faites cuire des choux de Bruxelles dans de l'eau salée, retirez-en quelques-uns d'entiers, faites cuire le reste encore un quart d'heure ; passez au tamis; mouillez de la cuisson et d'un peu de bouillon et, au moment de servir, ajoutez vos choux mis en réserve.

Potage aux choux-fleurs (*autre*). — Faites cuire deux choux-fleurs, égouttez, pressez un peu, mettez de la béchamel maigre bien réduite; liez avec six ou huit jaunes d'œufs, 150 grammes de bon beurre, sel, gros poivre, muscades, mêlez vos choux-fleurs à votre béchamel, laissez refroidir; ensuite moulez-les de la grosseur d'un œuf de pigeon dans la farine, faites frire dans du beurre, égouttez, mettez dans votre soupière, versez dessus du consommé. A part servir du fromage râpé.

Potage aux choux maigres. — Émincez la moitié d'un chou, évitez de mettre les côtes, passez dans une casserole avec un bon morceau de beurre; quand il commencera à blondir, mouillez votre chou avec de l'eau, mettez sel, gros poivre, laissez bouillir trois quarts d'heure; une fois cuit, trempez votre potage avec du pain.

Potage à la citrouille. — Prenez un quartier de citrouille, et coupez en petits morceaux; mettez cuire dans l'eau jusqu'au moment où la citrouille sera en marmelade et qu'il ne reste plus d'eau; mettez un peu de beurre et un peu de sel, faites bouillir cinq minutes, versez du lait sucré; mettez des tranches de pain au fond de la soupière, versez votre potage dessus, laissez tremper un quart d'heure et servez.

Potage Colbert. — Faites blanchir longuement à l'eau salée les cœurs de quelques chicorées, retirez et mettez-les dessécher au beurre, sur feu doux; mouillez de bouillon et ajoutez de la crème et des jaunes d'œufs.

Potage aux concombres. — Faites blanchir pendant dix minutes vos concombres après les avoir coupés, laissez refroidir et égouttez, déposez des bardes au fond de votre casserole, placez vos concombres, couvrez de lard, mettez carottes, oignons, poivre, deux ou trois clous de girofle, mettez l'eau nécessaire et laissez cuire pendant une demi-heure; ajoutez du liebig, préparez votre potage comme celui au pain, mettez vos concombres dessus et versez le bouillon.

Potage à la Condé. — On donne diverses recettes pour le potage à la Condé, mais la célèbre dans les fastes culinaires, la seule authentique est celle-ci. Faites une bonne purée de haricots rouges bien cuits, mettez du bon bouillon, passez au tamis fin; versez dans votre soupière sur des croûtons au beurre, servez.

Potage consommé aux légumes. — Mettez dans de l'eau des légumes comme pour le pot-au-feu, mais en grande quantité : carottes, poireaux, navets, céleri, oignons, clous de girofle, thym, laurier, persil, ail, poivre, sel, beurre, faites cuire doucement pendant quatre heures; servez sur tranches de pain.

Potage consommé au vin blanc. — Faites bouillir dans de l'eau froide deux livres de bœuf, un pied de veau, des débris de volailles, carottes, oignons; faites bouillir doucement, écumez, ajoutez une demi-bouteille de vin blanc et laissez cuire trois heures très doucement; passez au tamis et clarifiez avec des blancs d'œufs et leurs coquilles; passez à nouveau et servez.

Potage à la crème. — Faites une purée de pois verts ou secs, suivant la saison, du riz cuit à l'eau; mettez dans une casserole un morceau de beurre, une poignée d'oseille, du cerfeuil hachés, sel, poivre; faites revenir; ajoutez de l'eau chaude ou du bouillon aux légumes, laissez faire quelques bouillons; ajoutez la purée de riz, laissez cuire un instant. Dans une soupière vous délayez un jaune d'œuf, ajoutez de la crème épaisse, puis le potage préparé.

Potage crème de haricots verts. — Faites cuire des haricots à l'eau salée, passez au tamis, mouillez de crème, et servez avec croûtons frits.

Potage crème de légumes. — Faites revenir dans beaucoup de beurre carottes, navets, céleri, poireaux, oignons, choux, le tout haché. Mettez alors les pois cassés, les haricots blancs, de l'eau; laissez cuire trois heures; passez au tamis en mouillant de la cuisson; ajoutez un verre de crème et encore un morceau de beurre; sel, poivre.

Potage crème d'orge (*au lait*). — Faites cuire de l'orge dans du lait, passez au tamis; mouillez de lait, salez, poivrez, mettez du beurre frais et ajoutez des croûtons frits.

Potage crème d'orge. — Lavez, blanchissez, rafraîchissez de l'orge perlé; mouillez de bouillon, faites cuire à petit feu, passez au tamis, mouillez de bouillon, faites rebouillir et ajoutez deux jaunes d'œufs au moment de servir.

Potage crème de riz. — Faites cuire du riz pendant une heure dans du bouillon de volaille, passez à l'étamine, ajoutez une quantité suffisante de bouillon, laissez mijoter dix minutes et servez.

Potage crème de riz à la peluche de cerfeuil. — Faites de la crème de riz comme pour le potage brunoise, mouillez de bouillon et ajoutez du cerfeuil haché.

Potage au cresson. — Mettez cuire des pommes de terre à l'eau et au sel, passez à la passoire, mouillez cette purée avec de l'eau, laissez bouillir, ajoutez une poignée de cresson haché très fin, du beurre et versez sur vos croûtons.

Potage au cresson (*autre*). — Le cresson bien effeuillé, les feuilles légèrement passées au beurre, le restant pilé, passez au tamis et au linge un bon consommé; les tranches de pain saupoudrées de gruyère et gratinées, versez les feuilles de cresson dans la soupière, le consommé par-dessus; au moment de servir, le jus de cresson, les croûtes sur un plat.

Potage croûte-au-pot. — Prenez des croûtes à potage, qui sont des croûtes de pain grillées, mises dans une casserole bien étamée, dans laquelle on verse du bouillon non dégraissé; faire réduire le bouillon; les croûtes se gratinent; on les retire pour s'en servir au besoin. Ce potage se prépare comme celui à la française.

Potage Dubarry. — Faites cuire des choux-fleurs à l'eau salée, passez au tamis, faites un roux que vous mouillez de bouillon et que vous versez sur votre purée de choux-fleurs; mettre un peu de crème, deux jaunes d'œufs et servir avec œufs pochés.

Potage à l'eau de choux-fleurs. — Gardez l'eau dans laquelle des choux-fleurs ont cuit; faites roussir des oignons, versez cette eau dessus; mettez-y des pommes de terre coupées en morceaux, cuisez dans cette eau; passez le tout, salez, poivrez.

Potage façon Crécy. — Quand on a le pot-au-feu, une heure avant de servir on sort les légumes de la marmite, on les écrase bien et on les remet à cuire avec du bouillon et des nouilles.

Potage fantaisie. — Coupez en lames des laitues, de l'oseille, cerfeuil, passez le tout au beurre avec petits oignons blanchis, mouillez avec du consommé; après cuisson additionnez d'une bonne purée de pois.

Potage en fausse tortue à la française. — Prenez deux kilos de chair de mouton, des têtes et des débris de turbot ou de saumon, des merlans, carpes, etc. Mettez le tout dans une casserole avec beurre, bouquet garni, aromates, laissez revenir, puis mouillez avec de l'eau; laissez cuire jusqu'à ce que la chair du mouton se défasse des os, passez votre bouillon à la serviette, clarifiez-le avec des blancs d'œufs, puis faites-le réduire jusqu'à ce qu'il soit assez corsé pour pouvoir supporter une demi-bouteille de vin de madère; ensuite ajoutez le quart d'une tête de veau cuite dans vin blanc, coupée par petits dés; assaisonnez de poivre de Cayenne et servez.

Potage à la fécule de pommes de terre. — Délayez la fécule dans l'eau froide ou dans du bouillon froid; versez alors dans l'eau ou le bouillon bouillant en remuant sans cesse pendant dix minutes, salez, poivrez.

Potage à la Fonbonne. — Prenez autant de navets, carottes, oignons et poireaux, coupez-les en petits dés, prenez du beurre, mettez de l'eau et du Liebig, du riz, de l'assaisonnement et laissez cuire à petit feu.

Potage de fonds d'artichauts. — Faites blanchir et enlevez le foin des artichauts, faites-les cuire dans de l'eau où vous aurez délayé un peu de farine, avec sel, jus de citron; après cuisson, écrasez-les, faites une béchamel grasse; ajoutez votre purée, passez à l'étamine, réchauffez avec beurre et crème.

Potage Fontange. — Faites une bonne julienne de légumes cuits dans un bon bouillon de pot-au-feu, passez au tamis avec deux tomates fraîches; ajoutez cette purée, sans laisser bouillir votre bouillon qui doit être non coloré.

Ne pas oublier que ce potage fut créé jadis par un des plus grands gourmets du siècle dernier. Pour l'honneur de sa mémoire, servons-le sans le travestir, quoiqu'il ne soit pas extraordinaire.

Potage à la française. — Dégraissez du bouillon et versez-le brûlant sur les légumes du pot-au-feu coupés en morceaux, ajoutez du cerfeuil haché et de petits croûtons de pain grillé.

Potage au fromage. — Faites un bouillon d'oignons, râpez du fromage de Gruyère, une demi-livre environ, mettez dans votre soupière du pain coupé et deux verres de crème avant de verser votre bouillon, mettez votre soupière sur un feu doux et laissez mitonner quelques instants.

Potage garbure. — Mettre dans une marmite un demi-kilogramme de jambon bien échaudé, un demi-kilogramme de tranches de bœuf, deux cuisses d'oie, oignons, carottes, navets, céleri, un chou blanc, un morceau de lard, un bouquet garni. Laissez cuire le tout ensemble pendant une heure et demie, dressez des croûtes de pain dans une soupière, versez le bouillon dessus avec les choux, dressez les cuisses d'oie, le jambon, le lard, et servez bien chaud.

Potage Germiny. — Hachez de l'oseille, faites revenir, poivrez, mouillez d'eau, faites bouillir, et, pendant ce temps, mélangez du lait, des jaunes d'œufs, du beurre, versez peu à peu la soupe sur cette liaison et ajoutez du cerfeuil haché.

Potage de gibier. — Revenez des morceaux de gibier avec oignons, mouillez au bouillon, assaisonnez, cuisez, faites un roux blond, mouillez, séparez les chairs des os, pelez, mouillez, passez, mélangez, tenez chaud, ajoutez du riz.

Potage aux grenouilles. — Prenez des grenouilles écorchées, c'est-à-dire les cuisses, lavez-les bien, faites-les revenir dans une casserole avec un bon morceau de beurre, ajoutez deux oignons, deux carottes coupés en dés; lorsque les oignons et les carottes commencent à roussir, ajoutez une petite poignée de farine, faites prendre au tout une belle couleur cannelle, mouillez et faites cuire pendant une demi-heure, passez dans une passoire à petits trous fins, remettez vos grenouilles, servez avec des croûtes.

Potage au gruau d'avoine. — Faites tremper votre gruau dans l'eau froide vingt-quatre heures avant de l'employer, égouttez, et mettez-le cuire dans de l'eau salée et poivrée; il doit bouillotter à petit feu pendant six heures; au moment de servir, mettez un morceau de beurre.

Potage aux haricots. — Faire cuire à l'eau un demi-litre de haricots, passer au tamis pour faire une purée, mettre ensuite le beurre nécessaire, faire une liaison de jaunes d'œufs au moment de servir, et des croûtons frits.

Potage aux herbes. — Prenez des fines herbes que vous hachez très fin; faites-leur faire deux ou trois bouillons dans l'eau salée; mettez dans la soupière un bon morceau de beurre frais, avec deux jaunes d'œufs pour le potage, délayez peu à peu, ajoutez des tranches de pain grillées, très minces.

Potage herbes au tapioca. — Faites revenir laitue, cresson, oseille; mouillez de bouillon et mettez quelques poignées de tapioca; salez et poivrez.

Potage à la jambe de bois. — (*Carême.*) C'est un pot-au-feu fait avec un jarret de bœuf dont le gros os est laissé un peu long et de beaucoup de légumes. On sert des croûtes gratinées et le trumeau de bœuf est servi l'os en l'air surmontant les légumes dressés en pyramide.

Potage aux jaunes d'œufs. — Mettez dans du bouillon en les battant des jaunes d'œufs, puis versez dans un plat, mettez sur une casserole pleine d'eau bouillante et continuez à faire bouillir jusqu'à ce que ce soit réduit en crème, coupez cette crème en tranches minces, mettez-les au fur et à mesure dans un bouillon bien chaud et servez.

Potage Jeanne-sans-Terre. — Jetez dans de l'eau bouillante du tapioca en quantité suffisante, salez, poivrez, mettez un bon morceau de beurre; vous faites cuire dans de l'eau cinq ou six carottes que vous passez à la fine passoire; vous les ajoutez à votre potage et, au moment de servir, vous jetez une poignée de cerfeuil ciselé.

Potage Joconde. — Coupez un foie de dinde en petits morceaux, le gésier de ladite dinde, des champignons, un demi-chou; faites revenir au beurre, mettez un peu de farine, sel, poivre, mouillez de bouillon; laissez cuire, ajoutez un quart d'heure avant de servir de petits bouquets de choux-fleurs, une poignée de riz *crevé*; pour servir ajoutez du parmesan râpé.

Potage julienne. — Coupez en filets carottes, navets, pommes de terre; faites blanchir; mouillez de bouillon et ajoutez une cuillerée de sagou.

Potage à la Kusel. — Prenez oignons, poireaux, carottes, navets, céleri, laitues, coupez-les en long après les avoir fait blanchir sans les hacher, faites cuire de nouveau dans du bouillon ou encore du Liebig, en entremêlant de tranches de lard. Quand tout est cuit, servez.

Potage au lait. — Faites bouillir le lait, assaisonnez de sel, ou sucre, selon goût. Au moment de servir versez sur tranches de pain coupées minces.

Potage aux laitues émincées. — Épluchez, et lavez des laitues; les couper bien minces, en forme de filets; passez vos laitues dans du beurre; une fois bien fondues, vous les mouillez avec votre bouillon; laissez cuire une heure, trempez votre potage au pain.

Potage au laurier-amande. — Faites bouillir un demi-litre de lait avec deux feuilles de laurier-amande, faites des croûtons de mie de pain glacés au four de campagne, mettez-les dans votre soupière avec du sucre, deux jaunes d'œufs, versez dessus votre lait en remuant.

Potage aux lazagnes. — Il se fait comme le tapioca.

Potage lentilles à l'oseille. — Faites cuire des lentilles à l'eau salée, passez à la passoire, ajoutez de la purée d'oseille, salez, poivrez, mouillez d'eau ou de bouillon.

Potage livonien. — Émincez, blanchissez, égouttez carottes, navets, céleri, persil, poireaux, oignons, passez au beurre, ajoutez du riz blanchi, mouillez au bouillon, cuisez, passez, recuisez, détendez avec de la crème bouillie, liez avec jaunes d'œufs, versez sur des croûtons frits.

Potage macaroni au bouillon. — Cuisez à l'eau salée du macaroni coupé en petits morceaux, égouttez et versez dans du bouillon bouillant; versez dans la soupière sur parseman râpé.

Potage au macaroni aux lazagnes. — Faites cuire ces différentes pâtes dans du bouillon, en ayant soin de les remuer souvent et ajoutez du gruyère ou du parmesan.

Potage pour malade. — Prenez la moitié d'un poulet maigre, mais jeune, 250 grammes de jarret de veau, 2 litres d'eau. Mettez votre viande dans une marmite, mettez carottes, navets, panais, quatre poireaux, un oignon, faites bouillir doucement pendant quatre heures environ, jusqu'à ce que le liquide soit réduit au quart; passez; ce bouillon doit être en gelée quand il est refroidi.

Potage à la maréchale. — Faites un coulis d'amandes douces, de racines, de persil, de mie de pain trempée dans du lait, sucrez, versez sur des croûtons passés au beurre.

Potage Marinette. — Faites cuire des haricots blancs secs dans du bouillon; passez à la passoire; ajoutez, au moment de servir, des petits pois cuits à l'eau salée et des haricots verts coupés en morceaux et cuits également à l'eau salée.

Potage de marrons au petit salé. — Faites griller, épluchez des marrons, mettez au feu avec de l'eau et du petit salé; retirez le petit salé que vous mangez à part; les marrons que vous passez au tamis et que vous remettez dans la cuisson; faites bouillir encore cinq minutes et servez sur tranches de pain grillées.

Potage Masséna. — Faites griller des marrons, épluchez, faites cuire à glace dans du consommé.

Faites rôtir des grives, soulevez les filets, mettez-les avec quatre cuillerées de nouilles coupées en morceaux, blanchies et égouttées, ajoutez les marrons, le reste des grives passé en purée; mouillez de consommé.

Potage Masséna (*autre*). — Un potage ordinaire dans lequel vous faites entrer une julienne de betteraves rouges et des petites profiteroles à la purée de cailles, fromage râpé à part.

Potage de melon. — Coupez en morceaux un melon, après l'avoir épépiné; faites frire des oignons et versez dessus melon et eau de cuisson; salez, poivrez.

Potage ménagère. — Quand on a des os ou des carcasses de volailles, on les met dans une marmite, de l'eau et des légumes, on y joint un morceau de lard trois heures avant de verser; on prendra la moitié du bouillon le lendemain et on jettera dans ce qui reste quelques choux.

Potage Mercédès. — Faites un roux, mouillez de bouillon, faites bouillir une demi-heure, ajoutez une purée de tomates, du poivre de Cayenne, des croûtons frits et servez.

Potage à la moelle. — Faites fondre, passez au tamis une demi-livre de moelle de bœuf, mélangez-y quatre œufs, un pain d'un sou mis en morceaux et trempé dans du bouillon, sel, muscade, persil, farine, formez des boulettes que vous faites pocher dans du bouillon et versez dessus le bouillon nécessaire.

Potage à la Monaco. — Prenez de la mie de pain, coupez-la en carrés très minces, saupoudrez de sucre en poudre et faites griller d'une belle couleur. Prenez du lait, mettez un peu de vanille ou de cannelle, faites bouillir, joignez-y une liaison de jaunes d'œufs, et versez sur votre pain grillé ; ensuite servez.

Potage mousseline. — Faites fondre un morceau de bon beurre dans une casserole, mettez-y une bonne poignée d'oseille hachée fin. Ajoutez quelques croûtes de pain. Séchez au four, faites cuire le tout pendant une demi-heure. Battez six jaunes d'œufs, trois blancs en neige, mêlez le tout ensemble avec un litre de crème, le tout cinq minutes au bain-marie. Vous aurez un bon potage.

Potage de mouton à l'anglaise. — Mettez dans un bouillon une épaule de mouton, des navets en grand nombre, quelques oignons et céleri, sel, poivre, clous de girofle et gingembre. Après avoir bien écumé, laissez bouillir durant trois ou quatre heures, et servez la viande et les légumes dans le bouillon.

Potage napolitain. — Pochez dans du bouillon des quenelles faites avec de la farce de gibier, trempez aussi dans le bouillon des ronds de pain.

Potage national de Dublin. — Quand vous avez une volaille, conservez les abatis. Le gésier paré et lavé, le cou coupé en morceaux, les pattes flambées et coupées, foie cuit au bouillon et conservé à part. Sautez les abatis au beurre, peu d'oignons, une cuillerée de farine, laissez un peu roussir, mouillez avec du bouillon, cuisez, passez au tamis, les abatis dans la soupière, la soupe liée aux jaunes d'œufs, une poignée de riz crevé à l'eau salée, le foie coupé en escalopes.

Potage aux navets. — Faire revenir dans du beurre frais des navets bien tournés, jusqu'à ce qu'ils soient d'une belle couleur ; dressez du pain dans votre soupière, comme pour un potage au pain, ajoutez dessus les navets, écrasez-en un ou deux dans votre casserole qui a servi à les faire revenir. Mettez de l'eau dans laquelle vous délayez de l'extrait de viande. Vous laissez bien chauffer et vous jetez sur votre pain.

Potage aux navets et au lait. — Faites cuire des navets dans de l'eau et du sel, ôtez l'eau, écrasez vos navets en purée, mettez du lait, salez et poivrez avec du poivre blanc.

Potage aux œufs pilés. — Faites bouillir un demi-litre de lait ; d'autre part, cassez deux œufs. Battez-les et ajoutez deux cuillerées de farine, un quart de beurre ; travaillez de manière à faire une pâte. Mettez dans votre lait un bol de bouillon ; passez votre pâte au-dessus de ce mélange et faites cuire dix minutes sans bouillir.

Potage aux œufs pochés. — Ayez des œufs bien frais, faites-les pocher, un par convive, débarrassez de leurs bavures, mettez-les dans la soupière et versez dessus du bouillon ou du consommé.

Potage aux oignons. — Épluchez une douzaine environ de petits oignons par personne, faites blanchir à l'eau, puis cuire dans du bouillon, avec sel, poivre, un peu de sucre ;

une fois bien réduits, placez dans la soupière des tranches de pain, versez les oignons, remplissez de bouillon.

Potage à l'oignon et au lait. — Faites frire un oignon dans du beurre, mettez du lait, salez, poivrez, versez sur des tranches de pain.

Potage à l'orge perlé. — Faites tremper l'orge pendant un jour, égouttez, faites crever dans une petite quantité de bouillon, ajoutez, quand l'orge est crevé, du bouillon, faites cuire pendant une demi-heure environ et servez.

Potage aux orties. — En faisant concurrence aux ânes, c'est-à-dire en mangeant des orties, on obtient un excellent potage, qui est à peu près inconnu de tous. Prenez de très jeunes orties, afin qu'elles ne brûlent pas les doigts. Lavez, hachez finement, mettez dans l'eau bouillante avec du pain; après cuisson, mélangez un œuf battu dans du lait; ajoutez sel, poivre, beurre.

Potage oseille aux œufs. — Faites revenir de l'oseille hachée, mouillez de bouillon, salez, poivrez et versez sur quatre œufs battus.

Potage ostendaise. — Faites cuire des lentilles dans de l'eau en quantité suffisante; passez-les à la passoire en les mouillant de leur cuisson; mettez un morceau de beurre. Vous avez, d'une part, fait ouvrir sur un feu vif un litre de moules; retirez de leurs coquilles, et jetez-les dans votre potage au moment de servir.

Potage oxtail (façon française). — Faites cuire une queue de bœuf coupée en petits morceaux dans du bouillon; ajoutez encore un peu d'extrait de viande; salez, mettez poivre de Cayenne, une tomate passée au tamis, un jaune d'œuf dur passé également au tamis.

Potage panade à la reine. — Faites tremper de la mie de pain dans de l'eau avec sel, poivre. Mettez mijoter pendant une heure à feu très doux; passez; ajoutez un morceau de beurre et deux jaunes d'œufs délayés avec de la crème; ne laissez plus bouillir.

Potage à la parisienne. — Coupez des poireaux en filets; faites revenir au beurre, mouillez de bouillon, et ajoutez des pommes de terre coupées en lames; laissez cuire et versez sur du pain.

Potage pâtes d'Italie au lait. — Lorsque votre lait bout, versez trois poignées de pâtes d'Italie, faites bouillir vingt-cinq minutes; salez; poivrez.

Potage pâtes d'Italie au gras. — Agissez de même, seulement dans du bouillon.

Potage paysanne. — Coupez en morceaux carottes, céleri, oignons, choux; faites revenir au beurre, mouillez de bouillon; laissez une heure, ajoutez de l'eau de haricots ou de n'importe quels légumes; laissez encore cuire un peu, puis mettez de l'oseille et de la laitue hachées; faites encore bouillir et servez sur tranches de pain.

Potage petite mère. — Mettez du pain dans de l'eau salée, faites cuire deux heures à tout petit feu, ajoutez un morceau de beurre, retirez, liez avec un jaune d'œuf, passez au tamis, mouillez de bouillon et ajoutez du fromage de gruyère et de parmesan râpé.

Potage aux petits oignons blancs. — Prenez des petits oignons blancs au nombre de soixante, plus ou moins, que vous aurez épluchés sans les écorcher ; faites-les blanchir, mettez-les dans du bouillon avec un petit morceau de sucre. Vous tâcherez que votre pain baigne entièrement dans la soupière.

Potage aux poireaux. — Mettez revenir dans du beurre des poireaux ; quand ils sont roux, ajoutez du bouillon, faites bouillir une demi-heure environ, versez sur du pain et servez.

Potage aux pois cassés. — Cuire à l'eau un demi-litre de pois cassés en ajoutant à l'eau une pincée de persil, la moitié d'un poireau. Passez au tamis après cuisson, ajoutez un morceau de beurre, puis la liaison des jaunes d'œufs et des croûtons frits dans du beurre.

Potage pois verts à l'oseille. — Faites une purée de pois verts et ajoutez-y un peu d'oseille en purée, beaucoup de beurre.

Potage de poisson. — Lorsque vous faites cuire un poisson tel que bar, mulet, turbot, barbue, au court-bouillon, c'est un tort, car vous pouvez en faire, presque sans frais, un délicieux potage. Il faut que votre court-bouillon soit bien aromatisé de tranches d'oignons, carottes, thym, laurier, ail, échalote, etc., pas de vinaigre. Lorsque votre poisson est retiré, passez le court-bouillon au tamis. Vous avez des cœurs de laitues, du cerfeuil, du céleri, de l'oseille ; hachez le tout et jetez-le dans votre court-bouillon, que vous avez fait rebouillir.

Au moment de servir, mettez deux jaunes d'œufs, et versez sur des tranches de pain arrosées d'huile d'olives.

Potage de poisson aux herbes. — Mettez du bouillon de poisson dans une casserole ; quand il bout, ajoutez des cœurs de laitues, cerfeuil, céleri, oseille émincée ; une fois les herbes cuites, délayez des jaunes d'œufs dans un peu de bouillon et versez sur des tranches de pain arrosées d'huile d'olive ou de beurre.

Potage aux pointes d'asperges. — Faites un potage ordinaire, prenez des asperges, enlevez les pointes jusqu'au bouton, coupez-les de deux ou trois centimètres de longueur, faites blanchir légèrement, jetez-les dix minutes dans le bouillon que vous voudrez employer, faites bouillir au moment de le tremper ; faites que vos asperges soient vertes et fermes.

Potage aux pommes de terre. — Faites cuire des pommes de terre dans l'eau salée ; pelez, passez à la passoire, mettez au feu avec beaucoup de beurre ; délayez avec de l'eau, salez, poivrez, versez sur des tranches de pain grillées et jetez une poignée de cerfeuil haché.

Potage potiron au lait. — Coupez en morceaux, faites cuire dans très peu d'eau ; retirez du feu, passez au tamis, mélangez-y peu à peu du riz, du beurre très frais, sel, poivre ; lorsque le potage est brûlant, jetez sur des croûtes de pain.

Potage printanier. — Faites cuire

dans une marmite des pommes de terre coupées en morceaux avec de l'eau et sel; lorsqu'elles sont cuites, écrasez-les sur une écumoire à l'aide d'une fourchette, ajoutez des pointes d'asperges coupées en petits morceaux, des haricots verts partagés et coupés, des petits pois, faites cuire le tout ensemble; au moment de servir le potage, liez avec un bon morceau de beurre frais, servez-le sans ajouter de pain.

Potage printanier à l'allemande. — Épluchez oseille, laitue, cerfeuil, pourpier, une poignée de chaque, hachez très menu, posez dans une casserole un litre de pois, mouillez vos herbes de bouillon, ajoutez sel, laissez cuire deux heures; faites crever 375 grammes de riz, peu de sel, et beurre, faites qu'il ne soit pas trop épais, servez du pain à part.

Potage printanier aux œufs pochés. — Pochez des œufs dans de l'eau salée, ébarbez-les et mettez-les dans un potage printanier un peu clair.

Potage aux profiteroles. — Les profiteroles se font de petits pains au lait dont on a enlevé le dessus et qu'on a remplis d'une farce de gibier.

Mettez au four dans un plat beurré; quand elles sont bien fermes, disposez-les dans une grande soupière où l'on verse du consommé; il faut servir vivement ce potage qui doit être mangé le plus vite possible, car il tournerait en bouillie.

Potage à la provençale. — Passez quelques oignons, coupez-les en tranches fort minces, mettez aussi une ou deux gousses d'ail, du persil sans le hacher, faites frire le tout dans de la bonne huile d'olive, mouillez avec de l'eau, faites cuire dedans une sole, que vous retirez quand elle est cuite, passez le bouillon, remettez-le au feu, mettez un peu de fenouil haché et versez-le sur des croûtons sautés à l'huile.

Potage purée d'asperges. — Enlevez à des asperges vertes les parties dures et faites-les cuire à l'eau salée, égouttez, passez Cuisez à part, réservez les pointes. D'autre part, ajoutez dans une casserole un morceau de beurre, un peu de farine, remuez un instant puis mouillez avec du consommé de volaille, laissez cuire trois quarts d'heure, ensuite ajoutez la purée d'asperges et liez le potage avec de la crème, un bon morceau de beurre, des jaunes d'œufs, tournez vivement et versez sur les pointes d'asperges mises d'avance dans la soupière.

Potage à la purée de carottes. — Émincez les parties rouges de quelques carottes bien fraîches, placez-les dans une casserole avec un morceau de beurre; ajoutez une pincée de sucre; faites-les revenir tout doucement en les remuant de temps en temps, mouillez avec du bouillon, épluchez des pommes de terre crues, laissez cuire 2 heures, passez au tamis, servez avec une assiette de croûtons frits à part.

Potage purée de champignons — Faites blanchir et cuire des champignons dans du bouillon; passez au tamis, salez, poivrez; ajoutez un peu de glace de viande et servez avec croûtons frits.

Potage purée de gibier et de marrons. — Faites rôtir, désossez et dépouillez une perdrix, pilez les chairs dans un mortier de marbre, faites bouillir des marrons, épluchez, écrasez peu à peu avec la chair de perdrix, passez au tamis de fil de fer, délayez dans la soupière avec du bouillon, faites des croûtons de pain frits dans du beurre que vous y ajoutez.

Potage à la purée de jambon. — Prenez environ 750 grammes de jambon cuit, coupez-le en morceaux, et pilez au mortier; ajoutez une cuillerée de réduction de sauce Soubise et d'espagnole, passez à l'étamine et additionnez la quantité de bouillon nécessaire suivant les convives; incorporez un quart d'heure avant de servir une bouteille de vin de madère, un bon morceau de beurre fin, faites réchauffer au bain-marie, servez avec des croûtons frits.

Potage à la purée de marrons. — Prenez des marrons tout cuits, ôtez la première écorce, chauffez-les pour enlever la seconde peau; après les avoir épluchés, mettez-les dans une marmite avec du consommé; quand ils sont cuits, égouttez-les et passez au tamis, délayez avec du bouillon, dégraissez et versez sur des croûtons passés au beurre; le potage doit être servi très chaud.

Potage purée de navets. — Lavez, grattez et coupez en petits morceaux une livre de navets; mettez-les cuire dans l'eau avec une demi-livre de riz, du beurre, sel, poivre, passez à l'étamine après cuisson, mouillez avec un peu de lait et ajoutez du beurre au dernier moment.

Potage purée d'oignons aux quenelles de poisson. — Faites une purée Soubise, mouillez de bouillon et ajoutez des quenelles de poisson.

Potage à la purée de pois verts. — Épluchez et lavez des pois, mettez-les sur le feu avec d'autres légumes, tel que céleri, poireaux, oignons, carottes, jambon, lard, persil, sel, poivre, mouillez avec du bouillon; quand le tout est cuit on passe à la passoire, ou on pile dans un mortier, on remet cette purée dans le bouillon qui a servi à cuire les légumes, on ajoute du beurre; faites cuire à petit feu pendant deux ou trois heures, en remuant la purée assez souvent. Ensuite on ajoute la quantité de bouillon nécessaire pour faire le potage, du riz, ou, au moment de servir, des croûtons frits; on fait de même pour la purée de pois secs, seulement on fait tremper les pois la veille de s'en servir.

Potage à la purée de tomates. — Ayez des tomates bien mûres, coupez-les en morceaux, pressez pour enlever tous les pépins, le jus qui se trouve à l'intérieur. Coupez du jambon cru en tranches minces, des oignons en tranches, mettez le tout dans une casserole, avec un bouquet de persil, un morceau de beurre fin, faites cuire dans une casserole les tomates très doucement; ajoutez de la croûte de pain pour lier cette purée; quand le tout a mijoté cinq heures, passez au tamis, mouillez avec de bon bouillon, mettez gros comme une noisette de sucre, un morceau de beurre; servez.

Potage aux quenelles de foie. — Hachez du foie de bœuf, passez au tamis; mélangez du beurre avec des jaunes d'œufs, ajoutez le foie, sel, poivre, un peu de mie de pain; faites de petites boulettes que vous roulez dans la chapelure et faites pocher cinq minutes dans de l'eau salée; versez dessus un consommé.

Potage aux quenelles de volaille. — Prenez deux poules, enlevez les quatre filets, hachez, passez au tamis à quenelles, faites une panade avec un pain à café que vous mouillerez avec du lait, faites-la dessécher, en y joignant 2 jaunes d'œufs, un peu de beurre, pour qu'elle ne colle plus au doigt, faites refroidir, pilez avec 150 grammes de beurre, assaisonnez de sel, gros poivre, mouillez avec 3 œufs entiers, moulez vos quenelles avec des cuillères à café, placez-les sur un couvercle de casserole beurré. Préparez du consommé comme pour le potage en tortue, dans lequel vous avez fait cuire les carcasses de poules; clarifiez, faites bouillir, pochez vos quenelles dedans au moment de servir, servez à part du fromage râpé.

Potage rafraîchissant. — Faites chauffer de la graisse, mettez des épinards et des poireaux hachés, mouillez de bouillon, laissez cuire deux heures; servez sur croûte de pain.

Potage à la raictte. — Mettez dans une casserole six carottes, autant de navets et poireaux, un bon morceau de beurre, mouillez avec du bouillon, laissez cuire deux heures; ensuite ajoutez deux cuillerées de purée d'oseille, un quart d'heure avant de servir.

Potage à la reine hollandaise. — Faites cuire dans une petite marmite des os de veau concassés, environ 2 kilogrammes, avec oignons, carottes, sel; une fois cuit, passez à travers une serviette, prenez deux poulets bien blancs que vous découpez comme pour fricassée; prenez de votre bouillon de veau pour les braiser, lavez 300 grammes de riz, faites cuire avec votre bouillon; la cuisson du tout étant achevée, mettez ces deux sortes de choses dans votre soupière, passez dans une serviette le fond de vos poulets que vous verserez dans la soupière, pour que votre potage soit à point.

Potage au riz. — Prenez pour huit personnes quatre cuillerées à bouche de riz, faites bouillir environ trois quarts d'heure, avec un morceau de beurre, sel, poivre. On met dans la soupière au moment de servir un morceau de beurre manié avec trois cuillerées de sauce tomate; versez le bouillon gras ou maigre avec précaution, en travaillant la liaison, puis ajoutez le riz.

Potage au riz, chou et fromage. — Faites cuire du riz dans de l'eau chaude, avec un chou, une heure environ; faites égoutter et mettez dans une casserole le riz, le chou, de la graisse, des oignons hachés, sel, épices, de l'eau, un peu de bouillon; faites bouillir et ajoutez du fromage râpé au moment de servir.

Potage de riz au coulis de crevettes. — Un consommé de poisson, le lier à la farine de riz; d'autre part une livre de crevettes cuites trois minutes à l'eau salée; pilez, passez au tamis, liez-en le potage que vous passez aussi au tamis; beurrez pour remettre au feu et enfin pour tenir au bain-marie. Ajoutez au dernier moment une garniture de riz crevé à l'eau salée et un bon morceau de beurre.

Potage riz à l'italienne. — Lavez 500 grammes de riz, râpez un morceau de lard, un chou de Milan, faites suer avec votre lard, ajoutez sel, poivre, persil haché, quelques graines de fenouil; le chou ayant cuit trois quarts d'heure, mettez dedans votre riz, peu de bouillon, laissez cuire vingt minutes, servez à part du parmesan râpé.

Potage riz au lait. — Faites crever du riz dans du lait salé; mouillez de lait bouilli et tiède, salez ou sucrez à volonté.

Potage riz-oseille. — Faites une purée de pois verts ou secs; du riz cuit à l'eau, égoutté dans une passoire; mettez dans une casserole un morceau de beurre, une poignée d'oseille et de cerfeuil hachés, que l'on fait revenir dans le beurre; faites bouillir de l'eau; quand elle a fait quelques bouillons, mettez la purée et le riz, laissez cuire un instant, délayez un jaune d'œuf dans la soupière avec de la crème épaisse, versez le potage dessus.

Potage de riz au potiron. — Faites bouillir à courte sauce dans une casserole du potiron coupé, avec des oignons piqués, céleri, sel, poivre, passez au tamis, mélangez avec un morceau de beurre; ajoutez du riz blanchi également mélangé à du beurre, laissez cuire le tout ensemble et servez.

Potage riz-purée de haricots. — Mettez cuire dans de l'eau salée des haricots rouges; ajoutez oignons, carottes, céleri, persil, beurre, laissez cuire; passez à la passoire, mouillez de la cuisson et ajoutez du riz cuit à part avec sel, beurre; écumez avant de servir.

Potage riz à la turque. — Mettez crever du riz dans du bouillon et un peu de safran et placez dans un moule uni et beurré. Faites un pot-au-feu de mouton, démoulez le riz et servez en même temps qu'une soupière de bouillon de mouton dégraissé.

Potage aux romaines. — Faites blanchir vos romaines bien épluchées dans de l'eau fortement salée; lorsqu'elles sont cuites, retirez-les, coupez-les en petits morceaux.

Vous faites revenir dans une casserole un quart de lard de poitrine, des oignons, des carottes; vous mouillez d'eau et laissez bouillir une demi-heure; vous passez alors cette espèce de bouillon et vous ajoutez vos romaines et de petits croûtons passés au beurre.

Potage royal. — Faites cuire à l'eau quelques pommes de terre très farineuses; réduisez-les en purée, ajoutez du blanc de volaille et plusieurs morceaux de bon beurre; pilez le tout dans un mortier de marbre; incorporez peu à peu 4 à 6 jaunes d'œufs, sel, poivre blanc; le tout doit former une pâte très lisse, et fort épaisse, à laquelle on ajoute au dernier moment un peu de bonne crème; on prend cette pâte, on la dispose soit en boulettes, soit en quenelles allongées; jetez dans du bouillon pour les cuire pendant une demi-heure, retirez avec la passoire, laissez égouttez; mettez dans une soupière, remplissez avec du bouillon très corsé.

Potage à la russe. — Prenez filet de bœuf, jambon, graisse de bœuf et noix de veau que vous coupez en petits morceaux; mettez dans une marmite, salez, poivrez, muscade, beurre et un peu de madère; faites cuire à petit feu en ajoutant du bouillon ou du Liebig; laissez cuire pendant quatre ou cinq heures, mettez des tranches de pain grillé avec carottes et oignons passés au beurre.

Potage sagou. — Prenez 250 gr. de sagou, lavez-le, mettez-le dans une casserole avec deux bouteilles de vin de Bordeaux, 250 grammes de sucre, de la cannelle en poudre, muscade, délayez le tout ensemble; laissez cuire deux heures à feu doux, faites des croûtons auxquels vous aurez fait prendre couleur au four; au lieu de les sauter dans du beurre glacez-les avec du sucre, versez votre soupe dessus.

Potage sagou à l'espagnole. — Lavez le sagou, faites tremper la veille, égouttez dans une passoire, faire bouillir environ trois quarts d'heure dans du consommé; une fois qu'il formera gelée, servez.

Potage au sagou et aux navets. — Coupez les navets en boules, faites cuire au beurre avec sel et un peu de sucre; mouillez de consommé de racines, laissez bouillir 10 minutes avec quelques cuillerées de sagou et servez sur tranches de pain.

Potage saint Germain. — Faites cuire à l'eau salée et bouillante des pois nouveaux. Écrasez et passez au tamis. Remettez cette purée sur le feu, mouillez de bouillon. Quand la purée commence à bouillir, ajoutez un morceau de beurre fin, quelques petits pois entiers cuits à l'eau à part, une pincée de cerfeuil haché, remuez le tout ensemble, versez sur des croûtons frits.

Potage scorsonère. — Prenez de beaux salsifis, ratissez-les et coupez-les en petits morceaux; faites-les cuire un moment dans l'eau bouillante; retirez-les et faites-les cuire complètement dans du bouillon; ajoutez ensuite la quantité d'eau nécessaire. Au moment de servir, ajoutez deux jaunes d'œufs et une garniture de croûtons frits.

Potage semoule. — Vous jetez la quantité de semoule nécessaire soit dans du bouillon, du lait, voire même de l'eau; vous salez ou vous sucrez, suivant le cas; lorsqu'il s'agit d'eau vous jetez un morceau de beurre plus gros que lorsqu'il s'agit de lait; laissez cuire jusqu'à une bonne épaisseur.

Potage à la semoule grillée. — Mettez dans une casserole un morceau de beurre, autant de cuillerées de semoule que vous serez de personnes, faites-la griller, de la couleur de la croûte de pain, ajoutez sel, poivre, de l'eau, ou bouillon fait avec des légumes; faites cuire une heure.

Potage Soubise. — Prenez des oignons, faites-les cuire: égouttez et passez, mettez dans une casserole un bon morceau de beurre, ajoutez la purée et une pincée de farine, mouillez avec du bouillon, tournez; au moment de servir, un morceau de beurre doit être ajouté.

Potage tapioca au gras. — Agissez comme précédemment mais laissez cuire une demi-heure.

Potage tapioca au lait. — Se fait de même.

Potage aux tomates. — Faites revenir deux ou trois oignons dans du beurre, ajoutez une demi-livre de tomates épluchées et que vous laissez cuire pendant un quart d'heure; mouillez avec un litre de bouillon, passez, remettez au feu; quand c'est bouillant ajoutez une cuillerée de tapioca et versez sur des croûtons frits au beurre.

Potage tomates au tapioca. — Faites revenir quelques oignons dans du beurre; ajoutez-y des tomates coupées en morceaux; faites cuire un quart d'heure; passez, ajoutez du bouillon gras et quelques poignées de tapioca; faites cuire une demi-heure.

Potage toutes espèces de coquillages. — Prenez des coquillages, tels que huîtres, moules, les ouvrir; il faut au moins huit douzaines d'huîtres; faire jeter un bouillon avec l'eau qui a servi à les ouvrir, égouttez sur un linge, mettez dans une casserole un morceau de beurre, oignons émincés, faites revenir légèrement votre oignon, ajoutez une pincée de farine, mouillez avec l'eau où vous avez fait blanchir les huîtres, faites bouillir, ajoutez vos huîtres et des croûtons frits au beurre sur votre potage; au moment de servir, faites une liaison de trois jaunes d'œufs.

Potage aux trois filets. — Faites bouillir du bouillon, mettez du tapioca, faites cuire; ayez des truffes, des blancs de volaille, de la langue à l'écarlate (le tout cuit), coupez en filets et versez votre potage dessus après avoir écumé.

Potage aux trois racines. — Ayez des carottes, du blanc de céleri, du persil; coupez en dés, faites blanchir, égouttez, faites revenir au beurre; mouillez de consommé.

Potage velours. — Faites un tapioca léger dans de bon bouillon; au fond de votre soupière mettez six jaunes d'œufs bien frais et 75 grammes de beurre fin; lorsque votre bouillon est en ébullition, versez-le en tournant vivement et servez brûlant.

Potage au vermicelle. — Faites blanchir du vermicelle pendant trois ou quatre minutes, rafraîchissez; égouttez-le, puis mettez-le dans du bouillon bouillant; laissez cuire quelques instants en remuant et servez.

Potage vermicelle à l'eau. — Se fait de même en employant de l'eau.

Potage vermicelle à la jardinière. — Faites cuire des légumes, coupés en filets, avant votre vermicelle, que vous mettez ensuite dans votre bouillon, en écumant de temps en temps pour que le vermicelle ne se pelote pas; ajoutez du sel et du poivre.

Potage au vermicelle au lait.
— Faites bouillir du lait, mettez votre vermicelle dedans, dépelotez-le bien, remuez de temps en temps afin qu'il ne se mette pas en pâte. Une demi-heure suffit pour la cuisson du vermicelle.

Potage vermicelle aux oignons.
— Coupez vos oignons en filets très minces, faites-les revenir dans du beurre, mouillez avec de l'eau, salez, poivrez, mettez du vermicelle et faites bouillir une demi-heure.

Potage vermicelle à l'oseille.
— Faites cuire de l'oseille dans de l'eau salée; passez à la passoire; mouillez moitié eau moitié bouillon; mettez quelques poignées de vermicelle.

Potage vermicelle aux petits pois. — Faites cuire du vermicelle dans de l'eau salée, ajoutez sel, poivre, petits pois et au dernier moments de petits croûtons frits.

Potage vert-pré. — Prenez des pointes d'asperges, des pois, des haricots verts coupés en morceaux, faites blanchir à l'eau bouillante, ensuite égouttez, faites cuire dans du consommé en quantité, ou du bouillon fait avec de l'extrait de viande; ajoutez, cinq minutes avant de servir, une cuillerée de tapioca par personne; une fois cuit, versez dans la soupière, servez.

Potage de volaille à la crème.
— Faites cuire une demi-poule avec une demi-livre de riz dans du consommé. La cuisson achevée, pilez le tout, passez, ajoutez deux verres de crème et un jaune d'œuf.

Potiron Marinette. — Faites cuire votre potiron à l'eau salée, écrasez en purée, mettez-le cuire avec un demi-quart de beurre, du parmesan, un peu de cannelle; laissez bouillir cinq minutes en mélangeant bien; ajoutez cinq œufs battus; mettez dans un plat beurré, saupoudrez de mie de pain et de cannelle, et faites prendre couleur sous four de campagne.

Poularde aux nouilles. — Faites bouillir dans de l'eau salée, poivrée, avec oignons et persil, une poularde; avec le jus faites une sauce poulette; faites cuire dans de l'eau salée une demi-livre de nouilles bien fraîches, égouttez, assaisonnez de beurre, fromage de gruyère râpé, un peu de beurre; mettez la poularde sur un plat, les nouilles autour et saucez de la sauce dans laquelle on a mis deux jaunes d'œufs.

Poule au pot Belle-Gabrielle.
— Nettoyez la poule, coupez-la en une douzaine de morceaux, mettez dans une marmite de terre un quart de lard fumé, une cuillerée d'huile, quelques oignons entiers, bouquet garni, sel, poivre, thym, laurier, ail, échalote, votre poule; faites roussir; ajoutez des tomates hachées, des carottes, mouillez de vin rouge, de cognac, de manière à ce que tous les morceaux soient couverts, couvrez, laissez cuire trois heures et servez dans la marmite.

Poule au riz. — Remplissez une belle volaille parée, de chair à saucisse, entourez de papier beurré, mettez à la broche, faites crever une livre de riz dans deux litres et demi de lait avec un quart de beurre, sel, poivre de Cayenne, bouquet garni; le riz doit être mis à feu très doux; débrochez votre volaille, enlevez le papier, mouillez le riz avec le jus de la volaille et servez.

Poulets. — Les meilleures espèces de poules à manger sont à peu près par ordre de mérite les poules de Houdan, de Crève-Cœur, de Bresse, de la Flèche, de Barbezieux, les races de Dorking et à la Langshan.

Les poulets nouveaux commencent vers le 15 mai, quoiqu'on puisse en trouver en tout temps, grâce aux couveuses artificielles.

Au printemps et en été, les poulets coûtent assez cher. A l'automne, ils deviennent plus avantageux que la viande de boucherie et coûtent environ 2 fr. 50 le kilo, pour remonter à partir de janvier, jusqu'à 4 fr. 50 le kilo.

La chair du poulet n'est pas très nourrissante. Le bouillon de poule convient aux convalescents, à ceux dont l'estomac est débilité.

Poulet à l'américaine. — Divisez une poule tendre, coupez en deux une demi-livre de petit salé, abaissez 375 grammes de pâte brisée, coupez-en la moitié en petits carrés, coupez l'autre moitié de la taille de la circonférence de la casserole, mettez dedans poule, petit salé, pâte, oignons épluchés, poivre, bouquet, ail, pommes de terre coupées en tranches, couvrez du couvercle de pâte, versez de l'eau dans la casserole de façon à la faire monter au-dessus de la casserole, faites cuire une heure et servez brûlant dans la casserole.

Poulet au blanc. — Faites rôtir un poulet, mettez dans une casserole un bon morceau de beurre, une cuillerée de farine, deux verres de jus de viande, sel, poivre, remuez sans cesse, ajoutez un oignon, échalotes, bouquet garni. D'autre part prenez deux œufs, délayez avec de la crème douce, versez dessus une partie de la sauce que vous avez fait refroidir; gardez le reste de cette sauce sur le fourneau chaud, passez au tamis de fil de fer; vingt minutes avant de servir, versez dans cette sauce celle qui a été préparée avec les jaunes d'œufs, mais sans cesser de tourner, ajoutez le poulet, des morceaux de ris de veau, des champignons blanchis, quelques écrevisses cuites, si on veut, des truffes.

Poulet aux champignons. — Faites rôtir un poulet, faites une sauce avec un morceau de beurre, une cuillerée de farine, ajoutez jus de viande, sel, poivre, faites blanchir des champignons, ajoutez le poulet et les champignons à la sauce, vingt minutes avant de servir; tenir au chaud sur le coin du fourneau.

Poulet à la crème. — Quand vous avez préparez un poulet, faites rôtir en l'arrosant de jus de viande, prenez un bon demi-litre de crème douce, un morceau de beurre, une bonne cuillerée de farine, poivre, sel, mélangez le tout, ajoutez la crème, tournez jusqu'à ébullition en ajoutant le jus du poulet, une pincée de persil et civette hachés, découpez votre poulet un quart d'heure avant de servir, laissez dans la sauce sur le feu.

Poulet à l'estragon. — Ayez un poulet, prenez le foie, hachez-le, remettez-le dans le poulet, faites rôtir comme le poulet à la crème.

Préparez la sauce suivante : Ajoutez dans une casserole un bon morceau de beurre, une cuillerée de farine; faites roussir, mettez un verre de vin blanc, un de madère, du jus de viande, sel, poivre, une pincée d'estragon, une gousse d'ail haché, faites mijoter pendant deux heures à feu doux ; une demi-heure avant de servir, ajoutez le jus du poulet, en tournant sans cesse, afin d'éviter que la sauce ne devienne huileuse. Mettez votre poulet dans la sauce une demi-heure avant de servir.

Poulets en fricassée. — Préparez les poulets, coupez en morceaux, mettez à dégorger à l'eau tiède, passez à l'eau froide et égouttez ; la même préparation pour les foies ; passez le tout au beurre sans faire prendre couleur, saupoudrez de farine, mouillez avec l'eau dans laquelle ont dégorgé les morceaux, passée préalablement au tamis, ajoutez quelques petits oignons dont un piqué de clous de girofle, champignons, bouquet garni, sel, poivre, laissez cuire, dégraissez. Si la sauce se trouve longue faites réduire dans une autre casserole, reversez-la sur les morceaux de poulets, refaites bouillir, liez de jaunes d'œufs délayés dans du lait ou crème, remettez sur le feu sans bouillir, finissez d'un morceau de beurre frais, un jus de citron. Dressez sur le plat, les pattes au fond, les reins au-dessus, en entremêlant les cuisses et les ailes.

Poulet frit. — Prenez un jeune poulet (ou des restes), faites rôtir, puis coupez en petits morceaux après l'avoir désossé ; battez trois œufs entiers, ajoutez un peu d'huile et d'eau ; les œufs battus, trempez-y les morceaux de poulet, que vous roulez ensuite dans la farine, trempez encore dans les œufs battus, roulez dans la chapelure assaisonnée de sel, poivre, fines herbes hachées, faites frire dans la friture bouillante, égouttez, dressez sur un plat, garnissez de persil frit.

Poulet au fromage. — Faites comme ci-dessus, versez le fromage de Gruyère et le parmesan râpés en grande quantité et faites prendre au four de campagne.

Poulet de grains au champagne. — Lardez de jambon gras, faites revenir avec beurre, persil, ciboule, deux gousses d'ail, deux clous de girofle, thym, laurier, basilic, sel, poivre, ajoutez quelques bardes de lard, un demi-citron coupé en tranches avec le zeste, versez un verre de champagne. Dressez, passez le fond de la cuisson au tamis, dégraissez, ajoutez beurre et farine, versez sur le poulet.

Poulet de grains rôti. — Préparez votre poulet, farcissez de persil avec un quart de beurre, sel, poivre, laissez vingt-cinq minutes à la broche, retirez, servez avec le jus et la graisse.

Poulet à la hambourgeoise. — Farcissez un poulet de persil haché avec cent grammes de beurre, sel, poivre, rôtissez sans le larder, recueillez-en tout le jus et la graisse qui en découle, mettez dessus.

Poulet à l'huile. — Coupez en petits morceaux, faites revenir dans du beurre avec des oignons hachés. Lorsque le poulet est doré, versez dessus quelques cuillerées d'huile d'olives et faites sauter le poulet jusqu'à ce qu'il soit cuit. Salez, poivrez. Il faut faire ce plat très vivement et à feu vif.

Poulet à l'italienne. — Fendez un jeune poulet par le dos, aplatissez, passez au beurre, mouillez avec bouillon et vin blanc, bouquet, ail, sel, poivre ; faites cuire à petit feu, retirez le poulet quand il est cuit, passez sa cuisson, réduisez, liez avec un morceau de beurre et de la farine, versez sur le poulet, saupoudrez de parmesan, mettez à feu doux sous le four de campagne.

Poulet jardinière. — Comme la fricassée de poulet à la purée de légumes, en gardant les légumes entiers.

Poulet jardinière (*plat froid*). — Faites blanchir petits pois, pointes d'asperges, haricots verts, choux-fleurs. Découpez en petits morceaux les restes d'un poulet. Faites une mayonnaise. Prenez un moule et mettez au fond des branches de choux-fleurs, les autres légumes, un peu de jus de viande, de la mayonnaise. Faites prendre sur glace ; ajoutez encore un lit de légumes, du poulet, de la mayonnaise ; refaites prendre de nouveau et servez.

Poulet à la Marengo. — Prenez un gros poulet, découpez-le, faites chauffer dans une sauteuse de l'huile d'olives, du sel, un bouquet garni ; mettez votre poulet dans cet assaisonnement ; lorsqu'il est aux trois quarts cuit, retirez le bouquet, ajoutez une demi-cuillerée de sauce tomate, deux cuillerées d'espagnole, un petit verre de madère, un peu de glace de volaille. On ajoute soit champignons, soit lames de truffes ; on laisse mijoter ; on lie ensuite avec un peu de beurre frais manié de farine. Quand tout est bien cuit, on dresse avec goût sur un plat et on ajoute de larges croûtons frits, servis brûlants.

Poulet mariné. — Préparez un poulet, coupez-le, mettez-le dans une terrine avec huile, jus de citron, ail, oignon coupé, persil, sel, poivre ; laissez en terrine trois heures, retirez vingt minutes avant de servir, essuyez, saupoudrez de farine, faites frire avec beurre et huile. Faites frire des tranches d'oignons que vous mettez autour du plat avec quelques quartiers de citron.

Poulet à la marmotte. — Prenez des carottes et des panais coupés, des oignons blanchis, faites cuire le tout dans du bouillon ; coupez des champignons, des truffes en dés, mettez-les dans une casserole avec du beurre, du persil, ciboule, un peu de basilic, une gousse d'ail, clous de girofle ; mouillez de bouillon et d'un peu de champagne, ajoutez sel, gros poivre, laissez bouillir tout doucement, ajoutez des oignons, des cornichons blanchis coupés en dés, des olives dénoyautées. Servez sur des poulets cuits à la broche et bien blancs.

Poulet à la minute. — Coupez-le en deux, en longueur, faites revenir dans un roux léger ; lorsqu'il est doré, mettez du bouillon et du vin blanc ; hachez ail, échalotes, ciboulettes, champignons, ciboules, persil, sel, poivre ; faites cuire à feu vif.

Poulet aux œufs farcis. — Faites rôtir un poulet, arrosez de jus de viande ; faites une sauce avec un bon morceau de beurre, une cuillerée de farine, sel, poivre, tournez sur le feu, ajoutez deux verres de vin blanc, cinq verres de jus de viande, une livre de champignons, des truffes à volonté, faites durcir des œufs, coupez en deux, enlevez le jaune, avec lequel vous faites une farce additionnée de champignons hachés, persil, beurre, mie de pain trempée dans du jus de viande, emplissez de cette farce les moitiés d'œufs, mettez dans un plat au four avec un morceau de beurre, laissez une demi-heure; avant, ajoutez à la sauce cinq cuillerées à bouche de sauce tomate. Mettez le poulet entier ou découpé un quart d'heure, dressez sur un plat que vous garnirez de moitiés d'œufs, de truffes.

Poulet à la peau de goret. — Plumez, troussez un poulet, mettez en broche, placez à l'extrémité d'une brochette un morceau de lard enveloppé de papier, mettez le feu au papier, faites tomber sur le poulet; les gouttes de lard qui tombent sur le poulet forment des boursouflures semblables à celles qui éclosent sur la peau d'un cochon de lait.

Poulet à la Périgord. — Prenez un jeune poulet, découpez, faites-le revenir dans du beurre, enlevez-le, mettez dans la casserole une cuillerée de farine, sans laisser roussir, mouillez de bouillon ou de jus, ajoutez bouquet garni, ail, sel, poivre, le poulet; la cuisson achevée, liez avec deux jaunes d'œufs.

Poulets aux petits pois. — Mettez du beurre dans une casserole, faites-y revenir un quart de lard, puis le poulet, mouillez à l'eau tiède mélangée d'extrait de viande, ajoutez petits pois, oignons, sucre en poudre, couvrez la casserole, laissez cuire à feu doux une heure, dressez sur un plat chaud et servez.

Poulet (fricassée de) à la purée de légumes. — Rôtissez un poulet, coupez en morceaux, gardez le jus, prenez oignons, carottes, navets, céleri, faites cuire avec bouillon, jus de viande, sel, poivre; quand ils sont cuits, écrasez à la passoire, tenez-les en réserve en conservant le liquide de leur cuisson; faites fondre du beurre, mettez-y le poulet découpé, mouillez avec le liquide des légumes, faites cuire à feu modéré, pendant un quart d'heure, enlevez les morceaux de poulet, tenez au chaud, faites réduire la sauce de sa cuisson, ajoutez le jus du poulet rôti, la purée de légumes, versez sur les morceaux de poulet.

Poulet à la sauce. — Nettoyez un poulet, fendez-le sur le dos, aplatissez-le; mettez dans un vase un œuf entier, un jus de citron, une cuillerée d'huile, du persil, ciboules hachés, sel, poivre, mêlez le tout, trempez le poulet dans cette sauce, faites rôtir; pour servir, on fait la sauce suivante:

Hachez persil, ciboule, estragon, ajoutez un jaune d'œuf, vinaigre, trois cuillerées d'huile, sel, poivre, bouillon ou jus de viande, fouettez le tout avec le reste de la sauce, où on a trempé le poulet et le jus de cuisson.

Poulet sauce au kari à l'indienne. — 125 grammes de piment, 60 grammes de racines de safran, 60 de rhubarbe; séchez vos piments, déchiquetez, enlevez les queues, pilez avec leurs graines et une pincée de sel dans un mortier de fonte, passez dans un tamis de crin; de même pour le safran et la rhubarbe; le tout passé et mélangé, ajoutez 15 grammes de poivre et un peu de sel fin, servez avec un gardillon braisé, servi sur son fond.

Poulet à la sauce tomate. — Parez un poulet, enlevez les os de l'estomac, mettez dans une casserole beurre, sel, poivre, jus de citron, mêlez, remplissez-en les poulets, coupez le cou près des reins, bridez, mettez une barde de lard dans une casserole, mettez des tranches de citron sur l'estomac du poulet, placez dans la casserole, couvrez de lard, faites cuire feu dessus, feu dessous pendant trois quarts d'heure, égouttez, servez avec sauce tomate.

Poulet à la tartare. — Prenez un poulet gras, ôtez les pattes, le cou, fendez du côté de l'estomac; ouvrez-le, aplatissez avec un couperet; dans une casserole mettez un morceau de beurre avec persil, ciboule hachée, sel, poivre, faites revenir le poulet; un quart d'heure avant de servir, panez-le, mettez sur le gril à feu doux, servez sur un plat avec une sauce tartare.

Poulet à la vigneronne. — Préparez le poulet, découpez, mettez dans un chaudron avec beurre, oignons, bouquet, ail, sel, poivre, épices, mouillez d'eau et de vin blanc, laissez cuire pendant trois quarts d'heure à feu doux; au moment de servir liez avec de la crème et des jaunes d'œufs.

Pour faire glacer. — On mélange du sel de cuisine, du salpêtre et de la glace pilée en très petits morceaux; il faut que le moule soit enterré profondément dans ce mélange.

Pour utiliser un reste de purée de pommes de terre. — Faites revenir dans du beurre de l'ail haché; cassez deux œufs entiers dans le reste de votre purée, mettez sel, poivre, en médiocre quantité, la purée étant déjà assaisonnée; mélangez bien le tout, y compris l'ail; formez de petites galettes que vous saupoudrez de farine; mettez du beurre frais dans une poêle; lorsque le beurre bout, mettez vos galettes, retournez-les lorsqu'elle sont dorées d'un côté, servez en les arrosant avec le beurre de la cuisson, et en les entourant de persil frit.

Pourpier en friture à la milanaise. — Faites mariner six heures des tiges entières de pourpier avec jus de citron, sucre en poudre, cannelle; trempez dans la pâte à frire et servez chaud.

Pruneaux au vin. — Faites tremper une livre de pruneaux vingt-quatre heures dans de l'eau froide; mettez sur le feu trois verres d'eau, une demi-bouteille de vin rouge, une demi-livre de sucre, un peu de cannelle; ajoutez les pruneaux, faites cuire doucement.

Puddings. — Bread pudding; Pudding au pain. — Prenez une pinte de mie de pain, et mettez dans du lait; ajoutez peau de citron, de la cannelle et muscade râpée; mettez le tout sur petit feu, jusqu'à ce que la mie soit bien trempée. Enlevez alors la cannelle et la peau de citron, battez la mie et le lait bien ensemble, ajoutez quatre œufs bien battus, une once de beurre, deux de sucre, une demi-livre de raisin de Corinthe, et faites bouillir une heure.

Chocolate pudding; pudding au chocolat. — Bouillir une pinte de bon lait; faites fondre une once de chocolat dedans; ajoutez les jaunes de huit œufs et les blancs de quatre, bien battus; versez le tout dans un moule bien beurré; faites cuire pendant une demi-heure, et laissez reposer pendant dix minutes; servez alors avec la sauce suivante : faites bouillir la moitié d'un bâton de vanille dans du lait, jusqu'à ce que cela soit réduit de moitié; versez, sucrez avec gros sucre, et épaississez-la avec *arrowroot*.

Pudding. — Une demi-livre de raisin sec sans pépins, six œufs, du rhum, un quart de moelle coupée en petits dés, une demi-livre de farine, 80 grammes de sucre, 40 centilitres de lait, le zeste d'un citron, de la muscade râpée, amalgamez avec mie de pain trempée dans du lait, mettez dans une serviette, serrez d'une ficelle, plongez dans l'eau bouillante pendant quatre heures en le retournant de temps en temps, sortez-le, égouttez, enlevez la serviette, arrosez de rhum, mettez-y le feu au moment de servir.

Pudding. — 70 grammes de sucre, 70 grammes de beurre, un quart de raisin de Malaga, le zeste d'un citron haché, un verre de lait, un morceau de mie de pain trempée dans du lait, mélangez, battez en neige des blancs d'œufs, ajoutez-les, versez dans un moule enduit de caramel, mettez cuire pendant deux heures à feu doux, démoulez, servez avec une sauce faite avec du beurre tiède, du sucre, du rhum, allumez-y le feu.

Pudding aux amandes. — Mondez et pilez une livre d'amandes douces, plus trois ou quatre amandes amères, ajoutez une livre de beurre par petits morceaux, un verre de vin blanc, un verre de crème, quatre jaunes d'œufs, deux blancs d'œufs battus en neige, une demi-livre de sucre en poudre, un peu de fécule, une poignée demie de pain. Mélangez bien le tout, versez dans un moule beurré et faites cuire au bain-marie.

Pudding à l'armoricaine. — Mettez tremper dans du lait des petits pains d'un sou, un quart de sucre, cinq jaunes d'œufs, un peu de rhum, de cannelle, un demi quart d'amandes pilées, zeste de citron, raisin de Malaga, des blancs d'œufs battus en neige; beurrez un moule, versez le mélange, faites cuire deux heures à four doux, saupoudrez de sucre, faites flamber du rhum que vous jetez dessus.

Pudding de biscuit. — On peut utiliser pour ce plat des restes de biscuit quelconque. Coupez ce biscuit en tranches, faites-les cuire au bain-marie, afin que la vapeur de l'eau pénètre le biscuit; quand il est très mou, retirez du feu, placez les tranches sur un plat, garnissez avec des raisins de Malaga, arrosez soit de vin chaud sucré, soit de sirop de framboise chauffé; ce plat se sert chaud.

Pudding de cabinet. — Prenez dix jaunes d'œufs, 150 grammes de sucre en poudre, 6 décilitres de lait, un demi-litre de kirsch, passez, prenez un quart de raisins de Malaga sans pépins, épluchez, lavez, séchez, 50 grammes de raisin de Corinthe, coupez en dés trois abricots confits et divisés en deux, 60 grammes de cerises confites, beurrez un moule, au fond une couche de fruits, puis une couche de biscuit, et ainsi de suite, jusqu'aux deux tiers du moule et en finissant par des fruits; versez lentement le mélange dans le moule, faites prendre, démoulez, servez avec une sauce composée des jaunes d'œufs, de la fécule, un quart de sucre, un quart de beurre, sel, vin de Malaga, tournez, épaississez, passez.

Pudding aux cerises. — Faites tremper dans du lait deux petits pains, six cuillerées de confitures de cerises, un quart de sucre, un quart d'amandes pilées, un peu de kirsch, trois jaunes d'œufs, les trois blancs battus en neige; versez dans un moule beurré, saupoudrez de sucre. Faites cuire au bain-marie.

Pudding aux amandes. — Mondez 500 grammes d'amandes douces et quelques amandes amères; pilez-les peu à peu dans un mortier de marbre en y ajoutant, par petits morceaux, une livre de beurre frais, un demi-verre de vin blanc, cinq jaunes d'œufs, deux blancs d'œufs battus en neige, un verre de crème, une demi-livre de sucre en poudre, une cuillerée de fécule, une poignée de chapelure. Mélangez bien le tout, beurrez un moule, faites cuire au bain-marie et servez chaud ou froid, à votre goût; on peut ajouter une sauce faite de rhum, de sucre en poudre, de zeste de citron.

Pudding au chocolat. — Prenez un quart et demi de chocolat non sucré, fondez avec un peu de lait et du sucre peu à peu jusqu'à ce que la crème soit bien douce, faites fondre 55 grammes de géla- tine dans très peu d'eau, ajoutez au chocolat encore sur le feu, passez le tout au tamis jusqu'à ce que la crème se soit attiédie, battez les trois quarts d'un litre de bonne crème afin de la rendre bien épaisse, ajoutez le chocolat en mélangeant le tout, versez dans un moule entouré de glace jusqu'au moment de servir le pudding.

Pudding diplomate. — Ayez une brioche que vous émiettez; versez dessus un litre de lait bien sucré, dans lequel vous avez battu six œufs, blancs et jaunes; ajoutez des fruits confits de toutes sortes; plus des raisins de Malaga; ayez un moule beurré, emplissez-le de votre mélange; mettez au-dessus, une feuille de papier également beurrée; mettez votre couvercle; faites cuire au bain-marie avec feu au-dessus du couvercle; démoulez et servez brûlant sur une crème liquide fortement aromatisée de kirsch.

Pudding d'Espagne. — 180 grammes de beurre, tourner pendant qu'il fond; mettez en continuant de tourner douze jaunes d'œufs, un quart de sucre pilé, un quart de chocolat râpé, un demi-quart de fécule, le double de biscuits pilés, un peu de vanille et de cannelle en poudre, un quart d'écorce de citron glacé et coupé, douze blancs d'œufs battus en neige, mettez dans un moule beurré parsemé de biscuit pilé, faites cuire au bain-marie pendant une heure et demie; servez avec une sauce au chocolat un peu épaisse.

Pudding à la farine. — Prenez cinq grandes cuillerées de farine, 70 grammes de beurre frais, un litre un quart de lait, faites bouillir le tout, laissez refroidir; on ajoute six jaunes d'œufs, du sucre à volonté, des zestes de citron, les six blancs d'œufs en neige; faites cuire dans un plat profond au four ou sous un four de campagne.

Pudding aux fruits confits. — Prenez une demi-livre de biscuits à la cuillère, un quart de raisin de Malaga, trois quarts de fruits confits assortis, abricots, poires, cerises, prunes, écorce d'orange, de cédrat. Battez six jaunes d'œufs avec un verre de crème, un peu de rhum; beurrez un moule, mettez une couche de biscuits, une couche de fruits confits, deux cuillerées du mélange, ainsi de suite en pressant bien les biscuits, faites cuire au bain-marie, préparez une sauce avec rhum, beurre frais, un peu de fécule; faites cuire la sauce, versez sur le pudding et servez brûlant.

Pudding glacé. — Faites bouillir un litre de lait, sucrez, vanillez, laissez refroidir et versez sur huit jaunes d'œufs; faites épaissir au bain-marie, passez au tamis.

Faites tremper dans du vin de Madère une poignée de raisin de Malaga, enlevez les raisins, humectez de madère des biscuits à la cuillère que vous rangez dans un moule; versez la crème où vous avez mis les raisins et faites prendre sur glace.

Pudding de haricots. — Faites cuire des haricots blancs dans de l'eau, pilez-les; faites-en clarifier et peser 270 grammes, 500 grammes de sucre, faites bouillir ensemble quelques instants, ajoutez un morceau de beurre, laissez bouillir un peu en remuant toujours, afin que le mélange ne s'attache pas, ôtez du feu, laissez refroidir, ajoutez trois œufs entiers, huit jaunes d'œufs, versez le tout dans un moule beurré, mettez au four. On peut employer des pommes de terre en place de haricots et en même quantité. Ce gâteau doit être fait la veille du jour où l'on veut le servir.

Pudding à la lyonnaise. — Battez ensemble quatre œufs, six cuillerées à bouche de lait froid, autant de sucre en poudre, quatre cuillerées à bouche d'eau-de-vie, deux de rhum, vingt cerises à l'eau-de-vie sans noyaux, de la mie de pain rassie et une petite brioche rassie, toutes les deux émiettées; travaillez pendant cinq minutes avec une cuillère de bois, versez dans un moule garni de caramel, puis de beurre, mettez cuire sous un four de campagne pendant trois quarts d'heure, démoulez, arrosez de rhum, mettez-y le feu.

Pudding de marrons. — Placez un kilogramme de marrons sur le feu dans un vase rempli d'eau, avec sel; lorsque l'écorce s'enlève, retirez du feu, pressez-les dans l'eau au fur et à mesure que vous les pèlerez; une fois dépouillés remettez au feu avec un peu de lait et de vanille, laissez réduire en écrasant de temps en temps les marrons; quand ils sont réduits en bouillie, passez au tamis, ajoutez un verre de crème, 30 grammes de beurre; on mélange le tout. Tournez ensuite 150 grammes de bon beurre jusqu'à ce qu'il ait l'apparence de la crème, mettez 250 grammes de sucre pilé, trois œufs entiers, huit jaunes, douze amandes amères pilées; on mélange le tout en ajoutant en dernier lieu les huit blancs d'œufs battus en neige; mettez dans un moule, faites cuire au bain-marie une heure et demie; on sert chaud, avec une sauce ainsi indiquée.

La bouillie de marrons doit être préparée la veille du jour où on veut l'employer, mais la mixtion des ingrédients ne peut être faite à l'avance; la quantité de sucre est facultative et peut être augmentée sans inconvénient.

Pudding à la moelle. — Écrasez dans du lait un quart de biscuit, huit jaunes et blancs d'œufs battus séparément; ajoutez deux onces de sucre en poudre, moelle de bœuf hachée, un petit verre d'eau-de-vie, un de vin d'Espagne, de l'eau de fleur d'oranger, fécule; faites bouillir, versez dans une timbale, faites cuire une demi-heure feu dessus et dessous.

Pudding aux pommes de terre. — Cuisez à l'eau des pommes de terre, pelez, passez, ajoutez une demi-livre de beurre fondu, autant de sucre en poudre, ajoutez six œufs battus, de l'eau-de-vie, une demi-livre de raisin de Corinthe, mêlez, versez dans une serviette, ficelez, faites cuire à l'eau bouillante pendant une demi-heure; dressez, servez avec du vin blanc mêlé à du sucre et à du beurre fondu.

Pudding de Reims. — Râpez un paquet de biscuits de Reims roses, mettez-y quelques cuillerées de sucre pilé, quatre jaunes d'œufs, les blancs battus en neige, un petit verre de rhum, un quart de raisin de Malaga, un quart raisin de Corinthe, un peu d'angélique en morceaux; beurrez un moule, versez la pâte et faites cuire au bain-marie, avec feu dessus; servez saucé de la sauce suivante :

Versez sur quatre jaunes d'œufs du lait bouilli sucré, faites prendre un moment sans bouillir et ajoutez quelques cuillerées de kirsch.

Pudding de riz. — Mettez 255 grammes de beau riz que vous aurez échaudé trois fois sur le feu avec de l'eau qui couvre le riz sans remplir la casserole, faites cuire jusqu'à ce que l'eau ait réduit et le riz gonflé. Prenez 150 grammes de sucre fondu dans de l'eau bouillante; quand le riz n'est pas tout à fait cuit mettez un verre de rhum, retirez du feu; on met le riz dans un moule de grès, à la cave; le lendemain on renverse le moule sur une assiette; décorez votre pudding avec de la gelée de groseille, ou des fruits confits, ou du rhum que l'on allume au moment de servir.

Pudding au vermicelle. — Faites bouillir un quart de vermicelle dans du lait avec un peu de cannelle; quand il est cuit, enlevez la cannelle, mettez quatre jaunes d'œufs battus, un quart de sucre en poudre, autant de beurre fondu, de la crème; versez et faites prendre couleur au four de campagne.

Puits d'orange. — On enlève à l'aide d'un couteau le dessus d'un des côtés de l'orange comme s'il s'agissait d'ouvrir un œuf à la coque; détachez avec une petite cuillère l'intérieur de l'orange, en ayant soin de ne point entamer l'écorce, dans laquelle la chair de l'orange doit rester contenue; on ajoute quelques cuillerées de sucre pilé, on continue à détacher la chair de la pelure; on ajoute du sucre pilé jusqu'à ce que l'on ait une sorte de marmelade qui reste dans la pelure de l'orange; quand elle est assez travaillée, on recouvre l'ouverture avec le petit morceau primitivement enlevé; on sert chaque orange sur une petite assiette avec une petite cuillère.

Punchs (*Recette Roret*). — Le punch, boisson imaginée en Angleterre, pays de brumes et de brouillards où l'économie humaine a sans cesse besoin de rendre de la vigueur aux muscles et de l'énergie au système nerveux, ainsi qu'au cerveau, est répandu dans la plupart des pays civilisés.

La préparation du punch peut se faire de bien des manières suivant le caprice ou le goût des amateurs, mais il reste toujours des formules classiques dont il n'est pas permis de s'écarter beaucoup sous peine de ne produire qu'une boisson de qualité secondaire ou même mauvaise.

Punch au rhum. — Commençons par le roi des punchs ou le punch au rhum, et supposons qu'il s'agisse de préparer environ 5 litres de ce punch. Prenez :

Rhum de la Jamaïque. . . . 2 lit. 50
Infusion de thé. . . . . . . 2 lit. 50
Sucre blanc. . . . . 1 kilog.
2 citrons.

La première opération pour préparer du punch, est de faire le thé, non pas en versant tout à coup sur le thé une masse d'eau bouillante, mais en procédant méthodiquement.

En conséquence, on dépose dans une théière, 60 grammes de thé hyswin de première qualité, et on verse dessus une tasse d'eau bouillante, on ferme la théière et quelques minutes après, on renouvelle cette opération.

Les feuilles de thé, sous l'influence de cette petite quantité d'eau chaude, se déplissent, se tendent, se gonflent et se trouvent toutes disposées à abandonner leur arome à l'eau. Quelques minutes après cette seconde opération, on achève de remplir la théière avec de l'eau très chaude. Enfin, au bout de 5 minutes d'infusion, le thé est préparé et peut être versé dans le bol où l'on prépare le punch. Si l'on trouve que le thé est trop fort, on peut en modérer la dose et n'en mettre que 40 et même 30 grammes. En procédant autrement, c'est-à-dire en noyant tout à coup les feuilles avec toute la masse d'eau bouillante, ces feuilles saisies inopinément par la chaleur, brûlent et se cuisent plutôt en n'abandonnant qu'une petite partie de leur arome à cette eau qui ne donne plus qu'un thé plat et sans parfum.

Il ne faut pas non plus prolonger l'infusion au delà de 5 minutes, parce qu'alors, l'eau dissout les principes amers et tanniques renfermés dans la feuille.

Tout cela bien compris, reprenons la préparation du punch.

Avant de verser le thé dans le bol on a coupé deux beaux citrons à peau fine, et bien frais, en 4 à 5 tranches qu'on pose sur le fond de ce bol, puis on ajoute le sucre coupé en petits morceaux dont on augmente ou diminue la dose suivant qu'on aime le punch plus ou moins sucré ; cela fait, on verse dessus le thé, qu'on vient de préparer et qui est bouillant et immédiatement sur le thé, le rhum qui complète la formule.

Il faut bien se garder de verser le rhum de haut avec force sur le thé, mais interposer entre le jet de la bouteille qui le renferme et le thé, une cuillère sur laquelle seront posées quelques tranches de citron, afin que ce rhum ne descende pas dans le thé, mais reste à la surface et s'y étale en nappe alcoolique. Sous l'influence du thé bouillant, le punch acquiert une certaine élévation de température et quand on le juge assez chaud, on approche une allumette qui l'enflamme aussitôt.

Il faut laisser le punch brûler tranquillement sans l'agiter, et jusqu'au moment où il s'éteint de lui-même; alors, quand il ne jette plus que quelques lueurs bleuâtres et irisées, on peut le remuer doucement pour y répartir le sucre qui s'est fondu dans le thé, et le suc ainsi que l'huile essentielle de citron, puis le distribuer aussitôt dans les verres.

Faisons remarquer en passant que

ce punch peut être mis en cruchons, lorsqu'il est refroidi; seulement on conseille de ne le laisser brûler que quelques minutes et de le filtrer avant de le mettre dans les cruchons.

En cet état on le boit froid, ou si on veut le boire chaud, on débouche le cruchon, qu'on plonge pendant quelque temps dans une marmite remplie d'eau chaude.

Purée de betteraves. — Les betteraves étant cuites, puis recuites au four, coupez par tranches, mélangez à une purée d'oignons, mouillez de bouillon, mettez sel, poivre, épices, un filet de vinaigre.

Purée de cardons. — Blanchissez, cuisez les cardons dans une sauce béchamel, dégraissez, passez, incorporez beurre et crème.

Purée de céleri. — Prenez de grosses racines de céleri, épluchez, faites cuire à l'eau et au sel, passez, mettez du beurre frais dans une casserole, votre purée, du bouillon, un peu de crème, sel, poivre, un peu de sucre.

Purée de chicorée. — Se fait comme la purée de céleri.

Purée de cosses de pois verts. — Agissez comme ci-dessus, seulement faites cuire plus longtemps et hachez, les cosses étant cuites.

Purée de fonds d'artichauts. — Parez, blanchissez, cuisez dans l'eau avec farine, sel, jus de citron; écrasez, mélangez à la béchamel grasse, passez, faites réchauffer avec beurre et crème.

Purée de haricots à la crème. — Lavez, cuisez à l'eau salée avec bouquet et oignons, passez, mélangez avec du beurre et de la crème, assaisonnez, servez.

Purée de haricots secs. — Se fait comme celle de pois secs, mais on les cuit en les retirant de l'eau; on ne les laisse pas dans l'humidité.

Purée de lapereaux. — Rôtissez, séparez la chair des os, hachez, pilez avec beurre, passez; au moment de servir chauffez avec du fumet de lapereaux, servez dans une croustade avec des œufs mollets.

Purée de lentilles. — Cuisez dans l'eau, sel, bouquet, oignon, carotte, passez, remettez au feu, ajoutez du beurre, servez avec croûtons frits.

Purée de lentilles (*autre*). — Cuisez avec lard, passez avec bouillon de la cuisson, ajoutez un peu de jus de viande, servez avec croûtons frits.

Purée de marrons. — Épluchez des marrons rôtis, passez au beurre, mouillez avec bouillon et vin blanc, cuisez à petit feu, pilez, passez.

Purée de marrons à la vanille. — Faites cuire, comme ci-dessus, passez à la passoire, mouillez de lait sucré et vanillé; ajoutez quatre jaunes d'œufs, un œuf entier, mélangez bien le tout, faites prendre sous four de campagne.

Purée de mousserons. — Épluchez, lavez, blanchissez, égouttez, hachez très menu, mettez avec un morceau de beurre dans une casserole, mettez du jus de citron, laissez la farce se colorer, mouillez avec du jus, assaisonnez.

Purée d'oignons bretonne. — Mettez dans une casserole oignons, beurre, sel, farine, mouillez de bouillon, passez, servez accompagné de croûtons frits.

Purée d'oseille. — Épluchez, lavez, égouttez votre oseille, mettez dans de l'eau salée bouillante, retournez avec l'écumoire, égouttez, rafraîchissez, passez au pilon, jetez dans un roux mouillé de bouillon, faites bouillir et mijoter, dégraissez, passez, ajoutez un peu de fond dégraissé de cuisson de viande.

Purée de pois secs. — Faites tremper pendant une nuit; égouttez et laissez-les encore douze heures dans leur humidité. Mettez-les dans une casserole avec eau, sel, poivre, du lard, carottes, oignons, clous de girofle, persil, thym, laurier; passez, mouillez de la cuisson et assaisonnez comme d'habitude.

Purée de pois verts. — Faites cuire des pois verts dans de l'eau bouillante, avec bouquet de persil, sel, poivre, passez-les, mouillez de jus et mettez un morceau de beurre manié de farine.

Purée de pommes de terre gratinée. — Pelez, lavez, émincez, mettez dans une casserole avec eau, beurre, sel, muscade, faites cuire une demi-heure feu dessus, feu dessous, travaillez; mettez du beurre, liez, faites prendre couleur au four.

Purée de pommes de terre à la Maria. — Passez des pommes de terre pelées cuites dans du bouillon avec du fond de cuisson, détendez avec béchamel, faites prendre un peu de couleur au four de campagne, servez.

Purée de potiron. — Pelez, coupez en morceaux, jetez à l'eau bouillante et salée, laissez cuire, passez, mettez dans une casserole avec beurre, crème, sucre, farine, réduisez, liez avec des jaunes d'œufs.

Purée de poulet — Plumer, vider un poulet. Enlever le cou, les pattes et ailerons; l'envelopper d'une feuille de papier beurré, faire rôtir à point, laisser refroidir, enlever le papier, détacher les chairs de l'estomac, mettre le reste du poulet dans un pot avec un peu d'eau. Ajouter le col, ailerons, pattes, gésier, foie; faire bouillir le tout ensemble jusqu'à dissolution des chairs, passer à la serviette, hacher et piler les blancs en réserve; délayer dans du bouillon, passer à force bras dans une étamine, saler, tenir au chaud, la donner au malade de deux heures en deux heures.

Purée de tomates. — Faites revenir des oignons dans du beurre, enlevez la peau d'une livre de tomates, faites bouillir vingt minutes, mouillez avec du bouillon, passez, faites bouillir, ajoutez un peu de tapioca; servez avec petits croûtons frits.

Q

Quenelles. — Pour faire les quenelles on se sert de volaille, de gibier, de poisson ou de veau. Elles se composent ainsi : hachez menu la chair que vous voulez employer, puis faites dessécher sur le feu, dans une casserole, un morceau de mie de pain trempée dans du lait ou dans du consommé, laissez refroidir, ajoutez à ce mitonnage du beurre frais ou de la graisse de rognon de veau et assaisonnez de sel et d'épices ; jetez viande et mitonnage dans un mortier, pilez en ajoutant des œufs entiers, jusqu'à ce que le tout soit en pâte assez consistante ; passez cette pâte dans un tamis à quenelles ; moulez avec une cuillère et faites-la cuire dans du bouillon ou de l'eau salée ; retirez après dix minutes d'une cuisson douce, laissez égoutter. Il faut que les substances diverses qui entrent dans la composition des quenelles telles que viande, mie de pain, soient d'égales quantités.

Quenelles à la crème. — Elles se font avec de la pâte à choux à la crème, desséchée et dans laquelle on incorpore des œufs, un peu de farine, une pincée de poivre, un peu de muscade. La pâte se prend avec une cuillère à bouche, et on se sert du doigt pour la faire tomber, de la grosseur d'une amande, dans une casserole d'eau chaude tenue hors du feu. On les termine comme les quenelles ordinaires.

Quenelles d'esturgeon. — Prenez de la chair d'esturgeon, ajoutez en quantité égale du mitonnage, du beurre, terminez comme pour les quenelles ordinaires, seulement, pour assaisonner, ajoutez au sel des épices et une cuillerée de fines herbes que vous aurez passées au beurre.

Quenelle de foie. — Hachez du foie de veau, passez au tamis ; ajoutez trois œufs entiers à un bon morceau de beurre, mélangez bien le tout ; mettez le foie, sel, poivre, un peu de mie de pain ; faites de petites boulettes, trempez dans la chapelure et faites cuire cinq minutes à l'eau salée. On les sert dans du potage gras.

Quenelles frites. — Trempez des quenelles dans une béchamel bien épaisse roulez-les dans de la mie de pain, trempez-les dans des œufs battus, panez-les de nouveau, faites frire ; servez avec une garniture de persil frit.

Quenelles à la moelle. — Faites dégorger 200 grammes de moelle de bœuf, ajoutez un poids égal de mie de pain, puis une cuillerée à bouche de farine, sel, poivre, cinq jaunes d'œufs et un entier. De ce mélange, faites une pâte lisse que vous prendrez avec une petite cuillère chaude pour la laisser tomber dans de l'eau bouillante salée ; parez et employez.

Quenelles de pommes de terre. — Faites cuire des pommes de terre au four et sous la cendre, afin qu'elles soient bien farineuses ; ajoutez un bon morceau de beurre et du persil haché menu ; mettez au feu dans une casserole, incorporez quelques œufs entiers, les uns après les autres, jusqu'à ce que la quenelle se trouve résistante, assaisonnez de sel, poivre, pochez les quenelles, laissez égoutter et refroidir ; faites frire de belle couleur.

Quenelles à la semoule. — Prenez 170 grammes de beurre, cinq jaunes d'œufs, 170 grammes de semoule fine, sel et muscade. Prenez la pâte avec une cuillère à bouche, en la détachant par parties, laissez-la tomber dans de l'eau bouillante. Ces quenelles ainsi pochées, égouttez et parez pour les employer.

Queue de bœuf à la Sainte-Menehould. — Cuisez dans le pot-au-feu, assaisonnez de sel et de poivre, panez deux fois après les avoir trempées dans du beurre tiède, mettez au four, servez sur une purée de pois.

Queue de bœuf panée et grillée. — Faites cuire dans le pot-au-feu, qu'elle rend délicieux ; faites fondre du beurre, assaisonnez la queue de sel et poivre, trempez dans le beurre, puis dans de la mie de pain émiettée, trempez encore dans le beurre, repanez, faites griller et servez sur sauce piquante.

Queues de mouton frites au parmesan. — Cuisez à la braise, trempez dans de l'œuf battu, panez avec mie de pain et parmesan, faites frire au saindoux, servez avec persil frit.

Queues de mouton au riz. — Blanchissez, coupez les bouts, mettez-les par paquets, cuisez à la braise, mettez dans une marmite avec du bouillon de riz épluché et lavé ; quand il est crevé, ôtez du feu, laissez refroidir les queues cuites, enlevez, laissez refroidir, enveloppez de riz, trempez dans de l'œuf battu pour les paner de mie de pain, faites frire dans du saindoux, servez avec persil frit.

Queues de porc à la purée. — Cuisez dans une braisière, servez sur une purée de pois.

R

Râble de lièvre à la Castiglione.
— Parez le râble d'un bon lièvre pour le piquer ensuite avec des filets d'anchois bien dessalés, faites mariner le râble une journée dans un demi-verre de vinaigre, oignons, thym, laurier, quelques grains de poivre, un clou de girofle; mettez le tout au four dans un plat en terre en ajoutant un morceau de beurre. Assaisonnez légèrement et ayez soin d'arroser continuellement le râble avec sa marinade. Aussitôt cuit, dressez le râble sur le plat, passez le peu de fond qui reste, et versez-le dessus.

Radis. — Enlevez les racines, le bout, ne laissez que deux ou trois feuilles et servez en ravier après les avoir bien lavés.

Ragoût de champignons. — Épluchez de gros champignons, jetez-les dans une casserole avec du beurre, un peu d'eau, du jus de citron, couvrez la casserole, faites bouillir trois minutes et servez dans son velouté.

Ragoût à la financière. — Mettez dans une casserole bouillon, vin blanc, du jambon cru en petits morceaux, des débris de champignons, de truffes; faites bouillir et réduire à demi. Vous faites, d'autre part, un roux, que vous mouillez de bouillon et que vous faites réduire de moitié; passez votre premier jus, ajoutez-le à votre roux; ajoutez alors du foie gras en escalopes, des olives dénoyautées, des champignons, des rognons et des crêtes de coq, des quenelles, des truffes.

Ragoût de poulet. — Découpez un poulet, mettez-le dans la casserole avec beurre, sel, poivre; faites revenir; mouillez de jus de viande. Cinq minutes avant de servir, mettez un jus de citron, un peu d'eau-de-vie; servez avec croûtons frits au beurre.

Ragoût de veau à la bourgeoise.
— Mettez beurre et farine dans une casserole; laissez bien roussir, si vous voulez un ragoût brun; sinon, laissez blanc et ajoutez une liaison d'œufs au moment de servir.

Mettez la viande dans le roux blond ou brun, faites dorer; mouillez avec de l'eau chaude; ajoutez sel, poivre, thym, laurier, oignons, champignons, carottes, petits pois; laissez cuire.

Raie au beurre noir. — Prenez

un blanc de raie, lavez, nettoyez, coupez le bout des nageoires, mettez dans l'eau froide salée, et au premier bouillon retirez et laissez tremper une demi-heure. Mettez fondre à feu vif un gros morceau de beurre; lorsqu'il est près de brûler, jetez une cuillerée de vinaigre et du persil haché. Égouttez la raie, enlevez la peau, mettez du sel et jetez le beurre noir dessus.

Raie aux fines herbes. — Découpez en gros filets, enlevez la peau, essuyez; mettez au feu un demi-litre de lait, des tranches de citron, du beurre, un peu de farine, sel, poivre, fines herbes en quantité; mettez les filets, faites cuire à tout petit feu; aux trois quarts, retirez, égouttez, panez, faites prendre couleur au four et servez avec sauce aux fines herbes.

Raie frite. — Coupez en filets sans enlever les arêtes, mettez dans une marinade de farine délayée avec huile, vinaigre, fines herbes, ail, girofle, sel, poivre; faites mariner une nuit et faites frire dans du beurre, à feu vif.

Raie à la noisette. — Mettez le morceau de raie dans l'eau froide avec sel et oignons en tranches; retirez lorsque l'eau bout; enlevez la peau, parez et servez couverte d'une sauce faite de farine, de beurre, d'eau liée avec le foie de la raie cuit et écrasé; mettez une cuillerée de vinaigre et un peu de noix muscade.

Raie à la Sainte-Menehould. — Faites fondre du beurre, mettez un peu de farine, du lait, persil, bouquet garni, tranches d'oignons, ail; faites bouillir, mettez vos filets de raie; faites cuire, égouttez; trempez dans du beurre tiède, panez; retrempez dans le beurre, panez encore; faites cuire sur le gril et servez avec sauce rémolade.

Raisiné de Bourgogne. — Égrenez des raisins bien sains et mûrs, tirez le jus, faites-le réduire de moitié, écumez, remuez; mettez-y des quartiers de poires, faites réduire jusqu'à cuisson des fruits; mettez en pots que vous laissez passer douze heures dans un four où le pain aura cuit. On peut mettre du sucre selon goût.

Raisins nature. — Enlevez la peau des gros raisins muscats égrappés, faites-les bouillir trois minutes dans un sirop et servez.

Ratafia stomachique. — Mettez un litre d'eau-de-vie à vingt-deux degrés dans un bocal; ajoutez une livre de sucre, une orange et un citron entiers; couvrez et laissez trois semaines exposé à la lumière. Enlevez les fruits, passez au papier Joseph; mettez en bouteilles.

Ration alimentaire. — D'après les plus récents et les plus savants travaux sur l'alimentation résumés par M. Dujardin-Beaumetz, la nourriture rationnelle d'un homme adulte et bien portant devrait se composer journellement de 819 grammes de pain et de 259 grammes de viande.

Ceci est purement théorique, puisque l'on se nourrit avec une variété infinie d'aliments, dont la quantité doit varier selon la dépense de travail musculaire ou de travail cérébral que l'on fait.

Une expérience, très sérieusement faite par la compagnie des Chemins de fer de l'Ouest, a prouvé irréfutablement que le régime alimentaire qui amena chez les ouvriers une production maxima de travail était le suivant :

Viande.	600 gr.
Pain blanc.	550
Pommes de terre.	1000
Bière.	1000

On peut se baser sur ces chiffres.

Ris de veau en caisses. — Les ris parés et piqués, les couper par morceaux ; faites cuire avec champignons, fines herbes hachées menu, retirez et disposez dans des caisses de papier fort, huilées et garnies de mie de pain, saupoudrez le tout de mie de pain et mettez sur le gril.

Ris de veau à l'espagnole. — Faites dégorger les ris et blanchir, piquez-les ; mettez dans une casserole quelques débris de veau, oignons, carottes, placez autour des tranches de lard, ajoutez les ris de veau, mouillez avec du consommé, couvrez de papier beurré ; la cuisson achevée, passez la sauce, faites réduire jusqu'à consistance de glace, remettez les ris de veau, laissez réduire la glace à point, dressez sur un plat, détachez la glace de la casserole avec un roux mouillé de bouillon, versez cette sauce sur les ris.

Ris de veau aux fines herbes. — Hachez persil, ail, échalotes, champignons, mélangés à un bon morceau de beurre, sel, poivre, bouquet garni ; prenez les ris que vous aurez fait blanchir, mettez-les à la casserole avec des bardes de lard par-dessus, un verre de vin blanc, autant de bouillon, faites cuire à tout petit feu ; quand ils sont cuits, sortez-les de la casserole avec précaution pour ne pas les défaire, dégraissez la sauce, ajoutez un peu de Liebig pour colorer votre sauce, puis versez sur les ris.

Ris de veau au four. — Nettoyez, blanchissez les ris de veau ; faites égoutter. Battez deux œufs avec sel, poivre ; coupez vos ris de veau en morceaux et trempez-les dans ces œufs battus, puis dans la chapelure. Mettez sur un plat allant au feu, arrosez de jus de viande, faites cuire au four un quart d'heure et servez, saucés d'une béarnaise.

Ris de veau en fricandeau. — Après avoir blanchi les ris de veau, enlevé le cornet, piquez avec du lard fin, mettez cuire dans une bonne braise (cocotte), assaisonnez, retirez au bout de trois quarts d'heure. Passez, faites réduire la cuisson, ajoutez un peu de sucre en poudre, glacez dedans les ris du côté du lard, servez sur une purée d'oseille, de tomates, de marrons, champignons ou ragoût de concombre, des épinards ou de la chicorée.

Ris de veau frits. — Lorsqu'ils sont blanchis, mettez dans une marinade tiède de bouillon, beurre, fines herbes, ciboules, échalotes hachées, sel, poivre, jus de citron ; faites égoutter ; trempez dans une pâte à frire, faites frire de belle couleur et servez avec sauce tomate servie à part.

Ris de veau au jus. — Faites dégorger à l'eau fraîche, blanchir à l'eau salée et laissez-les dans l'eau bouillante jusqu'à ce qu'ils gonflent ; piquez de lardons fins, assaisonnez de sel, poivre, persil, mettez-les dans une casserole en les mouillant d'un peu de bouillon, mettez au feu, faites bouillir ; lorsque le jus est presque entièrement réduit, remettez du bouillon et faites cuire un quart d'heure, feu dessus, feu dessous.

Ris de veau à la Marengo. — Prenez six ris de veau blanchis ; coupez-les en escalopes de l'épaisseur d'un centimètre ; placez-les sur un sautoir avec 125 grammes d'huile d'olives, sel, poivre, muscade, faites sauter vos escalopes feu dessus, feu dessous, un quart d'heure suffit; égouttez l'huile, ajoutez deux douzaines de champignons, six truffes recoupées en lard, un peu de persil haché et un peu d'ail; gros comme une noix de glace, un peu d'espagnole réduite, une cuillerée de sauce tomate, faites bouillir le tout et servez chaudement.

Ris de veau en papillotes. — Après les avoir blanchis, faites cuire dans une bonne braise (cocotte), égouttez, mettez-les sur un plat, versez dans une sauce à la duxelles, laissez refroidir, coupez des tranches de jambon très minces, placez chaque ris, enveloppé de sauce, entre deux tranches, huilez des feuilles de papier, faites les papillotes, mettez sur le gril.

Ris de veau à la poulette. — Faites blanchir, égouttez, placez sur le feu dans une casserole avec un morceau de beurre; saupoudrez de farine, mouillez d'un peu d'eau, ajoutez sel, poivre, bouquet garni; laissez cuire doucement. Vous aurez fait cuire à part des petits oignons et champignons que vous ajoutez au moment de servir; liez la sauce avec des jaunes d'œufs, le jus d'un citron.

Ris de veau provençale. — Blanchissez et enveloppez d'une barde de lard vos ris, faites cuire dans une braise avec bouillon, sel, poivre, ail, estragon; quand ils sont cuits rangez-les dans un plat chaud, masquez de la sauce passée au tamis.

Ris de veau à la Toulouse. — Faites cuire comme pour l'espagnole, servez avec garniture à la Toulouse.

Rissoles à la confiture. — Faites un peu de pâte feuilletée; taillez des ronds avec un verre à vin, mettez au milieu un peu de marmelade d'abricots, mouillez les bords, repliez en chausson, trempez dans l'œuf battu et faites frire à large friture.

Rissoles de crêtes de coq et de truffes. — Échaudez, faites dégorger, cuire dans un blanc une douzaine de belles crêtes de coq, laissez refroidir, coupez en dés, mettez-les dans une sauce allemande avec les truffes cuites au madère et coupées aussi. Faites de la pâte feuilletée, taillez en rond avec un verre, mettez dessus crêtes et truffes, pliez en deux, de manière à enfermer le ragoût dedans; vous collez les bords avec de l'œuf battu. Trempez dans l'œuf battu et faites frire à friture très chaude.

Rissoles maigres. — Faites une petite abaisse de pâté à rissoles, garnissez-la d'une pâte faite avec des sardines pilées, de la mie de pain, des fines herbes, des œufs durs hachés, le tout bien mélangé et passé au tamis; rabattez l'abaisse et faites frire à l'huile bouillante.

Riz à la Carnot. — Faites cuire du riz dans beaucoup d'eau; lorsqu'il est gonflé ajoutez sel, beurre frais. Ayez des poires pelées et coupées en quartiers, faites-les cuire avec du sucre, du vin, de la cannelle, mettez le riz dans un plat, les quartiers de poires dessus et servez chaud arrosé du jus.

Riz au citron. — Faites cuire à l'eau un kilogramme de riz sans le laisser réduire en bouillie, retirez du feu, laissez peu refroidir, ajoutez le jus de six citrons, un kilogramme de sucre blanc pulvérisé, un peu de rhum dans très peu d'eau, le zeste d'un citron; versez l'eau sur le riz, mettez dans un moule; quand le riz est froid, renversez le moule sur un plat, décorez avec de la gelée de groseille, ou confiture de cerises.

Riz à la créole. — Faites cuire du riz dans très peu d'eau salée; mettez du saindoux, du poivre de Cayenne, de la sauce tomate.

Riz à la gelée de groseille. — Faites crever du riz dans du lait, sucrez légèrement, ajoutez un morceau de beurre, et gardez près du feu afin qu'il ne refroidisse pas. Prendre de la gelée de groseille et en étendre une bonne couche sur le riz.

Riz au lait. — Faites crever dans un peu d'eau six cuillerées à bouche de bon riz (il est bien entendu que le riz doit être bien lavé, cela l'aide à gonfler), ajoutez petit à petit et sans jamais remuer, un litre de lait bouilli et tiède, 100 grammes de sucre, un grain de sel, un peu de vanille, d'écorce de citron ou de cannelle, suivant goût, un petit morceau de beurre frais; laissez cuire à tout petit feu et liez de deux jaunes d'œufs au moment de servir.

Riz au lait d'amandes. — Faites bouillir deux litres de lait, ajoutez-y 350 grammes de riz blanchi, cuit à moitié, pour qu'il termine sa cuisson tout doucement, assaisonnez de sel et sucre; au moment de servir mélangez un quart de litre de lait d'amandes.

Riz soufflé. — Faites crever 50 grammes de riz dans du lait, versez dans une terrine, ajoutez une cuillerée d'eau de fleurs d'oranger, un demi-zeste de citron, du sucre, une cuillerée de beurre frais, cinq jaunes d'œufs; battre le riz pendant cinq minutes, rajouter les blancs d'œufs battus en neige, verser dans un moule beurré, mettre au four; le riz monté, vous servez.

Si toutefois votre pâte était trop claire, ajoutez un peu de fécule de pommes de terre afin de le bien réussir.

Rizotto à la parisienne. — Faire fondre à feu doux une bonne demi-livre de beurre, un oignon haché, mettre ensuite le riz, laisser cuire jusqu'à ce qu'il soit à sec mais non coloré. Mouiller de bouillon et laisser réduire, saler, poivrer, peu de muscade râpée, trois cuillerées de parmesan et de gruyère râpé, trois cuillerées de purée de tomates. Faites sauter à la poêle des saucisses, des rognons de veau coupés en tranches, du foie de veau, de la cervelle de mouton coupée, farinée, passée à l'œuf et poivrée; faites frire et servez ces viandes sur le riz, avec une sauce piquante à part.

Rizotto piémontais. — Faites cuire quatre cuillerées de riz dans du bouillon. Faites cuire des tomates avec persil, laurier, oignons, passez au tamis; ajoutez sel, poivre, beurre. Huilez un moule, mettez une couche de riz, une couche de tranches de gruyère, de la sauce tomate, et ainsi de suite. Saupoudrez le dessus avec de la chapelure, faites cuire doucement feu dessus, feu dessous pendant trente-cinq minutes et servez.

Rognons en brochette. — Ayez des rognons de mouton que vous épluchez et fendez, sans les séparer; passez au travers une petite brochette en bois; trempez dans du beurre fondu; faites griller en les retournant quand cela est nécessaire; les rognons cuits, dressez-les sur un plat chauffé, mettez dans chaque rognon un morceau de beurre manié avec du persil haché, sel et poivre.

Rognons en tartines. — Faites cuire des rognons de veau hachés avec des fines herbes, mie de pain, champignons, sel, poivre, trois jaunes d'œufs durs; le tout bien amalgamé, ajoutez un verre de jus de veau ou de bœuf, un peu de vin de Madère, trois jaunes d'œufs crus, préparez des tranches de pain grillées, placez cette pâte sur chaque tranche, faites prendre couleur sous un four de campagne et servez.

Rognons de veau grillés. — Prenez des rognons, enlevez la peau, fendez-les en deux, sans les séparer complètement; enfilez-les dans une brochette de façon à ce qu'ils restent ouverts, trempez-les dans du beurre, placez cinq minutes sur feu vif, retirez les brochettes, mettez dans un plat avec boulette de beurre et tranche de citron.

Rognons de veau rôtis. — Se font comme le rôti de veau.

Rognons de veau sautés. — Enlevez la peau, la graisse, etc., à des rognons de veau, émincez, mettez-les sur un plat avec beurre, champignons cuits, échalotes, persil haché, sel, poivre, muscade; faites sauter les rognons, ajoutez peu de farine, mouillez de vin blanc et sauce espagnole réduite; le tout cuit, liez de beurre fin, acidulez avec du jus de citron.

Rognons au vin de Madère. — Épluchez vos rognons, fendez-les en deux moitiés, faites sauter avec beurre, sel, poivre; quand ils sont cuits d'un côté, retournez-les de l'autre côté; préparez des tranches de pain frites dans du beurre que vous dressez sur un plat, placez-y vos tranches de rognons, versez dans le plat une sauce avec du jus de viande, du bouillon, persil et champignons hachés, du vin de Madère.

On peut remplacer les tranches de pain par des champignons entiers coupés en deux moitiés, et cuits séparément; servir avec une garniture de champignons.

Rougets sauce aux moules. — Il faut avoir soin de remettre les foies des rougets avant de les faire griller. Servez-les accompagnés de la sauce suivante. Lavez et nettoyez deux litres de grosses moules, mettez-les dans une casserole avec ail, persil; retirez-les de leurs coquilles lorsqu'elles sont cuites; tirez le jus qu'elles ont rendu au clair, ajoutez du beurre, un peu de farine, remettez les moules et versez sur les rougets.

Roux. — Le roux est la base de presque toute la cuisine. Jean-sans-Terre, du *Petit Journal*, a fait des articles pleins de sel sur lui; il faut donc en parler avec respect.

Roux blanc. — Se fait comme le roux blond, mais se laisse à peine cuire sur de la cendre chaude.

Roux blond. — Mettez fondre du beurre, ajoutez de la farine, tournez constamment pendant vingt minutes jusqu'au moment où le roux sera couleur noisette.

Roux roux. — Faites fondre un morceau de beurre dans une casserole, mettez de la farine, faites roussir à petit feu en tournant toujours jusqu'à belle couleur brune.

S

Salade Alexandre Dumas père. — Rouelles de betteraves, de pommes de terre, de céleri; six jaunes d'œufs durs qu'on broie dans de l'huile de manière à former une pâte à laquelle vous ajoutez : cerfeuil, thon écrasé, anchois pilés, moutarde, cornichons et blancs d'œufs hachés; on délaie avec du vinaigre, on fatigue longtemps la salade et on ajoute du poivre de Cayenne.

Salade bigarrée. — Un quart de litre de haricots flageolets, un quart de litre de haricots verts cuits dans l'eau salée et demeurés un peu croquants, un quart de lentilles cuites dans les mêmes conditions, six grosses pommes de terre cuites sous la cendre et coupées en rondelles minces, une demi-botte de radis roses, des céleris coupés en filets, trois harengs saurs en filets, deux belles pommes de reinette épluchées et coupées en tranches, voilà de quoi est composé ce mets bizarre que beaucoup aiment.

Mettez mariner ces éléments hétéroclites dans du vinaigre, sel, poivre. Laissez deux heures, ajoutez de l'huile, du cerfeuil haché, retournez et servez.

Salade bretonne. — Six œufs durs, six oignons cuits sous la cendre, six sardines à l'huile et des fines herbes hachées.

Coupez les œufs en tranches, ainsi que les oignons, mettez les sardines sans leurs arêtes et sans leurs écailles et assaisonnez comme une salade ordinaire.

Salade de choux rouges à la Russe. — Coupez un chou rouge en filets, faites-lui faire un bouillon dans de l'eau bouillante salée, faites égoutter, assaisonnez avec sel, poivre, vinaigre à l'estragon, des jaunes d'œufs durs pilés, un peu de crème aigre, cerfeuil et estragon hachés et minces tranches de radis noir.

Salade de cresson aux pommes. — Assaisonnez du cresson et des pommes de reinette coupées en tranches très minces, comme une salade ordinaire.

Salade à la Dumas. — Prenez des laitues, jaunes d'œufs, les blancs hachés avec du cerfeuil, délayez les jaunes écrasés avec huile, sel, poivre, moutarde, vinaigre, mettez des tranches de cornichons, de câpres, de filets de langoustes, de crevettes, de filets d'anchois et de betteraves, fatiguez.

Salade espagnole. — Une salade d'escarole avec un oignon doux d'Espagne coupé en morceaux, quelques haricots de Soissons; assaisonnez comme à l'ordinaire.

Salade fantaisiste. — Coupez laitues, escaroles, cresson, cerfeuil, sardines à l'huile, deux jaunes d'œufs, mettez poivre, sel, moutarde, poivre de Cayenne, huile, jus de citron, remuez.

Salade de filets de lapereaux. — On coupe en filets des restes de lapereaux rôtis, on les dresse avec des anchois coupés menus, des petits oignons, du bouillon, des câpres, de la mie de pain coupée en forme de gros lardons que l'on fait revenir dans du beurre, jusqu'à ce qu'elles soient d'une belle couleur. Servir avec une mayonnaise.

Salade sans huile. — Mêlez chicorée, romaine, laitue, assaisonnez sans huile. Faites revenir une vingtaine de petits croûtons de lard que vous versez avec leur jus sur la salade, servez.

Salade japonaise. — A titre de curiosité, car elle n'est pas excellente. Faites cuire des pommes de terre dans du bouillon, coupez en rondelles, assaisonnez de sel, poivre, huile, vinaigre, versez un demi-verre de vin de *Château Yquem*, des moules cuites au court-bouillon, des ronds de céleri, quelques rondelles de truffes.

Salade Jeanne sans Terre. — Coupez trois œufs durs en rouelles, quatre grosses pommes de terre, également coupées en rouelles, un demi-quart de saucisson d'Arles, un demi-quart de saucisson de Lyon coupés en tranches aussi minces que possible, des anchois, du persil, des échalotes hachées. Assaisonnez d'huile, de vinaigre, sel, poivre.

Salade au lard. — Préparez des pissenlits, mettez dans un plat creux, sur feu doux, avec pommes de terre longues, cuites à l'eau, coupées en rondelles; assaisonnez, poivre et fines herbes; arrosez le lard salé fondu à la poêle, ayant un peu pris couleur, et de vinaigre également passé à la poêle. On fait chauffer seulement les pissenlits.

Salade Marinette. — Des fonds d'artichauts, des blancs de poulet, des olives farcies, des pointes d'asperges avec une rémoulade légère.

Salade de poisson. — Se fait avec les restes d'un beau poisson : saumon, truite, turbot, etc. Coupez en morceaux, faites mariner. Passez des œufs durs au tamis, mettez de la moutarde, l'huile et le vinaigre de la marinade, mélangez le tout avec des blancs d'œufs coupés en petits dés, fines herbes, estragon, câpres, feuilles de laitues, un peu de Cayenne, les morceaux de poisson.

Salade prince de Galles. — Ayez des cœurs de romaines, mettez dessus beaucoup d'estragon haché, du gruyère râpé, du poivre, huile, vinaigre.

Salade russe. — Faites cuire à l'eau salée des petits pois, des haricots verts, des bouquets de choux-fleurs, des flageolets, des fonds d'artichauts; faites cuire des pommes de terre en robe de chambre, épluchez-les, coupez-les en rondelles; mélangez-les avec les légumes ci-dessus; quand tout est refroidi, mettez encore des blancs d'œufs durs, des anchois, des filets de jambon, quelques truffes, des olives dénoyautées, un peu de caviar. Faites une sauce mayonnaise montée de kari, mettez-la dans le fond du saladier, arrangez symétriquement vos légumes dessus et servez. Cette salade se retourne à table.

Salade vénitienne. — Faites cuire petits pois, haricots verts; hachez carottes, navets, pommes de terre; assaisonnez d'une mayonnaise, de deux cuillerées de moutarde, de cornichons découpés en rondelles.

Salmis de macreuse. — L'écorcher et la couper en morceaux, faire un roux au beurre et farine, et lorsqu'il aura une belle couleur, y faire revenir des oignons hachés fin, étendre avec la moitié d'une bouteille de vin rouge, un demi-verre d'eau; assaisonner de sel, poivre, épices, un peu de muscade, bouquet garni; mettre les morceaux de macreuse en réservant le foie, faire cuire deux heures à feu pas trop vif, lier avec le foie bien écrasé, tourner une ou deux minutes sur le fourneau et servir sur des tranches de pain grillées.

Salsifis à la crème. — Faites cuire à l'eau salée, retirez, faites revenir dans le beurre, ajoutez de la farine, de la crème; mettez sel et muscade, laissez bouillir une minute.

Salsifis frits. — Nettoyez, faites-les cuire comme les salsifis à la sauce blanche; vous aurez préparé une pâte à beignets, faites frire à belle couleur.

Salsifis à l'italienne. — Épluchez vos salsifis, faites cuire à l'eau bouillante, salée et vinaigrée, égouttez, préparez un peu de consommé et un peu de jus, jetez les salsifis dedans, laissez diminuer la sauce, saupoudrez de gruyère râpé au moment de servir.

Salsifis au jus. — Nettoyez vos salsifis, passez-les à l'eau fraîche, égouttez, mettez-les dans une casserole avec sel, poivre, un bon morceau de beurre, un peu de bouillon, un morceau de gelée de viande, faites mijoter pendant deux heures, en mouillant avec du bouillon et du jus de viande, s'ils viennent à sécher.

Salsifis à la mayonnaise. — Préparez, faites cuire à l'eau bouillante, égouttez, mettez-les dans un saladier, versez dessus une mayonnaise, retournez comme s'il s'agissait d'une salade, ajoutez quelques filets d'anchois et quelques olives dénoyautées.

Salsifis à la sauce blanche. — Préparez vos salsifis, mettez-les à l'eau bouillante avec sel, poivre; quand ils s'écrasent avec le doigt, retirez-les, égouttez; on a préparé une sauce blanche, que l'on verse dessus au moment de servir.

Salsifis sauce brune sautée. — Nettoyez les salsifis, jetez-les dans de l'eau et du vinaigre blanc, une fois cuits, égouttez, faites une sauce brune, à laquelle vous ajouterez de l'extrait de viande liébig; faites faire un tour à vos salsifis dans la sauce avant de servir.

Sandwichs au jambon. — Prenez du pain rassis, en faire de petites tartines de l'épaisseur d'un sou, dont on enlève la croûte, les beurrer légèrement, avec du bon beurre bien frais; entre deux de ces tartines, mettez une lame excessivement mince de jambon cuit, ou naturel; ce mets est très bon avec le thé.

Sarcelles à la batelière. — Les démembrer, couper les filets en tranches longues, mettre dans une casserole un morceau de beurre, des échalotes hachées, persil, sel, poivre, muscade râpée, ajouter les tranches de sarcelles à un feu vif.

Sarcelles rôties. — Procédez comme pour les canards et les canetons. La sarcelle se mange indifféremment en maigre comme en gras, sa chair est savoureuse et se prête à beaucoup de métamorphoses.

Sauce allemande. — Mettez dans une casserole un peu d'extrait de viande délayé, du coulis, du persil haché blanchi, un foie de volaille cuit, des anchois, des câpres hachés finement, du beurre, sel, poivre; laissez cinq minutes au feu.

Sauce alsacienne pour gibier. — Faites revenir dans du beurre deux échalotes hachées, farine, et tournez jusqu'à ce que ce soit jaune; ajoutez bouillon, sel, poivre, vin blanc, un cornichon haché, la marinade du gibier, laissez bouillir.

Sauce à l'anisette. — Prenez un quart de crevettes, détachez les queues, broyez-les; faites une sauce avec huile, vinaigre, moutarde, fines herbes hachées, sel, poivre, jus de citron et un demi-verre d'anisette (excellente pour le homard).

Sauce aurore. — Moitié sauce tomate, moitié sauce allemande; faites réduire, retirez du feu, mettez peu à peu un quart de beurre fin en tournant toujours.

Sauce béarnaise. — Mettez dans un bol cinq à six jaunes d'œufs bien frais, ajoutez, en tournant toujours, un quart de beurre fin; d'autre part, vous aurez fait bouillir dans un verre de vinaigre sept à huit échalotes hachées; lorsque le vinaigre est réduit à une cuillerée vous le passez et le mettez dans votre sauce qui doit avoir consistance de sauce blanche épaisse; au moment de servir, ajoutez un morceau de glace de viande, peu de sel, peu de poivre.

Sauce béchamel grasse. — Prenez un quart de veau, un demi-quart de jambon, coupez en morceaux; ajoutez carottes, oignons, échalotes, persil, ciboules, clous de girofle, le tout haché, sel, poivre, un demi-quart de beurre; mettez au feu, ne laissez pas prendre couleur; ajoutez alors de la farine délayée d'avance, mouillez de lait, faites bouillir en tournant toujours; lorsqu'elle est épaisse, passez au tamis.

Sauce béchamel (*autre manière*). — Prenez du velouté, faites réduire en tournant tout le temps; mettez alors de la crème bouillie, faites mijoter sur feu doux toujours en tournant, passez à l'étamine.

Sauce béchamel maigre. — Coupez en dés un oignon moyen, passez au feu avec quarante grammes de beurre. Lorsqu'il est bien blond ajoutez deux cuillerées à bouche de farine; faites revenir un instant, ajoutez un demi-litre de lait, une prise de muscade, sel, poivre; laissez cuire une demi-heure, passez au tamis; servez.

Sauce au beurre noir. — Mettez du beurre dans une poêle, laissez brunir sans brûler, versez sur ce que vous voulez assaisonner; mettez du vinaigre dans la poêle, laissez chauffer, versez sur votre plat et servez vivement.

Sauce bise pour côtelettes. — Faites un roux avec du beurre, de la farine, mouillez avec vin blanc et vin rouge, ajoutez du jus, des câpres, sucre, sel, poivre, moutarde.

Sauce blanche. — Mettez dans une casserole gros comme un œuf de bon beurre manié avec une cuillerée de farine, laissez fondre et ajoutez en tournant toujours, presque un verre d'eau bouillante, le tout bien délayé; retirez du feu au premier bouillon, mettez sel, poivre blanc et liez avec un jaune d'œuf délayé dans un peu de vinaigre, si vous n'employez pas de jaune d'œuf, mettez gros comme une noix de beurre sans remettre sur le feu.

Sauce blanche lorraine. — De la crème, un morceau de beurre, une cuillerée à bouche de farine, mettez dans une casserole avec poivre et sel, faites fondre le beurre sans le laisser roussir, ajoutez la crème, tournez jusqu'à ce que la sauce commence à bouillir, ajoutez un morceau de beurre, tournez et servez.

Sauce bonne femme. — Faites prendre couleur à des oignons, dans du beurre; ajoutez carottes, ail, persil, ciboule; mouillez vin blanc et bouillon; faites bouillir une heure, passez au tamis; ajoutez des champignons blanchis. D'autre part faites bouillir de la mie de pain dans du lait, passez au tamis et mélangez le tout ensemble.

Sauce à la bourgeoise. — Faites blanchir cerfeuil, persil, estragon haché, égouttez, délayez avec du bouillon et un peu de glace de viande tiède, un peu de moutarde, du sucre en poudre, poivre, jus de citron. Cette sauce est excellente pour le bœuf bouilli.

Sauce aux champignons. — Prenez un quart de champignons, un demi-litre de crème douce, une gousse d'ail; mettez un gros morceau de beurre dans une casserole avec une cuillerée de farine, tournez; quand le beurre est fondu, ajoutez la crème; un quart d'heure avant de servir, mettez les champignons et l'ail, un morceau de beurre en tournant et passez.

Sauce chasseur. — Un tiers de bouillon, deux tiers de vin blanc, faites bouillir et réduire avec échalotes, persil, ail, estragon, ciboule, cerfeuil hachés finement, sel, poivre de Cayenne; au moment de servir ajoutez une cuillerée d'huile d'olives, un jus de citron; battez vivement la sauce.

Sauce chaufroix de gibier. — Mettez de la sauce espagnole dans une casserole, avec une cuillerée de fumet de gibier, une cuillerée de gelée de viande, mélangez bien le tout, faites cuire un quart de beurre, passez à l'étamine dans un bol placé dans de l'eau froide et tournez jusqu'à complet refroidissement.

Sauce chaufroix de volaille. — Faites réduire du velouté avec de la glace de volaille, tournez tout le temps; lorsque la sauce est épaisse, retirez du feu, mettez des jaunes d'œufs, un jus de citron et agissez comme ci-dessus.

Sauce chevreuil. — Mettez de la sauce espagnole, deux cuillerées de vinaigre, jus, faites réduire, mélangez de la gelée de groseilles, faites bouillir avant de servir.

Sauce au citron (*cuisine anglaise*). — Dépouillez un citron de son écorce, enlevez les pépins, coupez en rondelles minces; faites blanchir un foie de poulet, canard, dinde, à votre choix, pilez-le, mélangez avec vos rondelles de citron et versez dessus du beurre bien chaud.

Sauce Colbert. — Faites chauffer de la glace de viande, ajoutez 150 grammes de beurre, une pincée de persil haché, jus d'un citron, servez.

Sauce à la crème. — Faites fondre du beurre, une cuillerée de fleur de farine, mêlez, assaisonnez de sel et poivre, versez le lait qui doit être chauffé à part, faites bouillir, liez de deux jaunes d'œufs délayés dans une cuillerée à bouche de lait.

Sauce à la crème (*sauce pour le lièvre, vieille cuisine*). — Est plus délicate; elle se compose de crème et du sang du lièvre mélangés dont on arrose le rôti pendant sa cuisson; on poivre, on sale suffisamment et au moment de servir on épaissit sur le feu la sauce dégraissée en y ajoutant un morceau de beurre manié avec de la farine. La sauce doit avoir une couleur marron assez prononcée.

Sauce aux crevettes. — Faites fondre dans une casserole un bon morceau de beurre, ajoutez une cuillerée de farine, un verre de vin blanc, un verre de jus de viande, sel, poivre, remuez sans discontinuer pendant un quart d'heure, puis laissez mijoter une heure. Faites cuire trois œufs durs, enlevez les jaunes, mélangez-les avec du beurre, ajoutez des queues de crevettes cuites, amalgamez le tout, passez au tamis votre sauce et mélangez-y cette pâte; au moment de servir ajoutez quelques queues de crevettes entières.

Sauce diplomate. — Moitié sauce béchamel à la crème, moitié coulis d'écrevisses.

Sauce espagnole. — Beurrez le fond de la casserole; mettez-y des débris maigres de veau, volaille, jambon, lapin, perdrix, enfin tout ce que vous aurez; ajoutez un oignon, un clou de girofle, une carotte coupée par morceaux. Posez la casserole couverte sur un feu doux, pour faire suer la viande, jusqu'à ce qu'elle soit à la glace et d'un blond foncé; ajoutez une ou deux cuillerées de farine, mêlez le tout, mouillez de bouillon chaud, de façon à ce que ce coulis ne soit ni trop clair, ni trop épais; ajoutez un bouquet garni, salez, poivrez; faites cuire quatre heures au bord du fourneau; dégraissez, écumez, passez à la fine passoire; vous vous en servez pour perfectionner vos sauces.

Sauce espagnole (*grande cuisine*). — Beurrez le fond de la casserole, mettez les débris maigres de veau, jambon, lapin de garenne, perdrix, enfin, tout ce que vous aurez. Ajoutez oignon, clous de girofle, carotte. Posez la casserole sur feu doux jusqu'à ce que le contenu soit à glace et d'un beau blond foncé; mettez un peu de farine; mouillez de bouillon chaud de façon à ce que ce coulis ne soit ni trop clair ni trop épais; ajoutez un bouquet garni, salez; faites cuire quatre heures au bord du fourneau, écumez, passez à la fine passoire.

Sauce espagnole maigre. — Mettez du coulis dans une casserole avec un verre de bon vin blanc, autant de bouillon, un bouquet garni, ciboules, une gousse d'ail, deux clous de girofle, une feuille de laurier, deux cuillerées d'huile, une pincée de coriande, un oignon en tranches; faites-la bouillir près de deux heures à très petit feu, dégraissez-la pour la passer au tamis, assaisonnez avec un peu de sel, de poivre; servez.

Sauce espagnole des ménagères. — Mettez dans une casserole deux tranches de jambon, deux tranches de veau, deux carottes, oignons en tranches; faites cuire à petit feu; mouillez de bouillon et de vin blanc; ajoutez ail, persil, girofle, laurier; faites bouillir le tout trois heures; faites un roux, mouillez-le de la sauce, faites encore bouillir, dégraissez et passez au tamis.

Sauce à l'estragon. — Mettez dans une casserole des feuilles d'estragon frais, six cuillerées de vinaigre, poivre, couvrez et faites réduire, mouillez de sauce blonde, cuisez cinq à six minutes, mêlez les feuilles d'estragon et du beurre avec du liebig.

Sauce fenouil. — Faites bouillir un bouquet de fenouil et de persil dans de l'eau salée; hachez et mélangez avec du beurre fondu.

Sauce financière. — Mettez de la sauce espagnole avec du liebig et un peu de cuisson de volaille, des truffes et des champignons crus, faites réduire avec de la soubise et de la cuisson de truffes et de champignons, passez.

Sauce genevoise. — Versez dans une casserole une bouteille de vin chargé en couleur; assaisonnez d'un peu d'oignons, de persil, échalotes, ail, laurier et quelques épluchures de champignons; faites bouillir et réduire d'un quart, puis ajoutez-y une quantité à peu près égale de roux, mouillé de bon bouillon. Quand la sauce est bien liée, la passer à l'étamine et la finir avec deux anchois écrasés et mêlés avec un morceau de beurre frais.

Sauce genevoise (*autre*). — Faites un roux, mouillez avec la cuisson du poisson, deux verres de vin rouge, persil, échalotes, champignons, un peu d'eau-de-vie, un morceau de sucre, un gros morceau de beurre, laissez bouillir un quart d'heure.

Sauce pour gibier. — Prenez du beurre frais, hachez deux échalotes, passez au feu, ajoutez de la farine, laissez jaunir, ajoutez jus ou bouillon, un demi-verre de vin blanc, le jus avec la marinade et un cornichon hachés, laissez mijoter.

Sauce aux groseilles vertes. — Blanchissez à l'eau salée des groseilles vertes épluchées et épépinées en les ouvrant et en les égouttant. Mêlez du beurre et de la farine, mouillez avec de la crème, sel poivre, muscade, noix râpée, laissez jeter un bouillon et employez.

Sauce hollandaise. — Mettez dans un bol du bon beurre fin, trois jaunes d'œufs, c'est-à-dire à la proportion des trois jaunes, 125 grammes de beurre, sel blanc, vinaigre ou citron ; faites chauffer au bain-marie en remuant avec une cuillère en bois jusqu'à consistance épaisse. Cette sauce convient principalement pour le poisson.

Sauce au homard. — Cuisez un petit homard, laissez refroidir. Faites fondre du beurre, une cuillerée de farine, laissez un peu roussir mouillez d'un peu de la cuisson du homard et d'un peu de bouillon ; passez, préparez un beurre de homard avec les coquilles, mélangez à votre sauce et ajoutez un peu de chair de homard pilée.

Sauce aux huîtres. — Faites un roux blond, laissez mijoter, mouillez de bouillon. Mettez des huîtres dans une casserole, faites-les cuire, enlevez les coquilles, remettez les huîtres dans l'eau qu'elles ont rendue, faites finir de cuire à petit feu et mettez-les dans le roux mouillé de bouillon, passé au tamis, avec un peu de leur cuisson.

Sauce à la hussarde. — Coupez en tranches un oignon, faites revenir avec du beurre, ail, laurier, un demi-quart de jambon coupé, mouillez avec du bouillon et du vin blanc, persil, estragon, échalotes, racine de céleri, poivre. Faites bouillir, liez avec du beurre, farine, liebig, passez au tamis, servez.

Sauce italienne. — Épluchez deux échalotes moyennes, mettez-les dans une casserole avec un bon morceau de beurre ; faites bien roussir votre roux, qu'il soit bien blond ; ajoutez deux cuillerées de pelures de champignons hachées, faites mijoter cinq minutes, ajoutez quatre fortes cuillerées de sauce espagnole et deux de jus ; faites encore mijoter cinq minutes. Ajoutez une cuillerée de cornichons et une demi-cuillerée de persil haché très fin, sel, poivre et servez.

Sauce pour lièvre. — Faites un roux, dans lequel vous mettez lard gras, ail, échalotes hachés ; faites cuire un instant et ajoutez le foie du lièvre séché au feu, pilé et passé à l'étamine ; mettez sel, poivre, beaucoup de vinaigre, faites cuire doucement une heure, ajoutez le sang du lièvre que vous délayez avec le jus du râble rendu pendant la cuisson. Faites bouillir encore un instant et servez.

Sauce maître d'hôtel. — Hachez finement persil, échalotes, sel, poivre ; faites fondre du beurre dans un plat chauffé, jetez-y vos herbes avec un filet de vinaigre.

Sauce matelote. — Mettez dans une casserole un demi-litre de vin rouge, sel, poivre, échalote, morceaux d'oignon, ail, bouquet garni ; faites réduire, ajoutez un verre d'espagnole, laissez cuire à petit feu, un peu de beurre, passez.

Sauce mayonnaise. — Mettez dans un bol deux jaunes d'œufs avec sel, poivre, un filet de vinaigre, remuez vivement avec une cuiller de bois, ajoutez goutte à goutte de l'huile d'olives; lorsque le tout formera une crème bien unie votre sauce sera faite; opérez dans un endroit frais.

Sauce à la menthe. — Faites bouillir moitié eau, moitié vinaigre, ajoutez de la menthe hachée, retirez et servez.

Sauce mousquetaire. — Pilez échalote, cerfeuil, estragon, cresson, ajoutez trois cuillerées à café de glace de viande, sel, poivre, muscade râpée, moutarde, passez au tamis et délayez avec de l'huile et du vinaigre à l'estragon.

Sauce aux œufs de homard. — Mettez les œufs dans de l'huile avec moutarde, fines herbes, échalotes hachées, jus de citron, un peu d'anisette, broyez le tout et ajoutez deux jaunes d'œufs durs et un jaune d'œuf cru.

Sauce pauvre homme. — Hachez 4 ou 5 échalotes et du persil, mettez cuire avec eau ou bouillon, une cuillerée de vinaigre, sel, poivre, faites bouillir jusqu'à cuisson complète. On se sert de cette sauce pour réchauffer, sans les y laisser bouillir, des restes de rôti ou de bouilli.

Sauce piquante. — Mettez du beurre, faites un roux blond, dans lequel vous mettez oignons hachés, carottes, panais, thym, laurier, basilic, girofle, échalotes, persil, ail, ciboules; mouillez avec de l'eau et un filet de vinaigre, faites bouillir, poivre, sel, liebig, passez et mettez au-dessus des tranches de cornichons.

Sauce poivrade. — Mettez dans une casserole du beurre, un verre de vinaigre, persil, ciboule, thym, laurier, poivre, sel; laissez bouillir et réduire des trois quarts. Faites un roux bien roux, mouillez de bouillon, ajoutez le vinaigre réduit, laissez bouillir, passez au tamis.

Sauce polka. — Pour un gibier à poil, rôti.

Faire mariner le râble pendant quarante-huit heures, retirer de la marinade et la conserver.

Barder de lard le filet, les cuisses, mettre à la broche jusqu'aux trois quarts de la cuisson. Mélanger le foie haché avec persil et la marinade; arroser avec cette dernière, passer à la lèchefrite le tout ensemble.

Ajoutez dix minutes avant de servir trois cuillerées de crème épaisse, un peu acide; vous aurez eu soin de la laisser aigrir pendant que votre gibier marinait.

Sauce portugaise. — Prenez un quart de beurre, sel, poivre, jus d'un citron, deux jaunes d'œufs, mettez à feu doux, tournez, vannez et remuez.

Sauce à la poulette. — Mettez beurre, farine, passez, ajoutez vin blanc, poivre, sel, muscade, girofle, laurier, thym, bouquet de persil, champignons passés au beurre, petits oignons, liez avec des jaunes d'œufs, jus d'un citron, servez.

Sauce de pudding. — Mettez dans un bol du sucre en poudre, versez une cuillerée de rhum et de suite du beurre frais liquide, battez avec du sucre et du madère.

Sauce de pudding (*autre*). — Mettez trois cuillerées à café de farine, délayez avec à peine d'eau, mettez du rhum, un demi-quart de sucre en poudre vanillé, faites bouillir cinq minutes, liez avec deux jaunes d'œufs.

Sauce à la purée d'oignons blancs. — Coupez en tranches beaucoup d'oignons, faites cuire avec du blanc de veau, sel, poivre, un peu de crème, passez au tamis

Sauce raifort. — Râpez 25 grammes de raifort dans un verre de lait bouilli; salez. Cette sauce est très bonne pour les poissons d'eau douce.

Sauce raifort chaude. — Mettez du beurre, de la farine, laissez cuire, mouillez avec du bouillon et du lait cuit, tournez, assaisonnez, laissez cuire, mêlez une poignée de racines de raifort hachées, une pincée de sucre, faites chauffer.

Sauce raifort froide. — Râpez un morceau de raifort, mettez dans une terrine, ajoutez avec le sel une pincée de sucre et un filet de vinaigre, panure blanche, crème fouettée sans sucre, servez.

Sauce ravigote. — Faites un roux, mouillez de vin blanc et d'eau, faites réduire; ajoutez estragon, cerfeuil, civette hachés; jus de citron. Ne laissez plus bouillir lorsque ces fournitures sont mises.

Sauce rémolade indienne. — Pilez cinq jaunes d'œufs durs, mettez quatre cuillerées à bouche d'huile d'olives, toujours en tournant, ajoutez quelques gousses de petit piment, un peu de safran, sel, gros poivre, deux cuillerées de vinaigre, mélangez, passez au tamis. Cette sauce doit être comme une purée.

Sauce Robert. — Mettez dans une casserole du beurre, avec une cuillerée à bouche de farine, faites roussir votre farine à petit feu; quand elle est de belle couleur, mettez-y trois oignons hachés très fin et du beurre suffisamment pour faire cuire l'oignon, mouillez ensuite avec du bouillon, dégraissez-la et laissez-la bouillir une demi-heure; prête à servir, mettez-y sel, poivre, un filet de vinaigre et moutarde.

Sauce Robert au gras. — Roussissez des oignons coupés en tranches avec beurre et lard fondu, mouillez quand ils ont pris couleur avec du bouillon, ajoutez sel et poivre et un peu de caramel; quand ils sont cuits, un peu de moutarde.

Sauce Robert au maigre. — Roussissez au beurre des oignons coupés en tranches, une pincée de farine, mouillez avec un verre de vin rouge et du bouillon maigre, sel, poivre, bouquet, ail, ajoutez au moment de servir un peu de moutarde et retirez le bouquet.

Sauce pour tous rôtis. — Faites bouillir moitié bouillon, moitié vin rouge, anchois écrasés, échalotes hachées; laissez mijoter, passez au tamis, mettez le jus du rôti et ajoutez un filet de citron.

Sauce de salmis. — Faites un roux, mouillez avec liebig, écrasez le foie du gibier auquel la sauce est destinée et jetez dans la sauce avec bouquet garni, sel, poivre, faites bouillir dans la sauce les débris de viandes que vous voulez assaisonner; une heure après mettez du vin rouge, laissez bouillir une demi-heure, enlevez les débris, mettez les viandes qui ne doivent pas bouillir, retirez du feu, ajoutez une cuillerée d'huile d'olives, battez et versez sur les viandes.

Sauce tartare. — Mettez un petit verre de moutarde dans une petite terrine avec sel, poivre, échalotes, cerfeuil, estragon hachés très fin, ajoutez un filet de vinaigre, mêlez, mettez ensuite de l'huile, goutte à goutte, comme pour une mayonnaise en tournant avec une cuillère de bois.

Sauce tomate à la française. — Mettez des tomates dans une casserole avec un peu de bouillon, sel, poivre, oignons, échalotes, bouquet garni, faites cuire pendant une demi-heure, passez-la comme une purée dans une étamine. Au moment de servir mettez gros comme un œuf de beurre que vous ferez fondre dans votre sauce avant de la servir; voyez si elle est assaisonnée et de bon goût.

Sauce aux truffes. — Faites fondre un quart de beurre avec un verre de madère, ajoutez des truffes finement hachées; au moment de servir liez la sauce avec un jaune d'œuf cru.

Sauce velouté. — Du lard râpé, de la graisse, du beurre, par parties égales; citron coupé en tranches, clous de girofle, carottes, également en tranches, des oignons, un peu d'eau. Faites bouillir le tout presque en réduction de moitié, tournez sans arrêter; salez, écumez et vous pou- vez vous servir de cette sauce pour bonifier tel ou tel mets.

Sauce velouté pour turbot ou saumon froid. — Faites chauffer un peu de jus de viande, mettez un peu de beurre frais, un jaune d'œuf, sel, poivre, moutarde, tournez jusqu'à épaisseur de mayonnaise.

Sauce au verjus. — Mettez dans une casserole deux cuillerées de verjus, autant de coulis, sel, poivre, échalote hachée, faites cuire vingt-cinq minutes, passez-la; que votre sauce soit très claire; servez-vous-en principalement pour grillades ou bifteck.

Sauce verte chaude. — Faire cuire à l'étouffée des tranches de jambon et de veau, mouiller de bouillon et de vin blanc, laisser bouillir et réduire; piler une fourniture de fines herbes et en exprimer le jus qu'on mêlera à celui de la cuisson; passer à l'étamine, assaisonner et lier la sauce avec quatre jaunes d'œufs et un peu de jus de citron.

Sauce verte froide. — Hachez très fin cerfeuil, cresson, pimprenelle, estragon, civette, pilez le tout dans un mortier de marbre, passez le jus qui est vert, ajoutez de l'huile goutte à goutte comme pour une mayonnaise, sel, poivre, moutarde.

Sauce Villeroy. — Prenez du velouté, ajoutez quatre jaunes d'œufs, passez à l'étamine; faites chauffer un instant et servez.

Saucisses. — Hachez du lard et de la chair de porc, avec persil, ciboule, épices, sel, poivre; le tout bien mêlé se met dans des boyaux ou de la crépine. Pour donner plus de goût aux saucisses, avant de l'employer mêlez la chair avec un peu de bon vin; servez grillées ou braisées.

Saucisses en matelote. — Passez au beurre dans une casserole un oignon coupé mince; presque cuit, incorporez de la farine, laissez cuire un instant, mouillez de vin, de bouillon, ajoutez sel, poivre, feuille de laurier; placez les saucisses dans cette sauce et attendez la cuisson; lavez un anchois, détachez les filets, écrasez-les, mêlez à un cornichon haché menu, et faites griller quelques croûtes de pain; servez votre plat entouré de croûtes de pain, ajoutez aux saucisses l'anchois et le cornichon haché, un filet de vinaigre, versez le tout dans le plat.

Saucisses aux pommes. — Faites revenir des saucisses chipolata dans du beurre; retirez et mettez dans le jus des ronds de pommes reinettes que vous faites dorer en ayant soin qu'ils ne se déforment pas; servez en alternant pommes et saucisses.

Saucisses à la purée de marrons. — Faites cuire dans du beurre des saucisses plates; ajoutez le jus et la graisse rendus par les saucisses à une purée de marrons et servez en mettant les saucisses dessus.

Saucisses au vin blanc. — Prenez quatre saucisses longues que vous mettez dans un plat à sauter avec vin blanc et poivre. Couvrez le plat, faites cuire, retirez les saucisses, tenez-les au chaud, mettez dans le vin blanc deux décilitres de sauce poulette, faites cuire cinq minutes, retirez du feu, ajoutez un morceau de beurre, une cuillerée à bouche de persil haché, remuez le tout, dégraissez, versez la sauce sur les saucisses dans le plat.

Saumon au bleu. — Videz, lavez le saumon, mettez-lui dans le corps du beurre mélangé avec de la farine, assaisonnez de sel, poivre, oignons, persil; ficelez-lui la tête, mettez-le dans une poissonnière, dans un court-bouillon au vin rouge, faites cuire à grand feu, mijoter ensuite. Servez-le à sec sur une serviette, entouré de persil, avec une sauce que vous aurez faite à part.

Saumon au court-bouillon. — Faire cuire au court-bouillon fait avec carottes, oignons, sel, poivre, vinaigre; servez avec une sauce chaude.

Saumon à la créole. — Préparez une sauce avec de l'eau, deux cuillerées d'huile d'olive, cinq cuillerées de sauce tomate, un bouquet, un gros oignon frit au beurre, faites cuire un quart d'heure, mettez le saumon; à peu près cuit, ajoutez des pommes de terre, un gros piment coupé en morceaux, passez la sauce, liez avec un peu de farine, dressez le saumon sur un plat, en l'entourant de pommes de terre, versez la sauce autour. Cette sauce est préférable quand on peut la faire avec des tomates que vous coupez en rond en enlevant les graines.

Saumon à la genevoise. — Nettoyez et écaillez un beau morceau de saumon; mettez-le dans une casserole avec vin rouge, carottes, oignons coupés en dés, clous de girofle, laurier, sel, poivre, persil, ciboules entières, faites cuire une demi-heure à petit feu. Dix minutes avant de servir, passez le court-bouillon, mettez-le dans une autre casserole, avec du beurre, un peu de farine; remuez jusqu'au premier bouillon, écumez, dégraissez; égouttez le poisson et le servez masqué avec la sauce ou la sauce à part.

Saumon grillé. — Faites mariner dans un plat une queue de saumon, avec huile, sel, poivre, persil, ciboules; au bout de trois heures, mettez sur le gril, retournez, arrosez avec la marinade, servez avec une sauce au beurre et aux câpres.

Saumon sauté. — Faites sauter au beurre des tranches minces de saumon; on peut employer pour ce plat des restes de saumon cuit au court-bouillon.

Saupiquet (*sauce pour le lièvre, vieille cuisine*). — Se compose du foie de lièvre haché et sauté avec beurre, jambon coupé en dés, des échalotes, fines herbes hachées; quand ce mélange est suffisamment sauté, mettez une cuillerée de farine, le sang du lièvre qui est recueilli, un verre de vin blanc sec; un quart d'heure d'ébullition à feu vif; on passe la sauce au tamis; au moment de servir, un léger filet de vinaigre.

Sirop de framboises au vinaigre. — Épluchez deux kilogrammes de framboises dans une terrine, mettez quatre litres de bon vinaigre blanc (vinaigre de vin), couvrez et laissez au frais deux jours; tamisez; pour deux litres de suc, mettez deux kilogs de sucre, cuisez à trente degrés, laissez refroidir et mettez en bouteilles.

Sirop d'oranges. — Prendre le zeste de trois oranges, le mettre dans l'eau pendant trois heures, et presser le jus de six oranges. Tenir prêt un sirop au boulé, y verser le zeste, l'eau et le suc des oranges, faire cuire à trente-deux degrés, filtrer à travers une bouteille. Mettre en bouteilles quand il est refroidi.

Sirop orgeat. — Épluchez et pilez deux cent cinquante grammes d'amandes douces et six amandes amères, soixante grammes de sucre en poudre, afin d'obtenir une pâte fine; mouillez avec un demi-litre d'eau, passez à travers une serviette mouillée d'eau. Faire cuire une livre de sucre, l'ôter du feu; quand il est froid, y ajouter le lait d'amandes et une cuillerée d'eau de fleurs d'oranger; mettre en bouteilles, conserver au frais.

Sole au cidre. — Enlevez la peau brune de deux soles, coupez en morceaux, mettez dans un plat avec beurre fondu, oignons hachés, cidre; faites bouillir quelques minutes, achevez de cuire au four; ajoutez, au dernier moment, un peu de farine et du persil haché.

Sole Colbert. — Se fait frire. Quand on la sort de la poêle, on l'ouvre en deux de la tête à la queue. On enlève la grande arête, on garnit l'intérieur de beurre, de sel, poivre, on verse le jus d'un citron, on referme la sole, on la met sur un feu doux pendant quelques minutes et on sert au plus vite.

Sole farcie aux fines herbes. — Fendez dans le dos, enlevez l'arête, faites cuire à moitié avec un verre de vin blanc, retirez, refroidissez, maniez du beurre avec persil, ciboules, champignons, échalotes, sel, poivre, le tout haché menu; farcissez-en la sole, remettez au feu, un peu de bouillon, mijotez, servez à courte sauce avec un jus de citron.

Sole au gratin. — Hachez oignon, persil, échalote, champignons, faites cuire dans un plat avec beurre, bouillon, un peu de vin blanc, poivre et sel, mettez votre sole, saupoudrez de chapelure, mettez cuire au four, arrosez cinq ou six fois et servez à courte sauce.

Sole aux huîtres normande. — Dépouillez une ou plusieurs soles, faites frire à demi, achevez de les cuire dans un roux mouillé de bouillon Ajoutez champignons, des huîtres, sel, poivre, jus de citron. Servez dans le plat où elles ont cuit.

Soles Léon Kerst. — Faites cuire des moules dans une casserole, jetez les moules, gardez l'eau et ajoutez dans cette eau un peu de vin blanc, sel, poivre, bouquet garni et force céleri coupé en julienne excessivement fine; mettez cuire vos soles dans cette sauce et, quelques minutes avant de servir, ajoutez des huîtres avec leur eau. C'est exquis et digne de son spirituel inventeur.

Sole en matelote normande. — Garnissez de beurre un plat allant au feu, avec oignons et persil hachés, mettez la sole avec sel et poivre, mouillez de vin blanc, mettez au feu, faites un roux blanc, mouillez avec la cuisson, liez avec des jaunes d'œufs; saucez la sole avec la moitié, mettez autour huîtres, moules, champignons cuits à part; ressaucez, mettez au four, servez avec écrevisses, éperlans frits, croûtons.

Sole normande à la maître Louis. — Videz vos soles, mais ne leur ôtez pas la peau.

On les coupe par morceaux et on pose les morceaux dans une casserole entremêlés de beurre, de fines herbes, de sel, de poivre; il faut assaisonner un peu fortement. On met le tout sur le feu en y ajoutant un demi-verre d'eau ou un verre entier selon la quantité de poisson que l'on veut cuire. En Normandie, on ajoute aux fines herbes des cives hachées.

Sole à la parisienne. — Préparez des soles, coupez la tête et la queue, mettez dans une casserole avec persil, ciboule hachés, sel et poivre, versez dessus du beurre tiède, cuisez, dressez, mettez une sauce à l'italienne.

Sole à la Trémolin. — Vous prenez une sole frite dont vous retirez la grande arête. Si la chose ne peut se faire, vous vous contentez de pratiquer une fente dans laquelle vous introduirez le mélange suivant: votre sole ayant été placée sur une rôtie dans un plat susceptible d'aller au feu, le mélange est ainsi composé: moutarde, huile, sel, poivre, auxquels vous ajoutez un peu de vin blanc additionné d'une cuillerée d'eau-de-vie. Ce mélange introduit dans la sole, vous passez deux minutes au four de campagne; au moment de servir, vous mettez sur la sole deux petits morceaux de rôtie.

Soles au vin blanc de trois manières. — *Au gratin*: se fait sur un lit de persil, ciboules, échalotes, champignons hachés, sel, poivre, beaucoup de beurre; on pose filets ou sole dans un plat, on recouvre de ce hachis, on arrose de vin blanc, d'une goutte de bouillon; semez de chapelure, gratinez au four.

A la sauce : faites cuire votre poisson au court-bouillon, masquez d'une sauce faite de champignons cuits dans du vin blanc; ce vin blanc sert à faire un coulis, avec une liaison d'un peu de farine.

On cuit les soles dans un plat beurré, en mouillant d'un verre de vin blanc sec; un jus de citron, sel, poivre, un oignon coupé en tranches, du thym, laurier, persil. Quand la cuisson est à point, mettez sur un plat votre poisson, passez la sauce, faites réduire aux trois quarts, liez avec deux jaunes d'œufs, fouettez-la sur un coin du fourneau jusqu'à consistance très molle; ajoutez du beurre peu à peu, versez sur la sole qu'on aura tenue au chaud et servez.

Sole vraie normande. — Mettez du beurre dans une poissonnière, persil, thym, oignon en tranches, vin blanc, bouillon, sel, poivre, muscade, deux douzaines d'huîtres, deux douzaines de moules cuites à l'eau salée et détachées de leur coquilles; lavez les soles, faites cuire aux trois quarts et mettez alors sur un plat beurré avec les huîtres et les moules; versez dessus la sauce suivante : Faites revenir dans du beurre des débris de veau et de lard de poitrine, mettez un peu de farine, bouillon, oignons, carottes en tranches, poivre, muscade, laurier; lorsque les viandes sont bien cuites passez au tamis, ajoutez un peu de court-bouillon de la sole, deux jaunes d'œufs; au moment de verser, garnissez le plat de croûtons frits, de champignons cuits au beurre et au citron et de goujons frits.

Sorbets. — Les sorbets se préparent avec différentes sortes de vins, de liqueurs ou de fruits, mais toujours par le même procédé.

Sorbet au vin de champagne. — Faites infuser pendant un quart d'heure le zeste d'un demi-citron et le zeste d'une orange dans trois quarts de litre de sirop de sucre. Ajoutez une demi-bouteille de vin de champagne, le jus d'un citron et celui de quatre oranges; mélangez, faites passer au tamis et mettez glacer dans la sorbetière, et dix minutes avant de servir ajoutez encore une demi-bouteille de vin de champagne, travaillez encore un peu et servez dans des verres.

Soufflé d'abricots. — Battez six blancs d'œufs en neige, tournez quatre cuillerées de marmelade d'abricots de manière à en faire une purée; sucrez de sucre en poudre, mélangez à la neige. Beurrez un plat, mettez en pyramide, faites cuire dix minutes à four doux; saupoudrez de sucre.

Soufflé d'amandes. — Prenez une demi-livre d'amandes mondées, pilez, passez au mortier, ajoutez une demi-livre de sucre en poudre et, un à un, les blancs de huit œufs battus en neige. Mélangez le tout et mettez dans un plat beurré; faites cuire au four.

Soufflé au chocolat, au café et aux marrons. — Pour le soufflé au chocolat, délayez et faites cuire dans un peu d'eau 60 grammes de chocolat; retirez, délayez avec deux cuillerées à bouche de fécule de pommes de terre, 125 grammes de sucre en poudre, autant de beurre frais, six jaunes d'œufs, un zeste de citron râpé, un demi-litre de lait. Mêlez le tout avant de le remettre sur le feu, versez dans une terrine, laissez refroidir. Au moment de servir on ajoute deux jaunes d'œufs, six blancs fouettés, on verse le tout dans un plat beurré, on met au four de campagne, à feu vif en dessus et feu doux en dessous; le soufflé monté on le sert avant qu'il ne tombe.

Le soufflé au café se prépare de la même manière avec cette différence que l'on mettra six cuillerées de fécule au lieu de deux; l'infusion de café devra être très forte.

Le soufflé de marrons se prépare de même que le soufflé au chocolat : on remplace la fécule par de la farine de marrons.

Soufflé au citron. — Enlevez la croûte de trois ou quatre petits pains, coupez-les en tranches, faites tremper dans du lait; ayez quatre citrons dont on râpe l'écorce, ôtez le blanc et les pépins, coupez-les en rouelles ; placez vos tranches de pain sur un plat beurré, puis posez les tranches de citrons sur les tranches de pain; et ainsi de suite en intercalant entre chaque tranche beaucoup de sucre en poudre et un peu de chapelure; mettez en dernier lieu un morceau de beurre frais, faites cuire au four un quart d'heure et couvrez d'une crème neige.

Soufflé de frangipane. — Mélangez un demi-verre d'eau, 5 jaunes d'œufs, un œuf entier, un verre et demi de crème, un quart de beurre, placez sur des cendres rouges, remuez, refroidissez, mettez une demi-livre de sucre en poudre, pilez 5 macarons et 2 biscuits secs, ajoutez avec de la fleur d'oranger 4 jaunes d'œufs, fouettez ferme 5 blancs d'œufs, joignez cette neige au mélange, remettez sur des cendres rouges, couvrez avec le four de campagne, servez.

Soufflé au fromage. — Mettez dans un plat une demi-livre de mie de pain tendre; versez du lait dessus, mettez sur le feu quelques minutes en remuant constamment. Retirez du feu; mettez du beurre frais, quatre jaunes d'œufs, du gruyère râpé, un peu de sel; fouettez les blancs en neige, mélangez-les et versez le tout dans de petites caisses de papier que vous mettez au four cinq minutes.

Soufflé javanais. — Faites une infusion de thé et de café, liez votre appareil avec un peu de crème de riz, ajoutez deux jaunes et quatre blancs d'œufs, montez bien ferme; quand votre soufflé est aux trois quarts cuit vous le glacez au sucre vanillé et vous ajoutez un petit pralin aux pistaches.

Soufflé aux pommes et aux abricots. — Battez en neige bien ferme six blancs d'œufs; mélangez quatre cuillerées de confitures d'abricots, quatre cuillerées de marmelade de pommes; trois cuillerées de sucre; amalgamez le tout à la neige. Mettez sur un plat légèrement beurré, en dressant en pyramide et en saupoudrant de sucre en poudre. Mettez à four doux pendant un quart d'heure. On peut substituer de la marmelade de poires d'Angleterre à la marmelade de pommes.

Soufflé royal. — Mélangez deux cuillerées de farine avec un quart de litre de crème, des amandes pilées, de la fleur d'oranger, quatre œufs dont deux entiers et deux jaunes, du sucre, battez, mettez dans un moule graissé avec du beurre, cuisez au four de campagne.

Soufflé de turbot. — Excellente recette pour utiliser les restes d'un turbot. Pilez les chairs de votre turbot dans une béchamel, ajoutez une cuillerée de fécule de pommes de terre, six jaunes d'œufs, les blancs battus en neige ferme; amalgamez le tout, mettez sur cendres chaudes avec four de campagne et servez lorsqu'il est monté.

Soupes. — *Ox-tail soup (soupe de queues de bœuf)*. — Coupez deux queues de bœuf; faites sauter avec un peu de beurre, quatre livres anglaises de jus de bœuf, une carotte, un navet, trois oignons, un poireau, une tête de céleri, un bouquet d'herbes et une feuille de laurier. Ajoutez une pinte d'eau et une cuillère à thé de grains de poivre; mettez sur le feu et remuez fréquemment. Remplissez aux trois quarts d'eau la marmite en remuant quelquefois. Laissez bouillir doucement jusqu'à ce que les queues soient bien tendres; garnissez alors les queues, et mettez-les de côté. Coupez en petits morceaux une demi-pinte de navets et de carottes ensemble, deux douzaines de petits oignons et une tête de céleri; faites bouillir dans un peu de bouillon de queues de bœuf, jusqu'à ce que le tout soit bien cuit; faites passer la soupe à travers une fine serviette, ajoutez les queues et légumes, assaisonnez avec un peu de sel et un peu de sucre. Servez.

Hotch Potch (salmigondis). — Prenez côtelettes d'agneau, enlevez peau et grande partie du gras, arrangez les os, coupez la partie inférieure des côtelettes en morceaux, mettez le tout dans la casserole. Mettez au fond une couche de côtelettes, couverte avec oignons, céleri, laitue, carottes, navets et pois verts, le tout coupé en petits morceaux; mettez alternativement une couche de côtelettes et de légumes, jusqu'à ce que la casserole soit pleine; couvrez avec eau, et laissez faire étuvée pendant plusieurs heures tout doucement, jusqu'à ce que tout soit bien cuit, et la soupe épaisse. Servez.

Lake and pond fish soup (soupe de poisson de lac et d'étang). — Prenez une livre des poissons suivants : brochets, perches, rougets, vandoises, goujons, carpes, tanches, anguilles et n'importe quel autre poisson d'eau douce; lavez-les dans eau salée, faites une étuvée, ajoutez une tomate, carottes, poireaux, oignons et fines herbes, dans autant d'eau que possible; laissez cuire jusqu'à ce que le tout soit réduit en purée; passez à travers une écumoire et faites bouillir le bouillon. Ayez racines de la saison coupées petites, faites-les bouillir dans du lait; ajoutez-les alors à la soupe et faites bouillir lentement une demi-heure.

Assaisonnez avec muscade, céleri et un peu de cayenne.

Potato soup (soupe de pommes de terre). — Prenez de grosses pommes de terre farineuses; épluchez-les et coupez en petites tranches avec un oignon; faites bouillir le tout dans trois pintes d'eau, jusqu'à ce que ce soit cuit, et réduisez les pommes de terre en purée; ajoutez un peu de beurre, un peu de poivre de Cayenne et du sel, et, au moment de servir la soupe, deux pleines cuillères de bonne crème. La soupe ne doit plus bouillir après qu'on y a mis la crème.

Soupe d'asperges et de pommes de terre. — Faites cuire à l'eau salée des pointes d'asperges, cuisez des pommes de terre, égouttez, laissez dans la casserole bouchée hermétiquement, écrasez, passez, délayez avec lait et cuisson des asperges.

Soupe de chasseur. — Ajoutez à la soupe aux choux un lapin de garenne coupé en cinq morceaux.

Soupe économique. — Lorsque vous avez un morceau de porc rôti, ne jetez pas l'os; mettez-le bouillir dans de l'eau salée pendant une heure; retirez et mettez cuire dans cette eau des choux de Bruxelles; ajoutez sel, poivre, retirez quelques choux entiers; passez les autres au tamis en mouillant de la cuisson; ajoutez les choux entiers et de petits croûtons frits au beurre au moment de servir.

Soupe Jeanne-sans-Terre. — Faites cuire du tapioca dans de l'eau bouillante, salez, poivrez, mettez du beurre; d'autre part, ayez des carottes cuites dans de l'eau, passez à la passoire, ajoutez à votre tapioca et, au moment de servir, jetez du cerfeuil haché.

Soupirs de nonne. — Mettez dans une casserole un demi-litre d'eau, sucre, zeste de citron, saupoudrez de farine et tournez jusqu'à ce que la pâte soit cuite; retirez du feu, cassez un œuf dans la pâte, mêlez; cassez un second œuf et prenez gros comme une noix de cette pâte pour chaque soupir et jetez dans la friture bouillante.

T

Talmouses à la Saint-Denis. — Prenez une poignée de farine de froment passée au tamis, 300 grammes de fromage à la pie, 150 grammes de fromage de Brie nettoyé, sel, pétrissez le tout, ajoutez 125 grammes de beurre fondu, maniez de nouveau avec des œufs, couchez la pâte, taillez les talmouses, que vous ferez cuire à feu vif.

Tanches à la bourguignonne. — Échaudez, écaillez, videz deux tanches d'eau vive, placez-les dans un plat beurré, mouillez de vin rouge, coupez des oignons en rond, faites revenir légèrement dans le beurre, mettez-les autour des tanches, sel, poivre, thym, laurier, persil, mettez le tout au four, arrosez de temps en temps, laissez réduire des deux tiers. Goûtez et servez.

Tanches sur le gril. — Plongez trois ou quatre belles tanches dans de l'eau bouillante, laissez un instant, écaillez en commençant par la tête, videz-les, mettez-les dans une marinade d'huile, persil, ciboule, échalotes hachés, thym, laurier, sel, poivre, enveloppez-les de deux feuilles de papier sur lesquelles vous aurez étendu la marinade, faites griller, retirez le papier, versez dessus une sauce piquante.

Tanches grillées. — Plongez les tanches dans l'eau bouillante, enlevez le limon avec un couteau, sans offenser la peau, écaillez, videz avec soin, remplissez leur cavité avec du beurre manié de fines herbes et d'une pointe d'ail, faites cuire sur le gril, servez-les sur une purée de tomates aux anchois, ou sur une ravigote verte, ou une sauce Robert à la moutarde.

Tanche à la poulette. — Mettez votre tanche dans un chaudron plein d'eau bouillante, retirez, enlevez son limon et son écaille, coupez-la en morceaux, faites-la dégorger, mettez du beurre dans une casserole, faites tiédir avec vos morceaux de tanche, sautez-les dans le beurre, ajoutez une cuillerée de farine, mouillez votre ragoût avec du vin blanc, sel, poivre, laurier, bouquet garni, oignons, champignons, faites aller votre ragoût un peu vite; ensuite faites une liaison de trois jaunes d'œufs au moment de servir.

Tartes. — Prenez 250 grammes de farine, 200 grammes de bon beurre, formez un creux dans votre farine, ajoutez sel, peu de beurre, pétrissez; ajoutez peu à peu la moitié d'un verre d'eau dans lequel vous avez fait fondre très peu de sucre, continuez de la sorte jusqu'à ce que vous ayez employé la moitié du beurre et la totalité de l'eau sucrée. Roulez la pâte six fois en ajoutant un peu de beurre; en dernier lieu, étendez la tarte dans le plateau qui a été beurré et saupoudré d'un peu de farine.

Tarte aux abricots. — Prenez une livre et demie d'abricots, la moitié de ce poids de sucre, passez cette marmelade, garnissez la tarte; placez sur celle-ci des bandes étroites de pâte, que vous croisez, mettez au four. Une heure de cuisson suffit.

Tarte aux cerises. — Se prépare comme la tarte aux mirabelles ou comme la tarte aux abricots. On emploie des cerises de Montmorency.

Tarte aux fraises. — Faites un sirop avec du sucre et une goutte d'eau, laissez faire quelques bouillons; plongez-y les fraises, laissez-les pendant vingt minutes, faites cuire la pâte à part; beurrez une feuille de papier assez grande pour déposer la pâte, mettez sur cette feuille des haricots blancs écossés; quand la pâte est cuite, on enlève la feuille de papier avec les haricots; garnir la tarte avec les fraises au moment de servir.

Tarte aux groseilles à maquereau vertes. — Faites bouillir à l'eau des groseilles; quand elles auront fait un bouillon, faites égoutter sur un tamis.

Rangez-les sur la pâte, mettez au four; couvrez d'une épaisse couche de sucre pilé au moment de servir.

Tarte au kirsch. — Prenez six œufs entiers, 175 grammes de sucre en poudre, mettez sur le feu en battant toujours jusqu'à épaisseur; enlevez du feu, tournez jusqu'à refroidissement, ajoutez le zeste d'un citron, 50 grammes de farine, beurrez un moule, versez-la dedans. Mettez au four.

Quand le gâteau est cuit et refroidi, coupez-le en trois tranches, versez dans le fond d'un plat un demi-verre de kirsch, du sucre en poudre. On trempe dans le kirsch chaque partie de gâteau, pour qu'elle soit bien imbibée; on met de la confiture de groseilles ou d'abricots entre chaque tranche, on saupoudre de sucre.

Tarte Marinette. — Prenez 350 grammes de farine, 325 grammes de beurre que l'on pétrit; ajoutez 3 jaunes d'œufs, 3 cuillerées de sucre, 2 cuillerées de kirsch, étendez la pâte, mettez-la sur une plaque en trois parties; une fois cuits et froids, étendez sur chaque gâteau une couche de confiture, couvrez de blancs d'œufs battus en neige, mêlés avec 225 grammes de sucre, un jus de citron, faites cuire lentement.

Tarte aux mirabelles. — Dénoyautez les mirabelles, rangez-les sur la pâte les unes contre les autres; on replie le contour de la pâte sur le premier rang de mirabelles; faites cuire deux heures; pour servir saupoudrez de sucre en poudre.

Tarte aux pêches. — Comme la tarte aux abricots, ou bien comme la tarte aux mirabelles.

Tarte aux poires. — Pelez et coupez les poires en quartiers, faites-les cuire avec du sucre et du vin rouge jusqu'à ce que les poires soient réduites en purée; passez au tamis de fer. Etendez cette purée sur la pâte, mettez une heure au four.

Tarte aux poires entières. — Faites cuire la pâte à part, pelez, videz les poires; mettez les épluchures dans de l'eau bouillante; ajoutez les poires quand elles sont cuites, laissez égoutter. Ajoutez du sucre à l'eau dans laquelle on a fait cuire les poires; quand le sirop est fait, mettez-y les poires, laissez faire deux bouillons, posez les poires sur la tarte au moment de servir.

Tartes aux pommes. — Epluchez, coupez en tranches de bonnes pommes; faites-les cuire dans une casserole avec du sucre et un demi-verre d'eau, ajoutez de la cannelle en poudre. Quand la marmelade est presque cuite, on y mélange de la marmelade d'abricots, de reines-claudes, de mirabelles ou de couetche.

Laissez refroidir avant de l'étendre sur la pâte; une heure de cuisson suffit.

Tartines de pâté de foie. — Cela semble drôle de donner la recette des tartines, n'est-ce pas? Eh bien! presque personne ne sait les faire et elles sont une excellente entrée de déjeuner et peu coûteuse, ce qui ne gâte rien.

Pour avoir de belles tartines il faut du pain cuit de la veille; celui du jour est trop tendre, celui de l'avant-veille trop dur.

Ayez un couteau bien coupant, coupez tout le long du pain une tranche aussi fine que possible qui devra recouvrir la seconde tranche; avant de couper celle-ci étendez dessus une mince couche de pâté de foie, coupez et ajustez bien exactement les deux tranches de pain l'une sur l'autre. Répétez cette opération autant de fois que vous désirez de tartines, mettez-les en pile sur une assiette et servez.

Tartines portugaises. — Prenez douze œufs dont vous battez les jaunes pendant une bonne demi-heure; mettez cette pâte dans un moule et faites cuire au four doux. Lorsque le gâteau est cuit, défournez-le et laissez-le un peu refroidir. Coupez alors ce gâteau en tartines de forme et d'épaisseur égales et mouillez-les d'un sirop de sucre cuit à la nappe. Laissez sécher et servez en même temps qu'une crème ou qu'une mousse parfumée selon votre goût.

Tendrons d'agneau aux pointes d'asperges. — Faites cuire braisées deux poitrines d'agneau; coupez en morceaux; faites cuire un ragoût d'asperges, mettez dans la cuisson les poitrines, ajoutez vos tendrons cinq minutes avec un peu de bouillon, salez, poivrez et servez.

Tendrons de veau au blanc. — Faites-les blanchir; retirez-les; faites un roux blanc que vous mouillez de l'eau dans laquelle ils ont blanchi; salez, poivrez, mettez oignons, thym, laurier et remettez cuire vos tendrons une heure; au moment de servir ajoutez les champignons blanchis et deux jaunes d'œufs.

Tendrons de veau à l'italienne.
— Faites chauffer de l'huile d'olives, mettez vos tendrons, des oignons en tranches, feuille de laurier, thym, sel, poivre. Couvrez la casserole, faites cuire deux heures en remuant fréquemment; mouillez de bouillon et ajoutez au moment de servir une forte poignée de persil haché.

Tendrons de veau en matelote.
— Faites revenir les tendrons dans du beurre, mettez un verre de vin, un verre de bouillon, sel, poivre, ail, bouquet garni, clous de girofle; faites cuire à petit feu et, aux trois quarts de la cuisson, ajoutez de petits oignons roussis au beurre et des champignons.

Tendrons de veau à la mayonnaise.
— Faites blanchir des tendrons, faites-les cuire ensuite au beurre avec de petits oignons, mouillez avec du bouillon; retirez après cuisson et servez froids avec une mayonnaise et des cornichons coupés en rondelles.

Tendrons de veau aux petits pois.
— Faites blanchir les tendrons, mettez-les ensuite dans une casserole avec beurre en quantité suffisante, petits pois, bouquet garni, oignons; au bout de quelques minutes mouillez d'eau et de bouillon, salez, poivrez, laissez cuire.

Tendrons de veau aux pommes de terre.
— Faites revenir vos tendrons avec du lard coupé en morceaux; retirez; faites un roux foncé; mouillez de bouillon, ajoutez des oignons, sel, poivre, thym, laurier, ail, échalotes, remettez vos tendrons et les pommes de terre; faites cuire à tout petit feu sans presque remuer.

Terrine d'anguilles.
— Prendre une anguille de bonne grosseur, la dépouiller, l'ouvrir, enlever l'arête, la tête et un tiers de sa longueur du côté de la queue. Couper en dés les filets d'une sole, ainsi que la queue de l'anguille, faire sauter avec du beurre frais, des champignons, fines herbes, sel et poivre; après cuisson ajoutez un peu de sauce béchamel maigre; étendre l'anguille sur une table, l'ouvrir et l'aplatir un peu, la couvrir de farce, la rouler, l'envelopper dans un linge et la ficeler.

Mettre à bouillir les débris de sole et d'anguille, avec beurre, oignons, carottes, bouquet garni, sel, poivre; passez ensuite, ajoutez un verre de vin blanc, vingt grammes de colle de poisson dans ce mouillement; mettez cuire l'anguille une heure à petit feu; retirez et laissez refroidir l'anguille dans sa cuisson; quand elle est froide, l'égoutter; la développer, la disposer dans une terrine, qu'elle doit remplir; quand elle est froide, on peut servir.

Terrine de canards.
— Désossez deux beaux canards, séparez la chair de la peau, coupez en tranches la chair des canards, ainsi qu'un kilog de foie de veau, bien doré. D'autre part, prenez un kilog de filet de porc bien gras; hachez persil, échalotes, sel, poivre, quatre épices; prenez une barde de lard, garnissez-en le fond de la terrine, mettez un lit de farce, et encore une barde; couvrez, placez la terrine dans un grand plat creux rempli d'eau bouillante, faites cuire trois heures à four modéré.

Mettez dans une casserole la carcasse, la peau, les os, sel, poivre, faites revenir, dégraissez le jus; ajoutez un demi-verre de vin de Madère; autant de vin blanc, quatre verres de jus de viande, une pointe d'ail, laissez mijoter trois heures; versez ce jus sur votre terrine et laissez refroidir.

Terrine de faisans. — Plumez, videz les faisans, désossez, coupez en tranches, prenez 500 grammes de foie gras et 250 grammes de truffes. Prenez 500 grammes de filet de porc bien gras, hachez très fin avec les épluchures de truffes, sel, poivre. Nettoyez et dégorgez les foies gras à l'eau avec une poignée de sel.

Garnissez une terrine d'une barde de lard, couvrez avec la moitié de la farce; mettez un lit de foie gras, des truffes entières, terminez avec l'autre moitié de la farce et couvrez avec une barde de lard, faites cuire au four dans un plat creux rempli d'eau chaude; deux heures de cuisson suffisent. Laissez refroidir. Si l'on veut conserver la terrine on la couvre avec de la panne que l'on a fait fondre.

La terrine de perdreaux se prépare de même.

Terrine de foie de veau. — Prenez un beau foie de veau, retirez la peau, lardez-le de filets de jambon, truffes, lard gras, assaisonnez de sel, poivre, épices.

Coupez en morceaux minces le reste du foie de veau que vous ferez sauter à feu vif avec lard, sel, épices, oignons hachés, parures de truffes; laissez refroidir, passez au tamis.

Pilez une demi-livre de chair à saucisses, mêlez à la farce de foie. Couvrez le fond et le tour de barde ou de crépine de porc, mettez dessus une couche de farce, puis le foie, jusqu'à ce que la terrine soit remplie; couvrez de bandes de lard, mettez au four deux heures, fermez la terrine comme celle de lièvre, etc.

Terrine de ménage. — Prenez un kilog de veau, autant de bœuf sans os, autant de filet de porc, le tout coupé en tranches; hachez des anchois, des câpres, des oignons; assaisonnez de sel, poivre. Remplissez une terrine avec les tranches de viande en les alternant, ajoutez le petit hachis de câpres; pressez bien les viandes. Quand la terrine est remplie, versez-y un verre de vin blanc, du vinaigre blanc, posez dessus un pied de veau coupé en morceaux, mettez un couvercle collé tout autour, faites cuire deux heures et demie au four.

Terrines d'œufs à la gelée (petites). — Certain restaurant s'est fait une spécialité de ces petites terrines qui sont exquises pour déjeuner ou souper. Prenez une petite terrine, dans laquelle il y a eu du foie gras, mettez au fond une tranche de jambon d'York bien maigre, un œuf dur; recouvrez le tout de gelée de viande, laissez prendre et servez.

Terrines de viande. — Une terrine est une pâte sans croûte qui se fait dans un vase en terre allant au feu. Il y en a de toutes les formes, on peut les faire avec toutes espèces de viandes. Toutes les viandes qui doivent servir peuvent être employées crues à l'exception du jambon qui

Tête de cochon aux légumes.

— Prenez une demi-tête de cochon sans la langue ni la cervelle; placez dans une terrine avec gros sel et laissez dans le sel deux, trois jours, en la retournant plusieurs fois; ensuite enlevez le gros sel, mettez-la dans une terrine avec 6 litres d'eau, faites bouillir; écumez, ajoutez : poivre, oignons, choux, faites cuire trois quarts d'heure à petit feu, ajoutez des pommes de terre; une fois cuite s'assurer si le bouillon est suffisamment salé, tremper la soupe, faire égoutter le morceau de tête, le dresser sur un plat, les légumes autour.

doit être cuit à moitié. On garnit de bandes de lard les côtés, le fond et le dessus, la terrine doit être bien fermée pour éviter toute évaporation pendant la cuisson.

Tête de veau à la Destillière.

— Désossez, faites dégorger la cervelle dans de l'eau bouillante et un filet de vinaigre. Mettez à cuire dans un blanc léger trois quarts d'heure, retirez du feu, laissez dans sa cuisson, faites dégorger et blanchir la tête de veau, et lorsqu'elle est froide, flambez-la, laissez les yeux et les oreilles entiers, coupez-la en morceaux que vous mettez à cuire dans un blanc; faites partir vivement, laissez mijoter quatre heures, égouttez, ficelez les morceaux; dressez sur un plat, séparez en deux la cervelle, placez-la aux deux extrémités, détachez la langue, coupez-la en petits carrés, mélangez-les à la sauce; ainsi préparés, faites un roux, mouillez de bouillon, une demi-bouteille de vin de Chablis, une cuillerée d'espagnole, six gousses de petit piment enragé écrasées, six cuillerées de consommé, faites réduire à moitié, ajoutez des cornichons tournés en petits bâtons, la langue en dés, des champignons, versez le tout sur les morceaux de tête.

Tête de veau farcie.

— Préparez, désossez une tête de veau, faites blanchir, nettoyez-la complètement, remplissez-la d'une farce cuite avec addition de truffes si vous en avez. Donnez-lui sa forme première, faites cuire dans un linge, entourez de bardes de lard, de tranches de citron, d'oignons, carottes, bouillon étendu d'eau, bouquet, girofle, sel, poivre, thym, laurier; écumez, laissez bouillir, veillez à ce que l'ébullition ne s'arrête pas durant une heure. Quand la tête est cuite, retirez et laissez dans sa cuisson jusqu'au moment de servir; servez avec une sauce hachée.

Tête de veau nature.

— Désossez la tête de veau, retirez la cervelle, ôtez la pellicule rouge qui l'enveloppe, faites-la dégorger pendant une heure, cuisez la cervelle à point dans l'eau acidulée, laissez dans la cuisson, faites blanchir la tête de veau, enlevez la langue, détachez le cornet, mettez rafraîchir, puis divisez la tête en quatre morceaux que vous placez dans une grande casserole; mettez alors dans une autre casserole du thym beaucoup, laurier, bouquet oignons, carottes, 60 grammes de farine, 5 litres d'eau, sel, gros poivre, vinaigre; quand cette cuisson bout, jetez-la sur les morceaux de tête, placez sur le feu et faites cuire. Après deux ou trois heures de cuisson, dressez les deux morceaux à oreilles à chaque extrémité d'un plat, les deux autres sur les côtés, la langue fendue en long sur le milieu de la cervelle, ornez la cervelle et les coins de persil.

Tête de veau en tortue. — Votre tête de veau cuite à la manière ordinaire, vous disposez un bon ragoût à la financière pour lequel vous aurez fait réduire dans le coulis blond un verre de vin de Madère sec, un peu de poivre de Cayenne; on ajoute à ce ragoût, indépendamment de la financière, des jaunes d'œufs durcis, des cornichons tournés en olives, des quenelles de godiveau et la langue, ainsi que la cervelle coupée en morceaux; vous égouttez bien vos morceaux de tête et les dressez le plus possible en pyramide; masquez-les de votre ragoût; garnissez le plat de 12 croûtons frits, de 12 écrevisses, et servez brûlant.

Thé. — L'arbuste à thé paraît être indigène de Chine, mais on le cultive en outre, actuellement, dans le Japon, dans l'Himalaya, au Tonkin, en Cochinchine, à Java.

La préparation des feuilles est différente, suivant que l'on veut obtenir du thé noir ou du thé vert.

Le thé vert se prépare en desséchant, immédiatement après la récolte sur des plaques en fer chauffées, les feuilles qu'on remue constamment en les enroulant avec les mains.

La différence de fabrication du thé noir ne consiste qu'à laisser passer et fermenter les feuilles, mises en tas, avant de procéder à l'enroulage et à la dessication.

Le thé vert et le thé noir se subdivisent en un très grand nombre de qualités : citons parmi les premiers le *Hyson*, le *thé à poudre de canon* et le *Tonkay*; parmi les noirs le *Péko*, le *Congo* et le *Souchong*. Le thé Congo est le plus inférieur, et le thé Péko celui qui se vend le plus cher.

Falsifications et altérations du thé. — Les falsifications du thé sont nombreuses, car il coûte cher.

Il est falsifié par les Chinois qui le récoltent et par ceux qui l'expédient dans les ports de débarquement et chez les débitants.

On livre au commerce européen une espèce de thé provenant de poussières préparées avec un mélange de gommes et de matières colorantes; on le reconnaît aisément ce *thé menteur*; il se réduit en poudre dans l'eau bouillante.

Les feuilles du thé sont souvent colorées artificiellement, et plus souvent encore mélangées à toutes sortes de feuilles, même celles de hêtre, d'orme et d'aubépine.

Les substances minérales dont on additionne le thé sont le plus souvent : la plombagine, le kaolin, le gypse, le talc, le carbonate de chaux et de magnésie, et aussi du bleu de Prusse et du carbonate de plomb qui servent à colorer en vert le thé de mauvaise qualité et même du thé noir épuisé. Les Anglais sont plus habiles que les Chinois eux-mêmes pour ce genre de falsifications.
(*Documents du Laboratoire municipal.*)

Les gourmets, pour peu qu'ils y mettent le prix, ne se laissent point tromper à l'arome.

Le thé, boisson favorite des Russes et des Anglais, n'a été employé chez nous, pendant longtemps, que comme remède, à la façon du tilleul.

Cette infusion rend de véritables services en cas de digestion difficile.

C'est une boisson facile à absorber, à digérer, mais qui a sur les nerfs une influence toute spéciale; il ne faut pas abuser, par conséquent, de ce breuvage inoffensif et salutaire, car il a, en d'autres pays, « ses ivrognes » et ceux qui en absorbent trop deviennent des *alcooliques* presque semblables aux autres. Ménageons donc l'usage de ce stimulant délicieux.

Thé aromatique. — Prenez une poignée de coques d'amandes cassées, faites bouillir pendant une demi-heure dans un litre d'eau, filtrez.

Thon aux concombres. — Pelez

des aubergines, faites macérer en tranches deux heures dans du vinaigre, sel, ail, oignons, poivre, séchez en pressant pour faire sortir l'eau. Préparez une salade avec du cresson, œufs durs, olives dépouillées de leur noyau, mélangez le tout à des filets de thon.

Thon en daube. — Coupez un morceau de thon de trois livres et de deux doigts d'épaisseur, enlevez la peau, trempez une nuit dans du vin blanc, vinaigre, vin cuit, poivre, ail, mettez dans la casserole avec un morceau de beurre, épices, bouquet, sel, la sauce où le thon a mariné; cuire avec feu dessus et dessous.

Thon à l'espagnole. — Prenez un tronçon de thon frais, ratissez-le bien, ôtez le sang caillé qui se trouve à l'intérieur, lavez, essuyez bien avec un linge, lardez en long avec de gros lardons de langue à l'écarlate, des filets d'anchois, ficelez; couvrez le fond d'une casserole de bardes de lard, posez le tronçon de thon par-dessus, mettez trois gros oignons dont un piqué de clous de girofle, deux grosses carottes, un bouquet garni, une gousse d'ail, thym, laurier; mouillez avec du vin blanc, mettez une feuille de papier beurré sur le thon, couvrez, faites partir à bon feu, étouffez le feu, mettez-en sur le couvercle de la casserole, et faites cuire à petit feu pendant une heure. Le thon cuit, passez le fond de sa cuisson au tamis, dégraissez, mettez-le dans une casserole avec huit cuillerées à dégraisser d'espagnole et deux de sauce tomate. Quand cette sauce aura atteint l'épaisseur d'une bouillie claire, pressez du jus de citron ou d'une orange aigre. Dressez le tronçon de thon sur un plat, ôtez la ficelle, versez la sauce par-dessus.

Thon à l'italienne. — Prenez des tranches de thon frais coupées de six centimètres d'épaisseur, mettez-les sur un plat avec deux gousses d'ail émincées, sel, poivre, persil, basilic, thym, laurier, le zeste d'un citron, un demi-verre de bonne huile d'olive; laissez le thon deux à trois heures dans l'assaisonnement, en ayant soin de le retourner de temps en temps; égouttez les tranches de thon de leur assaisonnement, épongez bien avec un linge blanc, graissez bien partout d'huile d'olive ou de beurre frais, faites cuire sur le gril à feu étouffé, retournez des deux côtés.

Faites un roux, mouillez de bouillon et vin blanc, hachez dix champignons, persil, ciboules, échalotes, deux anchois dont vous aurez ôté les arêtes. Mettez le tout dans une sauce, ajoutez sel, poivre, faites réduire votre sauce de manière à la rendre un peu épaisse, dressez les tranches de thon sur un plat, versez la sauce par dessus et servez.

Timbale Bontoux (*recette exacte*). — Je n'engagerais jamais à faire une croûte de timbale chez soi; mieux vaut la commander chez un bon faiseur; elle revient moins cher, car, pour trois francs, on en a une de grandeur respectable.

Faites une infusion avec un jambonneau, thym, laurier, persil et madère (la valeur d'un verre à pied). Puis, faites une réduction bien serrée et bien fine de sauce tomate avec un peu de jus de viande:

jetez-y ensuite votre infusion et une pointe de Cayenne. Beurrez-la bien jusqu'à ce qu'elle devienne d'un beau blond; mêlez-y alors une financière truffée, coupée en moyens morceaux.

D'un autre côté, vous aurez préparé de gros macaroni bien lié par du parmesan. Emplissez alors alternativement la timbale d'une couche de macaroni et d'une couche de financière, en réservant les plus beaux morceaux de la financière pour la couche supérieure, et masquez avec le restant de la sauce tomate.

L'essentiel est que la sauce soit fine et que la financière coupée ne soit pas trop petite.

Timbale de cailles. — Préparez les cailles; au lieu de les dresser sur un plat, mettez-les dans une croûte de timbale, et versez la sauce à l'intérieur sur les cailles.

Timbale à la champenoise. — Faites suer une belle tranche de jambon, retirez de la casserole, coupez en petits morceaux, remettez dans la casserole, ajoutez champignons, deux ou trois truffes, une carotte cuite, le tout coupé menu. Passez au beurre, saupoudrez de farine, mouillez de vin blanc, de consommé, faites réduire; dégraissez, ajoutez des blancs de volaille rôtie, des cornichons blanchis, également des feuilles de persil, des anchois à moitié dessalés et coupés en petits dés; faites chauffer sans bouillir, ajoutez le jus d'un citron. Servez.

Timbale d'enfer. — Faites crever du riz, mettez-le avec beaucoup de beurre dans une casserole, sel, poivre, poivre rouge, fromage de Gruyère râpé, parmesan râpé; un peu de safran; mélangez bien le tout et mettez au chaud.

Beurrez un moule, mettez une couche de riz bien tassé, une tranche de jambon, une couche de riz, des tranches de gruyère mince, du riz, du fromage; tassez bien le tout, faites cuire sous four de campagne et servez saucé avec la sauce ci-après : Faites un roux, mouillez de bouillon, ajoutez des champignons, sel, poivre, muscade, bouquet garni; faites bouillir et réduire.

Timbale financière. — Faites un ragoût avec des ris de veau, des cervelles, des champignons et truffes.

Vous aurez fait dégorger les ris et cervelles dans l'eau pendant deux heures; épluchez-les, faites cuire au court-bouillon ainsi composé : un litre et demi d'eau, bouquet garni, carotte coupée, six oignons, deux verres de vin blanc, sel, poivre, gousse d'ail; le court-bouillon en ébullition, jetez-y les cervelles et les ris, laissez cuire une demi-heure les cervelles, les ris une heure et demie, égouttez, découpez-les en tranches.

Faites une sauce ainsi composée : un bon morceau de beurre, deux grosses cuillerées de farine, sel, poivre, du jus de viande, un verre de madère, un verre de vin blanc.

Nettoyez des truffes, prenez les épluchures, mettez-les dans la sauce, laissez mijoter deux heures, passez au tamis, remettez sur le feu, ajoutez les truffes coupées en dés, puis les ris et cervelles, champignons sautés dont on ajoute le jus à la sauce; vingt minutes après, emplissez la timbale avec le ragoût.

Timbale de fruits confits. — Creusez une brioche. Faites un épais sirop de sucre et délayez dedans de la gelée de groseilles et de la marmelade d'abricots. Faites chauffer dans ce sirop des fruits confits de toutes sortes; ajoutez un peu de kirsch et versez dans le vide de la brioche.

Timbale de macaroni. — Faites cuire du macaroni à l'eau bouillante, avec sel, oignon, un morceau de beurre, une carotte. Égouttez-le, mélangez dans une casserole avec jus de viande, fromage râpé. Ajoutez une fricassée de poulets ou une émincée de filets de volaille. Mettez dans un moule une couche de pâte à feuilleter, versez dedans le macaroni, recouvrez de même pâte, en faisant un trou sur le milieu; mettez au four, renversez sur un plat, détachez le couvercle, arrosez l'intérieur d'un bon jus, recouvrez et servez.

Timbale Marinette. — Faites suer une épaisse tranche de jambon dans une casserole avec champignons, olives, carotte cuite, coupés comme le jambon, mettez du beurre, un peu de farine, ajoutez bouillon et vin blanc; faites réduire; ajoutez les morceaux d'une volaille de desserte rôtie, quelques cornichons en tranches, un peu de citron et versez dans la timbale.

Timbale de mauviettes. — Préparez les mauviettes comme les cailles, désossez-les, mettez en timbale, comme pour les cailles.

Timbale milanaise. — Foncez une timbale de pâte à dresser, et ayez une garniture pour la remplir, composée de crêtes de coqs, rognons, jambons en filets, ris de veau, champignons, blancs de volailles, et du macaroni cuit dans du bouillon; égouttez, assaisonnez de sel, poivre, muscade, parmesan râpé. Faire une sauce tomate et mettre toutes les garnitures dedans, donner un bouillon et verser dans la timbale.

Timbale de nouilles. — Faites des nouilles, avec de la pâte à nouilles, et opérez comme pour le macaroni en timbale.

Timbale de poissons. — Préparez un ragoût de poisson fait avec des morceaux de homard dépecé, de filets de sole roulés, farcis, piqués de petits morceaux de truffes, de crevettes, de champignons; quand le tout est cuit, mettez dans une casserole avec une sauce faite aux œufs de homard; au moment de servir, versez dans une croûte de timbale ou de vol-au-vent.

Timbale polonaise. — Faire bouillir 250 grammes de macaroni; le macaroni cuit, étendez-le sur une serviette pour le sécher. Prenez 150 grammes de fromage de Gruyère, autant de beurre, 250 grammes de jambon en morceaux très fins, mettez le tout sur le feu avec les débris du macaroni.

Rangez votre macaroni dans un moule beurré, garnissez le fond et les bords, remplissez les interstices avec la farce de jambon et de fromage râpé. Le moule rempli, battez trois œufs entiers, versez sur le macaroni en piquant çà et là avec un couteau pour faire pénétrer les œufs, faites cuire au bain-marie. Renversez le moule sur un plat, servez avec une sauce aux champignons, ou sauce tomate, ou aux truffes. *chault au bain marie*

Timbale de pommes de terre. — Cuire des pommes de terre à l'eau; épluchez, pilez avec beurre et sucre en poudre; ajoutez un œuf entier, trois jaunes, quatre blancs battus en neige, du zeste de citron, un peu d'eau de fleur d'oranger; battez le tout dix minutes, versez dans une timbale, mettez au four dix minutes, afin de donner un peu de couleur.

Timbales semoule au chasseur. — Faites crever de la semoule dans du bouillon, beurrez des petits moules à darioles, remplissez-les, laissez refroidir, démoulez, passez chaque croustade à la mie de pain. Battez des œufs comme pour une omelette, assaisonnez de sel, poivre, ajoutez du beurre fondu, passez-y chaque croustade pour la paner ensuite. Marquez un rond sur le dessus des croustades avec un coupe-pâte uni, de deux centimètres moins grand. Faites frire, videz-les en leur laissant un centimètre d'épaisseur, faites chauffer à l'étuve et garnissez, au moment de servir, d'un salpicon de filets de lapereau mêlé dans une purée de champignons très légère.

Timbales de truites. — Prenez une truite cuite et refroidie, coupez en dés, mettez dans une casserole, versez dessus une sauce béchamel, ou un velouté lié, ou une sauce à la crème; faites chauffer sans faire bouillir, servez votre ragoût dans de petites timbales de pâte.

Tomates. — Ce fruit rouge fort recherché de nos jours, d'un goût légèrement acidulé, d'une chair pulpeuse aromatique, se cultive en grand dans le midi de la France et en Italie.

Il n'est pas de conserve qui se prête mieux à la falsification. On fabrique généralement le flacon de tomates conservées avec de la carotte et du potiron. On colore aussi la tomate de conserve vraie ou fausse avec de la cochenille et d'autres colorants de la houille, tel que le suolf de fuschine; seul le Laboratoire municipal de Paris connaît tous les secrets de ces falsifications.

Tomates farcies au gras. — Ayez de grosses tomates bien rouges, fendez-les en deux sur le travers, enlevez les graines, rangez-les sens dessus dessous sur un tamis pour égoutter; hachez du lard, du veau rôti froid, champignons échalote, ail, persil, sel, poivre, mettez cette farce dans du beurre, tournez pendant quelques minutes sur un feu doux, liez avec du jus de viande, retirez du feu, garnissez l'intérieur des tomates, rangez sur un plat à gratin huilé avec feu dessus et dessous, ou au four.

Tomates farcies au maigre. — Préparez des tomates, mais faites une farce maigre composée : œufs durs hachés fin, champignons, persil, ail, échalote, ajoutez un peu de panade, lait, mie de pain, sel, poivre; mélangez tout, passez au beurre, emplissez les vides comme pour les tomates au gras, la cuisson de même.

Tomates farcies au riz. — Choisissez des tomates saines, videz-les à l'aide d'une petite cuillère à café, faites crever du riz dans de l'eau bouillante salée; quand le riz est crevé, jetez l'eau, ajoutez persil haché, sel, poivre, un bon morceau de beurre, faites cuire une demi-heure, en arrosant avec du jus de rôti, autour duquel on placera les tomates.

Tomates en hors-d'œuvre. — Six belles tomates; videz, coupez en morceaux, mettez dans du vinaigre, oignons, échalotes, laurier; au bout de huit heures retirez tout, égouttez, servez dans de l'huile d'olives.

Tomates en purée. — Enlevez les graines, coupez en deux de belles tomates. Mettez dans une casserole une barde de lard, des débris de viande, ou des morceaux de carcasse de volaille, un oignon, carotte coupée en rondelles, céleri, girofle; poser les tomates dessus, placer la casserole sur un feu doux. Quand les tomates sont presque desséchées, mouillez avec du jus de viande, ou de la cuisson de côte de bœuf; laisser mijoter doucement, passer à la passoire fine.

Tomates en salade. — Prenez des tomates bien rouges et lourdes, plongez une à une à l'eau bouillante, détachez la peau, coupez-les en tranches minces, enlevez les graines; coupez également des oignons en tranches minces, placez dans un saladier, en alternant, tomates et oignons; couvrez de sel gris, égouttez la salade en pressant fortement dessus, laissez jusqu'au lendemain, retirez les oignons; pour servir, égouttez, assaisonnez d'huile, de vinaigre, sel, poivre, cerfeuil.

Tôt-fait au maïzena. — Mettez bouillir trois quarts de litre de lait avec un quart de sucre en poudre et un peu de sel; délayez, dans un quart de litre de lait, trois jaunes d'œufs et 80 grammes de maïzena; lorsque les trois quarts de lait commencent à bouillir, jetez ce mélange dedans, laissez quelques instants en remuant toujours, ajoutez de la vanille, passez au tamis, mettez dans un moule; faites prendre sur glace pilée.

Tôt-fait ou quatre-quarts. — Prenez six œufs entiers que vous délayez avec de la farine, ajoutez 6 verres de lait, du sucre, une cuillerée de fleurs d'oranger, ou un petit morceau de vanille suivant votre goût; délayez jusqu'à consistance d'une bouillie. Versez le tout dans une tourtière beurrée, mettez au four de campagne à feu vif pendant vingt minutes. Servez chaud ou froid.

Truffes. — Le prix élevé de la truffe, dû à sa rareté, a tenté bien des falsificateurs: la fraude la plus commune consiste à sécher des pommes de terre dans un courant d'air chaud, à les tremper ensuite dans une infusion de noix de galle ou dans une solution de tanin, à les laisser sécher et à les tremper de nouveau dans un sel de fer. Pour un œil exercé cette fraude se reconnaît à l'aspect, l'examen des cendres de cette falsification ne laisse aucun doute.

Une autre fraude moins aisée à reconnaître et dont on use surtout dans les conserves, consiste à substituer à des truffes de première qualité, des truffes de qualité secondaire.

La truffe du Périgord est de beaucoup la préférée; elle est noire, sa chair d'un noir violet marbrée de lignes d'un blanc roussâtre.

On vend dans le commerce des boîtes de conserves d'épluchures de truffes qui rappellent le parfum tant recherché des gourmets. Ces épluchures baignent dans un liquide conservateur qui est généralement de l'acide borique, et lorsqu'on ouvre les boîtes on s'aperçoit trop tard qu'il n'y a pas la moitié de la substance que paraît contenir le vase. On est toujours trompé sur la qualité et sur la quantité.

Vivent les truffes, cependant, car « sincères » elles offrent au palais délicat des jouissances inappréciables et possèdent des qualités particulières.

Truffes sous la cendre. — Appropriez les truffes, enveloppez-les dans une barde de lard, salez et poivrez, recouvrez le tout de trois feuilles de papier trempées dans de l'eau fraîche. Faites cuire sous la cendre très chaude; au bout d'un quart d'heure, retirez-les, enlevez les deux premières feuilles et servez avec les autres.

Truffes à la piémontaise. — Coupez des truffes en rondelles minces, mettez-les sur un plat d'argent ou de ruolz, mettez un lit de truffes, sel, gros poivre et fromage de parmesan râpé, ainsi de suite; posez le plat sur cendres chaudes avec four de campagne au-dessus.

Truffes sous la serviette, au vin de Champagne. — Nettoyez de grosses truffes, mettez-les dans une casserole avec du lard gras râpé, du sel, du laurier et assez de champagne pour les mouiller sans les couvrir. Faites-les sauter, couvrez la casserole et faites bouillir dix minutes; égouttez et servez sous une serviette à œuf.

Truffes au vin de Champagne. — Mettez dans une casserole des tranches de veau et de jambon, placez les truffes pelées dessus; mettez un bouquet garni, sel, poivre, lard fondu, champignoms. Couvrez de bardes de lard, mouillez avec du vin de Champagne, faites cuire à petit feu, servez avec la sauce passée et dégraissée.

Truites aux anchois. — Préparez des truites, incisez sur le côté, marinez avec des champignons, basilic, huile et les condiments ordinaires, mettez dans une tourtière avec marinade panez, cuisez au four, servez avec une sauce aux anchois.

Truite à la Chambord. — Prenez une truite, videz, écaillez sans trop la déchirer, et garnissez d'une farce composée de chair de poisson, laitances, thon, huîtres, etc., entourez votre poisson d'un linge, salez-le et faites-le cuire avec une bouteille de vin blanc, sel, poivre, bouquet garni; employez un verre de court-bouillon pour préparer une sauce financière; au moment de servir débarrassez le poisson de son enveloppe et servez-le recouvert de sa sauce.

Truites au four. — Nettoyez des truites, faites quelques incisions sur leur dos, mettez-les dans un plat allant au feu, avec sel, poivre, ail, persil, ciboules, champignons, le tout haché; arrosez de bonne huile, mettez au four, couvrez de chapelure, servez avec une sauce aux anchois.

Truites frites. — Préparez une farce avec des champignons, des truffes, sel, poivre, hachez le tout; nettoyez, videz des truites, remplissez-les avec cette farce, ficelez, faites cuire dans un court-bouillon; quand les truites sont cuites, laissez refroidir, faites égoutter, dorez avec un jaune d'œuf, couvrez de chapelure, faites frire, servez avec une sauce tomate.

Truites à la hussarde. — Dépouillez-les, emplissez-les de beurre assaisonné et manié de fines herbes, faites-les mariner, griller, servez-les avec une sauce poivrade.

Truite en marinade. — Prendre une truite, la vider, la fendre dans la longueur, saupoudrer de sel, mettre en presse entre deux planches une demi-journée. Enlevez le sel avec un linge, roulez dans la farine, faites frire à l'huile, faites tremper huit jours dans du vinaigre, vin blanc, laurier, poivre, oignons; servez froid.

Truite à la montagnarde. — Videz, essuyez, faites tremper une heure dans de l'eau salée, puis mettez cuire avec vin blanc, oignons, ail, laurier, thym, beurre, sur un feu vif; passez la sauce, ajoutez fines herbes hachées, servez la truite à part.

Truite au naturel. — Après avoir nettoyé une truite, mettez dans une casserole avec sel, laissez une heure avec le sel; préparez un court-bouillon avec vin blanc, trois oignons coupés en tranches, girofle, deux gousses d'ail, bouquet garni, du beurre manié de farine; faites bouillir à grand feu, enlevez les oignons, etc., servez le poisson avec le court-bouillon en guise de sauce, ajoutez à ce court-bouillon un peu de beurre manié de farine, faites réduire sur un feu vif.

Tstchi (pot-au-feu russe). — Mettez dans une casserole, de l'eau, 4 livres de poitrine de mouton, deux branches de fenouil, deux douzaines de grains de poivre, sel, faites écumer; quand l'eau bout ajoutez un chou, une douzaine de petites carottes et oignons coupés en tranches, une demi-livre d'orge perlé, faites cuire trois heures, ajoutez une livre de pruneaux, faites cuire une heure et servez ce potage la viande à part.

Turbot au four. — Préparez un turbot, faites mariner une demi-heure dans du beurre fondu, assaisonné de persil, fines herbes, sel, poivre, muscade; mettez ensuite sur un plat avec toute sa garniture, parez-le de tous côtés, faites cuire au four, servez avec une sauce velouté.

Turbot au gratin. — Faites cuire le turbot à l'eau; quand il est froid enlevez les chairs, mettez-les dans une béchamel maigre, faites chauffer et dressez sur un plat qui aille au feu; saupoudrez de mie de pain, de parmesan râpé, versez dessus du beurre fondu, mettez le plat sur un feu modéré avec un four de campagne par-dessus; quand le poisson est de belle couleur, servez.

Turbot en mayonnaise. — Levez les filets d'un turbot, ôtez-en la peau, parez-les, donnez-leur la forme d'un cœur ou d'un rond, mettez-les dans un vase avec sel, poivre, huile, vinaigre, estragon, ravigote hachée; quand tout est bien assaisonné, disposez tous les morceaux en couronne sur un plat, entourez cette couronne d'un cordon d'œufs durs que vous décorez avec des filets de cornichons et d'anchois, des feuilles d'estragon, des betteraves, des câpres, entourez le plat de gelée et mettez une mayonnaise au milieu.

Turbot sauce raifort. — Lavez, videz un turbot, fendez-le sur le milieu du dos de 12 centimètres, plus près de la tête que de la queue; relevez les chairs des deux côtés, supprimez une partie des vertèbres avec les arêtes sur le trajet de l'ouverture, arrêtez la tête avec une aiguille et de la ficelle passées entre l'arête et l'os de la première nageoire; frottez tout le corps avec du citron, mettez-le cuire dans une turbotière avec de l'eau salée, un peu d'écorce de citron, faites partir sur un feu vif; aussitôt l'ébullition, retirez du feu, achevez la cuisson sans faire bouillir, couvrez le turbot d'une feuille de papier beurré, laissez-le chaudement dans son assaisonnement, égouttez le poisson, posez-le sur un plat garni d'une serviette, persil pour faire bomber le milieu du turbot; entourez de persil, servez la sauce dans deux saucières, une sauce blanche au raifort ou une sauce au beurre de homard.

V

Vanneau rôti. — Le vanneau ne se vide pas; bardez-le de lard, mettez-le en broche, servez avec tranches de pain frites dans le beurre et mises dans la rôtissoire pendant la cuisson du vanneau qui les arrose de son jus.

Veau à la crème. — Prenez de grosses côtelettes de veau, salez, poivrez, mettez cuire sur gril dix minutes à feu vif et placez-les dans un plat beurré; mélangez de la farine, trois œufs entiers, sel, poivre, muscade, un verre de lait, passez au tamis, versez sur les côtelettes, mettez cuire feu dessous, feu dessus.

Veau à l'estragon. — Faites rôtir un morceau de veau; mettez dans une casserole beurre, poivre, sel, farine, faites blondir; mettez du madère, un peu de bouillon, beaucoup d'estragon et d'ail haché, faites mijoter une heure et demie, ajoutez le jus du veau en tournant sans cuire pendant 10 minutes; servez votre viande saucée de cette sauce.

Veau fricandeau à l'oseille. — Piquez un morceau de veau, mettez dans une casserole lard, oignons, carottes, bouquet garni, clous de girofle, mettez le veau dessus, mouillez de bouillon, arrosez fréquemment et laissez cuire trois heures. Retirez la viande, passez la sauce au tamis, dégraissez-la, laissez-la réduire un moment; servez votre veau couché sur une farce d'oseille et saucé du jus.

Veau à l'italienne. — Coupez la viande en tranches; mettez-la au beurre chaud avec sel, poivre, et retournez lorsque les tranches sont dorées d'un côté; laissez encore prendre couleur, ajoutez de la fécule et du persil haché; mouillez de bouillon; laisser mijoter cinq minutes et ajoutez un jus de citron en servant.

Veau dans son jus. — Prenez de la rouelle de veau, faites prendre couleur dans du beurre bien chaud; mettez alors des oignons, sel, poivre, bouquet garni, un peu de bouillon, couvrez et laissez cuire trois heures.

Veau Marengo. — Coupez des carrés de poitrine de veau, faites tremper deux heures à l'eau froide; séchez-les. Mettez de l'huile dans une casserole; ajoutez votre veau, des tranches d'oignons, un peu de jambon en petits morceaux, sel, poivre, un peu de bouillon. Sautez le tout ensemble, ajoutez un verre de vin blanc et un filet de vinaigre.

Veau mariné. — Prenez un beau morceau de rouelle, mettez-le dans une terrine, avec beaucoup de vinaigre, poivre, sel, thym, laurier, ail, oignons, échalotes, carottes; laissez mariner quatre jours en retournant matin et soir; faites cuire dans la marinade en ajoutant du vin blanc et un pied de veau. Lorsque le veau est cuit on le retire, on passe le jus au tamis, on le verse sur la viande et on sert froid.

Veau pané. — Trempez des tranches de veau dans du blanc d'œuf à demi-battu avec de l'eau, puis passez-les à la chapelure; assaisonnez de sel, poivre, persil haché; mettez les tranches au beurre très chaud dans une casserole assez large pour qu'elles soient à plat, faites dorer de tous côtés.

Veau Périgueux. — Faites mariner vingt-quatre heures de minces côtelettes dans de l'huile, poivre, sel; panez ensuite avec de la chapelure; faites cuire vingt-cinq minutes au feu doux; mettez dans une casserole persil, cornichons, carottes, échalote hachés; ajoutez la marinade du veau, faites tiédir et versez sur vos côtelettes.

Veau provençale en filets. — Prenez du veau froid rôti de la veille, découpez en tranches très minces; faites fondre du beurre, ajoutez un peu de farine, de l'huile, persil, ciboules, ail, échalotes hachés, sel, poivre; faites chauffer, ajoutez du jus de citron, placez les tranches de veau, et servez sans laisser bouillir.

Veau rôti. — Faites-le mariner quelques heures dans de l'huile d'olives, sel, poivre, thym, laurier, oignons, carottes en tranches; égouttez et mettez en broche à feu vif. Surtout pour le veau le quart d'heure de cuisson par livre est exigé.

Veau roulé à l'antique. — Coupez du veau en tranches bien minces; mettez dans un plat; semez dessus du persil, ciboules, champignons, échalotes hachés finement, sel, poivre, huile; deux heures après roulez les petits morceaux de veau, enfilez-les sur brochettes et mettez en broche devant feu vif; quand ils sont cuits servez avec une sauce à votre goût.

Végétarisme. — Le végétarisme compte aujourd'hui à travers le monde un si grand nombre d'adeptes qu'il mérite une étude particulière.

Les végétariens, qui devraient s'appeler *végétaliens*, puisque leur principale nourriture consiste en végétaux, les végétariens (du mot anglais *vegete*, robuste) proscrivent absolument dans l'alimentation la viande, qu'ils nomment la chair du cadavre alimentaire.

Un de leurs plus savants et plus dévoués apôtres, le Dr Bonnejoy, a consacré tout un livre à cette intéressante question. Résumons sa doctrine. D'après elle la force reconstituante générale de l'aliment réside là où la nature a mis la vie en puissance de se développer, c'est-à-dire dans les céréales, les graines, certaines racines, tubercules ou fleurs, les fruits, les œufs, les laits ou leurs dérivés. — La viande, chair de cadavre, est impropre à bien nourrir, même quand elle est saine; et, sans parler des putréfactions plus ou moins avancées dues au « faisandage », au « marinage », que dire des foies gras que l'on obtient de malheureuses bêtes dont les pattes sont clouées près d'un grand feu, ce qui développe le cancer du foie, et prédispose les gourmets à la même maladie!

Selon les végétariens (nous continuons d'exposer leurs principes) la chair du poisson est également dangereuse.

Ils attachent une importance capitale à l'aliment, à l'air, à la boisson. Tout ce qui est introduit dans le corps doit avoir une grande fraîcheur, une pureté absolue; et pour se mieux mettre en garde contre les falsifications et les manifestations dangereuses ils conseillent de fabriquer et de produire chez soi autant que possible les aliments et les boissons, de renoncer au vin et aux alcools, au café même, ce « poison des nerfs ».

Il faut, avant de les servir sur la table, attendre que les légumes et les fruits aient atteint leur complète maturité, et les bannir s'ils sont altérés par le temps, durcis, flétris, pourris. Prendre bien garde également à l'état de fraîcheur des œufs et du laitage.

Ce sont là des conseils utiles à tous, même à ceux qui ne sont point des végétariens convaincus, tel que le savant M. Dujardin-Beaumetz, qui croit que le climat et les habitudes jouent un rôle prépondérant dans la question des régimes alimentaires, mais qui reconnaît que le végétarisme rend plus sobre et qu'en tout cas il aide utilement à guérir certaines maladies. Pour nous Français la sagesse semble consister en un mélange raisonnable de viandes et de légumes, mais on peut entretenir une table végétarienne toute l'année dans nos contrées tempérées; il est inutile d'énumérer les légumes que chacun connaît.

La cuisine végétarienne varie selon les pays; on trouvera quelques menus placés à titre de curiosité, à la suite de nos menus français; il est certain qu'on peut confectionner des plats maigres délicieux, tels que, par exemple, des pâtés de cèpes truffés, mais ce genre d'alimentation, nous devons le reconnaître, ne convient pas à tous les estomacs.

Velouté. — Prenez du lard râpé, de la graisse, du beurre, du citron en tranches, laurier, clous de girofle, carottes, oignons, un peu d'eau. Faites bouillir en tournant sans cesse; quand il n'y aura plus de mouillement, que la graisse sera fondue, mettez du sel, faites encore bouillir, écumez.

Velouté pour mets froid. — Faites chauffer légèrement du jus de viande, délayez dedans un peu de beurre, un jaune d'œuf, tournez comme pour faire une mayonnaise, ajoutez sel, poivre, un peu de moutarde.

Viandes. — Parmi les substances d'origine animale nécessaires à notre alimentation, la viande tient la première place. Sous cette dénomination générale, on comprend la chair musculaire des mammifères, des oiseaux, des poissons et de tous les êtres du règne animal susceptibles d'apporter les éléments nécessaires à l'entretien, au renouvellement et à l'accroissement de nos forces. La viande ou chair musculaire des animaux se compose de tissus adipeux et de fibres charnues. Une viande de bonne qualité doit contenir une certaine proportion de graisse, sans excès cependant. C'est le muscle proprement dit qui possède la plus grande valeur nutritive; c'est lui qui contient l'azote, élément principal de la nutrition.

La viande étant reconstituante, énergique, c'est l'aliment de la force par excellence, indispensable entre tous et particulièrement aux peuples du Nord, aux travailleurs, surtout à ceux des villes. Dans les grands centres industriels, où l'ouvrier fait une dépense importante de force musculaire, la consommation de la viande devient de plus en plus grande. Il importe donc d'avoir un aliment de bonne qualité capable de jouer le rôle réparateur qu'on lui demande.

A Paris, où toutes les classes de la société se coudoient, où suivant sa bourse chacun peut choisir ses mets, on trouve mieux que partout ailleurs les aliments sains, et à bon marché.

Dans aucun cas, on ne doit sacrifier la qualité pour une faible économie.

La meilleure viande, la plus nourrissante, la plus digestive est celle des animaux adultes, ayant acquis leur complet développement. La viande d'animaux trop jeunes est peu nutritive.

En un mot, la qualité de la viande dépend toujours de l'âge, de la nourriture, de l'état pathologique et souvent du sexe de l'animal qui l'a fourni.

D'après leur richesse en principes hydro-carbonés et suivant leur qualité les différents morceaux sont rangés dans l'ordre suivant, au point de vue de l'analyse scientifique : moelle, épaule, aloyau, côte-longe, queue, cœur, rognon, cuisse, surlonge, gîte, filet, cou, collier, entrecôte, poitrine, foie, gîte à la noix, faux-filet, paleron, mou, tranche de culotte, faux-gîte, joue et cervelle.

Caractères de la viande saine. —

Une viande de bonne qualité doit être ferme au toucher, cette consistance augmente par le froid sec, l'humidité la diminue.

La viande d'un animal fraîchement tué est plus molle qu'une viande de un ou deux jours, elle a d'autant plus de qualités que le grain est plus fin, plus serré. Le viande grasse à point est non seulement plus tendre et plus savoureuse, mais elle renferme une proportion bien plus élevée de principes nutritifs.

Si le suif est abondant, s'il se solidifie rapidement à l'air, si sa couleur est blanche ou légèrement jaunâtre, l'animal abattu était de bonne qualité.

On a divisé la viande en trois catégories.

Chez le bœuf, la première catégorie comprend les régions fessières et lombaires, la tranche, le gîte à la noix, la culotte, l'aloyau et l'entrecôte première.

La seconde catégorie, les muscles de l'épaule et les côtes; la troisième, les muscles abdominaux de la tête et du cou.

Chez le veau, la première catégorie comprend les cuissots, les longes, les rognons et les carrés couverts.

La seconde est constituée par la poitrine et les épaules, la troisième par le collet.

Chez le mouton, la première catégorie comprend les carrés et les gigots, la seconde les épaules, la troisième le collet et la poitrine.

On doit rejeter les viandes trop maigres, les viandes gélatineuses, les viandes trop saigneuses d'aspect, et les viandes fiévreuses, lesquelles sont de couleur foncée rouge brun, ont l'apparence de viande mal soignée, sont molles, faciles à déchirer, dégagent une odeur aigre bien marquée, se putréfient très vite et deviennent par conséquent dangereuses.

La viande de porc, parfois redoutable à cause de la trichinose, ne doit jamais être mangée crue. La température de cuisson doit même atteindre toujours 70 degrés au minimum, surtout pour les filets et les jambons.

Viandes de cheval, âne et mulet. —

La viande de cheval est saine, succulente et très substantielle, celles du mulet et de l'âne sont supérieures encore.

Le filet de mulet est préféré par les gourmets au filet de bœuf.

Abats et issues. —

Les abats se divisent en abats rouges et abats blancs : les premiers comprennent le cœur, les poumons ou mou, le foie, la rate. Les seconds, le cerveau, les ris, la langue, le mufle, l'estomac ou tripes, les intestins, la vessie et les pieds. Tous ces organes, lorsqu'ils sont sains, constituent des aliments de bonne qualité et leur bas prix rend de précieux services à la classe peu aisée.

Le poumon du veau est à peu près le seul qui soit consommé par nous, ceux des autres animaux servent de nourriture aux chiens et aux chats. Le cœur, quoique très riche en azote, est peu savoureux et difficile à digérer, le foie, surtout celui du veau et celui du porc, est très apprécié.

Le cerveau est un aliment de digestion facile, que l'on donne surtout aux convalescents, il est très riche en phosphore.

Le ris constitue un mets très délicat, celui de veau est plus communément employé. La langue, très recherchée des gourmets, a des propriétés éminemment nutritives. L'estomac des ruminants sert à la confection des tripes.

Viandes de luxe. —

Ce sont la

volaille et le gibier; on trouvera à l'ordre alphabétique les indications spéciales. Remarquons seulement en passant que les vieilles volailles dures et coriaces une fois rôties sont reconnaissables auparavant à ce qu'elles ont la crête très développée, les pattes recouvertes d'un épiderme rougeâtre rude et écailleux. Chez les mâles, l'ergot est long et fort; le sternum ne cède pas sous une légère pression des doigts, aussi certains marchands trompent-ils leurs acheteurs en coupant les pattes, le tête et les ailes, qui avec le gésier constituent l'abatis, et souvent aussi brisent le sternum, afin de lui donner une souplesse suffisante. Il faut donc toujours se méfier des volailles vendues dans ces conditions. Se méfier également pour l'achat du lapin domestique, aliment sain et agréable : on substitue parfois au lapin dépouillé vendu sans la tête et les pattes, le chat domestique dont la chair n'offre pas de différence sensible dans l'aspect. On reconnait cette fraude à l'examen du squelette : chez le lapin, l'omoplate a une forme demi-circulaire qui chez le chat est triangulaire et pourvue d'une épine très développée; les côtes du chat sont très arrondies, les côtes du lapin sont plates.

Le gibier est un aliment excellent, mais au point de vue de l'hygiène on doit recommander d'éviter le *faisandage*, qui est en réalité une putréfaction déjà avancée. Certaines espèces telles que le chevreuil et le sanglier sont plus agréables après quelques jours. Pour l'achat, dès que la peau du gibier prend une teinte verdâtre on peut être certain que la décomposition a commencé; c'est surtout dans les plis des cuisses et sous le ventre qu'apparait ce caractère aussi bien pour le gibier à poil que pour le gibier à plumes.

Poissons, crustacés et mollusques. — La chair des poissons, soit d'eau douce, soit de mer, bien que moins nourrissante que celle des mammifères et des oiseaux, est un aliment précieux très digestible, les habitants du littoral en font leur nourriture presque exclusive.

Le poisson frais a les ouïes rouges ou roses vif; souvent les marchand les colorent avec du sang ou à l'aide d'une matière colorante rouge. Le Laboratoire municipal a analysé une poudre spécialement vendue pour ce genre de fraude.

C'est un mélange de cochenille et de fuchsine; cette fraude se décèle facilement, soit en frottant la partie douteuse avec le doigt qui prend une teinte rose, soit par le lavage à l'eau qui entraîne le sang et laisse les ouïes plus ou moins blanches. Le poisson ne peut être consommé qu'absolument frais. Le rejeter impitoyablement si l'on perçoit une odeur ammoniacale même légère.

Les *crustacés* (écrevisses, langoustes, homards, crabes) ont une chair de digestion difficile bien que très recherchée. Comme les poissons, ils ne peuvent être consommés que frais, ou en bon état de conservation.

Les *mollusques* les plus estimés sont les huitres, les moules et les escargots dont la chair musculaire possède à peu près la même composition que les animaux de boucherie. Les huitres crues ont une chair légère et savoureuse; cuites, elles sont d'une digestion assez difficile, elles sont parfois malsaines de mai à août, et en général ne se consomment que pendant les mois de l'année dont le nom renferme un R.

Les moules comme les huitres ne se consomment guère en été. Elles ont besoin d'être très épicées pour être digérées aisément; prendre bien garde à leur fraicheur.

L'*escargot* est un mollusque terrestre très estimé; les plus renommés sont ceux de Bourgogne qui doivent cette faveur à la vigne sur laquelle ils vivent. Assez difficiles à digérer ils doivent être préparés avec force assaisonnements.

(Nous renvoyons, pour des détails plus complets, nos lecteurs à l'*Encyclopédie chimique* de Frémy; c'est à ce remarquable et savant ouvrage que nous empruntons tous ces documents. Voir plus haut le mot *conserves*.)

Vin. — Le vin est le produit de la fermentation du jus de raisin frais.

La liqueur alcoolique qui résulte de cette fermentation parait avoir été connue de tout temps, mais de tout temps aussi elle a été sujette à de nombreuses altérations et falsifications.

Bien servie par la science l'imagination des fabricants de liquide s'en est donné à cœur joie et les chimistes modernes emploient parfois des substances telles que l'on peut considérer comme très honnêtes ceux qui pratiquent le mouillage, même en grand.

A ces maux il n'est point d'autre remède que l'analyse; à Paris vous avez le Laboratoire municipal, en province le pharmacien, à moins que vous ne préfériez procéder à l'analyse vous-même. Les instruments ne manquent pas, les réactifs non plus, mais les résultats sont presque toujours douteux.

Les vins vinés sont redoutables au point de vue hygiénique. Ils ont substitué à l'ivrognerie résultant de l'abus du vin, l'alcoolisme, c'est-à-dire les altérations graves des tissus de l'économie et en particulier de celui du du système nerveux que l'on observe à la suite de l'usage des alcools de mauvaise qualité.

Les vins rouges, par le tanin qu'ils contiennent sont les vins toniques par excellence. Chacun connait la distinction entre les bourgognes et les bordeaux. Les premiers, par les bouquets capiteux qu'ils renferment, portent davantage à la tête, aussi les derniers sont-ils préférables pour les personnes délicates ou souffrantes.

Les vins blancs, beaucoup moins taniques car, issus de raisins noirs ils possèdent leur couleur blanche seulement parce qu'ils n'ont pas été mis en contact prolongé avec la grappe et les enveloppes des raisins, les vins blancs contiennent beaucoup de tartrate et sont par conséquent des diurétiques excellents.

Quant aux vins mousseux dont le champagne est le plus beau type, non seulement ils sont agréables, mais encore ils rendent aux estomacs fatigués les meilleurs services.

On doit conseiller aux gens du monde, à tous ceux qui ne font point dépense de leurs forces musculaires, d'éviter soigneusement l'abus du vin très alcoolique de sa nature.

L'ouvrier qui se fatigue, qui « élimine », ainsi que le paysan travaillant en plein air, tous ceux qui font de l'exercice en plein air peuvent sans péril en absorber davantage, mais toujours avec modération.

Mais nous le répétons, il faut que le vin soit bon, aussi pur que possible, et le consommateur est en quelque sorte désarmé vis-à-vis du marchand. A nous de bien choisir, de bien placer notre confiance, et de mettre à profit nos qualités de goût et d'odorat.

Notre santé en dépend.

Dieu merci! notre France, dont les vignobles sont reconstitués, notre Algérie, produisent assez de vin naturel pour qu'il soit relativement facile de s'en procurer dans de bonnes conditions, en apportant du soin et de l'attention dans son choix.

Les **vins de raisins secs**, quoique non malsains, ne peuvent avoir, cela est scientifiquement démontré, les mêmes qualités que les vins frais.

Les **vins de sucre** ou de deuxième cuvée ne sont pas nuisibles, mais il s'en faut méfier parce que dans leur fabrication le sucre est souvent remplacé par la glucose commerciale, produit généralement impur.

Les piquettes. — La piquette de raisins frais est une boisson légèrement alcoolique et peu chargée de matières extractives qui résulte du lavage méthodique du marc séparé du vin de première cuvée, marc qu'on expose sur des claies ou qu'on laisse fermenter dans des cuves avec de l'eau.

Ainsi que la piquette de raisins secs ces liquides sont très recherchés pour être mélangés frauduleusement aux vins.

En les fabriquant avec soin pour son propre usage on obtient une boisson à bon marché qui n'est point malsaine.

Le vin dans la cave. — *Précautions à prendre lors de la réception d'un fût de vin et de sa mise en bouteilles :*

Au reçu de la pièce, la faire descendre en cave et la placer sur un chantier *bonde de côté et l'arrière plus élevé* que le devant.

Bonde de côté veut dire placer la pièce de telle sorte que l'orifice, qui est fermé par un bouchon en bois appelé bonde, se trouve non dessus mais bien sur le côté de la pièce.

Cette précaution a pour but d'empêcher la bonde de sécher et par suite de ne pas permettre l'introduction de l'air dans la barrique pendant les quinze jours ou trois semaines qu'il faut laisser reposer le vin avant de le mettre en bouteilles.

La précaution de tenir l'arrière de la pièce plus élevé que l'avant en la mettant sur le chantier a pour but de la placer aussitôt dans la position la meilleure pour tirer le vin qu'elle contient sans être de nouveau obligé de la remuer pendant cette opération.

En effet, sans cette précaution on se verrait dans la nécessité de remuer la pièce pour opérer ce surélèvement lorsque le vin tirerait à sa fin. On risquerait alors de troubler le vin restant et par suite de se voir dans l'impossibilité de terminer la mise en bouteilles.

La pièce ainsi placée dans la cave il faut la laisser reposer pendant quinze jours ou trois semaines. On peut ensuite pratiquer la mise en bouteilles.

Pour la mise en bouteilles il faut choisir de préférence un beau jour et le vent soufflant du nord ou du nord-est.

Les bouteilles doivent avoir été lavées le jour même ou la veille au plus tôt et préalablement bien égouttées.

Les bouchons doivent être neufs autant que possible pour les vins ordinaires et *toujours* pour les vins fins. Il faut avoir soin de les faire tremper dans de l'eau pendant une heure au moins avant la mise en bouteilles.

Les bouteilles étant pleines on peut pour les boucher employer soit une machine soit un maillet. Le vin peut se boucher *à bloc* c'est-à-dire le liquide touchant le bouchon. Ce système est à recommander pour les vins à faire vieillir parce qu'il empêche de laisser de l'air dans la bouteille ce qui est une condition de bonne conservation pour le vin. Pour boucher ainsi des bouteilles il faut avoir soin d'introduire dans le goulot de la bouteille un fil de fer, et ce avant de mettre le bouchon. On enfonce ensuite le bouchon, le fil de fer restant entre ce dernier et le goulot de la bouteille. Lorsque le bouchon est enfoncé on retire le fil de fer simplement en tirant dessus. Le but de cette précaution est de permettre au liquide refoulé par le bouchon de s'échapper au dehors sans provoquer la rupture de la bouteille par suite de la compression du liquide, ce qui aurait lieu sans cela. Le liquide en trop peut alors s'échapper et le bouchon complètement enfoncé repose sur le vin sans couche d'air intermédiaire.

Ce bouchage n'est applicable qu'au vin; l'alcool ne doit jamais être bouché ainsi. Pour les vins à laisser vieillir il faut prendre soin de les capsuler pour conserver le bouchon en bon état, en le tenant à l'abri de l'humidité.

La pièce de vin étant vide il faut la faire rincer à grande eau en ayant soin de bien secouer la barrique. On doit continuer l'opération jusqu'à ce que l'eau coule bien claire.

On doit alors prendre un morceau de mèche soufrée d'environ dix centimètres et le faire brûler à l'intérieur du tonneau en le tenant suspendu par un fil de fer que l'on introduit par le trou de la bonde. Une fois la mèche bien allumée on la laisse se consumer en recouvrant le trou de bonde de façon à ne pas laisser échapper la fumée de soufre mais en laissant cependant assez d'air pour permettre la combustion de la mèche.

Lorsque la combustion de la mèche est terminée on l'enlève et on bouche hermétiquement avec la bonde.

Ce procédé a pour but d'empêcher la moisissure de la pièce vide et d'une manière générale toute espèce de fermentation qui la rendrait impropre à un nouvel usage. On peut ainsi conserver, dans une bonne cave, une pièce vide en bon état pendant un mois ou deux. Cette précaution doit aussi être prise pour la réexpédition des fûts vides.

Précautions à prendre avant de servir une bouteille de vin vieux. — Lorsque l'on doit servir une bouteille de vin vieux il faut avoir le soin de la monter de la cave trois heures avant l'heure du repas et de la mettre, en attendant, dans la pièce où elle doit être bue de façon à ce qu'elle prenne peu à peu la même température. On doit avoir soin de la déboucher dès qu'elle arrive de la cave et de poser simplement le bouchon sur le goulot pour éviter qu'il n'y tombe de la poussière ou autres impuretés.

Lorsque l'on a du vin qui a déposé au fond de la bouteille il faut aussitôt le *décanter*, c'est-à-dire le transvaser de la bouteille qui le contient dans une carafe à vin. Cette opération doit aussi se faire trois heures avant le repas et très doucement, de façon à ne pas brouiller le fond. Si pour une raison quelconque cet accident vient à se produire il faut s'arrêter aussitôt et ne recommencer que lorsque le vin est de nouveau reposé. Il est bien préférable pour la bonne dégustation du vin de le décanter lorsqu'il y a du fond que de le servir dans un panier incliné.

Le vieux préjugé de la bouteille *bien sale* est un procédé grossier qui ne trompe que l'œil et le palais de ceux qui n'y connaissent rien.

Crus les plus renommés.

BORDEAUX

Rouges.

Château-Lafitte.
— Margaux.
— Haut-Brion.
— de Léoville.
— de Larose.
— de Branc-Mouton.
— de Pichon-Longueville.

Blancs.

Château-Eyquem.
Sauternes.
Barsac.
Preignac.
Cérons.
Pujols.
Sainte-Croix du Mont.

BOURGOGNE

Rouges.

La Romanée-Conti.
Chambertin.
La Perrière.
Le Richebourg.
Clos-Vougeot.
Vome.
Nuits.
Volnay.
Pommard.
Beaune.

Blancs

Mont-Rachet.
Les Perrières.
La Combotte.
La Goutte-d'Or.
Le Sautenot.
Le Rougeot.
Meursault.

DROME

Rouges.

Côte de l'Ermitage.

Blancs.

Côte de l'Ermitage.

HÉRAULT

Rouges.

Chazelan.
Tavel.

Blancs.

Frontignan.
Lunel.

MARNE

Roses et Gris.

Verzy.
Verzenay.
Mailly.
Saint-Bazile.
Bouzy.
Clos Saint-Thierry.

Blancs.

Sillery.
Aï.
Pierry.
Avize.
Oger.
Epernay.
Disy.

SAONE-ET-LOIRE

Rouges.

Moulin-à-Vent.
Thorins.
Fleury.
Romanèche.

Blancs.

Pouilly.
Fuissey.
Solutré.
Chaintré.

TOURAINE

Vouvray.

Vin chaud. — Mettez fondre dans de l'eau froide une demi-livre de sucre, mettez de la cannelle, clous de girofle, du zeste de citron, du vin rouge; faites cuire un moment et servez brûlant.

Vinaigres. — Le vinaigre est le produit de la fermentation acétique du vin ou de tout autre liquide alcoolique.

Les produits provenant de l'acétification, de liquides autres que le vin, ne peuvent légalement être mis en vente que sous un nom indiquant leur véritable origine.

Nous n'entrerons pas dans la fabrication des vinaigres d'Orléans justement célèbres, des vinaigres obtenus par le procédé de Pasteur ou par les procédés allemands.

Le vinaigre de vin, le plus recherché et le plus cher, doit être limpide, d'une couleur jaunâtre ou rouge, suivant la couleur du vin employé; son odeur doit être pénétrante et agréable, sa saveur franche, piquante et sans âcreté.

Les vinaigres de cidre et de poiré sont jaunâtres et ont le parfum de ces boissons.

La saveur et l'odeur des vinaigres de bière rappellent celles de la bière aigrie.

Le vinaigre de glucose sent la fécule fermentée.

Le vinaigre de bois, assez mauvais, donne naissance lorsqu'on le distille à une coloration rouge cramoisi.

Il y aussi des vinaigres de piquette, de dattes, de betteraves.

Ceux qu'on fabrique avec les marcs sont de très mauvaise qualité.

Falsifications du vinaigre. — Les falsifications de vinaigres sont innombrables : on les mouille, on les mélange, on y fait macérer toutes sortes de substances.

Il faut avoir recours à des réactifs, à une analyse pour reconnaître les fraudes, pour retrouver les acides minéraux, le caramel, les aromates introduits par des fabricants déshonnêtes, qui vont même jusqu'à l'emploi de métaux toxiques, de poisons tels que le cuivre, le plomb et le zinc, métaux qui attaquent les vases métalliques dans lesquels séjournent ces liquides dangereux.

Le mieux est donc de *faire son vinaigre*, chose simple et à la portée de tous.

Pour cela, il faut prendre un petit tonneau ayant contenu du vin et le remplir environ au tiers de *bon* vin qu'on a laissé aigrir dans des bouteilles à moitié pleines, ou que l'on a rendu aigre au moyen d'une addition d'acide acétique.

On laisse ainsi ce vin aigre séjourner dans le petit baril débouché pendant quelques jours, puis on le remplit de *bon vin* rouge ou blanc. Dès que, en le goûtant, on se rend compte de la parfaite acidité du tout, on peut tirer au tonneau le vinaigre dont on a besoin, en ayant soin de le remplir à chaque fois de la *même quantité* de vin pur, que celle qu'on en extrait.

Il faut avoir soin pour tirer le vinaigre ainsi obtenu de mettre le robinet, non au bas du baril, mais bien *au milieu*.

Cette précaution a pour but d'empêcher d'épuiser le tonneau dans le cas où la recommandation faite plus haut, de remplir à mesure que l'on tire, n'aurait pas été observée. On s'apercevra ainsi forcément que le baril s'épuise alors qu'il sera encore temps d'y remédier.

Surtout avec les domestiques, cette règle ne doit pas subir d'exception.

Décoloration du vinaigre. — Lorsqu'on s'est servi de vin rouge pour fabriquer du vinaigre, il conserve la couleur du vin. Beaucoup de personnes hésitent à faire leur vinaigre elles-mêmes à cause de l'ennui que présente cette coloration, quand on ne veut pas se procurer spécialement du vin blanc pour cette fabrication. Il y a un moyen bien simple d'obvier à cet inconvénient, c'est de décolorer le vinaigre.

Pour ce faire on prend 30 grammes de noir animal qu'on lave bien à l'eau bouillante d'abord, puis à l'eau froide; on l'introduit ensuite dans un litre de vinaigre à décolorer et l'on agite fortement. Il faut recommencer cette opération et agiter la bouteille toutes les deux heures, jusqu'à ce que l'on s'aperçoive que la décoloration est complète;

il n'y a plus alors qu'à filtrer avec un filtre en papier déposé dans un entonnoir. On obtient ainsi un vinaigre absolument blanc et la qualité n'en est nullement altérée.

La qualité du vinaigre dépend de celle du vin employé à le fabriquer; donc si l'on veut du bon vinaigre, il faut, pour le faire, employer du bon vin.

Il faut avoir soin, pour conserver le vinaigre en bon état tant dans le baril où on le fabrique, que dans les récipients qui le renferment pour la consommation, de le tenir bien bouché.

On peut, pour aromatiser le vinaigre, y faire macérer quelques branches d'estragon, qui lui communique son arome.

Conservation par le vinaigre. — Le vinaigre s'emploie pour conserver: les câpres, les cornichons, les oignons, les tomates, les haricots verts, etc., etc.

D'une manière générale, on prend le végétal à conserver et, après l'avoir bien nettoyé et séché dans un linge bien propre, on le met dans du bon vinaigre auquel on ajoute du sel, de l'estragon, du thym, et généralement toute plante aromatique dont on aime le goût.

Vives maître-d'hôtel. — Faites de légères entailles de chaque côté, et mettez mariner dans de l'huile avec sel et persil; faites cuire sur le gril et servez avec maître-d'hôtel.

Vives en matelote. — Nettoyez, coupez en morceaux, mettez-les à la casserole avec beurre, bouquet garni, oignons, carottes, sel, poivre, vin blanc. Faites bouillir le poisson d'abord vivement, puis doucement; après cuisson, égouttez, tenez sur chaud, passez la cuisson dégraissée, ajoutez-y des champignons cuits à l'avance, liez avec jaunes d'œufs, mettez vos morceaux de vives en dôme et saucez de la sauce.

Vives normandes. — Coupez les épines du dos, les ouïes, videz, lavez, enlevez têtes et queues; piquez de filets d'anchois, mettez à cuire avec bouillon, vin blanc, oignons, carottes, persil; retirez les vives lorsqu'elles sont cuites, passez la cuisson au tamis et remettez-la bouillir un moment; mettez une pincée de farine un jus de citron, et versez sur les poissons.

Violettes. — Un met exquis et inconnu. Passez vos violettes dans une légère friture de beurre, retirez, noyez-les dans la crème, saupoudrez fortement de sucre et mangez.

Violettes en gelée. — Mettez deux blancs d'œufs et les coques dans une casserole avec cinq cuillerées à bouche d'eau fraîche, fouettez bien le tout pendant cinq minutes, à l'aide d'un petit balai d'osier; ajoutez 150 grammes de galantine, 375 grammes de sucre et un litre d'eau; placez la casserole sur le feu en remuant toujours avec le fouet. Au premier bouillon mettez le jus d'un citron; retirez-la ensuite du feu, placez dessus un couvercle de charbon rouge, faites bouillir doucement pendant un quart d'heure, passez au tamis. La clarification étant faite, remettez le mélange sur le feu, joignez-y une bonne poignée de violettes, sauf les queues, une pincée de grains de cochenille; retirez votre casserole du feu aux premiers bouillons, couvrez-la; une fois tiède, passez au tamis, ajoutez un demi-verre à boire de kirsch, versez le tout dans un moule, laissez prendre.

Vol-au-vent. — Je ne conseillerai jamais à personne de faire la croûte du vol-au-vent; il vaut mieux l'acheter chez un pâtissier; pour deux francs on en a une très présentable. Les vol-au-vent sont précieux pour utiliser bien des choses; c'est un plat très décoratif et que presque tout le monde aime.

Vol-au-vent d'escalopes de saumon. — Vous coupez vos restants de saumon en morceaux à peu près semblables les uns aux autres; vous saucez d'une sauce allemande maigre et vous ajoutez des champignons cuits et hachés; versez dans la croûte.

Vol-au-vent financière. — Vous mettez un ragoût financière dans votre croûte et quelques écrevisses sur le dessus du vol-au-vent.

Vol-au-vent Marinette. — Faites cuire des soles au vin blanc, détachez les filets; d'autre part, épluchez des crevettes en grande quantité; faites une sauce crevette, versez sur vos filets et vos crevettes, ajoutez des têtes de gros champignons passées au beurre et des rondelles de truffes, une pointe de kari sur le tout, versez dans votre croûte.

Vol-au-vent d'œufs. — Mettez dans une casserole du beurre, du lait, de la farine, échalote, thym, laurier, persil, faites bouillir une demi-heure en remuant; passez au tamis, ajoutez des œufs durs coupés en rouelles et des champignons cuits au beurre, remplissez votre croûte de ce mélange et servez.

Volaille à la béchamel (restes de). — Coupez en petits morceaux du jambon cru, faites-le revenir dans de l'huile; mettez farine, sel, poivre et versez peu à peu de la crème fraîche. Tournez sans cesse, ajoutez les champignons; laissez cuire un moment en tournant toujours; liez d'un jaune d'œuf et mettez sur vos restes de volaille.

Volaille en capilotade. — Parez les meilleurs morceaux, enlevez les peaux, mettez dans du bouillon chaud. Faites un roux léger que vous mouillez de vin blanc, mettez dans ce roux les carcasses, les débris, les peaux des volailles avec thym, feuille de laurier, des oignons; faites bouillir une demi-heure; passez au tamis et versez cette sauce sur les débris de volaille; jus de citron au dernier moment et croûtons frits autour du plat.

Volaille en chaufroix. — Trempez vos morceaux de volaille (poulet de préférence) dans la sauce chaufroix et servez, arrangés avec goût.

Volaille en marinade (restes de). — Mettez vos morceaux dans un saladier avec huile, vinaigre, thym, laurier, persil, sel, poivre; laissez une heure; retirez, égouttez, trempez dans pâte à frire, faites frire doré et servez avec persil.

Volaille en purée (restes de). — Détachez toutes les chairs d'une volaille de desserte, enlevez les peaux, pilez dans un mortier avec sel, poivre, muscade, mouillez de bouillon, et d'un peu de béchamel; faites chauffer sans bouillir et servez avec croûtons frits.

Volaille au riz au kari (restes de). — Faites crever un quart de riz dans du bouillon, assaisonnez fortement de kari; mettez dessus une sauce tomate et faites réchauffer vos restes de volaille dans ce mélange, sans laisser bouillir.

Volailles rôties. — *Poulet.* — Nettoyez, flambez, frottez de beurre, mettez sel dans l'intérieur; faites rôtir à feu assez vif (le temps nécessaire selon la grosseur de la bête).

Bécasses rôties. — Ne videz pas, bardez de lard; après cuisson, retirez l'intérieur avec une cuillère; étendez cet intérieur sur des croûtons frits au beurre et servez la bécasse dessus.

Cailles rôties. — Vidées ou non vidées selon goût; sel, poivre, bardes de lard; cuillerée de vin de Malaga.

Canard rôti. — Saupoudrez de sel et poivre.

Dinde rôtie. — Comme pour la pintade.

Faisan rôti. — Une barde de lard et mettez dans la lèchefrite une cuillerée de vin de Malaga.

Oie rôtie. — Ne mettez ni sel ni poivre en cuisant; seulement quelques instants avant de servir mettez gros sel et gros poivre.

Perdreau rôti. — Mettez des feuilles de vigne sur le perdreau, puis les bardes de lard.

Pintade rôtie. — Préparez comme poulet et enveloppez de bardes de lard.

Z

Zambayon. — Prenez huit jaunes d'œufs, trois verres de vin de Madère, 250 grammes de sucre et cannelle en poudre; mettez dans une casserole, sur le feu, en tournant sans cesse avec une petite verge consacrée à cet usage. Lorsque la mousse est sur le point de déborder, servez de suite le zambayon dans de petites tasses ou dans de petits pots à la crème.

LES METS CURIEUX

Cocido (*pot-au-feu espagnol*). — Ainsi qu'en France le pot-au-feu est le mets suprême pour l'Espagnol ; il dit communément : « Après dieu l'*olla!* » (*olla* veut dire marmite). Voici la recette la plus répandue :

Mettez du mouton dans ladite marmite, même poids de pois chiches, un peu de jambon maigre cru, des débris de volaille, un peu de petit lard, écumez, mettez les légumes blanchis à l'avance et ajoutez avant la fin de la cuisson un bout de boudin noir.

Le potage se trempe sur pain et les viandes se servent avec la sauce suivante :

Faites cuire et passez en purée des tomates ; ajoutez du bouillon, du cumin, sel, vinaigre, puis servez sur un plat de haricots verts.

Eau bénite. — Faites bouillir ensemble et passez au tamis un demi-verre d'eau de rose, autant de verjus, un peu de gingembre et de marjolaine.

Galimafrée (*vieille cuisine gothique*). — Vous hachez la moitié d'un gigot cuit à la broche ; assaisonnez comme un hachis, ajoutez oignons, la quantité que vous voudrez, coupez le reste du gigot en tout petits morceaux, faites cuire comme un hachis.

Gaspacho (*soupe froide*). — Prononcez « gaspatcho. » C'est le mets rafraîchissant du peuple espagnol, mais il n'est pas moins recherché par les riches dans les ardeurs de l'été.

Mettez dans un saladier : eau, sel, vinaigre, citron ou verjus, huile, ciboule hachée, concombres en petits dés ; remplissez de pain émietté qui doit surnager ; saupoudrez d'origan.

Hydromel. — Huit litres d'eau, un litre de miel, faites bouillir jusqu'à réduction de moitié ; à la fin ajoutez de l'eau-de-vie.

Hypocras. — Faites macérer trois quarts de sucre, un peu de cannelle, de poivre, de gingembre, des clous de girofle, un peu de maïs, une pomme de reinette en tranches, dans une bouteille de très bon vin blanc ; laissez reposer vingt-quatre heures et passez au papier Joseph sur des amandes pilées ; cette dernière opération doit se répéter quatre fois.

Paon revêtu. — Ce mets se servait dans les repas de cérémonie des chevaliers. La plus jolie dame de la société le présentait, sur un plat d'argent, au son des instruments et le portait devant le maître du logis. Pour un repas de noce, la demoiselle d'honneur devait l'apporter devant la mariée.

Voici la recette de ce plat, qu'il serait original de servir dans une noce qui aurait lieu dans un château.

Ne le plumez pas, enlevez délicatement la peau; farcissez-le de truffes, foies de volailles, foie gras, lard gras, épices, sel, thym, laurier.

Enveloppez les pattes et la tête d'un linge de toile plié quadruple et huilé, le corps d'un papier beurré. Les pattes et la tête doivent être arrosées d'eau tout le temps de la cuisson. Faites prendre couleur; quelques instants avant de servir débrochez, laissez refroidir, posez-le sur une planchette que vous mettez au fond du plat. Au milieu de la planchette est fixé un bout de bois pointu qui doit entrer dans le corps de l'oiseau; disposez les pattes et les ailes avec goût, couvrez-le de la peau dressez la queue en éventail, entourez d'un cordon de fleurs de teintes douces.

Avec ce mets on buvait l'hydromel, l'hypocras.

Potage aux nids d'hirondelle.
— Faites tremper huit à dix heures six nids d'hirondelle de Chine afin de les ramollir, égouttez et faites mijoter deux heures au bain-marie, dans du bouillon blanc de poulet. Vous n'avez qu'à en tremper le bouillon avec un consommé très corsé, afin de donner du goût à ce mets insipide, produit du frai de certains poissons et ramassé par des oiseaux qui en construisent leurs nids au lieu d'employer la terre.

Sauce cameline. — Faites griller des tranches de pain légèrement, dans une casserole avec vin rouge et vinaigre, cannelle, épices; mettez refroidir sur une assiette, passez à l'étamine. Cette sauce, bien couverte, se garde dans un pot 8 jours; elle sert pour rôtis, elle est très célèbre.

Sauce de trahison. — Faites fondre dans une casserole oignons hachés et lard, passez-les à la passoire avec du pain grillé trempé dans du bouillon mêlé de vin rouge et vinaigre où on aura infusé de la cannelle pendant 24 heures ou plus, ajoutez moutarde, épices et sucre. Cette sauce était une de celles où l'on faisait entrer, selon l'usage du temps, vinaigre, sucre et vin, choses que l'on regarde maintenant comme incompatibles.

Le saupiquet et la sauce à la crème sont aussi de la vieille cuisine française.

Saucisson au chocolat. — Une amusante attrape pour le vendredi saint et un régal pour les enfants.

Penez du chocolat en tablettes, faites fondre doucement sur une assiette posée sur un bain-marie, mêlez du miel de manière à donner une consistance, un peu de girofle, de cannelle en poudre; ajoutez des morceaux de noisettes coupés en tranches, mélangez avec le chocolat de manière à donner l'apparence d'un saucisson entrelardé. Roulez cette pâte en forme de saucisson et coupez en tranches que vous mettez sur un ravier.

Soupe d'amandes. — C'est le mets indispensable au souper de Noël chez les Espagnols.

Enlevez la peau des amandes, et pilez-les avec de l'eau tiède, peu à peu, sucre et cannelle en poudre ; passez, versez sur un plat qui aille au feu et que vous avez garni de tranches de pain ; saupoudrez de cannelle, faites cuire feu dessus et dessous. Servez chaud.

Soupe Barszcz. — Faites cuire dans une grande marmite 8 livres de bœuf, 2 livres de porc fumé, une trentaine de morilles, une demi-livre de jambon, oignons, poireaux, une quantité de jus de betteraves. Quand tout sera cuit, passez le bouillon, ajoutez-y un lièvre, un poulet et un canard cuits à la broche, pour donner bon goût et belle couleur, encore du jus de betteraves. Faites bouillir un quart d'heure, passez de nouveau le bouillon, ajoutez quelques blancs d'œufs battus avec un peu d'eau, faites jeter un bouillon, passez à clair, passez encore, coupez les viandes bouillies, servez avec le bouillon garni de morilles, oignons, des tranches de betteraves entremêlées avec du céleri et des branches de persil, le tout cuit à l'avance, du fenouil, saucissons grillés, boulettes de godiveau.

Soupe aux cerises. — Prenez les cerises, ôtez les queues, laissez les noyaux, écrasez dans un mortier en pilant les noyaux, versez dans un poêlon avec sucre et eau, du zeste de citron, faites bien bouillir, passez à la passoire, versez, mettez de la cannelle et servez sur croûtons frits.

Tourifas. — Faites cuire du petit lard coupé très menu dans un peu d'eau, égouttez, ayez dans une casserole du lard fondu, jambon maigre, en petits morceaux, faites revenir à feu doux ; ajoutez champignons, persil, ciboules, farine, mouillez de jus, remettez le lard, sel, poivre, laissez mijoter, retirez du feu, ajoutez un jus de citron, laissez refroidir, faites des rôties de mie de pain de trois doigts, couvrez-les chacune de ragoût, trempez dans de l'œuf battu, panez et faites frire.

Waterzoo (*soupe flamande*). — Prenez du poisson bien frais sortant de l'eau, coupez en tronçons trois anguilles de la grosseur d'un goulot de bouteille, faites revenir dans du beurre avec oignons coupés, ajoutez-y un litre d'eau, sel, poivre blanc, muscade, laurier, girofle, racines de persil, zeste de citron ; la chair cuite et réduite aux deux tiers, retirez, passez au tamis, faites cuire dix minutes dans cette sauce, la casserole bien couverte, les poissons d'eau douce que vous aurez, tels que perchettes, goujons, carpillons, etc. Vous enlèverez la tête et les queues que vous avez fait cuire et passés avec les anguilles et d'autres poissons si vous en avez. Si vous voulez faire le bouillon plus délicat, prenez autant que possible de petits poissons afin qu'on en serve un entier à chaque personne. Servez très chaud, en place de potage, des tartines beurrées sur une assiette à part. Joindre de l'eau de moules au bouillon, si l'on en a, ce qui donnera beaucoup de goût. Le plus délicat de ce mets c'est l'anguille et le brochet ; du poisson coloré ne doit pas être employé, cela changerait la couleur.

RENSEIGNEMENTS PRATIQUES

Choix du bœuf. — La chair du bœuf, quand il est jeune — trois à cinq ans —, est fine et douce, le grain est d'un beau rouge, la graisse est blanche; la viande est rarement bonne quand la graisse est jaune. Si le bœuf a toutes ces qualités, le suif devra être blanc. Pour bien distinguer le bœuf, la vache, et le taureau, observez les règles suivantes; la vache a le grain de la viande plus serré et le gras plus blanc que le bœuf, mais le maigre n'est pas aussi rouge; la viande du taureau est encore plus serrée, le gras est dur et rempli de peau, le maigre d'un rouge brut et son odeur est forte et rance. La viande de bœuf est au contraire de tout cela; prenez de préférence celle qui a la couleur foncée gras et bien couvert. Le bœuf est bon toute l'année.

Pour le pot-au-feu il est bon d'employer la viande aussi fraiche que possible; mais pour les rôtis ou grillades, il faut qu'elle ait mortifié quelques jours, en hiver quatre ou cinq, au printemps et en automne deux ou trois jours; en été un jour suffit et encore suivant la chaleur et l'exposition du garde-manger.

Les principaux morceaux sont le gite à la noix, la tranche, la culotte et surtout l'aloyau, dont la partie la meilleure est le filet.

Choix du chevreuil ou de toute autre bête fauve ou rousse. — Vous devez vous guider vous-même par la graisse de la venaison. Si elle est épaisse, brillante et claire; si la comblète est unie et serrée, l'animal est jeune. Il est vieux quand il est large et rude. Les épaules et les cuisses sont les parties qui s'altèrent les premières dans les bêtes fauves ou rousses. C'est pourquoi, quand on veut en juger, il faut plonger un couteau dans ces parties, et l'odeur douce ou rance vous fera bientôt décider si l'animal est frais ou non. Il est gâté s'il parait verdâtre, s'il ou montre quelque disposition à noircir : on garde souvent la bête fauve ou rousse comme le lièvre jusqu'à ce qu'elle ait pris un goût de venaison. C'est ce qu'on appelle le haut goût. Dans cet état la viande est malsaine. La chair du chevreuil est plus délicate que celle du cerf, mais elle demande à être marinée. La chair de la femelle est plus tendre que celle du mâle, mais, comme les cerfs, on ne doit jamais manger les mâles au mois de septembre.

Dans toutes les préparations de gibier auxquelles on voudra donner un supplément de finesse particulière, on emploie l'extrait de viande à dose suffisante. Dans les salmis, civets, etc., une demi-cueillerée à café au moment de servir lie les sauces d'une manière agréable.

Dans les rôtis de gibier une petite quantité délayée dans un jus de cuisson avant de verser sur la pièce donne une consistance veloutée.

Choix du mouton. — Les moutons les plus estimés sont ceux qui viennent des bords de la mer, dits de pré-salé, et ceux qui paissent dans les montagnes; les plantes aromatiques dont se nourrissent ceux-ci donnent un bon goût à leur chair. Prenez la chair du mouton entre le pouce et l'index : s'il est jeune, la chair en sera tendre; mais s'il est vieux elle sera dure, ridée, le gras sera fibreux et visqueux. La chair de la brebis est plus pâle que celle du mouton et le grain plus serré; la chair du bélier a aussi le grain plus serré; elle est d'un rouge sombre et le gras est spongieux.

Choix du porc. — Le porc, pour être bon, ne doit être ni trop jeune ni trop vieux. On préfère celui qui est âgé de huit mois à un an. La chair doit être ferme et rougeâtre; rejetez celui dont la chair est parsemée de glandes blanches ou roses; c'est un signe que le cochon est ladre; cette viande, sans être malfaisante, a perdu toutes ses bonnes qualités.

Sanglier. — Le sanglier ne se fait rôtir que lorsqu'il est jeune; vieux, il est préférable de le faire braiser avec de la marinade cuite; on le sert avec une sauce très relevée. Faites mariner le quartier deux ou trois jours, en employant une marinade cuite. Pour le faire rôtir au four mettez-le dans un plafond à rebords, couvrez d'une couche de carottes, d'oignons, navets émincés, arrosez avec du beurre, couvrez de papier sans mouillement. Servez avec une sauce piquante faite avec la marinade.

Choix du veau. — Le veau doit être âgé au moins de six semaines à deux mois, sa chair est fine et devient blanche en cuisant; le veau à la chair foncée est moins estimé. La cuisse de veau est la plus essentielle dans le travail journalier de la cuisine pour le jus, les sauces, les glaces et gelées de viande. Les morceaux qui doivent paraître sur la table avec le plus d'honneur, sont la longe, la noix, le carré, le quasi, les ris, la tête; les noisettes tirées des épaules, la langue et la cervelle sont aussi fréquemment employées. La rouelle de veau femelle est préférée à celle de veau mâle; quand les yeux paraissent renflés la tête est fraîche; au contraire, s'ils sont ridés et enfoncés elle ne l'est pas; l'épaule, si les veines ne sont pas d'un rouge brillant, la viande n'est pas fraîche; s'il y a des taches vertes ou jaunes, vous pouvez croire que le veau est très mauvais. — Le col et la poitrine, pour être bons, doivent être blancs et secs; s'ils sont visqueux et verdâtres, jaunes au-dessus, ils ne valent rien. Dans la longe, le rognon est sujet à être promptement gâté; s'il est vieux, il sera mou et visqueux.

Quand la cuisse est blanche et ferme, elle est bonne; quand elle est molle elle ne vaut rien.

La chair du veau est gélatineuse, tout à la fois nourrissante, rafraîchissante, digestive; elle convient à tous les âges, à tous les tempéraments.

Quand le veau est trop jeune il faut s'abstenir d'en manger, c'est une viande flasque qui donne la colique.

Choix de la volaille. — Les volailles à peau blanche et fine sont les meilleures; on reconnait qu'elles sont jeunes et tendres aux jointures des pattes qui sont grosses et aussi à la grosseur du cou.

Les vieilles volailles ont toujours le cou maigre.

Une volaille doit être plumée aussitôt tuée et vidée avec soin et précautions par une incision que l'on fait sous la cuisse; s'il arrivait que par accident ou manque d'habitude on crève l'amer, lavez à l'eau chaude le corps du poulet pour enlever le mauvais goût qui en résulterait. Les volailles, plumées et vidées, il faut les flamber, échauder les pattes pour enlever la peau, couper le petit bout des ailes et le dessous du bec.

La poularde et le poulet gras s'accommodent comme le chapon.

La volaille qu'on veut servir au dîner doit être tuée de la veille; celle qui n'a été tuée que quelques heures avant de la mettre au feu est dure; si l'on est surpris et qu'on n'ait pas eu le temps de la laisser mortifier, il faut la tremper dans l'eau bouillante et la plumer aussitôt que l'on peut y tenir les mains.

On attendrit encore la volaille et le poulet en lui faisant avaler, une minute avant de le tuer, une cuillerée de vinaigre.

La volaille noire (canards, pigeons, etc.) est plus tendre quand elle a été étouffée que quand on l'a fait saigner. Si on coupe la tête du canard, il ne faut le faire que quand il est froid.

Pour plumer promptement une volaille, plongez-la dans de l'eau bouillante, en la retournant en tous sens.

Pour rendre tendre une vieille volaille, mettez-la tremper à l'eau froide pendant vingt-quatre heures, avec quelques poignées de cendre, lavez, plumez, videz, attendez encore vingt-quatre heures; liez-la, faites bouillir un quart d'heure dans un pot-au-feu. Retirez votre volaille, piquez et embrochez; quand elle est cuite à moitié, arrosez-la de beurre très chaud.

Choix des pigeons, pluviers, grives, mauviettes, etc. — Les pigeons nouveaux ont le croupion gras et plein; les pattes sont flexibles, mais quand les pattes sont dures, le croupion mou, ouvert et verdâtre, c'est un signe qu'ils sont passés; s'ils sont vieux les pattes sont grosses et rouges. On préfère en général le pigeon de volière au pigeon biset. Il a le corps gros, gras et tendre. — Le pigeon biset n'est pas aussi gras. — Les pigeons ramiers sont plus gras que les autres espèces et ils les valent à tous autres égards. Il faut suivre les mêmes règles dans le choix de tous les petits oiseaux, comme pluviers, grives, mauviettes, etc.

Choix de poissons. — (*Poisson au point de vue hygiénique*). — La chair du poisson est moins nourrissante que celle de la viande, et elle fatiguerait l'estomac, si l'on en faisait sa nourriture.

En général, un poisson est d'autant plus fait et plus facile à digérer que la chair est moins visqueuse et moins huileuse.

Choix des œufs. — L'œuf frais, récemment pondu, paraît plein et sans bulles d'air à l'intérieur, lorsqu'on le mire en le plaçant entre l'œil et une lumière quelconque; la coquille offre alors une surface régulièrement et uniformément opaline ; l'œuf déjà vieux, au contraire, offre un vide plus ou moins considérable à la pointe, et sa coque présente de petits points plus ou moins transparents et plus ou moins nombreux. Si, en mirant un œuf à la lumière, le fluide intérieur paraît clair et transparent, on peut dire qu'il est sain ; si, au contraire, il est trouble, c'est une preuve qu'il est déjà altéré.

On reconnaît aussi si l'œuf est frais en portant le gros bout à sa langue ; si on sent la chaleur, l'œuf est nouveau, s'il est déjà froid, il est vieux.

On éprouve encore les œufs en les exposant à une douce chaleur ; s'ils sont récemment pondus, leurs coquilles se couvrent d'une légère humidité. Autrement la ponte remonte à plusieurs heures.

L'épreuve au moyen de l'eau salée à dix pour cent semble aussi certaine : on fait dissoudre 125 grammes de sel de cuisine dans un litre d'eau pure. Quand le sel est fondu on plonge l'œuf dans l'eau ; s'il est du jour, il se précipite au fond du vase ; s'il est de la veille, il n'atteint pas le fond ; s'il a deux jours, il flotte dans le liquide ; s'il a cinq jours, il flotte à la surface, et la coque ressort d'autant plus qu'il est plus âgé.

QUELQUES CONSEILS SUR LE GIBIER

Lorsqu'on achète du *sanglier*, il faut se défier de ceux dont les défenses longues et recourbées annoncent l'âge plus ou moins avancé. La chair du vieux sanglier ou de la vieille laie, sa femelle, est quelquefois d'une dureté qui résiste à tous les moyens praticables pour tenter de l'attendrir.

Le sanglier est dépecé comme le porc. Les principaux morceaux sont les quartiers de devant, comprenant les épaules; les quartiers de derrière, comprenant les jambons; la longe ou échine, les côtes, le ventre, le filet, les pieds et la hure.

Le sanglier, pour être bon, doit être plus ou moins mortifié; mais s'il est conservé trop longtemps, même quand il est conservé au vinaigre, il devient tout à la fois malsain et de mauvais goût. En règle générale, cinq à six jours de conservation suffisent pour amener le sanglier à son point de mortification; ce terme ne doit être prolongé que pour les vieilles bêtes suspectes.

Les mêmes observations pour le chevreuil.

Quand on achète un *lièvre*, il faut se méfier de ceux qui sont trop volumineux; on peut craindre qu'ils ne soient très vieux et difficilement mangeables. Ne pas prendre les lièvres à têtes carrées, ce sont des lièvres allemands, bien inférieurs aux lièvres de pays.

Pour reconnaître si le lièvre a un bon fumet, le flairer sous le ventre et voir s'il a une odeur aromatique. Tant que le lièvre n'a pas accompli sa première année, si l'on tâte l'articulation des pattes de devant, on y sent deux petits os mobiles, de la forme d'une lentille; ces os manquent chez les lièvres de plus d'un an, ou plutôt leur présence ne s'aperçoit plus, parce qu'ils ont cessé d'être mobiles. Chez les levrauts, ces os sont d'autant plus mobiles que l'animal est plus jeune.

La taille ne donne d'ailleurs, quant à l'âge du lièvre, qu'une indication peu précise. Dans les pays montagneux et peu fertiles, où les lièvres abondent, on en rencontre de très vieux qui ne sont pas plus gras que ceux d'un an. On doit se garder de laisser la chair du lièvre se mortifier trop longtemps; quand elle est trop avancée, elle devient malsaine et de difficile digestion.

On désigne le lapin sauvage sous le nom de *lapin de garenne*. Bien que sa chair soit moins délicate que celle du lièvre, le lapin de garenne est un gibier fort estimé et d'une grande utilité en cuisine, depuis que l'observation rigoureuse des lois sur la chasse rend impossible de se procurer tout autre gibier à poil pendant une grande partie de l'année. Le lapin de garenne, à cause de la rapidité de sa propagation, étant classé parmi les animaux nuisibles, peut être chassé et vendu en toute saison. Il est meilleur en hiver qu'en été, mais pourvu qu'il ne soit pas trop vieux, la cuisine peut en tirer un bon parti toute l'année. Le signe de l'âge du lapin est, comme celui du lièvre l'existence d'un petit os mobile, de la grosseur et de la forme d'une lentille, à l'articulation des pattes de devant. Sa chair est d'autant plus sèche que l'animal est plus âgé.

Le premier rang, parmi le gibier à plume, ne peut être refusé au *faisan*. On considère toujours cet oiseau comme gibier, bien qu'il puisse être élevé dans une demi-domesticité ; mais la femelle du faisan ne couve pas, si ce n'est en liberté ; les faisandeaux, élevés avec beaucoup de peine et de soins dans les faisanderies, proviennent d'œufs de faisans couvés par de petites poules anglaises de la race de Bantam ; ils sont quelquefois plus gros que le faisan sauvage, ils sont rarement aussi délicats.

Le coq faisan, pourvu qu'il ne soit pas âgé de plus d'un an, est préféré avec raison à la poule faisane.

Il faut choisir le faisan bien en chair sans excès de graisse, les plus gras ne sont pas les meilleurs. On doit se garder de laisser, surtout quand la température est douce, le faisan se mortifier trop longtemps avant de l'accommoder.

Quelques amateurs ne le trouvent bon que lorsqu'il commence à se corrompre, c'est un goût dépravé.

Le faisan trop faisandé perd la saveur agréable qui lui est naturelle, en même temps qu'il devient malsain et indigeste.

La *perdrix rouge*, aux pattes rouges, est plus estimée que la grise, dont le bec et les pattes tirent au noir.

La perdrix grise, plus petite que la rouge, est commune dans toute la partie de la France qui s'étend de la Loire à notre frontière du nord.

Au sud de la Loire on ne rencontre presque que la perdrix rouge, un peu plus volumineuse que la grise.

Tant que les jeunes perdrix de l'année n'ont pas pris tout leur accroissement, elles portent le nom de perdreaux ; les perdreaux sont dans toute la perfection de leurs qualités gastronomiques depuis l'ouverture de la chasse jusqu'au 1er octobre ; c'est ce qu'exprime le proverbe des chasseurs :

A la saint Remi, tous les perdreaux sont perdrix.

On reconnaît les perdreaux à l'aile, dont la première plume est pointue, et aux jeunes et courtes plumes qu'ils ont sous les ailes ; dans les rouges, à un peu de blanc que n'ont pas les vieux.

On les connaît encore au bec, que l'on pince en soulevant et suspendant la perdrix ; s'il ploie, elle est jeune. Il n'y a pas de règle à établir pour le temps qu'il faut les attendre : les uns aiment les perdreaux frais, beaucoup d'autres les préfèrent avancés.

La perdrix rouge a la chair d'un blanc jaune, la perdrix grise a la chair d'un gris noir. La bartavelle, autre espèce, est encore plus délicate que la rouge qui, elle-même, est supérieure à la grise; elle a les pattes, le bec et la poitrine rouges. On ne la connaît guère en France que dans les Pyrénées, où même elle est rare.

La *caille* est plus délicate que la perdrix; cet oiseau de passage est meilleur à la fin de l'été, parce que dans cette saison il est gras. Il faut le manger autant que possible dans les vingt-quatre heures.

On réserve une partie de celles qu'on prend vivantes au filet, pour les engraisser en cage; elles deviennent alors comme des pelotes de graisse, et sont préférées pour rôtir à celles qui n'ont pas été engraissées.

Les *bécasses* arrivent en octobre et durent trois ou quatre mois; les bécassines passent en mars et octobre. La bécassine ressemble par son plumage à la bécasse, mais elle est bien moins grosse et a le bec moins long; il y en a de trois grosseurs.

C'est à l'entrée de l'hiver que les bécasses sont le plus délicates; on dit vulgairement que les bécasses tuées par un temps de brouillard sont les meilleures; c'est un préjugé; mais c'est en effet quand il fait du brouillard que les bécasses se prennent le plus facilement au piège et se laissent approcher plus aisément par les chasseurs.

La bécasse est de tous les gibiers à plume celui qui peut être mortifié le plus longtemps sans cesser d'être mangeable; toutefois, on doit faire observer que si elle est mangée à un état de décomposition trop avancée, elle devient, comme tous les gibiers dans le même cas, indigeste et mal saine.

La *grive* est un gibier très délicat, extrêmement abondant en France dans tous les pays vignobles à l'époque des vendanges. Malgré l'opinion contraire soutenue dans la plupart des traités de cuisine, j'affirme que la grive n'est bonne que lorsqu'elle est peu avancée. Le mois d'octobre, dans lequel les grives se nourrissent principalement de raisin, est celui où elles ont le meilleur goût.

Le *merle* est bien moins bon que la grive, mais... vous savez le proverbe : faute de grives, on mange des merles.

On connaît la réputation gastronomique de l'*ortolan*. C'est, en effet, le plus délicat des petits oiseaux; il est de passage de mai à septembre dans nos départements du Midi, où la chasse de l'ortolan au filet est permise quand celle de tout autre gibier est fermée; il quitte la France précisément à l'ouverture de la chasse. Presque tous les ortolans qu'on reçoit à Paris par les chemins de fer ont été pris errants au filet et engraissés en cage avec du millet. De tous les petits oiseaux du centre et du nord de la France, ceux dont la saveur ressemble le plus à celle de l'ortolan sont le bruant et le verdier, très communs dans les départements voisins de Paris.

L'*alouette* n'est pas aussi bonne au commencement de la saison de la chasse qu'elle le devient plus tard; c'est à l'entrée de l'hiver qu'elle possède le plus complètement les qualités qui la font rechercher; plus tard elle maigrit et n'est plus aussi bonne.

Les chasseurs connaissent plusieurs espèces de *pluviers* dont les plus estimés pour la cuisine sont le pluvier doré et le courlis ou courlieur. Ce dernier, facilement reconnaissable à la longueur excessive et à la forme recourbée de son bec, est le plus avantageux des deux pour la cuisine, parce qu'il a plus de taille et un estomac plus étoffé. On aime surtout le pluvier doré lorsqu'il gèle.

Quoique regardé comme inférieur au pluvier et au courlis, un proverbe populaire dit du vanneau :

> Qui n'a pas mangé de vanneau
> Ne sait ce qu'est un bon morceau.

La *gelinotte des bois* est une espèce de poule sauvage du même genre que le coq de bruyère. Tous deux s'appellent tétras; il y a le grand et le petit. On le sert comme le faisan.

Il y a deux espèces de *gelinottes* : celle des montagnes et celle d'eau.

La gelinotte des montagnes est un peu plus grosse que la perdrix; sa chair est plus délicate que celle de cette dernière et d'une saveur exquise. Elle reçoit les mêmes apprêts que le faisan et la perdrix. La meilleure saison des gelinottes de montagnes est du mois de février jusqu'à mars et ensuite au milieu de l'automne.

Petits oiseaux. — Dans certains départements de la France, on apprête comme les alouettes et les ortolans divers petits oiseaux, spécialement des becfigues ou vinettes, des mésanges, hochequeues, connues dans le pays sous le nom de béguinettes. Ces oiseaux sont moins gras, mais aussi délicats du reste que les alouettes.

Le paon. — Bien qu'il soit oiseau de basse-cour et qu'en raison de l'éclat de son plumage il soit très rarement sacrifié pour la cuisine, attendu qu'on préfère le conserver comme oiseau d'ornement, le paon est considéré comme gibier; c'est un très bon manger quand il est jeune. Sa chair a toutes les propriétés de la chair du faisan : il peut par conséquent recevoir les mêmes préparations. Les vieux paons, mâles ou femelles, ne sont pas mangeables.

L'*outarde* jeune et bien mortifiée est un manger délicat et recherché; cet oiseau réunit le goût de plusieurs gibiers; beaucoup de personnes en préfèrent les cuisses aux ailes.

On mange l'outarde rôtie; on en fait aussi des pâtés froids dans lesquels il ne faut pas négliger de mettre du lard en certaine quantité, la chair de l'outarde étant assez sèche de sa nature.

Une belle outarde rôtie est un plat fort distingué. Il est regrettable qu'on n'ai pas pû, jusqu'à ce jour, amener cet oiseau à vivre à l'état domestique dans nos basses-cours.

On nomme outardeau le petit de l'outarde.

La grande outarde est aujourd'hui assez rare dans nos pays; mais la petite outarde canepetière y est assez commune; elle se prépare comme la perdrix.

Le *râle de genêt* et le *râle d'eau* se mangent, le premier rôti, le second avec les mêmes préparations culinaires que les bécasses et les bécassines. La chair du râle de genêt est plus savoureuse que celle du râle d'eau. Le râle de genêt a dans son goût quelque chose de plus agréable et de plus délicat que la perdrix.

Le râle d'eau est moins estimé.

La chair du *canard sauvage* est agréable et succulente, et c'est le traiter au-dessous de sa valeur que de le manger autrement qu'à la broche où il conserve tout son fumet, sans rien perdre de ses autres qualités.

On appelle albran le canard sauvage à l'état d'enfance; il prend le nom de canardeau dans son adolescence et de canard sauvage dans sa maturité. Son évolution rapide fait qu'albran en août, canardeau en septembre, octobre le voit canard.

La *sarcelle* se mange indifféremment en maigre comme en gras. Sa chair est savoureuse; on la mange aux olives, aux navets, en pâté et même en terrine.

La *macreuse* est un gibier à chair noire, maigre, dure, d'un goût sauvage, constituant un aliment assez mauvais; cependant il en est qui l'aiment.

La macreuse noire doit se manger de préférence à la grise, que l'on nomme bizette.

La macreuse est regardée comme aliment maigre et s'emploie aux jours d'abstinence religieuse.

La bécassine est un des gibiers à plume les plus délicats, d'autant plus précieux qu'elle séjourne en France la plus grande partie de l'année.

L'*oie sauvage*, la *grue* et la *cigogne* sont des oiseaux qui voyagent en troupes. Posant des sentinelles la nuit, et par conséquent, se laissant difficilement surprendre, elles sont rarement abattues par les chasseurs.

L'oie sauvage seule est tuée en assez grand nombre dans les pays du nord.

Quand elle est jeune, on peut l'accommoder comme l'oie domestique; les vieilles oies sauvages sont si dures que, de quelque manière qu'on les apprête, il est difficile de les manger.

La *grue* et la *cigogne* sont respectées dans les pays du nord, où elles s'ébattent en troupes nombreuses, en raison des services qu'elles rendent en détruisant les petits reptiles qui, sans leur secours, multiplieraient en nombre très incommode. En France, quand un chasseur abat par hasard une grue ou une cigogne isolées et qu'elle ne se trouve pas trop vieille, on doit l'accommoder comme l'oie domestique.

Les jeunes sont excellentes rôties.

Conservation du gibier en été. — Videz-le et remplacez cette vidange par des morceaux de charbon de bois.

Autre recette. — Il faut commencer par le vider et ensuite boucher soigneusement avec du papier gris toutes les ouvertures naturelles, celles qu'on a faites pour vider l'animal et les plaies produites par l'arme du chasseur.

Autre recette. — Vider soigneusement, laver à l'eau-de-vie et bourrer l'animal d'orties.

Parure des alouettes. — Une jolie innovation pour les diners de chasse, c'est d'enfiler des alouettes sur des brochettes d'argent, alternativement avec des grosses truffes bien noires et bien rondes. Les vrais amateurs ne mangent la bécasse que lorsqu'une goutte de sang noir lui perle au bec.

Parure du faisan. — Lorsque vous aurez un beau faisan à rôtir, enlevez soigneusement les ailes, la queue, la tête avec le cou, *sans les plumer*.
Au moment de servir, replacez ces membres à leurs places naturelles en les maintenant avec de petites brochettes de bois ou de métal.

Tableau des gibiers qui se vident, et de ceux qui ne se vident pas. — Le faisan se vide. Le perdreau se vide. La caille se vide. La bécasse ne se vide généralement pas, mais certaines personnes la vident en l'ouvrant par le dos. Le canard sauvage se vide. Le pluvier ne se vide pas. La bécassine ne se vide pas. La mauviette ou alouette ne se vide pas. Le paon ne se vide pas. L'ortolan ne se vide pas. L'outarde se vide. La cigogne se vide. Le courlis ne se vide pas. La grue se vide. L'oie sauvage se vide.

On doit pendre les lièvres et les lapins par les pattes et les gibiers à plumes par le bec, en traversant le dessous du bec d'une lardoire et en y passant une ficelle; ne jamais pendre par le cou.

Durée de la cuisson pour les différents gibiers. — Pour être délicieux, le gibier ci-après réclame :

Ortolan : un quart d'heure de cuisson ;
Sarcelle : un quart d'heure ;
Becfigue : un quart d'heure ;
Faisandeau : vingt minutes ;
Grive : vingt minutes ;
Caille : vingt minutes ;
Mauviette : un quart d'heure ;
Bécassine : vingt minutes ;
Merle : vingt minutes ;
Pluvier doré : vingt minutes ;
Poule faisane : trente minutes ;
Perdreau gris : vingt-cinq minutes ;
Gelinotte : demi-heure ;
Perdreau rouge : demi-heure ;
Râle de genêt : demi-heure ;
Bécasse : demi-heure ;
Faisan : trois quarts d'heure ;
Lièvre : trois quarts d'heure ;
Lapin : demi-heure ;
Outarde : une heure un quart ;
Coq de bruyère : une heure un quart.

Tableau sur lequel on peut voir l'espace de temps que les viandes crues peuvent rester exposées à l'air, sans se gâter, dans un endroit frais, où aucun insecte ne puisse pénétrer.

	L'été.	L'hiver.
Cerf et autres bêtes fauves	4 jours.	8 jours.
Sanglier	6 —	10 —
Lièvre	3 —	6 —
Lapin	2 —	4 —
Faisan	4 —	10 —
Gelinotte	4 —	10 —
Coq de bruyère	6 —	14 —
Perdrix	2 —	6 à 8 —

Quand le temps est doux ou à la pluie, les viandes se gardent quelques jours de moins. Ce tableau, dressé pour des pays plus froids que Paris, peut y servir encore de règle. Dans des climats plus chauds, on devra le graduer selon sa propre expérience.

PHARMACIE DE MÉNAGE

Le cresson. — Parmi les végétaux qui jouissent d'une réputation populaire, au point de vue de la santé, il faut placer en première ligne le cresson. Les cures merveilleuses attribuées à cette plante, lui ont valu le surnom de « santé du corps ». Quoiqu'on ne puisse guère ajouter foi aux récits de phtisiques arrivés à la dernière extrémité et guéris par l'usage du cresson, il n'en est pas moins vrai que le cresson possède des propriétés utiles et bienfaisantes.

Cette plante est à la fois un aliment et un médicament; aussi est-il nécessaire de connaître sa valeur thérapeutique, surtout à cette époque de l'année où il est bon de faire usage d'aliments végétaux frais.

La tradition populaire se trouve justifiée dans une certaine mesure par la composition du cresson, qui contient, en proportions diverses, une huile essentielle, un extrait amer, du fer, de l'iode, des phosphates et plusieurs autres matières salines.

L'huile et l'extrait sont des principes excitants, l'iode est dépuratif et résolutif, le fer et les phosphates constituent d'excellents toniques. La réunion de ces substances permet d'utiliser le cresson dans le traitement de nombreuses maladies; il convient notamment dans la débilité de l'estomac, la scrofule, le lymphatisme, le scorbut, la cachexie, la phtisie, les engorgements de la rate, les suites des fièvres intermittentes. Il est à remarquer toutefois que le cresson ne doit être employé que lorsque les malades sont exempts de fièvre, d'inflammation, d'irritation locale quelconque ou d'irritabilité nerveuse. Ajoutons que cette plante, quoiqu'elle stimule les forces digestives, est d'une digestion laborieuse; aussi ne convient-elle qu'aux estomacs robustes.

Les meilleures cressonnières sont celles qui sont baignées par des eaux ferrugineuses, pour lesquelles on emploie des fumiers très phosphatés et qui sont bien exposées au soleil, la chaleur augmentant l'huile essentielle. Au printemps, les principes médicamenteux contenus dans le cresson sont plus abondants et plus énergiques que pendant le reste de l'année. Lorsqu'il est pris comme médicament, le cresson peut être mangé avec les différents assaisonnements en usage dans l'art culinaire, mais ne doit il pas être cuit, la cuisson lui faisant perdre un de ses principes importants, l'huile essentielle; lorsqu'on doit en prendre une certaine quantité, il est préférable de se servir du jus extrait de la plante fraiche.

Propriétés des fraises. — Les fraises, recherchées pour leur parfum et la délicatesse de leur chair, possèdent également des propriétés bienfaisantes, que l'on utilise en thérapeutique. On les emploie avec succès pour combattre la gravelle, les affections calculeuses et la plupart des maladies qui ont leur siège dans la rate. On cite même des cas de catarrhes pulmonaires guéris par l'usage de ce fruit. Linné, le célèbre naturaliste suédois, souffrait de la goutte à un tel point en 1750 qu'il fut obligé d'interrompre ses travaux. Sur les conseils d'un médecin, il se mit à manger des fraises tous les jours pendant la saison. Au bout de quelque temps, il se trouva soulagé; les années suivantes la goutte reparut; mais moins intense, et au bout de quatre ans du même régime, Linné s'en trouva complètement débarrassé.

Employées comme médicament, les fraises doivent être mangées au naturel, toutes fraiches cueillies et en quantité abondante. Quelques praticiens conseillent, dans la gravelle, de faire macérer les fraises dans l'alcool, d'en exprimer le suc et de le prendre à la dose d'une cuillerée matin et soir. L'eau de fraises — que l'on prépare aisément en écrasant des fraises dans de l'eau et en passant ensuite — est employée avec avantage dans les maladies inflammatoires.

La fraise contient un suc légèrement acide, qui fait qu'elle désaltère et rafraichit. C'est un fruit qui convient surtout aux personnes bilieuses et sanguines. Cependant celles qui ont un estomac délicat ne doivent pas en faire un usage trop fréquent, parce que la fraise procure un froid qui arrête les fonctions digestives. On remédie à cet inconvénient en les assaisonnant avec du sucre et du vin, ou mieux encore avec de l'eau-de-vie.

Il y a des personnes qui se trouvent prises de vomissements après avoir mangé une seule fraise, d'autres éprouvent de l'oppression et même de la fièvre lorsqu'elles en absorbent quelques-unes; mais ce sont là des cas exceptionnels. Quoi qu'il en soit, les personnes faibles, lymphatiques, à l'estomac froid, aux digestions laborieuses, doivent faire un usage très modéré de ce fruit.

La partie charnue, parfumée, succulente qui constitue la fraise, n'est pas le fruit proprement dit. Savez-vous où se trouvent les véritables fruits de la fraise? et ils sont nombreux! Au fond de votre assiette. Lorsque l'on a arrosé des fraises avec du vin, il se forme un fond de petits grains noirâtres, croquant sous la dent, comme le feraient des grains de sable; ce sont là les fruits..., ce que nous mangeons, c'est le réceptacle de la fleur, c'est-à-dire l'endroit où se réunissent tous les sucs.

Opinion d'un médecin sur le persil, cerfeuil, ciguë. — Au premier abord, il peut paraître singulier de voir figurer le persil et le cerfeuil parmi les médicaments. Ces plantes possèdent cependant des propriétés spéciales que la médecine utilise dans le traitement de diverses maladies.

Quoique ces herbes soient très communes et d'un usage quotidien dans la cuisine, leurs propriétés hygiéniques sont peu connues. Cela tient à ce que l'habitude empêche de remarquer l'utilité des choses et des substances que l'on emploie journellement. Il ne faut pas oublier que tout dans la nature est calculé, et si par instinct on associe le persil et le cerfeuil à presque toutes les préparations culinaires, ce n'est pas seulement pour donner du goût, mais pour faciliter la digestion des mets auxquels on les assaisonne, pour maintenir l'appétit, exciter les estomacs paresseux ; en un mot, ce sont d'excellents stimulants.

Le persil est une plante aromatique qui doit sa qualité excitante à une huile essentielle. Les Grecs et les Romains faisaient beaucoup de cas de cette plante à laquelle ils donnèrent le nom d'apium. Dans les jours de fête, Hercule était couronné de persil, et dans les jeux isthmiques qui se célébraient à Corinthe en l'honneur de Neptune, le prix du vainqueur consistait en une couronne de persil. Les anciens regardaient le persil comme le seul moyen de guérir les hydropisies et comme un agent puissant pour exalter l'imagination. On sait du reste que le persil pris en grande quantité produit une sorte d'ivresse.

Le persil — feuilles et racines — est conseillé dans la jaunisse, les obstructions, la chlorose, les maladies cutanées, les fièvres intermittentes.

Le cerfeuil, comme le persil, renferme un suc aromatique, excitant, qui agit principalement sur les organes glanduleux. Le cerfeuil cultivé est apéritif, dépuratif, diurétique. La décoction de cerfeuil est employée comme résolutive et pour calmer certaines douleurs ; elle produit également de bons effets dans les affections du foie. On l'emploie en lotions et en cataplasmes, pour combattre les ophtalmies et les érysipèles. Ces herbes croissent en abondance dans les jardins et dans les champs. Par suite de la pratique, les cultivateurs les distinguent aisément des autres végétaux ; il n'en est pas de même pour les personnes n'habitant la campagne que pendant la belle saison. Tout le monde assurément connaît le persil et le cerfeuil, mais lorsqu'il s'agit de cueillir ces plantes, si on n'en a pas l'habitude, il est facile de se tromper et de récolter à la place une herbe des plus dangereuses, la ciguë. La confusion est d'autant plus facile que la ressemblance est frappante. Lorsqu'elle commence à croître, la ciguë a l'apparence du persil ; plus tard, elle ressemble au cerfeuil. Néanmoins, avec un peu d'attention, il est aisé de reconnaître les herbes alimentaires de l'herbe vénéneuse : au bas de sa tige, la ciguë a de petites taches rouges, ses feuilles sont d'un vert foncé, son odeur nauséabonde ; au contraire, le persil et le cerfeuil ont une belle couleur verte et une odeur agréable.

RECETTES DE MÉNAGE

Argenterie. — Employer du blanc d'Espagne réduit en poudre et délayé dans un peu d'eau, y tremper un linge, frotter l'argenterie, la laisser sécher et l'essuyer avec une peau douce.

Pour nettoyer les parties noircies par les œufs ou autres matières sulfurées, on peut les frotter avec de la suie trempée dans du vinaigre.

Boiseries autour des serrures (pour nettoyer les). — Lavez tous les mois avec de l'eau et de l'eau-de-vie.

Boue sur la soie (taches de). — Humecter les taches avec un peu d'eau, les couvrir avec de la crème de tartre en poudre; puis, au bout d'un instant, rincer la partie tachée avec de l'eau claire. Si l'étoffe est de couleur très délicate, il ne faut pas laisser trop longtemps séjourner la crème de tartre, laquelle pourrait altérer la nuance.

Bougies. — Les bougies hors de leur enveloppe se salissent assez vite, pendant l'été surtout, à l'action simple de l'air et de la poussière.

Le moyen de les nettoyer consiste à les laver avec une eau légère de savon, qui enlève les taches, et à les essuyer ensuite avec un linge blanc et sec. Elles prennent ainsi leur éclat.

Il est recommandé de les mouiller peu et de n'y employer que de l'eau froide.

Cadres dorés (nettoyage des). — Les cadres dorés et les bordures dorées sont sujets à être salis par les mouches. On fait disparaître sans peine ces taches en prenant un chiffon de mousseline bien doux, humecté d'alcool et en passant légèrement sur les taches. On doit éviter de frotter trop longtemps sur le même endroit et disposer la mousseline en petit rouleau pour atteindre les endroits creux. Il vaut mieux employer de l'alcool pur que de l'eau-de-vie, parce que cette dernière contient de l'eau, qui peut pénétrer sous la dorure et l'altérer. On peut encore avoir recours à l'eau de savon très légère que l'on passe sur le cadre au moyen d'une petite éponge fine, opération qui demande à être soigneusement faite si l'on ne veut pas altérer la dorure. Il est préférable d'employer les procédés suivants. Battez deux ou trois blancs d'œufs, ajoutez-y vingt grammes d'eau de javelle, et mêlez bien le tout ensemble. Trempez une brosse douce dans le mélange et frottez-en légèrement les cadres surtout dans la partie où la dorure a le plus souffert. Cette opération peut être renouvelée plusieurs fois sans inconvénient.

Café (taches de). — Si les étoffes tachées sont de couleurs très délicates, laver les taches avec un jaune d'œuf cru délayé dans un peu d'eau tiède additionnée de quelques gouttes d'alcool. Les taches disparaîtront facilement et la couleur ne sera pas altérée.

Carafes (entretien des). — Pour nettoyer les carafes en verre et en cristal, on y introduit quelques morceaux de papier brouillard ou de papier gris, avec des coquilles d'œuf concassées et une petite quantité d'eau. On agite bien les carafes en tous sens, en les tenant bouchées avec la paume de la main. On laisse encore le papier s'humecter au point de se dissoudre, et après avoir agité de nouveau les carafes, on les vide rapidement; il ne reste plus alors qu'à les plonger à l'eau fraîche et à les rincer; puis on les essuie avec un linge bien sec et on les laisse sécher sans les boucher.

Champagne (manière de faire glacer le). — Brisez la glace en petits morceaux gros comme des noisettes, entourez la bouteille de champagne avec et mettez sur le tout un morceau de flanelle

Citron ou orange (taches de jus de). — On sait que le jus du citron ou de l'orange, quand il vient à jaillir sur certaines étoffes, en détruit la couleur. Pour faire disparaître ces traces, il suffit d'imbiber l'étoffe d'un peu d'alcali volatil qui neutralise l'acide du fruit.

Couteaux (entretien des). — Pour nettoyer les couteaux destinés au service de la table, on les frotte, tantôt d'un côté, tantôt de l'autre, sur une pierre de brique, ou bien avec un bouchon sur une planche saupoudrée de terre pourrie. Les couteaux et les fourchettes à découper doivent être lavés et essuyés après qu'on s'en est servi; on frotte les couteaux sur la brique ou la planche, on fait passer une peau de buffle entre les dents des fourchettes, dont on frotte les parties extérieures avec un petit morceau de bois recouvert de peau de buffle; enfin, on essuie les uns et les autres avec un linge bien sec, pour les préserver des taches de rouille.

Cristaux (pour donner un très beau brillant aux). — Réduisez en poudre un morceau d'indigo, prenez un linge mouillé, trempez-le dans la poudre et frottez les cristaux que vous laverez ensuite.

Cuivre (nettoyage des). — Pour les objets qui peuvent être facilement maniés, on les laisse plongés pendant un quart d'heure dans un chaudron contenant un mélange d'eau bouillante et de crème de tartre. On les retire de cette lessive pour les passer à l'eau froide dans un baquet; les égoutter et les essuyer avec soin. Pour les objets qui par leur volume ou leur forme ne peuvent pas être soumis à ce bain, on emploie le tripoli délayé en bouillie épaisse avec une certaine quantité d'essence de térébenthine. Après avoir appliqué une légère couche de cette bouillie sur l'objet, on le frotte au moyen d'un tampon de linge jusqu'à ce qu'il ait repris son éclat; on frotte de nouveau, soit avec un linge sec, soit avec un morceau de flanelle ou de drap, et on fait usage d'une petite brosse pour enlever la poudre qui serait restée dans les rainures ou dessins creux de l'objet.

La composition suivante, qui ne contient ni acides ni mordants, est encore excellente pour le nettoyage des objets de cuivre. Après avoir délayé dans un vase quelconque 30 grammes de savon noir avec 250 grammes d'eau on ajoute 50 grammes de terre pourrie porphyrisée, 30 grammes d'esprit de vin, 50 grammes d'essence de térébenthine et 20 grammes d'huile blanche. Quand le mélange de toutes ces substances est bien opéré, on verse la composition dans une bouteille qui doit être tenue parfaitement bouchée. Toutes les fois qu'on veut s'en servir, on agite la bouteille et l'on verse une petite quantité de la composition sur un morceau de drap ou de flanelle avec lequel on frotte soigneusement l'objet, qui doit être ensuite essuyé avec un linge sec. Le cuivre recouvert d'un vernis se nettoie facilement avec de l'eau tiède, légèrement vinaigrée.

Les cuivres dorés se nettoient par un autre procédé. On les plonge dans une eau de savon presque bouillante, et on les frotte dans cette eau avec une brosse douce. On les en retire pour les passer à l'eau chaude ordinaire et les brosser encore de manière à enlever tout le savon dont ils sont imprégnés ainsi que les petites taches qui n'auraient pas disparu. Ensuite on les expose à l'air sans les essuyer. Quand ils sont bien secs, on les frotte mieux avec une peau de daim ou de gant, mais seulement dans les parties unies qui reprennent tout leur éclat; il ne faut pas toucher aux parties mates. Pour les cuivres dorés qui ne peuvent pas être déplacés, on réussit à les bien nettoyer par le procédé suivant. On mélange ensemble 125 grammes d'eau, 50 grammes d'alcool, 7 grammes de carbonate de soude et 15 grammes de blanc d'Espagne finement pulvérisé. On applique, au moyen d'un tampon de linge, une légère couche de ce mélange sur l'objet qu'on veut nettoyer, et, quand elle est sèche, on frotte l'objet avec un chiffon bien sec, sur les parties unies, et une brosse douce pour les parties creuses.

Dorures. — Pour protéger pendant l'été les dorures des glaces contre les taches qu'y déposent les mouches, il faut les couvrir au pinceau d'une couche légère d'huile de laurier. A l'automne, on enlève l'huile à l'aide d'un pinceau chargé de mousse de savon.

Encaustique pour meubles de chêne. — Faire fondre à froid 20 grammes de cire jaune coupée en rognures, dans 40 grammes de térébenthine. Quand la solution est complète, ajoutez quelques pincées de terre d'ombre (à prendre chez un droguiste), de façon à obtenir la teinte voulue. Cet encaustique est excellent. Après avoir bien nettoyé les bois, on l'y applique à l'aide d'un chiffon de laine en tampon; on frotte ensuite pour polir.

Éponges (pour nettoyer les). — Trempez-les dans l'eau de carbonate tiède et rincez à grande eau, passez ensuite à l'eau additionnée de jus de citron.

Étoffes (dégraissage des). — Faire un mélange composé de :
Alcool 200 grammes, miel 150 grammes, savon noir 125 grammes, eau 125 grammes : imbiber de cette solution les étoffes à dégraisser et frotter

vivement. Il suffit ensuite de rincer à l'eau claire. Ce mélange, renfermé dans une bouteille bien bouchée, peut se conserver très longtemps.

Fer-blanc (nettoyage du). — Il suffit de le frotter avec un chiffon que vous avez trempé dans un mélange d'huile et de cendre formant une pâte demi-liquide.

Flanelle (nettoyage de la). — Généralement, la flanelle se durcit et se rétrécit au lavage. On obvie aisément à cet inconvénient en lavant les vêtements de flanelle dans de l'eau qui a servi à faire cuire des haricots, et qu'on a laissé refroidir ou à peu près.
On fait ensuite sécher sans rincer.

Foulards blancs (blanchissage des). — Lorsqu'on donne à blanchir les foulards blancs, les blanchisseuses les rapportent souvent jaunis par un lavage inhabile.
Pour leur conserver, après le lavage, le blanc et l'apprêt du neuf, il suffit de les laver à l'eau de savon, sans les rincer après, et de les repasser pendant qu'ils sont humides.

Friture. — Les frituriers de profession jettent leur poisson dans une pâte faite de farine et d'eau; cette pâte se solidifie au contact de la friture et forme une croûte très bonne.

Fruits (pour emballer les). — On les enterre dans du son de froment.

Fût (pour enlever au vin le goût du). — Versez de l'huile dans le vin, battez vigoureusement, laissez reposer et soutirez.

Gâteaux avec du sucre (comment on glace les). — Pour un gâteau de cinq à six personnes, passez au tamis une demi-livre de sucre en poudre, mettez ce sucre dans un poêlon avec du kirsch; tournez sur feu doux, sans laisser bouillir, jusqu'à ce que le sucre soit bien fondu et forme un sirop pas trop épais, versez en tournant sur les bords du gâteau, puis sur le fond. On aura un plus joli coup d'œil, si on a préalablement mis une mince couche de confiture sur le gâteau.

Gigot (pour faire réchauffer un). — Trempez dans de l'eau, enveloppez d'un papier beurré et remettez à la broche dix minutes.
Impossible de distinguer de cette manière si la viande est cuite fraîchement ou non.

Glaces (plus de rayures aux). — On est surpris souvent de voir les glaces sillonnées par une multitude de petites rayures très fines qui finissent par en ternir l'éclat. Cela tient à ce qu'on les essuie avec des linges de laine, alors qu'on ne devrait employer que la peau du daim.
On peut d'ailleurs faire disparaître ces rayures en délayant du rouge d'Angleterre dans quelques gouttes d'esprit-de-vin et en l'étendant sur la glace que l'on frotte ensuite avec une peau de daim.

Graisse (taches de). — Le moyen d'enlever les taches de graisse sur les étoffes qui ne déteignent pas, c'est d'étendre du savon noir sur la tache, puis de laver à l'eau tiède.

Lorsqu'il y a de la graisse répandue sur les fourneaux, les laver avec de l'eau de potasse, puis, pour les faire reluire, frotter à la mine de plomb avec un oignon coupé en deux.

Graisse sur les étoffes de couleurs tendres (taches de). — La benzine offre l'inconvénient de laisser subsister une auréole autour de l'endroit qui a été taché; aussi, lorsqu'il s'agit de couleurs très délicates, est-il préférable de se servir d'éther sulfurique rectifié, lequel enlève les taches sans la moindre trace.

Graisse sur la soie (taches de). — Placez l'étoffe sur un linge plié en plusieurs doubles, saupoudrez chaque tache de talc en poudre, recouvrez d'une feuille de papier de soie et repassez avec un fer modérément chaud. Le talc absorbe la graisse et la tache disparaît.

Lainages blancs. — On sait que les lainagnes blancs finissent par contracter au lavage une teinte jaunâtre. Pour leur conserver leur blancheur primitive, au lieu de les laver, on les frotte avec de belle farine de froment, après quoi on les brosse et on les bat pour enlever la poussière de farine.

Lait (pour l'empêcher d'aigrir). — Mettez-le dans une bouteille bien bouchée que vous enveloppez d'un linge mouillé.

Lait (manière de faire bouillir le). — Il faut le retirer seulement quand il semble prêt à déborder de la casserole.

Linge (recette pour faire disparaître les piqûres du). — Lorsque, par suite d'un long séjour dans un placard humide, le linge vient à se piquer, il faut, pour faire disparaître ces taches, les mouiller avec du lait et exposer le linge au soleil en l'étendant de préférence sur l'herbe.

Linge (taches de fruit sur le). — Lorsque des serviettes ou des nappes viennent à être tachées par le suc des fruits, mouillez la partie tachée avec de l'eau dans laquelle vous aurez versé un peu d'acide chlorhydrique. Aucune tache ne résiste à ce lavage. Rincez ensuite à grande eau.

Linge (taches de vin sur le). — Il n'est aucun moyen aussi efficace, pour enlever les taches de vin sur le linge, que l'emploi de l'eau de javelle, utilisée de la manière suivante : — On imbibe parfaitement la partie tachée avec de l'eau de javelle pure. La tache ne tarde pas à disparaître.

On plonge alors vivement le linge dans un vase d'eau fraîche, préparé d'avance, et l'on frotte soigneusement tous les endroits touchés par l'eau de javelle, de manière à en faire disparaître toute trace.

Cette opération, faite promptement, produit d'excellents résultats, aussi bien pour les taches de fruits que pour les taches de vin.

Lumière. — Pour augmenter l'intensité de la lumière d'une lampe, on doit tremper les mèches dans du vinaigre.

Malades (pour les). — Faites cuire des pruneaux avec eau et écorce de citron; passez au tamis de manière à ce que les peaux restent dans la passoire.

Œufs (pour conserver les). — Enduisez-les d'huile de lin et placez les œufs, le petit bout en l'air, dans une caisse remplie de son.

Parquets cirés (recette pour enlever les taches de graisse sur les). — A l'endroit de la tache, imbiber fortement avec de l'essence de térébenthine, puis couvrir de talc en poudre et maintenir pendant quelques instants sur le talc un fer à repasser un peu chaud. Le talc absorbe la graisse et il ne reste qu'à remettre de la cire sur la partie ainsi nettoyée.

Poisson qui commence à se corrompre (pour rendre mangeable le). — Faites-le bouillir dans trois quarts d'eau, un quart de vinaigre et un petit sac de linge contenant du poussier de charbon de bois.

Poissons (méthode anglaise pour pickler les). — Échaudez-les, mettez-les dans de l'huile chauffée à 25°; mettez-les dans des bocaux avec du fort vinaigre fortement aromatisé.

Porcelaines, faïences, etc. (colle à froid pour réparer les). — Prendre du fromage mou, l'enfermer dans un morceau de toile et le pétrir longuement dans l'eau chaude. Le faire ensuite sécher jusqu'à parfaite siccité. On le pulvérise alors et on mélange la poudre avec un dixième de chaux; après quoi on renferme le tout dans un flacon bien bouché. Pour employer cette colle, on prend la quantité nécessaire que l'on délaye à consistance de pâte dans quelques gouttes d'eau et on l'applique sur la surface à coller.

Roux. — Il faut toujours passer un roux.

Salade. — Une bonne salade est celle faite avec les jeunes feuilles de salsifis.

Salle à manger. — Aussitôt après les repas il faut aérer largement la salle à manger.

Après un diner où il y aura eu des mets tels que langoustes, gibiers, on fera bien de brûler un peu de papier d'Arménie pour purifier l'air.

Le garde-manger peut être lavé toutes les semaines à la brosse de chiendent trempée dans de l'eau de carbonate chaude.

Sauce mayonnaise. — Lorsqu'une sauce mayonnaise est tournée il suffit de jeter dedans une goutte d'eau froide pour la faire revenir.

Tapis. — A la place des feuilles de thé qui jaunissent les tapis, il vaut mieux se servir de mouron mouillé ou de feuilles de choux.

Toiles cirées blanches (pour nettoyer les). — Avec du lait tiède et un peu de savon.

Tomates. — Les tomates farcies sont meilleures réchauffées.

Transpiration (taches produites par la). — Pour enlever, sur les étoffes noires, de laine ou de soie, les traces laissées par la transpiration, il faut laver la tache avec une dissolution légère d'acide oxalique, rincer avec un peu d'eau claire et laisser sécher ensuite.

Vaisselle. — Pour la vaisselle, il vaut mieux avoir de petits chiffons qu'une lavette qui s'encrasse.

Aussitôt la vaisselle enlevée, en attendant le lavage complet, mettez-la à tremper dans une terrine avec de l'eau et un peu de carbonate, elle est ainsi bien plus facile à dégraisser.

Verres de lampes. — Pour rendre les verres de lampes incassables, il suffit de les mettre dans de l'eau froide avec du grès, de les faire bouillir à petit feu pendant deux heures.

Verres de lampes (pour nettoyer les). — Délayez un peu de craie finement pulvérisée avec de l'essence de térébenthine, mettez un peu de cette bouillie sur une peau de chamois, frottez le verre avec et essuyez ensuite avec un linge sec.

Viandes (pour dessaler les). — Il ne suffit pas de les tenir longtemps dans l'eau, mais il faut que les viandes ne se trouvent pas en contact avec le fond du vase. Mettez donc votre viande dans un filet de manière à ce qu'elle soit seulement à la surface de l'eau.

Viandes peu fraîches (pour ôter le mauvais goût aux). — Mettez-les dans l'eau bouillante et lorsqu'elles sont prêtes à écumer jetez dedans des charbons enflammés; retirez la viande lorsque les charbons sont éteints.

Pour attendrir les viandes, il faut les battre à plat.

Vins aigres, forts, sûrs. — Par hectolitre, cinq pains de blanc d'Espagne réduits en poudre; agitez, transvasez cinq jours après dans des fûts propres.

Vins en bouteilles (moyen de vieillir rapidement les). — Faites un lit de regain, un lit de bouteilles, ainsi de suite; arrosez tous les jours en versant de l'eau, continuez jusqu'à fermentation, cessez d'arroser, laissez pourrir le regain.

Vin naturel (manière de le reconnaître). — Faites-en bouillir une petite quantité à 90 degrés, trempez dedans un fil de laine. Si le fil se colore immédiatement le vin est fraudé.

Vins tournés. — Une solution de 50 grammes d'acide tartrique dans une demi-bouteille d'eau, versez dans le vin en agitant ce dernier.

Nouvelle manière d'entretenir les parquets. — Mettez fondre *à froid* 125 grammes de cire jaune dans un litre d'*essence* de pétrole; après dissolution complète, mettre un peu de liquide dans une soucoupe, en enduire le parquet et frotter ensuite à la brosse et au torchon de laine. Les parquets cirés par ce moyen conservent une belle teinte jaune et ne s'encrassent pas.

LE SAVOIR-VIVRE

(Nos lecteurs trouveront le complément indispensable de ce court chapitre dans le livre de notre collection « *Utile à tous* », livre intitulé **Les Usages du Siècle**, véritable encyclopédie des usages mondains et contenant toutes les règles du savoir-vivre moderne).

Tout le monde sait qu'on ne prend pas le sel avec les doigts, qu'on ne coupe pas son pain, qu'on le rompt, qu'on écrase la coquille d'un œuf à la coque, cassé, bien entendu, par le gros bout, qu'on ne déplie pas sa serviette sur les genoux, qu'on ne l'attache pas à son cou comme un bébé de dix-huit mois, qu'on ne sauce pas, qu'on ne pique pas les morceaux avec sa fourchette dans le plat, qu'on ne dit pas « merci, monsieur » au serveur, qu'on ne remet pas ce qu'on a de trop, qu'on ne fait pas remarquer un cheveu trouvé dans un mets, qu'on ne dit pas que quelque chose est trop salé, trop poivré, brûlé, etc., ce serait faire injure à mes lectrices que de leur apprendre ces infiniment petits du savoir-vivre. Mais il est de menus usages qu'il est bon de connaître.

Lorsque, pour une raison ou pour une autre, on ne prend pas de vins fins, il ne faut pas retourner son verre ; encore moins y mettre ses gants et surtout ne pas déclarer qu'on n'en boit pas pour telle ou telle cause, car cela fournirait un sujet de conversation dont notre goût ou notre santé serait l'objet.

Il faut, tout simplement, se laisser verser le premier verre et ne pas le boire.

Pour passer à table, la maîtresse de la maison prend le bras du monsieur le plus âgé ou de celui dont la position exige un certain respect ; elle doit passer la dernière à la salle à manger. Pour le retour au salon, elle se lève de table, donne le signal du départ en passant la première. C'est son mari, son père, son fils, enfin, le maître de la maison qui passe le dernier.

Il est plus convenable de faire ses invitations à dîner par écrit ; comme cela on laisse la latitude aux personnes de refuser, sans leur donner l'ennui de le faire devant vous. Une invitation doit être envoyée huit jours avant et la réponse doit être faite dans les trois jours.

Quand il s'agit d'amis intimes ou d'un célibataire, on peut très bien inviter du jour au lendemain en disant par exemple : J'ai reçu un pâté de foie gras, une dinde truffée, etc., venez donc le manger avec nous.

Lorsque vous sortez de table ne faites pas un bouchon de votre serviette, encore moins ne la repliez soigneusement; posez-la simplement sur la table.

L'usage de plier les serviettes d'une manière compliquée est tombé en désuétude; il avait le désavantage de les chiffonner outre mesure.

Dans les dîners intimes on sert la soupière sur la table et c'est le maître ou la maîtresse de la maison qui distribue le potage à ses convives.

Dans les dîners un peu cérémonieux, le potage est versé d'avance, en quantité *médiocre* dans les assiettes.

Au-dessous de douze convives on ne fait pas de menus écrits, l'amphytrion se bornera à dire, en omettant le potage qu'on voit de suite, ce qu'il nous offre à dîner, de manière à ce qu'on sache à quoi s'en tenir pour diriger son appétit. Les invitations pour dîner se font de femme à femme. Les hommes qu'on sait aller beaucoup dans le monde peuvent, même pour un dîner sans cérémonie, se mettre en habit noir.

A moins de réception officielle, les hommes décorés ne doivent pas porter leur croix ou leur brochette; le ruban de l'ordre suffit.

Autant que possible il faut éviter les conversations sur la politique ou la religion, on ne convainc jamais personne et il se trouve toujours quelqu'un de froissé. Aussi, dès que maître ou maîtresse de maison s'aperçoit de ce tour de conversation, doit-il rompre les chiens par une question qui exige une réponse immédiate et arrête la discussion.

Par exemple: Monsieur un tel, vous qui êtes si bon musicien, donnez-nous donc, pendant que j'y pense, votre appréciation sur le dernier ouvrage de X...

Il est bon pour les dames d'éviter ces lieux communs que presque toutes les femmes ont facilement aux lèvres, lorsqu'on parle d'une des leurs, artistes ou femmes du monde, indifféremment:

Elle est bien jolie! c'est malheureux qu'elle ait de si vilaines oreilles! ou, encore: Elle a de belles dents, mais elle se donne assez de mal pour les exhiber! Elle n'est plus toute jeune! Je l'ai trouvée changée et vieillie! etc., etc.

Lorsqu'on a mangé du poisson, il est d'usage de changer d'assiettes, couteaux et fourchettes; on doit donc mettre lesdits ustensiles sur l'assiette afin d'éviter au domestique de les prendre lui-même.

Il arrive souvent que, dans le feu d'une conversation, on boit sans s'essuyer la bouche; c'est un tort, car rien de repoussant comme les traces de lèvres grasses sur le bord d'un verre.

La mode de s'en aller à l'anglaise peut être seulement admise dans les grandes réunions; les personnages âgés peuvent user de ce privilège quel que soit le nombre des convives.

Lorsque vous avez des personnes titrées à dîner, ne les bombardez pas de leur titre à tout bout de champ. On annonce: Madame la marquise de C... puis, de la soirée on ne l'appelle plus que Madame; de même en parlant à quelqu'un ne lui dites pas M. Durand, mais bien, Monsieur. Ne raillez jamais telle ou telle profession: savez-vous ce que sont les parents ou les alliés de vos convives.

Ne touchez jamais au poisson avec le couteau.

Ne découpez pas votre viande à l'avance, cela fait une sorte de pâtée, comme pour les chiens.

N'écrasez pas vos légumes en bouillie.

Ne portez jamais un couteau à vos lèvres.

Les fromages secs se mangent avec les doigts (je n'aime pas cela).

Les fromages mous s'étendent sur le pain avec le couteau. Il est de très mauvais goût, si on est grand mangeur de pain, d'en prendre plusieurs morceaux en provision, mieux vaut en redemander au fur et à mesure de ses besoins.

Les maîtres de maison doivent veiller à ce que les convives ne manquent de rien.

Quelle que soit l'excellence d'un mets, on ne doit pas en reprendre plus de deux fois.

Ne demandez jamais le prix d'un plat quelconque.

Si vous désirez savoir une recette, n'interviewez pas la maîtresse de la maison en pleine table; attendez une occasion propice.

Lorsqu'on éprouve un malaise, il est bon de se retirer immédiatement et discrètement et de ne pas lutter contre le mal qui pourrait aller s'aggravant.

Si (chose tombée en désuétude) on sert des rince-bouche, ne vous gargarisez pas; rien de répugnant comme ce filet d'eau dans lequel on distingue de vagues débris d'aliments.

Lorsque les feuilles de romaines ou de laitue sont trop longues, coupez-les avec votre couteau et ne les engloutissez pas en laissant dehors de votre bouche la moitié de la feuille; cela donne l'air d'une bête qui paît.

Si vous ne voyez pas sur la table le vin blanc ou l'eau minérale auquel vous êtes habitué, n'en faites pas la remarque et contentez-vous de ce qu'il y a.

Ayez soin de prendre vos précautions *intimes* avant d'aller dans une maison. Rien de plus sot que d'être forcé de demander le petit endroit.

Si on n'invite pas votre ou vos enfants ne les amenez pas d'autorité.

Il est de bien mauvais goût de se faire attendre, mais il est bien gênant pour une maîtresse de maison d'avoir ses convives une heure avant le repas.

« Arriver juste à l'heure, c'est arriver à temps ». Si vous êtes en retard pour une cause sérieuse, dites-la tout simplement; pour une cause futile, expliquez-la aussi, mais n'entassez pas des mensonges mal faits, des aventures étonnantes qu'on a l'air de croire et qui vous font appeler « blagueur » sitôt le dos tourné.

Les asperges se mangent à la fourchette et ne se trempent pas dans la sauce pour les porter à sa bouche ainsi qu'un sucre d'orge.

Si vous êtes religieux et pratiquant, que vous diniez un jour maigre chez des personnes faisant gras, ne témoignez pas votre mécontentement, vous trouverez toujours dans le repas de quoi satisfaire votre appétit; laissez-vous donc servir comme si de rien n'était et contentez-vous de ne pas manger.

Si vous dites les bénédicités et les grâces, faites-le mentalement et sans étalage de grands signes de croix.

Les enfants et les très jeunes gens ne prennent pas part aux grands diners.

On doit autant que possible avoir même nombre de convives mâles que de dames.

N'acceptez jamais une invitation à laquelle vous n'avez pas l'intention de vous rendre. Rien de plus contrariant pour une maîtresse de maison comme de recevoir, au dernier moment, un petit « bleu » ou une lettre portée par un commissionnaire.

Si vous êtes invité dans une maison où vous vous ennuyez et que dans l'intervalle vous receviez une invitation pour un autre endroit où vous vous plairez mieux, ne lâchez pas la première pour la seconde.

Après certains plats, tel que les écrevisses, le homard à l'américaine où, bon gré mal gré, il faut se servir de ses doigts, on fera bien de faire passer une serviette et des bols d'eau, pour que les convives puissent se tremper les mains.

Ne chauffez pas la salle à manger un jour de grand dîner; l'atmosphère devient alors trop lourde.

Il est excessivement sot d'offrir le croupion à une dame.

Ne grondez jamais un domestique devant tout le monde. Si un de vos convives casse quelque chose, faites contre fortune bon cœur.

Les célibataires qui vont fréquemment dans une maison doivent envoyer de temps à autre une gerbe de fleurs, un ananas sur pied, des langoustes vivantes, un panier de truffes, un pâté de foie gras, etc.

Rien de plus laid que les pique-assiettes. Je n'appelle pas pique-assiettes les personnes qui ne rendent pas les dîners, on peut ne pas recevoir, mais je nomme ainsi ceux qui ne savent pas reconnaître, par une politesse à propos, les invitations acceptées.

Avant un dîner, une maîtresse de maison doit passer en revue sa vaisselle, sa verrerie, son argenterie.

La place de 50 centimètres qu'on attribue aux convives est bien exiguë, mieux vaut avoir moins de monde à la fois et que les convives soient à leur aise.

L'hiver, on doit passer les assiettes à l'eau chaude, afin qu'elles demeurent tièdes et que les plats à sauce ne se congèlent pas de suite.

L'usage veut qu'on serve les légumes après la salade, le fromage avant l'entremets sucré, le melon au commencement du déjeuner et à la fin d'un dîner, mais on peut fort bien se soustraire à ces coutumes.

Ne lésinez pas sur les qualités des denrées que vous employez; mieux vaut une oie fine et grasse, bien bourrée de marrons et d'excellente farce, qu'une vieille dinde étique ayant dans le corps trois truffes se battant en duel.

Pour les croûtes de pâté, de timbale, il est bien préférable de les faire venir de chez le pâtissier, elles ne coûtent pas plus cher et sont toujours réussies.

Le nombre de convives le plus agréable est sept.

Les déjeuners sont incommodes, ils coupent la journée, les occupations.

Ne vous avisez *jamais* de sucer un os, encore moins de le ronger; « in petto », les gens bien élevés vous appelleraient « Médor ».

On ne doit pas, même à la campagne, donner des morceaux de viande ou des débris aux animaux.

A moins de grande intimité, le café se sert au salon, ainsi que les liqueurs.

Très pratique l'usage de mettre de petites salières devant chaque convive.

Ne dites jamais votre bordeaux, votre champagne, mais bien, votre vin de Bordeaux, votre vin de Champagne.

Si vous ne vous servez pas de nappe journellement, ayez une toile cirée blanche, imitant le linge damassé, et non ces hideuses toiles cirées noires ou brunes, qui représentent quelquefois, horreur! des paysages suisses!

Si une femme seule reçoit un homme à dîner ou à déjeuner, elle ne le placera pas à table en face d'elle, comme un maître de maison, mais ils occuperont deux places l'une près de l'autre et, leur faisant face, il y aura une corbeille de fleurs.

LES ÉLÉGANCES DE LA TABLE

(Consulter les **Usages du Siècle**).

A peu de frais, les maîtresses de maison un peu ingénieuses peuvent avoir des tables très élégamment servies. Je les engage, selon la mesure de leurs moyens, à s'occuper des élégances de la table; c'est une attraction vive pour le mari, et il ne rêvera pas clinquant et dorures des restaurants, si son chez lui est gentiment orné.

Pour les grands dîners, il est d'usage d'avoir du vin de Madère, du vin de Bourgogne, du vin de Bordeaux, du vin de Champagne, des vins sucrés. Il est, si on veut faire du chic, de l'élégance, un moyen pratique et bien moins coûteux : il suffit de dîner au vin de Champagne. A 3 francs la bouteille vous aurez du vin très suffisant pour mettre en carafes.

Le linge fantaisie est bien gai à l'œil.

Un service de toile bise à fleurs des champs brodées, en coton de couleur, est un joli travail à exécuter pour une maîtresse de maison.

On fait de petites serviettes rondes en fine toile bise, encadrées de dentelle écrue, pour le dessert et les goûters dénommés « five o'clock » maintenant.

Si vous avez un bouquet de fleurs, ne le gardez pas au salon, mais qu'il orne la table familiale, placé dans un vase aussi ordinaire de matière que vous voulez, mais de forme élégante.

Les serviettes pour tous les jours doivent être roulées et mises dans des ronds de serviettes.

Pour servir les œufs à la coque, on fait de petites enveloppes de percaline rouge, ouatée et piquée, recouvertes de dentelle bise; on met les œufs dedans, ils se tiennent chauds, c'est fort joli et bien préférable à la hideuse poule de porcelaine qu'on voit encore dans certains ménages.

Ayez toujours, même dans la plus grande intimité, des porte-couteaux, des ronds de carafes.

Pour une famille nombreuse, à la place d'avoir plusieurs bouteilles et carafes sur la table, ayez deux brocs de verre, l'un bleu et l'autre rouge; cela évite le dérangement de remplir les carafes et de déboucher les bouteilles pendant le repas.

Les surtouts d'orfèvrerie, ne sont plus à la mode, grâce à Dieu. On les remplace par mille jolies fantaisies; une corbeille basse en céramique remplie de sable humide, recouverte de mousse, dans laquelle vous disposez avec goût des fleurs coupées, est bien préférable ; un panier d'osier doré avec nœuds de rubans de couleurs claires, un groupe de Sèvres.

Pour passer les hors-d'œuvre, en place des raviers vieillots, servez dans un panier en porcelaine à trois compartiments.

Les fruits et les sucreries peuvent se servir dans de petites corbeilles en porcelaine, genre Bernard Palissy.

L'été, à la campagne, vous pouvez enrouler autour de la suspension des grappes de groseilles rouges et blanches avec feuillage et fruits.

De petits bibelots courant sur la table sont bien amusants.

L'été, on doit servir de la glace dans une coupe ou dans un seau de cristal.

Pour un dîner d'été, les éventails, écrans japonais à dix centimes pièce, sont agréables à trouver à sa place, lorsqu'on se met à table.

Si, comme c'est l'usage maintenant, chaque convive a un petit bouquet, il est bon de piquer sur le morceau de papier qui porte le nom du convive, ou sur le menu, s'il y en a, une ou deux épingles, pour que les fleurs puissent se fixer à l'habit ou au corsage.

L'usage de se mettre en toilette simple pour recevoir, n'est plus de mode ; on fait au contraire politesse à ses invités en se parant, non pas comme une châsse, mais élégamment et coquettement.

Autour d'une suspension, pour atténuer la lumière, attachez un volant de crêpe vert d'eau plissé, ou plus simplement une bande de percaline verte, recouverte d'une dentelle blanche.

Il est bon de placer un molleton blanc sous la nappe ; cela amortit le bruit de la vaisselle et donne du moelleux au service.

Le chemin de table est très original, on peut le faire bien simple et bien joli ; deux dentelles cousues pied contre pied et posées sur des transparents de couleur différente.

Généralement, à moins d'avoir un personnel nombreux, une fois qu'on a commencé à servir la dame placée à la droite du maître de la maison, ce dernier dit : Nous allons nous servir à la ronde, cela simplifie le service.

Certaines femmes croient de bon goût de très peu manger, lorsqu'elles vont dîner en ville ; cela est un manque de ton ; on doit satisfaire son appétit, sans exagération cependant.

Après le repas, lorsqu'on est passé au salon, on doit balayer de suite la salle à manger et l'aérer abondamment.

Il est bien entendu que jamais, au grand jamais, on ne dit : sa dame, votre demoiselle. Comment se porte votre dame ? Ces tournures de phrases sont bêtes ; retournez la phrase et dites à une femme : « Comment va votre monsieur »... et vous verrez l'effet.

La mode des goûters, des five o'clock, comme on dit maintenant, est très répandue ; pour ce repas de surérogation, il n'est pas de règles bien strictes, la fantaisie est souveraine maîtresse.

Le linge de couleur, même le linge japonais (en papier) est admis.

L'hiver, sur une petite table recouverte d'une serviette brodée à la main, vous avez le samovar, les sandwichs, un petit pot de crème, du rhum, des brioches, ou plus simplement, du vin de Frontignan ou de Malaga dans un carafon fantaisie et de petits gâteaux anglais.

L'été, de l'orangeade, de la limonade dans un broc de cristal ou de faïence, quelques pâtisseries sèches ; on peut aussi offrir le contenu d'une boîte de dragées qu'on verse dans une coupe (on ne laisse jamais dans la boîte).

Les bonbons ne s'offrent que pendant le mois de janvier.

Les Menus

L'ordonnance d'un menu est souvent, pour la maîtresse de maison, une source de préoccupations.

En voici un grand nombre ; on peut y ajouter, y retrancher, selon son goût, sa bourse.

Les œufs sont une précieuse ressource pour les déjeuners ; de même les restants de viande de la veille, qui fournissent un appoint excellent. Règle générale : il ne faut jamais rien jeter ; on tire parti de tout, lorsqu'on est ménagère avisée.

Je donne aussi des menus maigres, de chasse, de réveillon, etc.

Faites une sélection dans le nombre.

Il est entendu que pour les dîners des rois, il faut une galette, et pour les dîners des jours gras, des crêpes et des beignets.

Les mets qui ont le nom de « Marinette » et de « Jeanne sans Terre » vous sont particulièrement recommandés, lectrices, car c'est moi qui les ai inventés ; par conséquent, je les trouve exquis.

Menus d'Hiver.

Pot-au-feu.
Bœuf bouilli sauce tomate.
Poulet à la peau de goret.
Salade de pommes de terre.
Compote de marrons au rhum.

Potage poireaux et pommes de terre
Truite sauce hollandaise.
Faux-filets aux choux de Bruxelles.
Haricots à la bretonne.
Crème au chocolat.

Potage à l'oseille et aux œufs.
Timbale de macaroni.
Tendrons de veau poulette.
Purée de pommes de terre à la Maria.
Beignets d'oranges.

Soupe aux pois cassés.
Sole au gratin.
Veau Marengo.
Salsifis frits.
Pommes au riz.

Potage à l'ostendaise.
Poulet en fricassée.
Gigot façon chevreuil.
Choux-fleurs en salade.
Soupirs de nonnes.

Bouillon de poisson.
Sole Léon Kerst.
Faisan rôti.
Soufflé de carottes.
Plombières.

Bouillon à la peluche de cerfeuil.
Poule au pot « Belle Gabrielle ».
Croquettes de pommes de terre.
Salade d'oranges.

Potage julienne.
Timbale de macaroni.
Fricandeau à l'oseille.
Poires cuites.

Potage purée de navets.
Goujons frits.
Oie rôtie aux marrons.
Crèmes frites.

Potage Crécy.
Barbue mornay.
Entrecôte béarnaise.
Salade de légumes.
Tôt-fait.

Potage Fonbonne.
Merlans à la romaine.
Blanquette de veau.
Cardons au jus.
Gâteau de riz.

Potage purée de jambon.
Mou de veau à la poulette.
Pommes de terre sautées.
Crêpes.

Potage fantaisie.
Maquereau baron Brisse.
Côtelettes mouton jardinière.
Madeleine.

Potage Colbert.
Saumon grillé.
Hachis de volaille.
Artichauts frits.
Baba au kirsch.

Potage aux choux de Bruxelles.
Matelote anguille et lapin.
Côtelettes de veau milanaise.
Choux de Bruxelles sautés.
Charlotte russe.

Potage vermicelle à l'oignon.
Civet de lièvre.
Longe de veau jardinière.
Pudding de cabinet.

Potage purée de céleri.
Carpe à la Chambord.
Perdrix aux choux.
Compote de pommes.

Potage tapioca au gras.
Bœuf miroton.
Canard aux olives.
Œufs à la neige.

Potage purée de marrons.
Cabillaud hollandaise.
Côte de bœuf braisée.
Artichauts frits.
Pavé de chocolat.

Potage à la bonne femme.
Ris de veau financière.
Cochon de lait rôti.
Carottes à la ménagère.
Beignets de pommes.

Potage au potiron.
Foie de bœuf au vin.
Salsifis à la sauce blanche.
Millasolle.

Potage à l'orge perlé.
Abatis de volaille chipolata.
Langouste mayonnaise.
Massepain.

Potage Soubise.
Jambon aux épinards.
Lapin rôti.
Quatre quarts.

Potage pâte d'Italie au gras.
Éperlans frits.
Oreille de veau à l'italienne.
Salade de chicorée.
Poires aux châtaignes.

Potage au fromage.
Poulet sauté chasseur.
Épaule de mouton Soubise.
Gâteau battu.

Potage fécule de pommes de terre.
Côte de bœuf braisée macaroni.
Lièvre rôti mousquetaire.
Oseille au gras.
Beignets au vin.

Potage julienne à la Boitard.
Aloyau à la Godard.
Perdreaux rôtis.
Cardons à la moelle.
Pudding diplomate.

Potage à la Monaco.
Éperlans au gratin.
Cailles aux croûtons.
Purée de lentilles.
Compote de poires.

Potage riz à l'oseille.
Barbue béchamel.
Dinde à la providence.
Cardons à la moelle.
Crêpes aux pommes.

Potage sans beurre.
Canard en salmis.
Escalopes de filet de bœuf aux truffes.
Haricots blancs en purée.
Gaufres.

Potage aux salsifis.
Anguille tartare.
Épaule de mouton chasseur.
Omelette soufflée.

Potage de riz au potiron.
Raie au beurre noir.
Gigot braisé.
Pommes de terre paille.
Gâteau de pommes.

Potage ménagère.
Attereau de filets de soles.
Dinde farcie aux marrons.
Gâteau praliné.

Potage aux choux-fleurs.
Brochet au bleu.
Aiguillettes de dinde aux marrons.
Épinards au sucre.
Gâteau mosaïque.

Potage mousseline.
Bœuf bouilli périgourdin.
Poulet en fricassée.
Croquettes de pommes de terre.
Omelette aux confitures.

Potage bisque au riz.
Barbeau grillé.
Foie de veau farci.
Macaroni à la viande.
Meringues.

Potage à la française.
Anguille à la Suffren.
Perdreau à la chipolata.
Marinade de choux-fleurs.
Purée de marrons à la vanille.

Potage Chantilly.
Sole normande.
Cervelle de bœuf sauce piquante.
Morille aux croûtons.
Crème Marinette.

Potage aux choux et au lait.
Filets de sole frits et panés.
Escalopes de veau duchesse.
Moelle à la Orly.
Gâteau de sable.

Potage au macaroni.
Esturgeon braisé.
Lapin petit diable.
Croûte aux champignons.
Mousse de pommes.

Déjeuners d'Hiver.

Beurre, saucisson.
Maquereau aux poireaux.
Côtelettes de mouton milanaise.
Galette.

Pieds de mouton poulette.
Andouillette.
Purée de pois cassés.
Confiture de cerises.

Merlans au gratin.
Bœuf aux prunes et aux raisins.
Choux-fleurs au gratin.
Crème au café.

Œufs brouillés champignons
Entrecôte bordelaise.
Haricots verts en salade.
Pain perdu.

Huîtres.
Rognons sautés vin blanc.
Poulet froid mayonnaise.
Crème au kirsch.

Saucisses aux pommes.
Terrine de lièvre.
Pommes de terre matelote.
Gâteau parfait.

Œufs à la coque.
Raie au beurre noir.
Bœuf vinaigrette.
Gâteaux turcs.

Tartines de pâté de foie.
Omelette au macaroni.
Choux de Bruxelles aux marrons.
Tarte aux pommes.

Œufs à la tripe.
Côtelettes de mouton jardinière
Jambon aux épinards.
Pommes meringuées.

Harengs sauce moutarde.
Blanquette de veau au riz.
Salade de choux-fleurs.
Compote de pruneaux.

Menus de Printemps.

Potage Kusel.
Filets de soles à l'Italienne.
Gigot bouilli, sauce aux câpres.
Haricots verts lyonnaise.
Frangipane.

Vermicelle aux petits pois.
Alose grillée à l'oseille.
Poulet jardinière.
Salade prince de Galles.
Pudding glacé.

Potage printanier.
Barbeau grillé.
Poularde rôtie.
Salade russe.
Darioles.

Potage Saint-Germain.
Pigeons en compote.
Côtelettes de mouton.
Choux rouges à la russe.
Soupirs de nonne.

Potage riz aux tomates.
Truite à la Chambord.
Riz de veau financière.
Chicorée en purée.
Gâteau de plomb.

Potage aux orties.
Vol-au-vent financière.
Tendrons de veau poulette.
Croquettes de pommes.
Kougloff à l'allemande.

Potages bisque aux crabes.
Saumon Genevoise.
Veau à l'estragon.
Jardinière.
Crème aux fraises.

Potage au cresson.
Truite à la hussarde.
Poulet aux petits pois.
Salade espagnole.
Glace vanille.

Potage tomates au tapioca.
Sole aux fines herbes.
Poulet sauté.
Fraises glacées.

Potage fonds d'artichauts.
Bœuf à la mode.
Pain Victoria.
Biscuit de Savoie.

Potage aux herbes au tapioca.
Turbot au gratin.
Côte de bœuf braisée.
Œufs aux pistaches.

Potage vert-pré.
Filets de soles vénitienne.
Riz de veau jardinière.
Brioches aux fraises des bois.

Potage au sagou.
Tranches frites.
Épaule de veau bigarrée.
Plum cake.

Potage aux petits oignons blancs.
Grenouilles à la poulette.
Abatis de Suède aux navets.
Gâteau de riz Marinette.

Potage aux laitues.
Homard à l'américaine.
Tendrons d'agneau pointes d'asperges.
Timbale de fruits confits.

Potage printanier œufs pochés.
Poulet au kari à l'indienne.
Asperges Louis XV.
Tarte aux groseilles.

Potage panade à la reine.
Lotte en matelote.
Canard au riz.
Pommes de terre nouvelles sautées.
Macédoine de fruits.

Potage aux œufs pilés.
Bar sauce crevette.
Riz de veau au jus.
Petits pois aux laitues.
Fraises au cidre.

Potage Solférino.
Pâté maigre.
Poulet Marengo.
Navets glacés en poire.
Flan de fruits.

Potage paysanne.
Anguille à la minute.
Veau à l'antique.
Petits pois bonne femme.
Compotes de cerises.

Potage vermicelle jardinière.
Filets de maquereau crème anchois.
Bœuf bouilli à la sultane.
Asperges à l'italienne.
Compote de fraises.

Potage au gruau d'avoine.
Cervelles frites.
Canard aux olives.
Croûte aux champignons.
Crème aux abricots.

Potage à la purée de carottes.
Sole Colbert.
Poitrine de mouton braisée.
Pommes de terre au lard.
Beignets de fraises.

Potage julienne passée.
Anguille bordelaise.
Aloyau rôti au céleri.
Salade Marinette.
Puits d'oranges.

Potage à la flamande.
Attereau de filets de merlans.
Jambon rôti.
Gâteau de plomb.

Potage Brunoise au riz.
Lotte à la parisienne.
Macreuse rôtie.
Madeleine.

Potage à la bière.
Poulet Marengo.
Veau rôti.
Salsifis frits.
Confitures d'abricots.

Potage tapioca au lait.
Abatis de dinde aux navets.
Bifteck au beurre d'anchois.
Artichauts lyonnaise.
Biscuits au chocolat.

Potage sain.
Escalopes de saumon.
Blanquette de veau au riz.
Fèves au lard.
Croquettes de riz.

Potage crème de riz peluche cerfeuil.
Merlans dieppoise.
Mouton en hochepot.
Asperges à l'italienne.
Tarte aux cerises.

Potage velouté.
Pigeons au soleil.
Veau dans son jus.
Fèves à la crème.
Pain de fraises.

Potage Condé.
Colin frit.
Agneau rôti à l'anglaise.
Salade russe.
Crème Sambayon.

Potage purée d'asperges.
Gâteau riz et volaille.
Alouettes gratinées.
Gâteau au vin.

Ox-tail (façon parisienne).
Sole Joinville.
Veau aux petits pois.
Gelée de groseille.

Potage Marinette.
Pigeons aux olives.
Entrecôte braisée.
Salade bretonne.
Miroton de pommes.

Potage consommé.
Bœuf bouilli à l'Odette.
Escalopes de veau duchesse.
Pommes de terre en purée.
Biscottes au vin.

Potage petite-mère.
Filets soles Orly.
Langue de bœuf, sauce tomate.
Lentilles en salade.
Légèreté.

Potage consommé Marie-Louise.
Hachis portugais.
Poulet au blanc.
Salade de cresson aux pommes.
Croquettes russes.

Potage pot-au-feu languedocien.
Alose au bleu.
Galantine de poulet.
Haricots verts à la polonaise.
Gâteau de semoule.

Potage à la russe.
Barbue grillée sauce à l'huile.
Bifteck à la Gauttement.
Salsifis poulette.
Gâteau de pommes de terre.

Déjeuners de Printemps.

Harengs en matelote.
Pieds de porc grillés.
Pommes de terre à l'anglaise.
Compote de pommes.

Omelette aux rognons.
Bifteck chateaubriand.
Saucisses aux pommes.
Gougère.

Œufs brouillés petits pois.
Côtelette de mouton Soubise.
Carottes à la bourgeoise.
Fromage à la crème.

Sole au gratin.
Bifteck au beurre d'anchois
Pommes de terre sautées.
Tarte aux fraises.

Goujons frits.
Lapin sauté.
Salade laitue aux œufs.
Marmelade de fraises.

Œufs comtesse.
Bœuf miroton.
Asperges à la Monselet.
Meringues à l'italienne.

Sole en ragoût.
Tendrons de veau au macaroni.
Salade laitue à la crème.
Omelette au kirsch.

Ragoût de veau bourgeoise.
Rognons de mouton grillés.
Croûte aux champignons.
Rissoles à la confiture.

Omelette au jambon.
Rognons sautés.
Fèves à la crème.
Crème au thé.

Sole au vin blanc.
Galantine de poulet.
Petits pois au lard.
Fromage à la crème.

Menus d'Été.

Potage aux choux maigres.
Écrevisses bordelaises.
Poulet vigneronne.
Légumes en salade.
Beignets de framboises.

Potage de poisson aux herbes.
Homard à l'américaine.
Canard en salmis.
Concombres en salade.
Abricots Condé.

Potage toutes coquilles.
Pigeons en compote.
Croquettes de bœuf.
Haricots blancs à la moelle.
Tartes aux mirabelles.

Potage quenelles de volaille.
Saumon mayonnaise.
Ris de veau financière.
Oseille.
Parfait au café.

Potage au laurier d'amandes.
Croquettes de crevettes.
Épaule d'agneau purée d'artichauts.
Laitues braisées.
Crème au citron.

Potage crème de légumes.
Homard à la broche.
Ris de veau au jus.
Purée de haricots blancs.
Beignets de pêches.

Potage purée de pois verts.
Rougets sauce aux moules.
Canard au riz.
Pommes de terre nouvelles au lard.
Compotes de pêches.

Potage crème de haricots verts.
Poulet au champagne.
Artichauts frits.
Croûte suprême.

Potage vermicelle au lait.
Foies de volaille en ragoût.
Haricots verts en salade.
Pâté d'abricots.

Potage Mercédès
Filets de grondins sauce tomates.
Grillade de rognon de bœuf.
Romaines cuites.
Flan d'abricots Metternich.

Potage pointes d'asperges.
Fricassée poulet Dubarry.
Purée fèves aux croûtons.
Beignets de fraises.

Potage pâte d'Italie au lait.
Saumon créole.
Ris de veau Toulouse.
Pommes de terre nouvelles à l'anglaise.
Crème aux fraises.

Potage aux trois racines.
Poulet à la crème.
Macaroni à la viande.
Choux-fleurs frits.
Pudding aux amandes.

Potage à la raiette.
Pain de poisson.
Poulet hambourgeoise.
Céleri au jus.
Confitures quatre fruits.

Potage à l'allemande.
Truite sauce verte.
Côte de bœuf jardinière.
Salade de choux-fleurs.
Abricots meringués.

Potage à la crème.
Brochet cuit dans son jus.
Veau Camargo.
Purée de tomates.
Compote de prunes.

Potage purée d'artichauts.
Filet de bœuf financière.
Choux-fleurs sauce blanche.
Charlotte jardinière.

Potage à la maréchale.
Noix de veau glacée épinards
Tomates farcies au riz.
Beignets d'amandes.

Potage Joconde.
Filet sole béarnaise.
Fricandeau macaroni champignons.
Aubergines provençale.
Compote d'abricots.

Potage aux pommes de terre.
Côtelette d'agneau pointes d'asperges
Macaroni sauce tomates.
Crème aux abricots.

Potage vermicelle à l'oseille.
Cabillaud à la hollandaise.
Canard à la Pertuiset.
Petits pois au lard.
Salade de pêches.

Potage à l'eau de choux-fleurs
Anguille mer beurre noir.
Cervelles de veau frites.
Jutots d'écorce de melon
Compote de fraises

Potage farine tortue à la française.
Emincés bœuf rôti aux légumes.
Croquettes pommes de terre.
Artichauts à la sauce blanche.
Fromage à la Thérésine.

Soupe de cerises.
Tendrons de veau poulette.
Purée de chicorée aux saucisses.
Gelée de groseille.

Potage volaille à la crème.
Écrevisses à la flamande.
Gigot de sept heures.
Maïs au cerises.

Potage bisque de crevettes.
Poulet à la minute.
Pommes de terre à la crème.
Fraises au kirsch.

Potage Fontanges.
Canard au riz.
Choux-fleurs au fromage.
Soufflé d'abricots.

Potage au melon.
Sole matelote normande.
Aloyau à la Saint-Florentin.
Aubergines grillées.
Pain de fraises.

Potage provençal.
Brochet à la dame Simone.
Sarcelles aux olives.
Navets à la poulette.
Compote d'abricots grillés.

Potage aux navets et au lait.
Côtelettes de homard à la Puebla.
Filet de bœuf aux olives.
Concombres à la crème.
Cerises à la vinaigrette.

Potage riz aux tomates.
Maquereaux aux groseilles vertes.
Côtelettes de veau sauce tomate.
Haricots verts en salade.
Pêches Marinette.

Potage pâte d'Italie au gras.
Langouste mayonnaise.
Pigeons au soleil.
Épinards à l'ancienne.
Pêches glacées.

Soupe d'abricots.
Épaule de veau en musette.
Salade saumon.
Croûte aux fraises.

Potage choux et au lait.
Thon en daube.
Poulet à l'estragon.
Pain de cerises.

Potage à la citrouille.
Pigeons aux olives.
Laitues au gris.
Compotes de cerises.

Potage royal.
Côte de bœuf macaroni.
Oseille en purée.
Soufflé d'amandes.

Potage à la d'Aumale.
Anguille à la tartare.
Cailles au malaga.
Tomates farcies au gras.
Groseilles à la neige.

Potage bisque riz et crevettes.
Écrevisses nouvelle manière.
Grives au genièvre.
Haricots verts à la crème.
Raisin au naturel.

Potage Masséna.
Truite aux anchois.
Bécasses rôties à l'anglaise
Pommes de terre maître d'hôtel.
Croûte normande.

Potage aux concombres.
Limandes sur le plat.
Ris de veau en papilote.
Salade laitues aux œufs.
Brioche aux fraises des bois.

Déjeuners d'Été.

Melon.
OEufs sur le plat.
Biftecks aux pommes.
Beignets d'amandes.

OEufs brouillés aux queues d'écrevisses.
Hachis à la Toulouse.
Haricots au lait.
Soufflé d'abricots.

Omelette aux pointes d'asperges.
Cervelle au beurre noir.
Oignons farcis.
Fraises glacées.

Boulettes de poisson.
Bœuf bouilli aux nouilles.
Champignons bordelaise.
Crème aux épinards.

Tête de veau à la vinaigrette.
Filet sauté aux champignons.
Salade de laitues mayonnaise.
Flan de fruits.

Mulet grillé.
Mou de veau à la poulette.
OEufs durs en salade.
Pâte d'abricots.

Goujons frits.
Cervelles sauce italienne.
Carottes aux oignons.
Omelettes aux cerises.

OEufs à la bourguignonne.
Jambon aux épinards.
Navets à la piémontaise.
Baba au rhum.

Limande entre deux plats.
Emincé de foie de veau à la poêle.
Salade de légumes.
Gelée de framboises.

Carrelet à la moderne.
Côtelettes de porc sauce Robert.
Haricots panachés.
Compote d'écorce de melon.

Menus d'Automne.

Consommé Marie-Louise.
Turbot hollandaise.
Gibelotte de lapin.
Pâté de foie gras.
Biscuit de Savoie.

Potage ox-tail.
Oie en daube.
Filet béarnaise.
Carottes à l'espagnole.
Soufflé de riz.

Soupe du chasseur.
Matelote marinière.
Bifteck à la Gaultement.
Haricots panachés.
Biscuits manqués.

Potage purée de gibier.
Bœuf bouilli à la mode.
Pâté d'alouettes.
Purée de pois.
Confitures ménage.

Potage de marrons au petit salé.
Soles Léon Kerst.
Perdreaux farcis de foie gras.
Aspic d'écrevisses.
Riz à l'impératrice.

Potage consommé vin blanc.
Pain de lapin à la saint-versain.
Fricassée de poulet.
Betteraves à la poitevine.
Beignets de raisin de Corinthe.

Potage consommé au vin blanc.
Choucroute.
Salade cuite.
Plum pudding.

Potage anglais à la queue de bœuf.
Veau à l'italienne.
Timbale de pommes de terre.
Charlotte russe.

Potage riz, purée de haricots.
Rognons de veau rôti.
Galantine de bœuf.
Ile flottante.

Potage aux boulettes.
Cabillaud farci.
Bécasses rôties.
Salade Alexandre Dumas père.
Pain de Manheim.

Potage aux profiterolles.
Mulet grillé.
Gigot aux trois couleurs.
Salade japonaise.
Croûte au rhum.

Potage au mouton.
Filets de chevreuil aux marrons.
Purée de haricots blancs.
Crème au marasquin.

Potage aux foies de volaille.
Aloyau braisé.
Haricots frits.
Pruneaux au vin.

Potage Masséna.
Sole au cidre.
Mauvettes en salmis.
Salade de choux-fleurs.
Chocolat glacé.

Potage Dubarry.
Ragoût de poulet.
Lièvre rôti.
Lentilles maître d'hôtel.
Riz au citron.

Panade au vin.
Timbale d'enfer.
Salade sans huile.
Omelette à la jeune mariée.

Potage bouillon de poisson aux herbes.
Capilotade de volaille.
Salsifis à la crème.
Omelette au sucre.

Potage aux quenelles de volaille.
Sanglier sauce venaison.
Soufflé au fromage.
Timbale de fruits confits.

Potage purée gibier aux marrons.
Poitrine mouton sauce piquante.
Pâté perdrix.
Fèves au lard.
Gâteau parfait.

Potage national Dublin.
Débris de canard à la choucroute.
Oreilles de veau frites.
Macaroni italienne.
Ananas en salade.

Potage rafraîchissant.
Jambon à la macédoine.
Omelette au fromage.
Meringues aux pistaches.

Potage aux abatis.
Poule au pot belle Gabrielle.
Purée de céleri.
Tarte aux pommes.

Potage crème d'orge.
Merlans aux fines herbes.
Purée haricots à la crème.
Dinde à la Providence.
Beignets au four.

Potage quenelles de foie.
Turbot sauce raifort.
Faisan à la chevalière.
Pommes de terre Marinette.
Mousse de pomme.

Hotch potch (soupe anglaise).
Vol-au-vent Marinette.
Cuissot chevreuil rôti.
Salsifis frits.
Salade d'oranges.

Lake and pond fish soup (soupe angl.).
Turbot au gratin.
Filets de veau provençale.
Sarcelles à la batelière.
Soufflé javanais.

Potage à l'oignon et au lait.
Timbale de poissons.
Sarcelle rôtie.
Pommes de terre au fromage.
Croquignoles.

Potage riz, choux et fromage.
Vol-au-vent d'escalopes de saumon.
Perdreaux Périgord.
Cardons au jus.
Pommes Marinette.

Potage marrons et petit salé.
Filets de soles Merville.
Bécasses rôties à l'anglaise.
Terrine de lièvre.
Bavaroise à la vanille.

Potage purée d'oignons aux
quenelles de poissons.
Bœuf au vin de Bourgogne.
Cailles aux laitues.
Crème croquante.

Potage espagnol.
Morue à la crème.
Veau rôti.
Ragoût champignons.
Riz à la Carnot.

Potage aux lazagnes.
Tête de veau en tortue.
Lapin aux fines herbes.
Riz au kari.
Marrons au caramel.

Potato soup (cuisine anglaise).
Sole aux moules.
Côtelettes chevreuil sauce poivrade.
Chou farci.
Pain de riz.

Ajo blanco (soupe espagnole).
Pain de perdreaux.
Tendrons veau aux pommes de terre.
Purée marrons vanille.

Potage Germiny.
Restes de volaille en purée.
Gigot à la Marceline.
Purée de pois secs.
Pommes à la coquette.

Potage sagou navets.
Timbale Bontoux.
Dinde dans son jus.
Nouilles.
Crème au caramel.

Potage jambe de bois.
Bœuf au gratin.
Ortolans périgourdins.
Pommes de terre bayonnaise.
Biscuits aux confitures.

Purée lentilles à l'oseille.
Sole à la Trémolin.
Côtelette veau à la Dreux.
Confitures poires d'Angleterre.

Potage riz à la turque.
Harengs sauce moutarde.
Grenadins à l'ivoire.
Pommes de terre farcies.
Émincé pommes aux croûtons.

Potage napolitain.
Harengs frits.
Grives à la paysanne.
Purée d'oignons bretonne.
Soufflé au chocolat.

Déjeuners d'automne.

Merlans au gratin.
Côtelettes de veau en papillotes.
Macarons à l'italienne.
Châtaignes Marinette.

Côtelettes de chevreuil sauce poivrade.
Boudin.
Céleri au jus.
Beignets raisin Corinthe.

Omelette jardinière.
Lapereau sauté.
Chou au lard.
Beignets de poires.

Capilotade de volaille.
Jambon au vin de Madère.
Oignons en matelote.
Pudding au vermicelle.

Moules à la poulette.
Ragoût arlequin.
Haricots rouges au vin.
Gâteau de marrons.

Palais de bœuf lyonnaise.
Foie de veau sauté.
Poireaux à la sauce blanche.
Pommes meringuées.

Pâte Pandore.
Cervelles mouton mayonnaise.
Salade chicorée pommes de terre.
Pain perdu.

Tomates en hors-d'œuvre.
Queue de bœuf panée et grillée.
Salade filets de lapereaux.
Pommes portugaises.

Bouillabaisse.
Cuisse de dinde à la diable.
Pommes de terre farcies.
Beignets au gruyère.

Terrine de lièvre.
Escalope veau purée marrons.
Pommes de terre au beurre noir.
Croissants fantaisie.

Dîners maigres.

Potage printanier aux œufs pochés
Timbale de nouilles.
Filets de saumon mayonnaise.
Petits pois au beurre.
Beignets d'abricots.

Panade.
Morue à la bénédictine.
Omelette aux tomates.
Salsifis frits.
Langues de chat au kirsch.

Potage en concombre.
Brochet au bleu.
Croquettes de pommes de terre.
Crème au vin.

Potage purée champignons.
Barbue au four.
Œufs farcis.
Ile d'amour.

Potage purée de légumes.
Esturgeon rôti.
Salmis de macreuse.
Haricots rouges bourguignonne.
Kluskis (fromage à la crème).

Potage purée de pommes de terre.
Croquettes de crevettes.
Omelette fines herbes.
Artichauts frits.
Pêches au riz.

Potage semoule au lait.
Poulet grillé.
OEufs pochés aux champignons
en ragoût.
Salade de concombres.
Charlotte de pommes.

Bouillon de poisson aux herbes.
OEufs brouillés à l'estragon.
Langouste à la broche.
Riz gelée de groseilles.

Potage aux asperges.
Turbot au gratin.
OEufs à la béchamel.
Pâté de saumon.
Rissoles à la confiture.

Potage purée lentilles.
Croquettes semoule parmesan.
Sarcelle rôtie.
Asperges à la crème.
Marmelade mirabelle.

Potage à l'oignon et au fromage.
Goujons frits.
OEufs brouillés pointes d'asperges
Épinards au sucre.
Tarte groseilles à maquereau.

Bouillabaisse.
Rôti d'anguilles.
OEufs à la tripe.
Purée de chicorée.
Cheveux d'ange.

Potage pois verts au riz.
Brochet court-bouillon.
Pommes de terre frites.
Gâteau de semoule.

Potage pois verts et oseille.
Timbale de macaroni.
Attereau de filets de merlans.
Purée de pois cassés.
Gâteau de marrons.

Déjeuners maigres.

Beurre et crevettes.
OEufs brouillés champignons.
Raie au beurre noir.
Salade de chicorée.
Gâteau de pommes.

Omelette aux queues d'écrevisses.
Alose à l'oseille.
Concombres farcis.
Haricots verts en salade.
Pêches Marinette.

Petits turbots frits.
Salmis de macreuse.
Chou-fleur sauce blanche.
Riz au lait au café.

Sardines fraîches.
Champignons en ragoût.
Moules poulette.
Macédoine de légumes.
Tarte aux fruits.

Harengs frais maître d'hôtel.
OEufs durs à l'oseille.
Pommes de terre en salade.
Blanc-manger.
Macarons.

Huîtres frites.
Rôti de saumon.
Croquettes de riz.
Tarte aux prunes.

Deux déjeuners de cérémonie.

Huîtres.
Rognons sautés au vin blanc.
Côtelettes Soubise.
Poulet au vin de Champagne.
Salade russe.
Omelette au kirsch.
Tarte Marinette.

Huîtres.
Croquettes de homard.
Bifteck béarnaise.
Pigeons en compote.
Petits pois paysanne.
Terrine de foie gras.
Tarte au kirsch.

Quatre dîners de cérémonie.

Consommé aux œufs pochés.
Filets de sole Joinville.
Filet de bœuf financière.
Faisan rôti.
Pâté de foie gras.
Salade russe.
Morilles à l'andalouse.
Riz à l'impératrice.
Dessert, petits-fours, fruits, etc.

Potage Saint-Germain.
Saumon sauté.
Poulet fonds d'artichauts.
Jambon au madère.
Canetons rôtis.
Salade laitue aux œufs.
Asperges à la Monselet.
Glace à la vanille.
Dessert, etc.

Potage bisque.
Truite à la sauce verte.
Ris de veau au jus.
Canetons à l'orange.
Homard à l'américaine.
Salade javanaise.
Haricots panachés.
Croûte suprême.
Dessert, etc.

Potage purée de gibier.
Timbale de cailles.
Fricassée de poulet.
Gelinottes rôties.
Filet chevreuil rôti.
Salade de homard.
Aubergines farcies.
Pudding diplomate.
Dessert, etc.

Déjeuner de chasse.

Terrine de lièvre.
Omelette aux champignons.
Lapin canaille.
Hure de sanglier.
Salade de chicorée.
Croquettes de pommes de terre.
Compote de pommes.
Fromage, etc.

Dîner de chasse.

Consommé aux profiteroles.
Galantine de volaille.
Chevreuil en civet.
Salmis de perdreaux.
Faisans farcis au foie gras.
Salade vénitienne.
Truffes au vin de Champagne.
Gâteau parfait.
Dessert, etc.

Déjeuner froid.

Poulet mayonnaise.
Chaufroix de canard.
Galantine de bœuf.
Salade russe.
Macédoine de fruits.

Dîner Froid.

Consommé froid.
Saumon sauce verte.
Aspics de volaille.
Filet froid.
Pâté de foie gras.
Langouste mayonnaise.
Sorbets au champagne.

Réveillon.

Boudin grillé.
Dinde aux marrons.
Jambon d'York.
Galantine de perdreaux.
Plum pudding.

Souper.

Consommé froid.
Filet de bœuf froid.
Galantine.
Terrine œufs à la gelée.
Pâté d'alouettes.
Poulet froid.
Salade de légumes.
Fruits.

Goûters d'enfants.

Mousse au chocolat.
Brioches.
Tarte aux fraises.

OEufs au lait.
Madeleines.
Salade d'ananas.

Pudding de marrons.
Massepains.
Gelée de groseilles.

Gelée à l'orange.
Gaufres.
Meringues.

Menus végétariens allemands.

DIMANCHE

Matin. — Soupe au pain; pommes de terre ou légumes de saison; pudding aux fruits; compote.
Soir. — Pain et beurre; lait et fruits.

LUNDI

Matin. — Soupe aux œufs; haricots blancs; marmelade de pommes.
Soir. — Fromage; pain beurré.

MARDI

Matin. — Potage aux carottes; — boulettes de pâte à la sauce; fruits confits.
Soir. — Pommes de terre à la sauce aux œufs.

MERCREDI

Matin. — Soupe aux haricots; légumes de saison; boulettes à la purée de pommes.
Soir. — Beignets sauce de fruits.

JEUDI

Matin. — Soupe au riz; pois; choucroute.

Soir. — Fruits; pain grillé au beurre.

VENDREDI

Matin. — Soupe au gruau; gâteaux d'œufs; marmelade.

Soir. — Lait; pain beurré; fruits.

SAMEDI

Matin. — Soupe à la farine grillée; pommes de terre aux œufs brouillés; boulettes sauce aux framboises.

Soir. — Salade de saison; pain grillé au beurre.

Menus végétariens anglais.

Ces menus sont remarquables par leur simplicité; l'auteur anglais ne s'y est pas mis en grands frais d'imagination. Il est vrai qu'à son dire ils ne coûtent que soixante centimes. Il les a datés afin de prouver qu'on peut éviter la viande même en hiver. De la sorte c'est chose facile en effet.

6 NOVEMBRE

Déjeuner. — Farine d'avoine; pain; œufs; lait; pommes cuites. — Poids net : 4 onces 1/2.

Dîner. — Soupe; pain; pommes de terre; choux pudding au froment. — 5 onces 2/3.

7 NOVEMBRE

Déjeuner. — Pain; soupe au gruau; sucre; fruits; lait. — 3 onces 1/2.

Dîner. — Pommes de terre, oignons; pain; raisin. — 5 onces 1/2.

8 NOVEMBRE

Déjeuner. — Soupe au gruau; sucre; fruits; lait. — 4 onces 3/4.

Dîner. — Pommes de terre au four; oignons; pudding aux fruits; raisin. — 4 onces 3/4.

9 NOVEMBRE

Déjeuner. — Soupe au gruau; pain; pommes; lait. — 4 onces 1/2.

Dîner. — Pommes de terre; blé grillé; pudding; figues sèches. — 5 onces 1/3.

Déjeuners de Vendredi Saint.

Huîtres.
Anguille sauce verte.
Pâté de saumon.
Gâteau de pommes.

Sardines.
Morue à la vinaigrette.
Pommes de terre aux anchois.
Compote de poires.

Dîners de Vendredi Saint.

Potage Parmentier.
Croquettes de riz au poisson.
Macaroni à l'italienne.
Écrevisses bordelaises.
Mousse à l'orange.

Potage aux grenouilles.
Truite mayonnaise.
Sarcelles rôties.
Chicorée aux croûtons.
Baba au rhum.

Déjeuners simples.

Saucisses au vin blanc.
Côtelettes de veau jardinière.
Tôt-fait.

Maquereau maître d'hôtel.
Bifteck aux pommes.
Œufs au lait.

Omelette à l'estragon.
Rognons sautés.
Pommes cuites.

Œufs brouillés aux tomates.
Côtelettes porc sauce Robert.
Croquettes de semoule.

Limandes frites.
Foie de veau sauté.
Croissants fantaisie.

Tendrons de veau jardinière.
Purée de potiron.
Compote de marrons.

Moules batelière.
Terrine de ménage.
Salade d'oranges.

Pieds de mouton poulette.
Ragoût de mouton.
Confitures de mirabelles.

Boudin.
Tendrons de veau au jus.
Pruneaux en compote.

Œufs Bercy.
Jambon aux épinards.
Riz au lait.

Harengs en matelote.
Palais de bœuf lyonnaise.
Pain perdu.

Tartines de pâté de foie.
Gras-double Jeanne-sans-Terre.
Omelette confitures.

Langues de mouton sauce piquante.
Œufs durs sur purée d'oseille.
Compote de poires.

Ragoût arlequin.
Salade au lard.
Confitures de cerises.

Dîners simples.

Pot-au-feu.
Bœuf rémoulade indienne.
Compote de poireaux.
Biscuit de Savoie.

Potage poireaux et pommes de terre.
Colin poêlé.
Veau en matelote.
Omelette aux pommes.

Soupe aux pois cassés.
Gigot rôti.
Haricots verts.
Confitures de fraises.

Soupe aux choux.
Thon en rouelles.
Langue de veau sauce piquante.
Croquettes de riz.

Potage lait à l'oignon.
Coquilles Saint-Jacques.
Saucisses aux pommes.
Madeleine.

Potage au potiron.
Grondins sauce tomate.
Cervelles de veau frites.
Omelette aux cerises.

Potage vermicelle aux petits pois.
Matelote.
Bœuf miroton.
Omelette au rhum.

Potage riz à l'oseille.
Poitrine de mouton sauce piquante
Purée choux et marrons.
Gâteau semoule.

Potage purée lentilles.
Bœuf sultane.
Salade Jeanne-sans-Terre.
Confitures de poires.

Potage à l'oseille.
Grenouilles à la poulette.
Côtelettes Soubise.
Tarte aux pommes.

Potage aux choux de Bruxelles.
Ragoût champignons.
Épaule de mouton rôti.
Brioche.

Potage aux carottes.
Queue de bœuf pané et grillé.
Pommes de terre au lard.
Beignets de pommes.

USAGES CULINAIRES D'AUTREFOIS

« Si nos pères adoraient le luxe, dit M. Alfred Franklin dans ses très intéressantes *Curiosités gastronomiques*, ils n'avaient aucune idée de ce que nous appelons le confortable. Le moyen âge tenait surtout à l'éclat, et tel grand seigneur dont le dressoir était surchargé de vaisselle d'or, mangeait à l'ordinaire dans de l'étain ou de la terre cuite. De même, on n'eût peut-être pas trouvé à Paris un seul gourmet, mais tous les habitants étaient gourmands, gros mangeurs et se plaisaient fort à table. »

Le goût de la table est demeuré très vif en France, mais le formidable appétit des hommes du « bon vieux temps » n'existe plus qu'à de bien rares exceptions. Nos estomacs rétrécis — ou même, parfois, dilatés, ce qui, chose bizarre, revient au même, — feraient piètre contenance — dans les deux acceptions du mot — devant un repas comme celui qui fut servi au mariage de la princesse de Conti, par exemple, dans lequel il y eut trois services de cent soixante plats chacun, et où l'on consomma, entre autres, pour seize mille livres d'ortolans!

Et, d'ailleurs, convient-il de manger beaucoup? Certes non, et l'excès de nourriture peut avoir, au contraire, les conséquences les plus funestes. Tous les hygiénistes estiment que l'accomplissement imparfait des fonctions nutritives et digestives, résultat de l'abus, conduit plus ou moins lentement aux maladies les plus dangereuses.

Les animaux, guidés par leur instinct, choisissent toujours les aliments qui leur sont utiles; l'homme trop souvent obéit à sa gourmandise.

Occupant, ce qui n'est point fait pour nous donner beaucoup d'orgueil, une position en quelque sorte intermédiaire entre les carnivores et les herbivores, entre le lion et le lapin, par exemple, l'homme est à la fois carnivore, herbivore et fructivore. C'est, disent certains esprits mauvais, notre seule supériorité.

Il faut, pour que nous nous portions à peu près bien, il faut que nous allions chercher chaque jour dans les aliments azotés la pâture d'azote qu'ils ont bien voulu nous conserver, et qu'on trouve en abondance dans les substances animales telles que la viande, le lait et les œufs, en plus petite quantité dans les aliments tirés du règne végétal.

L'homme, comme tous les animaux à sang chaud, n'a pas seulement à pourvoir à la formation et au renouvellement des tissus qui composent son corps, il est obligé, depuis l'heure de sa naissance, pour ainsi dire, d'emmagasiner en lui, à l'aide d'aliments, du combustible, une quantité de chaleur plus ou moins grande, selon la température de l'atmosphère qui l'entoure.

Les chasseurs des montagnes ont besoin pour se nourrir, pour être vigoureux, de graisse d'animaux; la même force est donnée à l'Indien par le riz, à l'Irlandais par la pomme de terre, au Corse par les châtaignes, etc.

Mais revenons à notre sujet, et groupons ici quelques particularités prises au hasard et sans ordre, des us et coutumes gastronomiques du temps passé.

Sait-on que l'assortiment de marée qui figurait sur le marché aux poissons de la capitale, il y a *cinq cents ans*, était déjà fort présentable? *Le Ménagier de Paris* nous apprend que l'on y trouvait : Saumons, turbots, barbues, mulets, soles, limandes, plies, carrelets, maquereaux, merlans, aigrefins, esturgeons, vives, anguilles, sardines, baleines (!), homards, langoustes, moules, congres, raies, morues, cabillauds, merluches, rougets, etc., etc.

Ce qui est plus surprenant, c'est que la manière d'accommoder ces divers poissons — y compris les baleines — était déjà enseignée dans des livres de cuisine, dont l'un avait pour auteur Guillaume Tirel, dit Taillevent, cuisinier de Charles V en 1361 et écuyer de cuisine de Charles VI en 1386 :

Cy après s'en suyt le viandier pour appareiller toutes manières de viandes, que Taillevent, queulx du roi nostre sire, fit, tant pour appareiller bouilly, rousty, poissons de mer et d'eaue doulce, saulces, espices et autres choses à ce convenables et nécessaires, comme cy après sera dict.

Pour celles de nos lectrices qui désireraient tenter l'expérience d'un plat moyen âge — à leurs risques et périls, toutefois, et sans nulle garantie de notre part — nous emprunterons à Taillevent sa recette pour faire une

« *Galimafrée*. — Soient prins poulaille ou chappons et taillés par pièces, et après fris en saing (graisse) de lard ou d'oye. Et quant sera bien frit, y soit mis vin et verjus, et pour espices poudre de gingembre et sel par raison. »

Nous doutons que Louis XIV lui-même eût fait grand honneur à la galimafrée. Et cependant le Roi-Soleil était une des plus belles fourchettes de son temps, si nous en croyons la Princesse Palatine qui l'a vu souvent manger « quatre pleines assiettes de soupes diverses, un faisan entier, une perdrix, une grande assiette de salade, deux grandes tranches de jambon, du mouton au jus et à l'ail, une assiette de pâtisserie, et puis encore du fruit et des œufs durs. »

Ce régime un peu trop substantiel ne réussissait d'ailleurs pas au Grand Roi, qui était sujet aux vertiges, aux indigestions et à tous les maux qui en résultent.

C'est, du reste, à partir de cette époque que fut déployé le plus grand luxe culinaire. « La curiosité, dit l'abbé Coyer, me conduit dans la maison d'un de nos satrapes; je demande à voir les appartements. C'est dans les cuisines qu'on m'entraine, qu'on me fait admirer le goût du maître; c'est la seule pièce de la maison qu'on fasse remarquer aux curieux. Élégance, solidité, propreté, commodités de toute espèce, rien ne manque à ce vaste atelier de Comus, chef-d'œuvre moderne où l'architecture s'est plu à déployer ses ressources »

Comment, au XIVe siècle, un maître de maison traitait-il ses invités? Barthélemy de Glanville va nous le dire :

« On dresse les sieges, les tables et les dressouers, et les pare l'en dedans la sale comme il appartient. Après, on assiet les hoste au chef de la table avec le seigneur de l'ostel, et ne s'assicent point jusques à tant qu'ils aient lavé leurs mains. Après, on assiet la dame et les filles, et la famille, chacun selon son estat. On met les salières, les cousteaulx et les culliers premierement à table, et puis le pain. Et après, les viandes de diverses manières sont apportées, et servent les serviteurs à grant diligence; et ceulx qui sont à table parlent l'un à l'autre, en eulx efforçant joïeusement. Puis viennent les menestrels a tous leurs instrumens, pour esbaudir la compaignie; et adonc on renouvelle vins et viandes, et à la fin on apporte le fruit. Et quand le disner est accompli on oste les napes et le relief, et abat-on les tables quand on a lavé. Et puis on rend grâces à Dieu et à son hoste. »

A cette époque, et deux cents ans plus tard encore, c'est-à-dire jusque vers 1650, chacun mettait à tour de rôle sa cuiller dans le potage, ou plutôt la soupe, comme on disait alors, et mangeait ainsi à la façon des troupiers en campagne, comme en font foi ces couplets du marquis de Coulanges :

> Jadis le potage on mangeoit
> Dans le plat, sans cérémonie,
> Et sa cuillier on essuyoit
> Souvent sur la poule bouillie.
> Dans la fricassée autrefois
> On saussoit son pain et ses doigts.
>
> Chacun mange présentement
> Son potage sur son assiette;
> Il faut se servir poliment
> Et de cuillier et de fourchette,
> Et de temps en temps qu'un valet
> Les aille laver au buffet.

L'emploi des cuillers et des fourchettes ne remonte guère d'ailleurs à plus de trois cents ans. Les doigts en faisaient tant bien que mal l'office, et la soupe était alors servie dans des écuelles qu'on prenait par les deux oreilles pour les porter à ses lèvres et qu'on vidait ainsi petit à petit. Le grand philosophe Montaigne raconte qu'il s'en passait fort bien, et ajoute : « Je mords parfois mes doigts de hâtiveté. »

Le traité de *Civilité* d'Erasme contient les étranges prescriptions que voici :

« Garde-toi de porter la main au plat le premier.

« Tout ce que tu ne pourras recevoir avec les doigts, il faut le recevoir sur ton assiette.

« C'est aussi une espèce d'incivilité bien grande, ayant les doigts sales et gras, de les porter à la bouche pour les lécher, ou de les essuyer à sa jaquette : il sera plus honnête de les essuyer à la nappe ou à la serviette

« Nettoyer la coque de l'œuf avec les ongles des doigts ou avec le poulce est chose ridicule : cela se pourra faire plus civilement avec le couteau. »

Mais les couteaux de table eux-mêmes étaient rares; on n'y voyait guère figurer que ceux qui avaient servi à découper les viandes, et les convives se les prêtaient l'un à l'autre selon les besoins. Au XVIIe siècle, l'usage s'en généralisa rapidement.

Antoine de Courtin écrivait en 1695 :

« Il ne faut pas manger le potage au plat (à la façon mentionnée plus haut) mais en mettre proprement sur son assiette. Il est nécessaire aussi d'observer qu'il faut toujours essuyer votre cuillère quand, après vous en être servi, vous voulez prendre quelque chose dans un autre plat, y ayant des gens si délicats qu'ils ne voudraient pas manger de potage où vous l'auriez mise après l'avoir portée à la bouche. »

A cette époque, d'ailleurs, le duc de Montausier venait d'avoir l'idée de faire mettre auprès du plat contenant le potage une grande cuillère spéciale. De là l'origine de notre louche actuelle.

Les choses étaient mieux ainsi, surtout lorsqu'on n'était pas uniquement en famille, ce qui arrivait fréquemment, car les Parisiens étaient grands amateurs de repas pris en commun, de pique-niques.

« Les parents, les amis et les voisins, dit Gabriel Chappuys, s'accordent à porter chacun sa portion ordinaire, ores en la maison de l'un, ores de l'autre, où sans grande despense et avec divers et le plus commode appareil, laissans hors la porte toutes leurs ennuyeuses pensées, souppent joyeusement en merveilleuse amitié et concorde. » Témoin encore les banquets fraternels en plein air, les jours de réjouissance publique, dont la coutume n'est pas très éloignée de notre époque.

Les verres à boire n'encombraient point non plus les tables jadis, comme de nos jours. Un seul suffisait pour tous les convives. Aussi, dit M. Franklin, un homme bien élevé devait-il, avant de boire, essuyer sa bouche à la serviette ou à la nappe, et vider son verre complètement, afin de ne pas laisser de restes à son voisin. Parfois, pendant que les dames buvaient, un valet leur tenait une assiette sous le menton pour éviter qu'elles ne tachassent leurs vêtements. Les manants, eux, allaient remplir la tasse ou le gobelet commun au tonneau établi dans un coin de la pièce — circonstance bien fâcheuse, en vérité, quand, dans une réunion nombreuse, beaucoup de convives se trouvaient avoir soif en même temps.

D'ailleurs, on buvait sec, alors, et les dames elles-mêmes, dans un certain monde, ne se faisaient pas faute de multiplier les rasades. « Madame de Montespan et sa fille aînée, écrivait la Princesse Palatine, peuvent boire considérablement sans être ivres. Je les ai vues un jour avaler des rasades du plus fort rossoli (sorte de ratafia) de Turin, sans compter ce qu'elles avaient déjà bu; je pensais qu'elles allaient tomber sous la table, mais c'était pour elles comme de boire de l'eau. »

Il est vrai qu'alors les mets étaient si fortement épicés! Poivre, gingembre, cannelle, girofle, safran, poivre long, etc., étaient répandus à profusion, sans compter le sel, quoique pendant longtemps les salières eussent été remplacées par des morceaux de pain creusés au centre et placés de distance en distance sur la table.

Quant aux assiettes, on était loin, autrefois, d'en changer à chaque plat, comme aujourd'hui. « Chez les grands seigneurs, dit M. de Bonnefond, on changeait d'assiette au moins à chaque service. » Chez les riches bourgeois, nous apprend le *Philaret* (1611), « on enlevait l'écuelle après la soupe, et l'assiette n'était remplacée qu'au moment du dessert. » Deux fois en tout, pas davantage. Les choses ont bien changé, heureusement !

L'usage des serviettes a précédé celui des fourchettes, des cuillers, des couteaux et des verres. Il remonte au XVe siècle. Parfois la nappe en tenait lieu.

On prisait fort la beauté du linge, on le parfumait, on en variait la forme, si bien que vers 1660 Pierre David pouvait indiquer vingt-sept formes différentes, savoir : bâtonnée, frisée, pliée par bandes, pliée en coquille double et frisée, en coquille simple, en melon double, en melon simple, en coq, en poule, en poule avec ses poussins, en deux poulets, en pigeon qui couve dans un panier, en perdrix, en faisan, en deux chapons dans un pâté, en lièvre, en deux lapins, en cochon de lait, en chien avec un collier, en brochet, en carpe, en turbot, en mitre, en poulet d'Inde, en tortue, en croix du Saint-Esprit, en croix de Lorraine.

Nous ne pouvons mieux terminer ce rapide coup d'œil rétrospectif qu'en citant le passage suivant de la *Maison réglée*, par Audiger (1692), concernant les devoirs de la cuisinière :

« Une cuisinière doit sçavoir se connoistre en viande, parce que c'est elle qui va à la Vallée (ancien marché aux volailles), à la boucherie et à la rôtisserie, ainsi qu'au marché pour les jours maigres. Il faut aussi qu'elle sçache faire une bonne soupe, déguiser toutes sortes de viandes, en faire des ragoûts, ainsi que du poisson et des œufs et toutes sortes de légumes pour les autres jours. Comme aussi ne pas ignorer la manière de faire quelques compotes et quelques autres bagatelles pour le dessert.

« Elle doit tenir tousjours sa vaisselle bien propre et bien nette, ainsi que la cuisine, et ne point prodiguer inutilement le bois et le charbon, non plus que les autres choses dont elle a le maniement. Elle doit estre encore bien sage, et de bonne conscience dans les comptes qu'elle rend de sa despense, n'estre ni querelleuse ni flatteuse, s'appliquer uniquement à contenter son maistre et sa maistresse, et les servir tousjours ainsi et aux heures qu'ils luy prescrivent. Il est encore de son devoir de balayer la montée et la salle à manger, de tenir le tout bien propre et de tâcher sur tout à faire le profit de la maison. »

Il y a certainement de sages préceptes, encore bons à suivre aujourd'hui, dans cette page écrite il y a trois cents ans.

Enfin, il n'est que juste de mettre en regard de ce passage celui que l'auteur du *Ménagier de Paris*, un bon bourgeois parisien anonyme, consacra en 1393 — il y a cinq cents ans ! — aux devoirs des maîtres vis-à-vis de leurs cuisinières ou chambrières :

« Faictes-luy enregistrer en son papier de la despense le jour que vous la retiendrez, son nom, et de son père et de sa mère, et d'aulcuns de ses parens ; le lieu de leur demourance, le lieu de leur nativité et ses pleiges (répondants) ; car elles en craindront plus à faillir, pour ce qu'elles considéreront bien que vous enregistrez ces choses pour ce que s'elles se deffuyoient de vous (si elles vous quittaient) sans congié, ou qu'elles feissent aulcune offense, que vous en plaindriez ou rescririez à la justice de leur païs ou à iceulx leurs amis.

« Il faut sans cesse veiller sur vos gens, les endoctriner et les corriger, les empêcher de se quereller, de mentir, de jurer, de dire de vilaines parolles. Les domestiques disnent après leurs maistres. Un seul plat leur suffit, pourveu qu'il soit copieux et nourrissant. Veillez à ce qu'ils ne restent pas trop longtemps à table, à ce qu'ils n'y discourent pas, car les communes gens dient : *Quand varlet presche à table et cheval paist en gué, il est tems qu'on l'en oste, que assez y a esté.* »

« Se vous avez filles ou chamberières de quinze à vint ans, pour ce que en tel aage elles sont sottes et n'ont guère vu du siècle (vu le monde), que vous les faciez coucher près de vous en garderobe ou chambre où il n'ait lucarne ne fenestre basse, ne sur rue. Enfin, si un de vos serviteurs tombe malade, toutes choses communes mises arrière, vous mesme pensez de lui très amoureusement (affectueusement) et charitablement, et le revisitez, et pensez de luy ou d'elle très curieusement en avançant sa garison. »

TABLE DES MATIÈRES

	Pages.
Hors-d'œuvre en guise de préface	5
Dictionnaire des recettes culinaires	9
Les mets curieux	264
Renseignements pratiques	267
Quelques conseils sur le gibier	271
Pharmacie de ménage	278
Recettes de ménage	281
Le savoir-vivre	288
Les élégances de la table	292
Les menus	294
Usages culinaires d'autrefois	313

Bibliothèque de Classiques

ÉDITÉS SPÉCIALEMENT

POUR LES MAGASINS DU « BON MARCHÉ »

PRIX EXCEPTIONNEL : **1 fr. 95**

Reliure genre amateur, tête rouge.

Œuvres de Shakespeare illustrées d'un portrait de Shakespeare et de 9 gravures hors texte de Westal, Hamilton, Smirke, etc., d'après l'édition anglaise. 2 vol. de 450 pages chacun.

Œuvres de Beaumarchais, Théatre et Mémoires, illustrées de 3 dessins de Gravelot d'après les originaux du xviiie siècle, 5 gravures de Saint-Quentin d'après l'édition originale de la *Folle Journée* (1785), 6 dessins inédits de Slom et deux portraits de Beaumarchais. 1 vol.

Œuvres de Molière (d'après l'édition de 1734) illustrées des dessins et des culs-de-lampe de Boucher et du portrait de Molière par Coypel. 2 vol. de 512 pages chacun.

Œuvres de Corneille illustrées des dessins de Gravelot, placés en tête de chaque pièce, de culs-de-lampe et de deux portraits de Corneille. 2 vol. de 512 pages chacun.

Fables de La Fontaine illustrées de 81 gravures du xviiie siècle tirées du *La Fontaine en Estampes*, de 31 fac-simile des dessins d'un manuscrit du xive siècle et du portrait de La Fontaine d'après Ch. Lebrun. 1 vol. de 450 pages.

Œuvres de Racine (d'après l'édition de 1760) illustrées d'un portrait, de 12 gravures hors texte, de 12 en-têtes et de 49 culs-de-lampe, par Jacques de Sève. 2 vol. de 450 pages chacun.